데일카네기

성공대화론

세계교양전집 7

데일카네기
성공대화론

데일 카네기 지음
신예용 옮김

올리버

데일 카네기|Dale Carnegie

요즘 성인 교육 열풍이 온 나라를 휩쓸고 있다. 이 열풍에 가장 독보적인 영향력을 끼친 인물이 데일 카네기다. 카네기는 성인 교육에 앞장선 그 누구보다 더 많은 연설을 듣고 비평했다. 로버트 리플리Robert Ripley의 〈믿거나 말거나Believe It or Not〉에 따르면 카네기는 무려 15만 건의 연설을 듣고 비판했다. 이 엄청난 숫자에도 별 감흥이 없다면, 이 말은 곧 콜럼버스가 미국을 발견한 후로 카네기가 거의 매일 하루 한 연설을 비판했다는 뜻임을 기억하길 바란다. 다른 비유를 들자면 카네기 앞에서 한 사람이 단 3분만 연설하고 바로 이어서 다른 사람이 연설하는 것을 밤낮으로 듣기만 해도 1년은 족히 걸렸다는 말이다.

극명한 대비를 이루는 데일 카네기의 경력은 독창적인 아이디어에 몰두하면서 열정을 불태우는 사람이 어떤 일을 해낼 수 있는지 확실히 보여준다.

미주리주에서 태어난 카네기는 철로에서 16킬로미터나 떨어진 농장에서 자랐고, 열두 살이 되어서야 처음 전차를 보았다. 하지만 마흔여섯 살이 된 지금은 홍콩에서부터 세계의 최남단 도시 중 하나인 노르웨이 함메르페스트에 이르기까지 온 지구의 구석구석을 다 꿰고 있다. 탐험가 리처드 에벌린 버드Richard Evelyn Byrd 제독의 리틀 아메리카(남극대륙 웨일스만 남쪽 빙야에 있던 탐사 기지) 본부보다 남극에 더 가까이 간 적이 있을 정도다.

한때 시간당 5센트를 받으며 딸기를 줍고 우엉을 잘랐던 이 미주리 출신의 소년은 이제 대기업 간부들에게 표현의 기술을 가르치는 대가로 1분에 1달러를 받는다. 사람들 앞에서 연설할 때마다 연달아 망치기만 하던 이 소년은 현재 내 개인 매니저가 되었다. 내가 성공할 수 있었던 이유도 데일 카네기에게 훈련받은 영향이 크다.

어린 시절, 카네기는 제대로 교육받지 못했다. 미주리주 북서부의 오래된 농장에서는 줄곧 불운이 닥쳤기 때문이다. 좌절감에 시달리던 가족은 농장을 팔고 미주리 워렌스버그의 주립 사범대학 근처에 있는 다른 농장을 사들였다. 시내에 있는 학교 기숙사에서 지내며 식사하려면 하루 1달러가 들었다. 하지만 어린 카네기에는 그 돈이 없었다. 그랬기에 농장에서 지내며 날마다 5킬로미터씩 말을 타고 학교에 갔다.

당시 주립 사범대학에는 학생 600명이 다녔는데, 데일 카네기는 가까운 도시에서 지낼 돈이 없어 겉도는 여섯 학생 중 한 명이었다. 그는 입학하고 얼마 지나지 않아 학교 내 영향력과 명성이 있는 특정 집단의 존재를 알게 되었다. 바로 미식축구와 야구 선수들, 토론과 대중 연설 대회에서 주목받는 학생들이었다.

카네기는 자신이 운동에 전혀 소질이 없음을 알고 있었으므로 연설 대회 중 하나에서 우승하겠노라 결심했다. 그는 몇 개월 동안 연설 준비에 매달렸다. 말 안장에 앉아서 전속력으로 달릴 때도 연습했다. 소젖을 짤 때도 연습했다. 그는 헛간 건초 더미에 올라가 질겁한 비둘기를 상대로 일본인의 이민을 중지해야 하는 이유에 관하여 일장 연설을 펼쳤다. 대담하고 열정적인 제스처를 취해가면서 말이다.

그토록 열성적으로 준비했음에도 그는 한동안 실패를 거듭했다. 그러다 어느 날부터 승리하기 시작했다. 한 경연에서 우승하는 데 그치지 않고 학교에서 열리는 연설 경연마다 참가하여 승자가 되었다.

경연마다 우승하자 다른 학생들이 카네기에게 연설 비법을 가르쳐달라고 부탁했다. 그의 가르침을 받은 학생들 역시 연설 대회에서 우승했다.

대학을 졸업한 후 카네기는 네브래스카 서부와 와이오밍 동부 산골을 돌아다니며 목장 일꾼들에게 통신 강좌 프로그램을 판매하기 시작했다. 하지만 넘치는 에너지와 열정이 있었음에도 그는 좋은 실적을 거두지 못했다. 크게 실망한 그는 한낮에 네브래스카 얼라이언스에 있는 호텔 방으로 돌아가 침대에 몸을 던지고는 고통스러워하며 눈물을 쏟았다. 간절히 대학으로 돌아가고 싶었고, 가혹한 삶의 전쟁터에서 물러나고만 싶었다. 하지만 그럴 수는 없었다. 그는 오마하로 가서 다른 일자리를 찾기로 결심했다. 그런데 기차표를 살 돈마저 없었다. 결국 화물 열차를 타고 다니며 차량 두 대 분량의 야생마에게 먹이와 물을 주면서 차비를 대신했다.

오마하 서부에 도착한 그는 아머 앤 컴퍼니에서 베이컨과 비누, 돼지기름을 파는 일자리를 구했다. 그가 맡은 구역은 불모지이거나 다코타 남서부의 소 떼와 인디언만이 있는 지역이었다. 화물 열차와 역마차를 타거나 말을 타고 다니면서 이 구역을 관리했고, 모슬린 천으로 칸막이를 쳐둔 개척자 호텔에서 잠을 잤다. 그러는 중에도 틈틈이 판매 기술에 관한 책을 읽으며 공부했다. 로데오 게임을 즐기기도 하고, 북미 원주민들과 포커를 치며 돈 모으는 법도 배웠다. 한번은 내륙지방의 가게 주인이 자신이 주문한 베이컨과 햄의 값을 내지 못하자 선반에서 신발 여러 켤레를 꺼내 철도청 직원들에게 팔고 그 영수증을 회사에 보냈다.

카네기는 판매 순위가 총 29개의 구역 중 25위에 불과했던 비생산적인 구역을 맡은 지 2년도 되지 않아 1위로 끌어올렸다. 아머 앤 컴퍼니는 그에게 "당신은 불가능해 보이던 일을 해냈어요"라는 말과 함께 승진을 제안했다. 하지만 그는 승진 제안을 거절하고 퇴사했다. 이후 뉴욕으로 건너가 미국 극예술 아카데

미에서 공부했다. 그리고 〈서커스단의 폴리Polly of the Circus〉에서 하틀리 박사 역을 연기하며 미국 전역을 여행했다.

하지만 그는 결코 에드윈 부스Edwin Booth나 라이오넬 베리모어Lionel Barrymore 같은 배우가 될 수 없었다. 이런 점을 일찌감치 깨달을 만큼 그는 눈치도 빨랐다. 그는 다시 판매직으로 돌아와 패커드 자동차 회사에서 트럭 파는 일을 맡았다.

하지만 그는 기계에 대해서는 아무것도 몰랐고 전혀 관심도 없었다. 끔찍하고 불행한 나날을 보내던 그는 일하는 내내 자기 자신을 혹독하게 괴롭혔다. 그는 공부할 시간을 간절히 원했다. 대학 시절에 정말 하고 싶었던 책 쓸 시간이 꼭 필요했다. 그는 결국 퇴사했다. 낮에는 소설을 쓰고, 밤에는 야간 학교에서 학생들을 가르치며 돈을 벌 생각이었다.

그런데 야간 학교에서 무엇을 가르칠 것인가? 대학 시절을 되돌아봤을 때, 대중 연설 훈련을 하면서 자신감과 용기, 침착함, 그리고 사람들을 만나고 상대하는 방법에 대해 큰 가르침을 얻었다는 생각이 들었다. 그는 뉴욕에 있는 YMCA 스쿨에 가서 직장인들을 위한 대중 연설 강의 기회를 달라고 간청했다.

뭐라고? 직장인을 웅변가로 만들겠다고? 터무니없는 소리였다. 그들은 알고 있었다. 비슷한 강의를 개설해본 적도 있었지만 언제나 결과가 좋지 않았다.

YMCA는 일당 2달러 강의료를 요구하는 카네기의 조건을 거절했다. 그 대신 수강자 인원수를 기준으로 수수료를 주겠다고 제안했다. 카네기는 이에 동의하고 수익에서 일정 비율을 받기로 했다. 그것도 수익이 생겼을 때의 이야기였다. 결국 3년도 채 되기 전에 그는 YMCA로부터 하루 2달러 대신 30달러를 받게 되었다.

카네기의 강의는 성장을 거듭했다. 다른 지부 YMCA는 물론 다른 도시에도 소문이 퍼졌다. 데일 카네기는 곧 영예로운 순회 강사가 되어 뉴욕, 필라델피아, 볼티모어, 이후 런던, 파리에서도 강의하게 되었다. 그런데 그의 강의를 들으러 모인 사람들이 보기에 현재의 교과서는 모두 지나치게 학술적이기만 할 뿐 실용적이지 않았다. 이에 카네기는 과감히 지금 이 책의 전신이 된《대중 연설로 사람들에게 영향을 미치기Public Speaking and Influencing Men in Business》라는 책을 쓰기 시작했다. 이 책은 이제 모든 YMCA 강의뿐 아니라 미국 은행협회와 전미 금융인 연합의 교재가 되었다.

오늘날 컬럼비아대학교와 뉴욕대학교에서 진행하는 그 어떤 대중 강연보다 데일 카네기가 가르치는 대중 연설 과정의 각 세션에 훨씬 더 많은 사람이 참여한다.

데일 카네기는 화가 났을 때는 누구나 말을 잘한다고 주장한다. 마을에서 가장 멍청한 사람의 턱을 쳐서 쓰러뜨리면 그는 자리에서 벌떡 일어나 똑 부러지게 말할 것이며, 그 말솜씨는 가히 전성기를 맞이한 미국 정치인 윌리엄 제닝스 브라이언William Jennings Bryan만큼이나 명확하고 유창할 것이라고 주장한다. 카네기는 자신감이 있고 내면에서 아이디어가 솟아오른다면 누구나 대중 앞에서 자연스럽게 연설할 수 있다고 말한다.

카네기는 자신감을 키우는 방법은 자신이 두려워하는 일을 하고 성공한 경험을 쌓는 것이라고 말한다. 그래서 그는 강의마다 사람들이 앞으로 나와 이야기하게 한다. 같은 강의를 듣는 수강생은 발표자의 이야기에 공감한다. 모두 한배를 타고 있기 때문이다. 수강생들은 꾸준히 연습하는 과정에서 용기와 자신감, 열정을 키우면서 발표하는 기술을 터득할 수 있다.

데일 카네기는 자신이 평생 대중 연설법을 가르치며 생계를 유지한 것이 아니라고, 가르치는 일은 부차적일 뿐이라고 말한다. 그는 자신이 주로 하는 일은 사람들이 두려움을 극복하고 용기를 키우도록 돕는 일이라고 말한다.

처음에는 단지 대중 연설 강의를 진행하는 것으로 시작했을 뿐이다. 그런데 강의에 온 학생들은 주로 사업가였다. 이들 대개는 30년 동안 강의실 안으로 들어와본 적도 없었다. 대부분 할부로 등록금을 냈다. 이들은 결과를, 그것도 빠른 결과를 원했다. 다음 날 사업상 인터뷰와 사람들 앞에서 연설하는 데 활용하기 위해서였다.

그래서 카네기는 빠르고 실용적인 조치를 해야 했다. 그 결과, 독특한 훈련 시스템을 개발하게 되었다. 바로 대중 연설과 판매기술, 인간관계와 성격 개발 그리고 응용 심리학을 기발하게 조합한 시스템이다.

하버드대학교의 윌리엄 제임스William James 교수는 평범한 사람은 잠재적인 정신 능력 중 고작 10%만 개발한다고 말하곤 한다. 데일 카네기는 성인들이 숨겨진 가능성 중 일부를 터뜨리고 단련하도록 영감을 주었으며, 성인 교육 분야에서 가장 눈부신 성과를 이뤘다.

로웰 토마스Lowell Thomas

• 차례 •

1장

용기와 자신감 키우기

용기는 남자다움의 주요한 특성이다.

_ 대니엘 웹스터Daniel Webster(정치가)

두려움에 찬 눈으로 보면 미래는 절대 안전하지 않다.

_ E. H. 해리먼E. H. Harriman(유니언 퍼시픽 철도 임원)

절대로 두려움과 타협하지 말라.

_ 스톤웰 잭슨Stone Jackson(미국 남북전쟁 당시 남군의 장군)의 좌우명

어떤 일을 할 수 있도록 자신을 설득한다면 아무리 어렵더라도 해
낼 수 있다. 하지만 세상에서 가장 간단한 일이라도 할 수 없다고
생각하면 영영 할 수 없다. 사소한 장애물도 결코 오르지 못할 산
맥이 된다.

_ 에밀 쿠에Emile Coue(심리학자)

열에 아홉은 성공하는 비결이 있다. 자신을 믿고 맡은 일에 최선
을 다하라.

_토마스 E. 윌슨Thomas E. Wilson(윌슨 앤 컴퍼니 패커스 대표)

효율적으로 말하는 능력은 재능이라기보다 노력의 산물이다.

_ 윌리엄 제닝스 브라이언William Jennings Bryan(정치가)

남들보다 앞서 나가려면 회의 석상에서 지혜롭고 엄숙하기보다
유창하게 말하는 편이 더 이롭다.

_〈런던 데일리 텔레그래프London Daily Telegraph〉

1912년 이후 사업가 18,000명 이상이 내가 진행하는 다양한 대중 연설 강의에 참석했다. 참석자 대부분은 나의 요청에 따라 왜 이 교육 프로그램을 신청했는지, 프로그램에서 어떤 결과를 얻길 바라는지 설명하는 글을 썼다. 물론 표현 방식은 저마다 달랐다. 하지만 글에 드러난 핵심적인 욕망, 수많은 사람에게서 나타나는 가장 기본적인 욕구는 놀라울 만큼 똑같았다.

사람들 앞에서 말할 때 너무 남의 눈을 의식하고 겁에 질린 나머지 또렷하게 생각하거나 집중할 수가 없어요. 할 말도 제대로 생각이 안 나고요. 자신감과 평정심을 갖추고, 신속하게 결단을 내리는 능력이 생겼으면 좋겠어요. 생각을 논리적으로 정리해서 사업상 모임이나 사람들 앞에서 명확하고 설득력 있게 의사를 전달할 수 있었으면 좋겠 고요.

수천 통의 고백에 너나없이 이런 바람을 담았다. 구체적인 예를 들어보자. 몇 년 전, D. W. 겐트D. W. Ghent라는 신사가 필라델 피아에서 열린 나의 대중 연설 강좌를 들었다. 오프닝 세션이 끝나자마자 겐트는 내게 매뉴팩처러스 클럽에서 같이 점심을 먹자고 청했다. 중년인 그는 늘 활기찬 삶을 살아갔다. 자신이 설립

한 제조업체의 대표였으며, 교회 봉사 활동과 시민 활동에서도 리더 역할을 했다. 그날 점심, 식사하는 동안 그는 내 쪽으로 몸을 기울이더니 이렇게 말했다.

"저는 여러 단체에서 연설해달라는 부탁을 많이 받았어요. 그런데 한 번도 해본 적이 없어요. 사람들 앞에 서면 너무 초조해지고 머리가 완전히 새하얘지거든요. 그래서 지금까지 계속 그런 자리를 피해왔죠. 하지만 지금은 대학 재단 이사회의 회장을 맡게 되었어요. 이사회 회의에서는 반드시 제가 연설을 해야 합니다. 간단히 몇 마디만 하면 돼요. 이렇게 나이가 많은데도 연설하는 법을 배우는 게 가능하다고 생각하세요?"

"저더러 그렇게 생각하냐고요, 젠트 씨? 이건 생각의 문제가 아닙니다. 전 당신이 할 수 있다는 걸 알아요. 제가 알려드리는 원칙과 지침을 따르고 충분히 연습하기만 하면 당신도 알게 될 겁니다."

젠트는 내 말을 믿고 싶었지만, 너무 희망적이고 긍정적인 말이라고 생각하는 것 같았다. 그가 대꾸했다.

"친절한 분이라 제게 좋은 말을 해주시는 게 아닌가 싶네요. 저에게 희망을 주기 위해서요."

교육 과정이 끝난 후, 그와는 한동안 연락이 끊겼다. 그러다가 1921년에 다시 매뉴팩처러스 클럽에서 만나 점심 식사를 함께 하게 되었다. 우리는 처음 만났을 때처럼 구석에 앉았고, 그때와 똑같은 자리를 차지했다. 그에게 예전에 나눈 대화를 일깨우며 그때 내가 지나치게 낙관적이었느냐고 물었다. 그는 지갑에서 뒷면이 붉은 작은 수첩을 꺼내더니 앞으로 예정된 강의와 일정 목록을 보여주었다. 그가 털어놓았다.

"이 강연을 모두 소화할 수 있는 능력, 강연하면서 느끼는 즐거움, 지역사회를 위한 봉사, 이런 것들이 제 인생에서 가장 감사한 일이 되었답니다."

그를 만나기 얼마 전 워싱턴에서 군비 제한을 위한 국제 컨퍼런스가 열렸다. 영국 총리 로이드 조지Lloyd George가 학술 대회에 참석할 예정이라고 알려지자, 필라델피아의 침례교도들은 그에게 전보를 보내 필라델피아에서 개최되는 거대한 대중 집회에서 연설해달라고 요청했다. 로이드 조지는 침례교 쪽에서 워싱턴에 온다면 기꺼이 초대에 응하겠다고 답신을 보냈다. 겐트는 필라델피아의 모든 침례교도 중 자신이 선택되어 청중에게 영국 총리를 소개하게 되었다고 알렸다.

불과 3년 전, 이 자리에 앉아서 자신이 대중 앞에서 연설을 할 수 있겠냐고 나한테 진지하게 물어봤던 바로 그 남자가 말이다.

그의 연설 능력이 유난히 빠른 속도로 성장한 것일까? 전혀 그렇지 않다. 이와 유사한 사례는 얼마든지 있다. 좀 더 구체적인 사례를 들어보겠다. 몇 년 전, 앞으로 커티스 박사라고 부르게 될 브루클린의 한 의사는 플로리다에 있는 미국 프로야구 샌프란시스코 자이언츠의 전지 훈련장 근처에서 겨울을 보내고 있었다. 열성적인 야구팬으로서 그는 선수들이 연습하는 모습을 자주 보러 갔다. 시간이 흐르면서 선수들과 꽤 사이가 돈독해졌고, 선수단을 축하하기 위해 열린 만찬에 초대받아 참석하게 되었다.

커피와 다과류가 제공된 후, 저명한 손님 몇몇이 사람들 앞에서 '간단한 연설'을 하는 순서가 마련되었다. 그는 뜻밖의 요란한 박수갈채와 함께 사회자가 자신을 소개하는 말을 들었다.

"오늘 이 자리에 의사 한 분을 모셨습니다. 커티스 박사님께 야구 선수들의 건강에 대한 이야기를 청해 듣겠습니다."

그는 준비되어 있었을까? 물론이다. 누구 못지않게 완벽하게 연설할 준비가 되어 있었다. 거의 30년 동안 위생학을 공부하고 의료계에 몸담았기 때문이다. 지금 당장 오른쪽이나 왼쪽 옆에 앉은 사람에게 이 주제로 하룻밤 내내 이야기할 수도 있었다. 하지만 같은 이야기라도 일어서서 많은 청중 앞에서 말한다는 것은 전혀 다른 문제였다. 그대로 온몸이 굳어지는 것 같았다. 연설이라는 생각만 해도 심장이 두 배로 뛰고 호흡이 가빠졌다. 그는 평생 한 번도 대중 앞에서 연설해본 적이 없었다. 순식간에 그의 머릿속이 새하얘졌다.

어떻게 해야 할까? 청중은 손뼉을 치면서 커티스 박사만 쳐다보고 있었다. 그가 고개를 내저었지만, 오히려 박수 소리가 더 커지면서 사람들의 요구가 높아졌다.

"커티스 박사님! 한 말씀만 해주세요! 한 말씀만!"

사람들이 외치는 소리가 더욱 커지고 거세졌다.

기분이 좋기는 했지만 곤혹스러웠다. 그는 일어나면서 자신이 제대로 연설하기는커녕, 단 몇 마디도 말할 수 없을 것임을 알고 있었다. 결국 그는 일어서서 아무 말도 없이 사람들에게 등을 돌렸다. 그렇게 무척이나 당황스럽고 창피스러운 상태로 조용히 자리에서 벗어났다.

그러니 그 의사가 브루클린으로 돌아온 후 가장 먼저 YMCA 본사를 찾아 대중 연설 강의에 등록할 만도 했다. 그는 다시 연설 제안을 받았을 때 사람들 앞에서 얼굴을 붉히거나 말문이 막히고 싶지 않다고 했다.

그는 아주 열심히 강좌에 참여해서 강사를 뿌듯하게 하는 학생이었다. 사람들 앞에서 제대로 이야기하고 싶다는 욕망이 있었고, 이런 욕망을 실현하는 데 전혀 주저하지 않았다. 철저하게 이야기를 준비하고 투철한 의지를 품고 연습했으며 한 번도 수업에 빠지지 않았다.

그리고 그렇게 열심히 공부하는 학생이 이룰 수 있는 것을 모두 해냈다. 그는 자기 자신도 놀랄 정도로 빠른 발전을 보였으며 가장 간절한 소망을 뛰어넘었다. 몇 번 강의를 들은 후에는 초조함이 가라앉고 자신감이 점점 더 커졌다. 두 달 만에 그는 수업에서 가장 뛰어난 연설가가 되었고, 다른 곳에서 연설을 부탁하는 초대에도 응하게 되었다. 지금은 연설할 때의 느낌과 그 짜릿함을 즐길뿐더러 명성과 더불어 여러 친구도 얻었다.

커티스 박사의 대중 연설 하나를 눈여겨본 뉴욕시 공화당 캠페인 위원회 위원은 자신의 당에서 선거 유세 연설을 해달라고 그를 초대하기까지 했다. 이 연설가가 1년 전만 해도 대중 공포로 말문이 막힌 나머지 자리에서 일어나 수치심과 혼란에 휩싸인 채 연회장을 떴다는 사실을 알면 그 정치가가 얼마나 놀라겠는가!

자신감과 용기를 품고, 사람들 앞에서 이야기할 때 침착하고 명확하게 생각하는 능력을 갖추기란 우리가 생각하는 것처럼 그렇게 어렵지 않다. 특별히 선택받은 몇 명만이 선천적으로 타고나는 재능도 아니다. 오히려 골프를 치는 능력과 비슷하다. 누구나 충분한 욕망을 품고 연습하면 잠재적인 능력을 개발할 수 있다.

청중 앞에 서 있다고 해서 앉아 있을 때처럼 바른 자세로 침착하게 생각하지 못할 이유가 조금이라도 있는가? 물론 그럴 이유가 없다는 건 누구나 알 것이다. 오히려 사람들이 눈앞에 있을 때 더 또렷하게 생각해야 한다. 사람들의 존재감에 더욱 자극받고 활력이 생겨야 한다. 앞으로 이 책에서 수많은 명연설가가 눈앞에 있는 관중에게 자극과 영감을 받고 두뇌가 활성화되어 더욱 명확하고 예리하게 사고할 수 있다는 사실을 알려줄 것이다. 헨리 워드 비처Henry Ward Beecher 목사의 말처럼 그럴 때 자신에게 있는 줄도 몰랐던 생각과 정보, 아이디어가 연기처럼 떠돌아다닌다. 연설가들은 그저 손을 뻗어 아직 따끈따끈한 것들을 잡기만 하면 된다. 우리도 이런 경험을 해야 한다. 연습하고 계속 유지하면 그렇게 될 것이다. 하지만 무엇보다 이 한 가지를 온전히 신뢰해야 한다. 훈련과 연습은 청중을 향한 공포를 없애고 자신감과 변치 않는 용기를 심어준다.

자신의 상황이 유난히 어렵다고 생각하지 마라. 훗날 가장 유창한 화술로 한 세대를 대표하던 사람도 경력 초반에는 숨 막히는 두려움과 지나친 자의식으로 고통받았다.

수많은 전쟁에 참전한 정치가 윌리엄 제닝스 브라이언은 처음 연설할 때 무릎이 후들거렸다고 털어놓았다.

마크 트웨인Mark Twain은 처음 서서 강의할 때 입에 솜이 가득 들어찬 듯한 느낌을 받았고 달리기 경주에서 우승이라도 한 듯이 맥박이 빠르게 뛰었다고 한다.

미국의 제18대 대통령 율리시스 심슨 그랜트Ulysses. S. Grant는 남북전쟁 때 빅스버그를 함락시켰는데, 이는 역사상 가장 뛰어난 전투 중 하나로 꼽힌다. 하지만 그런 그도 대중 앞에 말하려 나섰을 때는 자신이 운동실조증에 걸린 사람이나 다름없었다고 고백했다.

고인이 된 프랑스의 정치가 장 조레스Jean Jaures는 프랑스가 배출한 가장 막강한 정치 연설가였다. 하지만 첫 연설을 할 용기를 내기까지 하원에서 1년 동안 입도 제대로 떼지 못했다.

로이드 조지는 이렇게 고백한다.

"처음으로 사람들 앞에서 연설해야 했을 때는 그야말로 비참한 상태였죠. 전혀 연설 같지도 않았고요. 말 그대로 제 혀가 입 천장에 딱 붙어 있었습니다. 처음에는 한 마디도 못 했죠."

영국의 걸출한 성서학자 존 브라이트John Bright는 남북전쟁 당시 영국에서 연합과 해방의 사명을 옹호했다. 그는 학교 건물에 모인 마을 사람들 앞에서 첫 연설을 하기로 예정되어 있었다. 그곳으로 가는 동안 연설을 망칠까 봐 너무 두려워 동료에게 자신이 지나치게 초조해 보일 때마다 손뼉을 쳐서 기운을 북돋아달라고 부탁했다.

아일랜드의 위대한 지도자인 찰스 스튜어트 파넬Charles Stewart Parnell은 동생의 증언에 따르면 연설 경력 초기에 매우 긴장했다고 한다. 하도 주먹을 꽉 쥐어서 손톱이 살로 파고들고 손바닥에는 피가 맺혔다고 한다.

영국 정치가이자 작가인 벤저민 디즈레일리Benjamin Disraeli는 처음으로 영국 하원 앞에 나서야 했을 때 차라리 기병대를 이끌겠노라고 말했다. 그의 개회사는 참담한 실패에 그쳤다. 아일랜드 출신의 정치가 리처드 브린즐리 셰리든Richard Brinsley Sheridan의 첫 연설도 마찬가지였다.

사실 영국의 명연설가 중 다수가 처음에는 형편없는 모습을 보였다. 의회에서는 젊은 사람이 처음부터 뛰어난 연설을 선보이면 불길한 징조라는 말이 돌 정도였다. 그러니 용기를 내라.

나는 수많은 연설가의 경력을 지켜보고 그들의 발전에 약간의 도움을 보태기도 했다. 이제는 학생이 처음에 말을 더듬고 긴장하며 어쩔 줄 몰라 하면 오히려 반갑다.

연설하는 데는 어느 정도 책임감이 따른다. 스물네 명만이 참석하는 사업상 회의에서도 그렇다. 어떤 긴장감과 두려움, 흥분도 따른다. 연설가는 줄이 다소 팽팽하게 당겨진 말처럼 긴장해야 한다. 불멸의 키케로Marcus Tullius Cicero는 2000년 전에 진정한 가치가 있는 대중 연설의 특징은 긴장감이라고 말했다.

연설가는 라디오 너머로 말할 때도 종종 이와 같은 감정을 느낀다. 이를 소위 '마이크 공포증'이라고 한다. 찰리 채플린Charlie Chaplin은 라디오 방송에 출연할 때 할 말을 미리 모두 적어두었다. 분명 채플린은 청중 앞에 서는 데 익숙했다. 1912년, 〈보드빌 극장의 밤A Night in a Music Hall〉이라는 보드빌(17세기 말부터 프랑스에서 시작된 버라이어티 쇼 형태의 희극)로 미국에서 순회공연을 한 적도 있다. 그전까지는 영국에서 공식적인 무대에도 섰다. 하지만 방음이 된 방에 들어가 마이크를 마주하자 폭풍우 치는 2월의 대서양을 건널 때처럼 속이 울렁거렸다고 한다.

유명한 영화배우이자 감독인 제임스 커크우드James Kirkwood도 비슷한 경험을 했다. 커크우드는 연설 무대에서는 인기 스타였다. 하지만 눈에 보이지 않는 관중을 상대로 연설하면서 송신실을 나설 때는 이마에 맺힌 땀을 닦아내야 했다. 그는 이렇게 고백했다.

"처음 브로드웨이에 섰던 경험도 오늘에 비하면 아무것도 아니에요."

어떤 사람은 아무리 자주 연설하더라도 항상 시작하기 전에 이와 같은 자의식 문제를 겪는다. 하지만 막상 자리에서 일어나면 이 문제는 금세 사라진다.

링컨Abraham Lincoln도 처음 연설을 시작할 때는 부끄러워했다. 링컨의 법률 파트너이자 전기 작가 윌리엄 헌던William Henry Herndon은 이렇게 말했다.

"링컨은 연설할 때마다 처음에는 몹시 서투릅니다. 주변 환경에 적응하는 게 무척 힘들어 보이죠. 눈에 띄게 소심하고 예민해져서 한동안 애를 먹었어요. 그러면서 더 많이 어색해졌죠. 이런 모습을 자주 봤고, 그럴 때면 링컨이 안쓰럽게 느껴졌어요. 그런 상태에서 연설을 시작하면 날카롭고 높은 데다 귀에 거슬리는 목소리가 나왔어요. 동작과 태도도 어색하고, 얼굴빛은 어둡고 칙칙한 데다 주름지고 메말라 보이기까지 합니다. 자세는 어눌하고 움직임도 지나치게 조심스러웠죠. 이 모든 것이 그의 연설에 전혀 아무런 도움이 되지 않아 보이죠. 하지만 그건 잠시뿐입니다."

링컨은 이내 침착함과 따뜻함, 성실함을 되찾고 진짜 연설을 시작했다.

여러분도 링컨과 비슷한 경험을 했을지 모른다.

이 훈련을 가장 잘 활용하면서 빠르고 효율적으로 실천하려면 다음의 네 가지 사항이 필요하다.

첫째, 강하고 끈질긴 욕망으로 시작한다

이 사항은 생각보다 아주 중요하다. 지금 강사가 당신의 마음과 정신을 들여다보고 욕망이 얼마나 절실한지 확신한다면 당신이 얼마나 빠르게 발전할지 뚜렷하게 예측할 수 있다. 반면 당신의 욕망이 창백하고 무기력하다면 성과 역시 같은 성향을 보일 것이다. 하지만 고양이를 쫓는 불도그와 같은 기세로 끈질기게 밀고 나간다면 하늘 아래 그 무엇도 이기지 못할 것이 없다.

그러므로 이 책에서 배우는 내용에 대해서도 열정을 일깨우길 바란다. 지금 하는 공부의 장점을 열거하라. 자신감이 커지고 대중 앞에서 확신을 품고 말하는 능력을 기르는 데 어떤 의미가 있을지 생각해보라. 재정적인 면에서 어느 정도의 가치가 있는지 생각해보라. 사회적인 면에서는 어떤지도 생각해보라. 앞으로 생길 친구들과 더욱 커질 개인적 영향력, 새로운 리더십을 떠올려보라. 이 공부를 통해 지금까지 생각하고 상상한 그 어떤 활동에서보다 더욱 빨리 리더십을 기를 수 있을 것이다.

전 미국 상원의원 촌시 드퓨Chauncey M. Depew는 이렇게 말한다.

"이보다 더 큰 성취는 없을 겁니다. 누구나 배울 수 있죠. 유창하게 연설하는 능력을 갖추면 무척 빨리 경력을 쌓고 확고한 인정을 받을 수 있습니다."

미국 사업가 필립 아머Philip D. Armour는 수백만 달러의 재산을 번 후 이렇게 말했다.

"나는 위대한 자본가가 되기보다 위대한 연설가가 되고 싶습니다."

이 능력은 교육받은 사람이라면 누구나 원한다. 앤드루 카네기Andrew Carnegie가 사망한 후 그가 남긴 문서 중 서른세 살에 쓴 인생 계획서가 발견되었다. 당시 그는 2년 안에 사업으로 연간 50만 달러를 벌 수 있겠다고 생각했다. 그리고 서른다섯 살에 은퇴하기로 결심했다(이후 옥스퍼드에 가서 철저한 교육을 받고 '특히 대중 앞에서 연설하는 법을 배우는 데 집중하자'라고 썼다).

새로운 능력을 연습한 덕분에 누릴 눈부신 만족감과 기쁨을 떠올려보라. 나는 이 둥근 지구의 상당히 넓은 부분을 여행하면서 다양한 경험을 했다. 하지만 대중 앞에 서서 내 생각을 사람들에게 전하는 일보다 더 온전하고 오래가는 즐거움을 주는 행위는 없었다. 이 일은 강해졌다는 느낌, 힘이 생겼다는 느낌이 들게 한다. 개인적인 성취를 이뤘다는 자부심도 느끼게 한다. 자신을 끌어올려 주변 사람들보다 더 높은 곳에 서게 한다. 마법과도 같은 느낌과 결코 잊지 못할 설렘을 준다. 한 연설가는 이렇게 고백한다.

"연설하기 2분 전만 해도 시작하느니 차라리 두들겨 맞는 게 낫겠다 싶었죠. 하지만 끝내기 2분 전에는 그만두느니 차라리 총을 맞는 게 낫겠다고 생각했습니다."

어떤 사람은 연설 과정에서 용기를 잃고 도중에 하차할 수도 있다. 그러므로 당신의 욕망을 하얗게 불태울 때까지 이 과정이 자신에게 얼마나 중요한지 거듭 상기해야 한다. 모든 과정을 끝까지 성공적으로 해내겠다는 열정으로 프로그램을 시작해야 한다. 친구에게 이 과정에 참여했다고 알려라. 일주일 중에 하룻밤은 따로 비워두고 수업을 위한 강의 자료를 읽고 연설을 준비하라. 요컨대 가능한 한 쉽게 진행할 수 있도록 하되, 가능한 한 물러서지 못하도록 만들어라.

율리우스 카이사르가 군단과 함께 갈리아에서 해협을 건너 지금의 영국에 상륙했을 때, 그는 부대의 성공을 보장하기 위해 무엇을 했을까? 매우 현명한 조치를 했다. 도버의 백악질 절벽에 군단을 멈추게 하고 60미터 아래의 바다를 내려다보게 한 것이다. 카이사르 부대는 붉은 혀 같은 불이 그들이 타고 온 배를 모두 삼키는 것을 보았다. 대륙과의 마지막 연결 고리가 끊어진 적국에서 후퇴할 수 있는 마지막 수단마저 불타버린 상황에서 할 일은 오직 하나뿐이었다. 전진하고 정복하는 것이었다. 이것이 바로 그들이 해낸 일이다.

역사에 길이 남을 카이사르의 정신은 이와 같았다. 이 전쟁에서 청중을 향한 어리석은 두려움을 없애기 위해 당신도 카이사르처럼 하지 않겠는가?

둘째, 해야 할 말을 철저하게 파악한다

연설할 내용을 철저히 생각하고 준비하여 미리 익히지 않으면 누구나 청중 앞에 섰을 때 무척 불안할 것이다. 준비가 안 된 연설가는 다른 시각장애인을 이끌려는 시각장애인이나 다름없다. 연설가는 이런 상황에 빠졌을 때 주변을 의식하고 미처 준비하지 못한 것을 후회하며 자신의 무지를 부끄러워해야 한다. 미국의 제26대 대통령 시어도어 루스벨트Theodore Roosevelt는 자서전에 이렇게 썼다.

나는 1881년 가을, 주의회 의원으로 선출되었다. 의회에서 내가 가장 젊었다. 모든 청년과 미숙한 위원들처럼 나도 혼자 연설하는 법을 배우기가 꽤 힘들었다. 그때 나이가 많고 완고한 위원의 조언이 무척 힘이 되었다. 사실 그 조언은 웰링턴 공작이 한 말이었는데, 위원은 무심코 공작의 말을 다른 표현으로 바꾸어 말했을 것이다. 물론 공작 자신도 누군가의 말을 다르게 했을 것이다. 조언은 다음과 같았다.
'할 말을 분명히 알기 전까지는 말하지 마라. 확신이 들면 그때 말하고 자리에 앉아라.'

이 '완고한 동료'는 루스벨트에게 초조함을 극복하기 위한 또 다른 조언을 알려줬어야 했다. 이런 말을 덧붙여야 했다.
"청중 앞에서 뭔가 할 일을 찾으면 부끄러움을 떨치는 데 도움이 된다. 청중에게 보여줄 게 있다면 칠판에 적거나 지도에서 어느 지점을 가리키거나 테이블을 옮기거나 창문을 활짝 열거나 책과 종이를 옮겨라. 이처럼 목적이 있는 모든 움직임은 더욱 편안해지는 데 도움 될 것이다."

물론 이런 동작을 취하기 위한 구실을 찾기가 쉽지는 않다. 그렇지만 한 가지 제안을 하겠다. 할 수 있다면 활용하라. 물론 처음 몇 번만 활용해야 한다. 아기는 일단 걸음마를 배우면 의자에 매달리지 않는다.

셋째, 자신 있게 행동한다

미국이 배출한 가장 저명한 심리학자 윌리엄 제임스 교수는 이렇게 썼다.

행동은 느낌을 따르는 것처럼 보인다. 하지만 실제로 행동과 느낌은 함께 움직인다. 의지로 더욱 직접적으로 통제할 수 있는 행동을 관리하면 의지의 직접적인 통제를 받지 않는 감정을 간접적으로 관리할 수 있다.

따라서 기분이 안 좋을 때 좋아지는 최고의 방법은 즐거운 듯 앉아서 이미 기분이 좋아진 듯 행동하고 말하는 것이다. 그렇게 해도 소용이 없다면 기분이 좋아질 다른 방법은 없다.

그러므로 용감해졌다고 느끼려면 이미 용감해진 것처럼 행동하라.

그 목적을 위해 온 의지를 다 쏟아야 한다. 그러면 용감함이 두려움의 자리를 대신할 가능성이 매우 커진다.

제임스 교수의 충고를 활용하라. 청중 앞에 섰을 때 더 용기를 내고 싶다면 이미 용기가 있는 것처럼 행동하라. 물론 준비되어 있지 않다면 아무리 연기를 한다고 해도 소용이 없다. 하지만 할 말을 미리 알고 있다면 경쾌하게 발을 내디디고 심호흡하라. 실제로 청중을 마주하기 전에 30초 동안 심호흡하라. 산소 공급이 증가하면 기분이 들뜨고 용기가 생긴다. 위대한 테너 장 드 레슈케Jean de Reszke는 숨을 크게 쉬고 마음을 편히 먹으면 초조함이 사라진다고 말하곤 했다.

중앙아프리카의 소수민족인 풀라니족은 젊은이가 성인이 되어 아내를 맞이할 때 채찍질을 당하는 의식을 치러야 한다. 부족 여자들은 함께 모여 노래를 부르고 아프리카의 민속 악기인 톰톰의 박자에 맞추어 손뼉을 친다. 후보자는 허리까지 옷을 벗은 채로 성큼성큼 걸어 나온다. 그때 갑자기 살벌한 채찍을 들고 무장한 남자가 청년 앞에 서서 그의 맨살을 때리기 시작한다. 청년을 후려치면서 마치 악마처럼 괴롭힌다. 청년의 몸에 부푼 자국이 나타난다. 피부가 찢겨나가며 피가 솟구친다. 이때 평생 가는 흉터가 생기기도 한다. 이 의식을 치르는 동안 부족의 존경받는 심판관은 피해자의 발치에 웅크리고 앉아 있다. 그가 움직이거나 조금이라도 고통스러워하는지 살펴보기 위해서다. 시험을 성공적으로 통과하려면 고문을 당하는 사람은 고문받는 시련을 견뎌내야 할 뿐 아니라 견뎌내면서 찬미의 노래를 불러야 한다.

어느 시대, 어느 나라이든 인간은 항상 용기를 동경해왔다. 그러니 가슴이 아무리 세차게 뛰더라도 용감하게 나아가야 한다. 채찍질을 당하던 중앙아프리카의 청년처럼 가만히 멈춰서 마치 그 순간을 좋아하는 것처럼 행동하라.

몸을 곧게 펴고 청중의 눈을 똑바로 바라보고 모든 사람이 당신에게 돈을 빌리기라도 한 것처럼 자신 있게 말하라. 사람들이 돈을 빌렸다고 상상해보라. 그 사람들이 빌린 돈의 신용 연장을 간청하기 위해 그 자리에 모였다고 상상하라. 이런 상상으로 심리적 효과를 얻으면 제법 유용할 것이다.

초조하게 코트의 단추를 채웠다 풀었다 하거나 손으로 만지작거리지 마라. 긴장해서 어떤 동작이라도 취해야겠다면 손을 등 뒤에 두고 아무도 보지 못하게 손가락을 비틀거나 차라리 발가락을 꼼지락거려라.

일반적으로 연설가가 가구 뒤에 숨는 것은 좋지 않다. 그러나 처음 몇 번은 탁자나 의자 뒤에 서서 가구를 꽉 움켜쥐거나 동전을 손바닥에 단단히 쥐면 약간의 용기가 생길 것이다.

루스벨트는 어떻게 특유의 용기와 자존감을 키웠을까? 애초에 모험심과 대담한 정신을 타고난 것일까? 전혀 그렇지 않다. 그는 자서전에서 이렇게 고백했다.

'나는 나약하고 숫기 없는 소년이었다. 젊었을 때 나는 늘 불안했고 내가 용감해질 것이라 믿을 수 없었다. 이를 이겨내기 위해 신체뿐 아니라 영혼과 정신을 고통스럽고 치열하게 훈련해야 했다.'

다행히 루스벨트는 우리에게 어떻게 변화에 성공했는지 설명하며 이렇게 썼다.

어렸을 때 프레데릭 매리엇Frederick Marryat 장교의 책에서 읽은 구절은 언제나 내게 깊은 감명을 준다. 그 구절에서 작은 영국 군함의 선장은 매리엇 장교에게 어떻게 대담함이라는 자질을 갖출 수 있는지 설명한다. 그는 처음 전쟁터에 나갈 때는 모든 사람이 겁을 낸다고 말한다. 하지만 이럴 때일수록 냉정을 유지하고 무섭지 않은 것처럼 행동해야 한다. 충분히 오랜 시간 이런 태도를 유지하면 흉내만 내던 행동이 현실로 바뀐다. 스스로 대담하다고 느끼지 않을 때도 그저 그러려고 연습하는 것만으로 대담해질 수 있다(매리엇의 표현이 아니라 내 식으로 표현한 것이다).

이것은 내가 직접 겪어서 알게 된 이론이다. 처음에 나는 회색곰부터 '사나운' 말과 총잡이에 이르기까지 온갖 것을 두려워했다. 그러나 마치 두렵지 않은 것처럼 행동함으로써 더 이상 두렵지 않게 되었다. 그렇게 하기로 선택하기만 하면 사람 대부분이 나 같은 경험을 할 수 있다.

이 강의에서도 원한다면 당장 이런 경험을 할 수 있다. 프랑스의 총사령관 페르디낭 포슈Ferdinand Foch는 이렇게 말한다.

"전쟁에서 가장 좋은 방어는 바로 공격이다."

그러므로 자신의 두려움에 맞서 공격적인 자세를 취하라. 떨치고 나가 두려움을 마주하고, 맞서 싸우고, 기회가 있을 때마다 과감하고 대담하게 정복하라.

이 메시지를 기억하라. 그리고 자신이 메시지를 전달하라고 지시받은 웨스턴 유니언 회사의 배달부라고 생각하라. 사람들은 배달부에게 관심이 없다. 원하는 것은 전보다. 전보에 적힌 메시지, 이것이 핵심이다. 메시지를 잘 기억하라. 마음속 깊이 새겨라. 손바닥을 보듯 세밀하게 파악하라. 진심으로 믿어라. 그런 다음 단호하게 메시지를 이야기하라. 그렇게 하면 두려움을 극복하고 연설하는 데 능숙해질 것이다.

넷째, 연습한다. 연습한다. 또 연습한다!

단연코 이 네 번째 내용이 가장 중요하다. 앞의 세 가지를 모두 잊어버리더라도 이것만은 기억해야 한다. 연설에서 자신감을 키우는 데 절대 실패하지 않는 처음이자 마지막 방법은 바로 직접 연설하는 것이다. 실제로 모든 문제는 결국 단 하나의 핵심으로 요약된다. 연습, 또 연습, 그리고 또 연습이다. 이것이 모든 일의 절대 조건이자 '필수 조건'이다.

루스벨트는 이렇게 충고한다.

초보자라면 누구나 '초심자의 흥분buck fever'을 느낀다. 초심자의 흥분은 극도로 초조한 흥분 상태로, 소심함과는 전혀 다르다. 처음 수사슴을 보거나 전투에 임할 때처럼 많은 청중 앞에서 처음 연설할 때도 이러한 상태가 될 수 있다. 이런 사람에게 필요한 것은 용기가 아니라 자신의 상태를 조절하는 냉정함이다. 오직 실제 연습을 통해서만 이 냉정함을 키울 수 있다. 연습과 반복적인 자기 극복 훈련으로 기분을 철저하게 통제해야 한다. 거듭 노력하고 의지력을 행사하면 기분을 다스릴 수 있다는 점에서 기분은 대체로 습관의 문제다. 올바른 재료가 있다면 그 재료로 연습할 때마다 점점 더 강해질 것이다.

그러므로 인내하라. 주중에 업무가 바빠서 미처 준비하지 못했다고 해도 이 과정에서 한 세션도 빠뜨리지 마라. 준비되었든 안 되었든 일단 참석하라. 그런 다음 강사나 수업을 듣는 사람들에게 주제를 제시해달라고 하라.

청중에 대한 두려움을 없애고 싶은가? 먼저 그 두려움이 왜 생겼는지 알아보자.

《정신의 형성The Mind in the Making》에서 제임스 하비 로빈슨 James Harvey Robinson 교수는 '두려움은 무지와 불확실성에서 생겨난다'라고 말했다. 다시 말해, 두려움은 자신감이 부족해서 생긴 결과다.

왜 자신감이 부족한가? 실제로 뭘 해야 할지 잘 모르기 때문이다. 뭘 해야 할지 모르는 이유는 경험이 부족하기 때문이다.

성공적인 경험의 기록을 쌓으면 두려움이 사라진다. 그야말로 7월의 눈부신 태양 아래서 밤안개처럼 녹아버릴 것이다.

한 가지는 확실하다. 수영을 배우기 위한 확실한 방법은 물에 뛰어드는 것이다. 지금까지 충분히 읽었으니 이제 책은 옆으로 치워두고 실제 작업에 몰두해보자.

우선 주제를 선정하라. 잘 알고 있는 주제가 좋다. 그리고 3분 짜리 연설문을 준비하라. 혼자서 읽어보며 몇 번 연습한다. 그런 다음 가능하면 연설이 필요한 집단 앞에서 혹은 동료들 앞에서 온 힘을 다해 연설하라.

용기와 자신감 키우기

1. 이 교육 과정을 등록한 수천 명의 수강생이 나에게 왜 이 과정을 신청했는지, 어떤 결과를 얻길 바라는지 설명했다. 그들 대부분이 제시한 가장 큰 이유는 초조함을 이기고 신속하게 대처하며 어떤 규모의 집단에서든 자신 있고 편안하게 연설하길 원해서였다.

2. 그렇게 할 수 있는 능력을 갖추기란 어렵지 않다. 연설 능력은 소수에게만 주어진 신성한 재능이 아니다. 오히려 골프를 치는 능력과 비슷하다. 적절한 가르침을 받고, 잘하길 원하는 충분한 욕망만 있으면 누구나 잠재적인 능력을 개발할 수 있다.

3. 경험이 풍부한 다수의 연설가는 한 사람과 이야기를 나눌 때보다 대중 앞에서 더욱더 잘 생각하고 잘 이야기한다. 눈앞에 있는 많은 청중이 자극과 영감이 된다는 사실은 이미 증명되었다. 이 과정을 충실히 따르다 보면 당신도 곧 같은 경험을 할 것이다. 그리고 머지않아 연설할 때의 긍정적인 즐거움을 기대하게 될 것이다.

4. 자신의 상황이 유별나다고 단언하지 마라. 훗날 유명해진 연설가 중 다수가 경력 초반에는 지나치게 남을 의식하고, 대중 공포로 온몸이 마비될 지경이었다. 브라이언, 장 조레스, 로이드 조지, 찰스 스튜어트 파넬, 존 브라이트, 디즈레일리, 셰리든을 비롯한 많은 사람이 겪은 일이다.

5. 얼마나 자주 연설했든, 시작하기 전에 늘 남을 지나치게 의식하는 증상을 겪을 수 있다. 하지만 금세 정신이 또렷해지고 증상이 말끔하게 사라질 것이다.

6. 이 과정을 가장 잘 활용하여 빠르고 신속하게 진행하려면 다음 네 가지 사항을 실천하라.

① 강하고 끈질긴 욕망을 품고 과정을 시작하라. 이 훈련으로 얻을 혜택을 세어보라. 혜택을 생각하며 열정에 불을 지펴라. 재정적으로 그리고 사회적으로 어떤 가치가 있는지, 영향력 확장과 리더십 향상 측면에서는 어떤지 생각해보라. 욕망이 강할수록 그만큼 빠르게 발전할 것이다.

② 준비하라. 무슨 말을 할지 모르면 자신감이 생길 수 없다.

③ 당당하게 행동하라. 윌리엄 제임스 교수는 이렇게 충고한다. "용감하다고 느끼려면 용감한 사람처럼 행동해야 한다. 그 목적을 위해 온 의지를 쏟아라. 그러면 두려움의 자리에 용기가 들어설 것이다." 루스벨트는 이 방법으로 회색곰과 사나운 말, 총잡이에 대한 두려움을 물리쳤다고 고백했다. 이와 같은 심리적 사실을 활용하여 청중을 향한 공포를 물리칠 수 있다.

④ 연습하라. 연습이 그 무엇보다 중요한 핵심이다. 두려움은 자신감이 부족해서 생긴다. 자신감이 부족한 이유는 무엇을 해야 할지 모르기 때문이다. 이는 경험이 부족해서 생긴 결과다. 성공적인 경험의 기록을 쌓으면 두려움이 사라진다.

올바른 호흡

오스트레일리아의 소프라노 가수 넬리 멜바Nellie Melba는 말했다.

"아름다운 목소리를 완성하기 위해서는 올바른 호흡이 가장 중요한 필수 요소다."

따라서 올바른 호흡법을 익히는 것이 목소리를 개선하기 위한 첫 번째 단계가 되어야 한다. 호흡은 목소리의 기반이며, 우리의 말이 만들어지는 원재료다.

올바르게 호흡하면 가늘고 거친 소리가 아니라 충만하고 깊고 둥근 음색, 매력적인 음색, 기분 좋은 음색, 멀리까지 전달되는 음색을 낼 수 있다. 이 모든 말처럼 올바른 호흡이 중요하다면, 그것이 무엇이며 어떻게 연습해야 하는지 즉시 알아야 할 것이다.

유명한 이탈리아 노래의 거장들은 항상 목소리의 비결이 복식 호흡이라고 가르쳤다. 그런데 호흡이라는 것이 무엇일까? 이상하고 새롭고 어려운 것일까? 전혀 그렇지 않다. 그래서는 안 된다. 우리는 이미 아기 때 호흡을 완벽하게 해냈다. 지금도 하루 24시간 중 일부는 호흡을 연습한다. 밤이 되어 침대에 누우면 복식 호흡을 하며 자유롭고 자연스럽고 정확하게 호흡할 것이다. 하지만 이렇게 누워 있을 때 말고 다른 자세로는 정확하고 올바르게 호흡하기란 어렵다.

문제는 단지 이것뿐이다. 그렇다면 해결책은 등을 대고 누워 있을 때와 똑같은 호흡법을 일어났을 때도 사용하는 것이다. 그리 어렵지 않아 보인다. 그렇지 않은가?

첫 번째로 할 연습은 이것이다. 등을 대고 똑바로 누운 채로 깊이 호흡한다. 핵심은 몸 한가운데에 집중하는 것이다. 이 자세로 심호흡할 때 어깨를 들썩거리지 않게 주의하라.

복식 호흡을 하면 스펀지처럼 구멍이 많은 폐에 공기가 가득 차서 장난감 풍선처럼 팽창한다. 풍선은 팽창해야 한다. 그런데 어떻게, 어디로 팽창해야 하는가? 폐는 갈비뼈와 척추, 복장뼈로 둘러싸인 공간에 자리 잡고 있다. 물론 갈비뼈의 영향도 있긴 하지만 폐가 팽창하는 가장 쉬운 방법은 가슴의 바닥과 복부의 천장을 형성하는 부드러운 근육인 횡격막을 밀어 내리는 것이다. 횡격막은 우리의 몸을 별개인 두 부분으로 나눈다. 위쪽인 가슴에는 심장과 폐가 있고, 아래쪽인 복부에는 위와 간, 창자 및 다른 중요한 장기가 있다. 이 거대한 근육은 돔이나 지붕처럼 아치형으로 되어 있다.

잡화점에서 산 종이 접시가 있다고 해보자. 이 접시를 뒤집어서 툭 튀어나온 부분을 누르면 어떻게 될까? 접시가 납작해지면서 사방으로 퍼지고 밀려나 접시 전체가 평평해질 것이다. 이것이 바로 공기로 가득 찬 폐가 횡격막의 둥근 부분을 누를 때 생기는 일이다.

이제 등을 바닥에 대고 누워 숨을 깊이 들이마시고 내쉬면서 손가락을 가슴뼈 바로 밑에 놓아라. 횡격막이 납작해지면서 아래쪽으로 밀고 나오는 느낌이 들지 않는가? 다음으로 옆구리에 양손을 얹고 숨을 깊게 쉬어라. 폐가 풍선처럼 부풀어 오르며 갈비뼈를 바깥으로 밀어내는 것이 느껴지지 않는가?

매일 밤 잠자리에 들기 전 5분간 그리고 아침에 일어나자마자 5분간, 이 복식 호흡을 연습해라. 밤에는 신경을 진정시켜 숙면하게 해주고, 아침에는 기분을 상쾌하게 만들어줄 것이다. 이 호흡을 꾸준히 실천하면 목소리가 좋아질 뿐 아니라 수명도 몇 년은 늘 것이다. 오페라 가수, 보컬 트레이너 들은 오래 사는 것으로 유명하다. 유명한 가수 마누엘 가르시아Manuel Gracia는 101세까지 살았다. 매일 복식 호흡을 연습한 덕분에 오래 살았을 것이다.

2장

준비하면
자신감이 생긴다

자신감을 얻는 가장 좋은 방법은 진정 원하는 일을 철저하게 준비해서 실패할 가능성이 없게 만드는 것이다.

_ 록우드 소프Lockwood Thorpe(《오늘날의 대중 연설Public Speaking Today》의 저자)

순간적인 영감을 믿으라는 것! 이는 수많은 유망한 사람의 앞날을 망치는 위험한 말이다. 영감을 마련하는 가장 확실한 길은 준비다. 나는 용감하고 유능하지만 성실하게 노력하지 않아서 실패하는 사람을 수없이 보았다. 연설하려는 주제를 완전히 정복해야만 연설을 정복할 수 있다.

_ 데이비드 로이드 조지David Lloyd George(영국 정치가)

연설가는 청중 앞에 서기 전 친구에게 편지를 써서 설명해야 한다.
'어떤 주제로 연설할까 하네. 다음과 같은 주장을 하려 한다네.'
그런 다음 정확한 순서로 이야기할 내용을 조목조목 열거해야 한다. 편지에 아무런 쓸 말이 없다면 연설을 부탁한 단체에 곧 할머니가 돌아가실 것 같아 그 자리에 참석하지 못할 것 같다고 연락하는 편이 낫다.

_ 에드워드 에버렛 헤일Edward Everett Hale(작가)

사람들은 내게 천재성이 있다고 한다. 하지만 내 천재성의 비결은 간단하다. 눈앞에 어떤 주제가 생기면 빈틈없이 공부한다. 그 주제를 밤낮으로 파고든다. 모든 면을 낱낱이 탐구한다. 항상 어디서든 그 주제만 생각한다. 내가 쏟은 노력을 보고 사람들은 흔히 천재성의 결실이라고 말한다. 그렇지 않다. 노력과 생각의 결실이다.

_ 알렉산더 해밀턴Alexander Hamilton(정치가)

1912년 이후로 매년 6,000여 개의 연설을 듣고 평가하는 것이 나의 직업적 의무이자 즐거움이었다. 연설한 사람들은 대학생들이 아니라 성숙한 기업인들, 전문가들이었다. 이와 같은 경험을 거쳐오며 다른 무엇보다 내 마음에 더 깊이 새겨진 가르침이 있다. 명확하게 자기 의사를 전달하고 다른 사람에게 감동을 주기 위해서는 발표하기에 앞서 철저히 준비해야 한다는 점이다. 청중은 자신들의 마음과 정신에 진정한 메시지가 전해지기를 간절히 원하는 연설가에게 당연히 무의식적으로 끌리지 않겠는가? 연설을 잘하는 비결의 절반은 여기에 있다.

이와 같은 정신적·정서적 상태에 있을 때 연설가는 중대한 사실을 알게 된다. 즉, 자신의 연설이 저절로 흘러간다는 것을 깨닫는다. 그렇게 되면 노력할 필요도 없고, 부담감도 사라진다. 그 결과 철저하게 준비한 연설의 90%가 청중에게 온전히 전달된다.

사람들이 이 강의를 듣는 주된 이유는 1장에서 언급했듯이 대체로 자신감과 용기, 자기 신뢰를 얻기 위해서다. 그리고 많은 사람이 저지르는 결정적인 실수가 바로 발표 준비를 소홀히 하는 것이다. 전쟁터에 젖은 총알이나 공포탄을 들고 가거나, 아무런 무기도 들고 가지 않으면서 어찌 두려움이라는 보병대와 초조함이라는 기병대를 물리치길 바란단 말인가? 이런 상황에서는 청중 앞에 서도 전혀 편안하게 느끼지 못할 것이다. 백악관에서 링컨은 이렇게 말했다.

"저는 아무리 나이가 들어도 연설할 때 할 말이 바로 떠오르지 않으면 안절부절못할 겁니다."

자신감을 원한다면 자신감이 생기는 데 필요한 일을 하면 어떨까? 사도 요한은 '완벽한 사랑은 두려움을 몰아낸다'라고 썼다. 완벽한 준비 역시 두려움을 몰아낸다. 웹스터는 준비가 덜 된 채로 청중 앞에 서는 건 옷을 제대로 입지 않고 서는 것이나 마찬가지라고 말했다.

이 책을 읽고 있다면 앞으로는 좀 더 치밀하게 발표를 준비하면 어떨까? 어째서인가? 어떤 사람은 준비가 무엇이고, 어떻게 해야 현명하게 진행할 수 있는지 알지 못한다. 시간이 부족하다는 핑계를 대는 사람도 있다. 그러므로 이번 장에서는 이런 문제를 명쾌하게 효과적으로 다룰까 한다.

올바른 준비 방법

연설 준비는 어떻게 하는 것일까? 책을 읽으면 될까? 독서도 한 가지 방법이지만 가장 좋은 방법은 아니다. 책을 읽으면 도움 되긴 할 것이다. 하지만 책에 있는 '판에 박힌 생각'을 왕창 끌어내어 즉시 자기의 생각으로 만들려 하면 발표 전체에 무언가가 빠진다. 청중은 무엇이 빠졌는지 정확히는 모르더라도 그런 연설가를 우호적으로 바라보지는 않을 것이다.

예를 들어보겠다. 얼마 전 나는 뉴욕 시티뱅크의 고위 간부들을 대상으로 강좌를 진행했다. 간부와 같은 집단의 사람들은 응당 할 일도 많을 테고, 그러다 보니 충분히 자료를 준비하기 어렵거나 준비한 대로 실천하기 어려운 경우도 잦을 것이다. 이들은 평생 자신만의 생각대로 살면서 개인적 신념을 키우고 각자의 독특한 시각으로 세상을 바라보며 고유한 삶을 살았다. 그런 식으로 40년간 연설에 필요한 자료를 쌓아왔다. 하지만 몇몇 간부는 이 사실을 잘 깨닫지 못했다. '소곤대는 소나무와 독당근나무(헨리 워즈워스 롱펠로의 시 〈에반젤린Evangelin〉에 나오는 한 구절)'에만 집중하느라 숲을 제대로 보지 못한 것이다.

이 그룹을 대상으로 하는 강좌는 금요일 저녁 5시부터 7시까지였다. 어느 금요일, 도심지의 은행에서 일하는 남자는 강좌 시작까지 딱 30분 남아 있다는 사실을 알게 되었다(편의상 이 남자를 잭슨이라고 부르기로 하자). 잭슨은 어떤 이야기를 해야 할까? 그는 사무실 밖으로 나와 신문 가판대에서 〈포브스Forbes〉를 샀다. 그리고 수업이 있는 연방 준비은행으로 오는 지하철 안에서 '단 10년 안에 성공하는 법You Have Only Ten Years To Succeed'이라는 제목의 기사를 읽었다. 기사를 읽은 이유는 딱히 내용에 관심이 있어서가 아니라, 무언가에 관해 이야기하고 정해진 시간을 채워야 했기 때문이다.

한 시간 후 그는 자리에서 일어나 기사 내용에 대해 설득력 있고 흥미로운 이야기를 하려고 애썼다.

불 보듯 뻔한 그 결과는 어땠을까?

그는 '말하려고 한 내용'을 제대로 소화하지도, 자기 것으로 만들지도 못했다. '말하려고 한 내용'이라는 표현이 정확하다. 애를 쓰기는 했다. 하지만 그의 말에는 진정한 메시지가 없었다. 그의 태도와 말투가 의심의 여지 없이 이를 드러냈다. 자신이 별 감흥이 없는데 어떻게 청중에게 감동을 줄 수 있겠는가? 그는 계속해서 기사의 필자가 이 말을 했다, 저 말을 했다는 말만 되풀이했다. 그의 발표에는 〈포브스〉가 넘쳐났다. 하지만 애석하게도 잭슨 본인의 이야기는 너무 적었다.

그래서 나는 잭슨에게 느낀 바를 솔직하게 전했다.

"잭슨 씨, 우리는 그 기사를 쓴 사람의 희미한 개성에는 관심이 없습니다. 그 사람은 이 자리에 없어요. 볼 수가 없지요. 하지만 우리는 당신과 당신의 생각에는 관심이 있습니다. 다른 사람이 한 말이 아니라, 당신이 개인적으로 어떤 생각을 하는지 들려주세요. 발표 내용에 잭슨 씨를 좀 더 표현해주세요. 다음 주에 같은 주제로 발표하면 어떻겠습니까? 기사를 한 번 더 읽고 필자에게 동의하는지 아닌지 스스로 질문을 던져보는 겁니다. 기사에 동의한다면 필자의 주장을 언급하면서 당신의 경험에서 깨달은 내용을 예로 들어보세요. 동의하지 않는다면 그렇다고 말하고 우리에게 그 이유를 알려주세요. 기사는 그저 출발점으로 삼고 당신 자신의 이야기를 들려주어야 합니다."

잭슨은 내 제안을 받아들이고 기사를 다시 읽고는 기사에 전혀 동의하지 않는다는 결론을 내렸다. 이번에는 지하철에 앉아서 발표 내용을 생각하지 않았다. 그는 생각을 거듭 발전시켰다. 모두 자신의 머릿속에서 나온 생각이었다. 생각은 발전하고 확장되었고, 그의 아이들이 커가듯 쑥쑥 자랐다. 생각이라는 아이도 그의 딸처럼 그가 알지도 못하는 사이 밤낮으로 자랐다. 어느 날은 신문에서 어떤 글을 읽다가 한 가지 아이디어를 떠올렸다. 친구와 이 주제로 토론하다가 갑자기 또 다른 사례가 떠오르기도 했다. 한 주 내내 발표에 대해 생각할 때마다 그 내용은 깊어지고 높아지고 길어지고 풍부해졌다.

다음 시간에 잭슨이 같은 주제로 발표했을 때, 그에게는 자신만의 무언가, 자신의 광산에서 캐낸 원석이, 자신의 조폐국에서 찍어낸 화폐가 있었다. 그리고 유난히 탁월한 모습을 보였는데, 그가 기사를 쓴 필자에게 반대했기 때문이다. 사소한 대립만큼이나 사람을 흥분시키는 자극은 없다.

한 사람이 2주 만에 같은 주제로 펼친 두 번의 발표가 이토록 놀랍게 달라질 수 있다니! 올바른 준비가 만들어내는 차이란 얼마나 대단한가!

어떻게 준비해야 하는지, 그리고 어떻게 하면 안 되는지에 대한 또 다른 예를 들어보겠다. 앞으로 플린이라고 부를 한 신사는 워싱턴 DC에서 진행된 같은 강좌의 수강생이었다. 어느 날 오후 그는 미국의 수도를 숭배하는 발표에 여념이 없었다. 그의 발표는 〈이브닝 스타Evening Star〉에서 발행된 광고용 소책자에서 급하게, 형식적으로 추려낸 정보를 기반으로 했다.

발표 내용은 무미건조하고 서로 관련이 없었으며, 내용조차 제대로 파악하지 못하는 것처럼 보였다. 자신이 발표할 주제로 충분히 고민하지 않았다는 게 느껴졌다. 주제는 그의 열정을 끌어내지 못했다. 자신이 말하는 내용이 가치 있다고 생각하며 깊이 공감하고 있다는 느낌이 들지 않았다. 발표는 전반적으로 밋밋하고 지루했으며 사람들에게 딱히 도움 되지 않았다.

절대 실패하지 않는 연설

그로부터 2주 후, 플린에게 결정적인 일이 생겼다. 공용 주차장에서 도둑이 그의 캐딜락을 훔쳐 간 것이다. 플린은 부랴부랴 경찰서로 달려가 보상을 요구했지만 아무 소용이 없었다. 경찰들은 이 같은 범죄 상황에 대처하기란 거의 불가능하다고 인정했다. 하지만 그들에게는 일주일 전만 해도 분필을 손에 들고 거리를 활보하며 주차하는 데 15분을 초과한 플린에게 벌금을 부과할 시간이 있었다. 선량한 시민을 귀찮게 하느라고 바빠서 범인을 잡을 수 없다는 이 경찰들은 플린의 노여움을 샀다. 그는 화가 치밀었다. 이제 그에게는 할 말이 생겼다. 〈이브닝 스타〉에 실린 글에서 따온 말이 아니라 자기 삶과 경험에서 뜨겁게 솟아오른 말이었다.

진정한 인간의 본질을 담은 이야기, 그의 감정과 신념에서 우러나온 이야기였다. 워싱턴을 찬양한 발표에서 그는 억지로 한 문장 한 문장을 뽑아냈다. 하지만 이제는 자기 힘으로 서서 입을 열기만 하면 됐다. 경찰을 향한 비난이 그의 안에서 끓어올라 베수비오 화산처럼 터져 나왔다. 이런 연설은 망칠 염려가 없으며, 좀처럼 실패하지 않는다. 경험에 성찰이 더해졌기 때문이다.

진정한 준비란 무엇인가?

연설 준비는 흠잡을 데 없는 글귀를 조합하여 글을 쓰고 외우는 것을 뜻할까? 그렇지 않다. 개인적으로 아주 조금도 와 닿지 않는 생각 몇 가닥을 모으기만 하면 되는 것일까? 전혀 그렇지 않다. 연설을 준비하기 위해서는 자신의 생각과 아이디어, 신념과 욕망을 합쳐야 한다. 인간에게는 그런 생각과 욕구가 있다. 깨어 있을 때는 항상 생각과 욕구가 생긴다. 어쩌면 꿈속까지 넘나들지 모른다. 인간의 존재 자체가 감정과 경험으로 가득하다. 잠재의식의 깊은 곳에 감정과 경험이 해안의 조약돌처럼 수북이 쌓여 있다. 연설 준비란 생각하고 숙고하고 회상하여 자신에게 가장 큰 의미가 있는 것을 선택한 다음 가다듬고 하나의 패턴으로, 자신만의 모자이크로 빚어내는 것을 말한다. 그렇게 어려운 과정처럼 느껴지지 않을 것이다. 그렇지 않은가? 맞다. 어려운 일이 아니다. 약간의 집중력과 몰두할 주제만 있으면 된다.

미국의 설교가 드와이트 L. 무디Dwight L. Moody는 지난 세대에 종교적인 역사의 한 장으로 자리매김한 연설을 어떻게 준비했을까? 그는 이 질문에 "비결 같은 건 없습니다"라고 답했다.

주세를 고를 때 거다란 봉투 바깥쪽에 수제의 이름을 써둡니다. 제게는 그런 봉투가 아주 많지요. 책을 읽다가 연설하려는 그 어떤 주제에든 잘 부합하는 내용을 만나면 주제에 해당하는 봉투에 넣고 그 자리에 놓아둡니다. 저는 항상 공책을 들고 다니는데, 설교를 듣다가 주제에 새로운 시각을 부여하는 내용을 들을 때도 어김없이 종이에 적어서 봉투 안에 넣어두죠. 아마 1년 이상은 봉투를 그 자리에 놓아둘 겁니다. 새로운 설교를 하고 싶어지면 그동안 모았던 종이를 모두 꺼내죠. 봉투에서 찾은 내용과 제가 따로 연구한 결과를 합치면 충분한 자료가 생깁니다. 그런 다음 설교를 검토하는 내내 여기에서 조금 빼고 저기에서 조금 추가합니다. 이렇게 하면 설교는 늘 신선함을 잃지 않죠.

예일대학교 학장 브라운의 현명한 조언

몇 해 전 예일대학교 신학대학원은 설립 100주년을 기념하는 행사를 열었다. 기념행사에서 학장인 찰스 레이놀즈 브라운Charles Reynold Brown이 설교 기술에 대해 몇 편의 강의를 했다.

이 강의는 현재 뉴욕 맥밀런 출판사가 '설교의 기술The Art of Preaching'이라는 제목으로 출간했다. 브라운 박사는 30년 넘게 매주 스스로 연설 준비를 해왔고, 다른 사람들이 준비하고 연설하도록 가르치기도 했다. 그래서 이 주제에 대해 현명한 조언을 할 자격이 충분하다. 잠자리에 들기 전 습관적으로 시편 91편에 관한 이야기를 준비하는 성직자나 노동조합에 관한 연설을 준비하는 신발 제조업자도 귀담아들을 만한 충고다. 실례를 무릅쓰고 브라운 박사의 조언을 이 자리에 인용하겠다.

내용과 주제에 대해 깊이 고민하라. 내용과 주제가 부드러워지고 반응을 일으킬 때까지 고민하라. 그 안에 들어 있는 삶의 작은 세포가 확장되고 발전하면 그 속에서 아이디어가 부화할 것이다.

이 과정은 오래 할수록 좋다. 하지만 다음 주 일요일에 설교가 있다면 마지막 준비를 하는 토요일 오전까지는 마쳐야 한다. 목사가 설교하기 전 1개월 동안, 어쩌면 6개월 혹은 1년 동안 어떤 진실을 마음에 품고 있다면 그 진실에서 끊임없이 아이디어가 싹트면서 풍요로운 성장을 보일 것이다. 거리를 걷거나 기차에서 몇 시간을 보내면서, 눈이 너무 피곤해 더는 글을 읽을 수 없을 때도 이 내용에 대해 묵상할 것이다.

실제로 주로 밤에 묵상할 수도 있다. 하지만 목사가 잠자리에 들 때 습관적으로 교회나 설교 생각은 하지 않는 편이 더 낫다. 설교는 설교단을 빛나게 하지만 잠자리에서는 좋은 친구가 아니다. 그렇다고 해도 나 역시 가끔 한밤에 침대에서 빠져나와 떠오르는 생각을 적기도 한다. 아침이 되기 전에 잊어버릴까 봐 걱정되기 때문이다.

특정한 설교에 쓸 자료를 모을 때는 내용 및 주제와 관련되어 떠오르는 모든 것을 적어야 한다. 처음에 내용을 선택할 때는 글에서 본 것을 적어라. 다음으로 이와 관련해 생각나는 모든 아이디어를 적어라.

모든 아이디어를 글로 적어두어라. 아이디어를 기억할 정도의 몇 단어면 충분하다. 다른 책은 보지도 않을 것처럼 오직 너 많은 아이디어를 얻는 데 집중하며 계속 생각을 펼쳐나가라. 이것이 정신을 생산적으로 훈련하는 방식이다. 이 방법으로 정신적 과정을 신선하고 독창적이고 창조적인 상태로 유지할 수 있다.

그 누구의 도움도 받지 않고 혼자 떠올린 아이디어를 모두 적어라. 이 아이디어는 정신적으로 펼쳐 나아갈 견해로, 루비와 다이아몬드와 순금보다 더 귀중하다. 가급적 종잇조각이나 오래된 편지 뒷면, 봉투 조각이나 폐지 등 손에 들어오는 어떤 종이에라도 아이디어를 적어놓아라. 이 방법은 멀쩡하고 깨끗한 대형 인쇄용지를 사용하는 것보다 여러모로 훨씬 낫다. 단지 돈의 문제가 아니다. 장차 자료를 순서대로 정리할 때 이 느슨한 조각을 재배열하고 구성하는 편이 더 쉽다는 사실을 알게 될 것이다.

떠오르는 아이디어를 모두 적으면서 계속 깊이 생각하라. 이 과정에서 서두를 필요는 없다. 우리가 참여할 특권이 있는 가장 중요한 정신적 사고 처리 과정이기 때문이다. 이것이야말로 정신의 실질적인 생산력을 키우는 방법이다.

우리가 가장 전달하기 좋아하고, 실제로 사람들의 삶에 좋은 영향을 끼치는 설교는 내면 깊숙한 곳에서 우러나온 것이다. 이런 설교는 뼈와 살, 정신적 노동의 산물, 창조적 에너지의 결과물이다. 남의 말을 뒤죽박죽 섞은 설교는 재탕한 느낌이 들어 일종의 중고품이나 다름없다. 살아 움직이며 성전에 들어가 걷고 뛰고 신을 찬양하는 설교, 사람들 마음속으로 들어가 그들이 독수리처럼 날개를 달고 날아오르게 하고 주어진 길을 걷게 하며 쓰러지지 않게 하는 설교, 이런 진정한 설교는 설교를 전달하는 사람의 생생한 에너지에서 우러나온다.

링컨은 어떻게 연설을 준비했을까?

링컨은 어떻게 연설을 준비했을까? 다행히도 우리는 그 준비 과정을 안다. 링컨의 연설 방식을 접하면 브라운 학장이 강의에서 추천한 여러 절차를 링컨이 이미 70여 년 전에 사용했음을 알게 될 것이다. 링컨은 가장 유명한 연설 중 하나에서 예언자적 통찰력으로 선언했다.

"스스로 분열된 가정은 바로 설 수 없습니다. 저는 이 정부가 반은 노예이고 반은 자유로운 이 상태를 영원히 지속하지 못할 것이라고 믿습니다."

링컨은 일상 업무를 하면서, 식사하면서, 거리를 걸으면서, 헛간에서 소젖을 짜면서, 매일 정육점과 식료품점에 가면서 이 연설에 대해 생각했다. 어깨에는 낡은 회색 숄을 걸치고 팔에는 장

바구니를 끼고 있었는데, 어린 아들이 재잘거리며 깡마른 손가락으로 아빠를 잡아당기며 이야기를 하려 해도 아무 소용이 없었다. 링컨은 계속 성큼성큼 걸으며 사색에 푹 빠져 연설만을 생각했다. 옆에 있는 아들의 존재조차 까맣게 잊을 정도였다.

이렇게 생각을 곱씹고 키워나가면서 링컨은 가끔 흩어져 있는 봉투와 종이 뭉치, 뜯어진 종잇조각 파편 여기저기에 메모와 문장을 적어 내려갔다. 그리고 이 조각을 모자에 넣어서 갖고 다녔다. 그런 다음 어디에든 앉아서 순서대로 정리하며 전체 내용을 쓰고 고친 후 연설과 출간에 맞는 형태로 글을 다듬었다.

1858년의 합동 토론에서 상원의원 더글러스는 어딜 가나 항상 똑같은 연설을 했지만, 링컨은 연구와 고민, 반성을 거듭했다. 그의 말에 따르면 같은 연설을 반복하는 것보다 날마다 새로운 연설을 하는 쪽이 더 쉬웠다고 한다. 연설 주제는 그의 마음속에서 끊임없이 넓어지고 커졌다.

백악관에 들어가기 얼마 전, 그는 헌법과 세 편의 연설 복사본만을 참고용으로 준비한 다음 스프링필드 가게 너머의 우중충하고 먼지 낀 뒷방에 틀어박혔다. 그곳에서 모든 방해와 간섭을 멀리한 채 취임 연설문을 작성했다.

링컨은 어떻게 게티즈버그 연설을 준비했을까? 안타깝게도 항간에는 이 연설에 대한 잘못된 소문이 떠돌고 있다. 하지만 실제 이야기는 가히 놀랍다. 지금부터 그 진면모를 알아보겠다.

게티즈버그 묘지를 관리하는 위원회는 공식적인 추모 행사를 마련하기로 하고 에드워드 에버렛Edward Everett에게 연설을 부탁했다. 에버렛은 보스턴의 목사였다. 하버드 총장과 매사추세츠 주 주지사에 미국 상원의원이자 영국 대사, 국무장관을 역임했으며, 당시 미국의 가장 뛰어난 연설가로 평가받았다. 처음 추모 행사일로 정해진 날짜는 1863년 10월 23일이었다. 에버렛은 현명하게도 그렇게 짧은 기간 안에 연설을 충분히 준비할 수 없다고 잘라 말했다. 그래서 에버렛에게 준비할 시간을 주기 위해 추모 행사는 거의 한 달 후인 11월 19일로 연기되었다. 에버렛은 그 기간의 마지막 사흘을 게티즈버그에서 보내며 전쟁터를 둘러보고 그곳에서 벌어진 일을 생생히 익히는 시간을 보냈다. 그 기간의 숙고와 사고가 가장 뛰어난 준비였다. 전쟁을 뼈저리게 느낄 수 있었기 때문이다.

곧 의회의 모든 위원과 대통령, 대통령 내각에 초청장이 송부되었다. 그러나 대부분이 초청을 거절했다. 위원회는 링컨이 참석하기로 했다는 데 놀랐다. 링컨에게 연설을 부탁해야 할까? 원래는 그럴 생각이 아니었다. 그러자 반대 의견이 제기되었다. 링컨에게는 연설을 준비할 시간이 없을 것이다. 시간이 있다고 해도 갑자기 연설할 능력이 있을까? 노예제도에 관한 토론이나 쿠퍼 유니언 대학 연설이라면 얼마든지 할 수 있을 것이다. 하지만 아무도 링컨이 추모 연설을 하는 것을 보지 못했다. 이 행사는 중대하고 엄숙했다.

위원회는 어떤 위험도 무릅쓰지 말아야 했다. 링컨에게 연설을 청해야 할까? 고민하고 또 고민했다. 하지만 수천 번을 고민했다 하더라도 자신들이 연설 능력에 의문을 품은 사람의 앞날을 내다보고 그가 이 세상에서 가장 위대한 연설 중 하나가 될 줄은 상상도 못 했을 것이다.

마침내 행사 2주 전, 위원회는 링컨에게 뒤늦게 '적절한 몇 마디'를 해달라는 요청을 보냈다. '적절한 몇 마디'가 그들이 쓴 표현이다. 미국 대통령에게 그렇게 써서 보냈다고 생각해보라!

링컨은 즉시 연설 준비에 착수했다. 에드워드 에버렛에게 편지를 써서 그 전통적인 학자가 전달할 연설의 사본을 확보했다. 하루인가 이틀 후에 사진작가의 갤러리에 가서 포즈를 취할 때도 스튜디오에 에버렛의 원고를 가져가서 틈틈이 읽었다. 며칠 동안 연설에 대해 곰곰이 생각하고, 백악관과 육군성을 오가면서도 연거푸 생각했다. 육군성의 가죽 소파에 누워 늦은 전보를 기다릴 때도 생각했다. 어디에서든 아무 종잇조각에나 연설문의 초안을 작성한 다음 비단 중절모 꼭대기에 넣고 다녔다. 그는 끊임없이 연설을 생각했고, 연설의 형태를 잡아나갔다. 연설하기 전 일요일, 그는 노아 브룩스Noa Brooks에게 말했다.

"아직 제대로 다 쓰지 않았어. 끝냈다고도 할 수 없네. 두세 번 써봤는데, 맘에 들 때까지 다시 한번 훑어봐야 해."

그는 추모식 하루 전날에 게티즈버그에 도착했다. 작은 마을에는 사람들이 넘칠 듯이 모여 있었다. 평상시 1,300명이던 인구는 그날 갑자기 15,000명으로까지 늘었다. 건널목마저 꽉 찬 나머지 사람들은 남녀노소 할 것 없이 모두 인파를 헤치고 비포장도로로 다녔다. 열댓 개의 밴드가 연주하자 군중은 '존 브라운의 시신John Browns' Body'이라는 곡을 불렀다. 사람들은 링컨을 초대한 윌스의 집으로 모여들어 링컨의 이름을 연호했다. 그리고 연설해달라고 했다. 링컨은 적당히 둘러대지 않고 확실하게 내일까지는 연설하지 않겠다는 의사를 밝혔다. 사실 그는 그날 저녁 연설문의 후반부를 '다시 한번 훑어보고' 있었다. 윌리엄 수어드William Seward 장관이 머무는 옆집까지 가 연설문을 크게 낭독하며 비판을 청하기도 했다. 다음 날 아침 식사를 하고 난 후 링컨은 문 두드리는 소리가 들리고 행렬에 참여할 시간이 되었음을 알릴 때까지 계속 연설문을 다시 훑어보았다. 대통령 바로 뒤에서 말을 타고 가던 카 대령은 행렬이 출발했다고 알렸고, 대통령은 말 위에 꼿꼿이 앉아 군 통수권자로서의 임무를 다했다. 하지만 행진이 계속되자 링컨은 몸을 앞쪽으로 기울이고 팔을 축 늘어뜨린 채 고개를 숙였다. 깊은 생각에 빠진 것처럼 보였다.

그때도 링컨은 역사에 길이 남을 열 개의 문장으로 된 짧은 연설을 검토하며 '다시 한번 훑어보고' 있었으리라고 짐작할 수 있다.

링컨이 형식적으로만 관심을 보였던 연설 몇 건은 명백한 실패에 그쳤다. 하지만 노예제와 연합에 관해서 이야기할 때만큼은 링컨에게 놀라운 힘이 생겨났다. 어째서였을까? 이런 문제에 대해 끊임없이 생각하고 가슴 깊이 느꼈기 때문이다. 링컨과 일리노이주의 어느 선술집에서 같은 방을 썼던 지인은 다음 날 아침 해가 뜰 무렵부터 일어나 앉아서 벽을 응시하는 링컨을 보았다고 한다. 그때 링컨의 첫마디는 다음과 같았다고 한다.

"스스로 분열된 가정은 바로 설 수 없습니다. 저는 이 정부가 반은 노예이고 반은 자유로운 이 상태를 영원히 지속하지 못할 것이라고 믿습니다."

예수는 어떻게 연설을 준비했을까? 그는 일단 대중에게서 물러났다. 그리고 생각했다. 깊은 생각에 잠겼다. 숙고했다. 혼자 광야로 걸어 나가 40일 밤낮을 단식하면서 묵상했다. 사도 마태오는 이렇게 기록한다.

'그때부터 예수께서 설교를 시작하셨다.'

얼마 후 예수는 세상에서 가장 유명한 연설 중 하나인 '산상설교'를 한다.

누군가는 이렇게 반박할 수도 있다.

"참 재미있군요. 하지만 전 불멸의 웅변가가 되고 싶은 게 아니에요. 그냥 가끔 사업상 간단한 발표를 하고 싶을 뿐이라고요."

맞는 말이다. 나 역시 여러분이 뭘 원하는지 잘 알고 있다. 이 강의는 여러분 같은 사업가가 바로 그런 일을 하도록 돕겠다는 특별한 목적으로 만들어졌다. 하지만 여러분의 강의가 아무리 간단하고 사소하더라도 과거 유명한 연설가들의 방식을 참고하고 활용할 수는 있다.

발표를 어떻게 준비해야 하는가?

이번 강좌에서 당신이 발표할 주제는 무엇이어야 하는가? 당신의 흥미를 끄는 것이라면 무엇이든 좋다. 가능하면 주제는 직접 골라야 한다. 주제가 당신을 선택한다면 더욱 운이 좋은 것이다. 강사가 주제를 제시하는 경우도 종종 있다.

가볍게 발표하는 자리에서 지나치게 많은 주장을 내세우려 하지 마라. 초보자라면 누구나 하는 실수다. 주제에 대한 한두 가지 입장만 선택하고 이 두 입장을 충분히 다루어라. 이 강좌의 일정상 주어지는 짧은 연설에서 이렇게 할 수 있다면 운이 좋은 것이다.

일주일 전에 미리 주제를 결정하고 틈틈이 검토할 시간을 마련하라. 7일 낮 동안 주제에 대해 생각하라. 7일 밤 동안 주제에 대한 꿈을 꾸어라. 잠자리에 들었을 때 마지막으로 떠올려라. 다음 날 아침 면도를 하면서, 샤워하면서, 차를 타고 시내로 나오면서, 엘리베이터를 기다리면서, 점심을 먹거나 약속 자리에서도 생각하라. 친구들과 주제를 놓고 토론하라. 대화 소재로 삼아라.

주제와 관련해 던질 수 있는 모든 질문을 자신에게 던져라. 예컨대 이혼에 대해 연설하려 한다면 이혼의 이유는 무엇인지, 경제적·사회적 결과는 어떤지 스스로 물어봐야 한다. 이혼이라는 폐단을 어떻게 구제할 수 있을까? 시대에 상관없이 똑같은 이혼법을 적용해야 할까? 만약 그렇다면 어째서인가? 우리에게 이혼법이 있어야 할까? 이혼할 수 없게 만들어야 하는가? 아니면 이혼하기 더욱 어렵게 해야 할까? 더욱 쉽게는 어떨까?

왜 이 강좌를 등록했는지 이야기한다고 가정해보라. 그렇다면 다음과 같은 질문을 스스로 던져야 한다. 나의 문제는 무엇일까? 나는 이 과정에서 무엇을 얻고자 하는가? 대중 앞에서 발표해본 적이 있는가? 그렇다면 언제였나? 어디였는가? 그때 무슨 일이 있었는가? 왜 이 교육이 직장인에게 의미가 있다고 생각하는가? 자신감과 존재감, 확신에 차서 말하는 능력 덕분에 직장에서 앞서나가는 사람을 알고 있는가? 이와 같은 긍정적인 자질이 부족해서 만족스러운 성공 기준에 도달하지 못할 다른 사람도 알고 있는가? 이들을 상세하게 설명해보라. 이름은 언급하지 말고 이들의 이야기를 설명하라.

자리에서 일어나 또렷하게 생각하면서 2~3분 동안 계속 설명하라. 발표의 첫 몇 분 동안 당신이 해야 할 이야기는 이게 전부다. 왜 이 강좌를 등록했는지와 같은 주제는 무척 쉽다. 명확하기 때문이다. 약간의 시간만 투자하여 주제에 대한 자료를 고르고 가다듬으면 분명 잘할 수 있을 것이다. 직접 겪은 것, 자신의 욕망과 경험을 토대로 이야기할 것이기 때문이다.

한편 자신의 사업이나 직업에 대해서 발표하기로 했다고 생각해보자. 이런 발표를 준비하기 위해 어떤 일부터 시작하겠는가? 당신에게는 이미 해당 주제에 대한 상당한 자료가 있다. 그렇다면 문제는 자료를 선택하고 정리하는 것이다. 3분 안에 모두 이야기하려 하지 마라. 애초에 불가능하다. 그런 시도는 너무 피상적이고 단편적이다. 그 대신 주제 중에서 단 한 가지 부분을 골라라. 그 부분을 확장하고 확대하라. 예컨대 당신이 어떻게 이 특수한 사업 혹은 직업을 갖게 되었는지 이야기하라. 우연이나 선택의 결과였는가? 초반에 겪었던 어려움과 좌절, 희망과 성공에 관해 이야기하라. 인간적인 관심을 끄는 이야기, 직접 체험한 경험을 바탕으로 한 현실적인 풍경을 보여주어라. 모든 사람의 진실한 내면의 이야기는 겸손하게, 그리고 이기심 없이 들려주면 언제나 흥미롭다. 틀림없이 성공을 거둘 연설 재료다.

아니면 사업에 대해 다른 시각으로 접근해보라. 사업하는 데 어려운 점은 무엇인가? 업계에 들어서려는 젊은이에게 어떤 충고를 하겠는가?

아니면 정직하거나 부정직한 사람을 비롯해 당신이 연락하고 지내는 사람들에 관해 이야기하라. 일에 관한 문제, 고객과 관련된 문제를 이야기하라. 사업을 통해 세상에서 가장 흥미로운 주제인 인간의 본성에 대해 배운 것은 무엇인가? 업계의 기술적인 측면과 상황에 관해 이야기한다면 사람들이 무척 지루해할 것이다. 하지만 사람과 개성이라는 주제는 거의 실패하지 않는다.

무엇보다도 추상적인 설교가 되지 않게 하라. 듣는 사람을 지루하게 할 것이다. 사례와 일반적인 설명이 겹겹이 쌓인 케이크처럼 발표 흐름을 구성하라. 직접 관찰한 구체적인 경우를 떠올리고, 그 사례에서 드러나는 근본적 진실을 떠올려라. 구체적인 사례가 추상적인 내용보다 훨씬 떠올리기 쉽고, 이야기하기도 훨씬 쉽다는 걸 알게 될 것이다. 발표에 도움 되고 빛이 될 것이다.

이 자리에 무척 흥미로운 작가가 어떻게 사례를 제시하는지 소개하겠다. B. A. 포브스의 기사에서 발췌한 글로, 경영진이 동료에게 책임을 위임할 필요성에 대해 다루었다. 삽화와 사람들에 대한 잡담에 주목하길 바란다. 사람들을 둘러싼 소문을 어떻게 다루있는지 특히 주목하라.

오늘날 수많은 거대 기업은 한때 1인 기업이었다. 하지만 대부분 지금의 입지로 성장했다. 모든 위대한 조직은 '한 사람의 길어진 그림자'다. 하지만 현재 사업과 산업은 무척 거대한 규모로 운용되어 가장 유능한 거인일지라도 반드시 동료를 곁에 두어 고삐를 쥐는 데 도움을 받아야 한다.

울워스는 한때 자신의 기업은 오랫동안 기본적으로 1인 기업이었다고 내게 말했다. 하지만 건강이 나빠져 몇 주 동안 병실에 누워 있으면서 바라는 대로 기업을 확장하려면 경영책임을 분산해야 한다는 사실을 깨달았다.

베들레헴 스틸 역시 분명 오랫동안 1인 기업이었다. 찰스 슈와브 Charles M. Schwab가 모든 일을 도맡았다. 그러다가 유진 그레이스 Eugene Grace의 위상이 점차 커지면서 그는 슈와브보다 더 유능한 철강 분야 인사로 성장했다. 슈와브도 이 사실을 거듭 인정했다. 현재 베들레헴 스틸은 더 이상 슈와브만의 기업이 아니다.

초창기 이스트먼 코닥은 주로 조지 이스트먼George Eastman 혼자서 일을 처리했다. 하지만 현명하게도 그는 오래전에 효율적인 조직을 구축했다. 시카고의 대형 식품 가공 공장 또한 설립 당시 유사한 경험을 했다. 스탠더드 오일은 당시 유행하던 관념과는 달리 규모가 커진 후에도 절대로 1인 기업 형태를 유지하지 않았다. J. P. 모건J. P. Morgan 은 우뚝 솟은 거대 기업이지만 가장 유능한 동료들을 선택하고 그들과 책임을 나누는 일을 열렬히 수호한다.

지금도 어떤 야심 찬 기업가는 1인 기업 원칙으로 사업을 운영하고 싶어 한다. 하지만 좋든 싫든 현대적 경영방식의 규모 때문에 현재는 다른 사람들에게 책임을 인계할 수밖에 없다.

어떤 사람들은 사업에 관해 이야기를 나눌 때 자기만 관심 있는 소재를 계속 말하는 치명적인 실수를 저지른다. 연설가가 어떻게 자신을 즐겁게 하는 소재가 듣는 사람을 즐겁게 할 것이라고 확신한단 말인가? 그는 계속 자신의 이기적인 관심사에만 초점을 맞추어야 할까? 예를 들어 화재 보험을 판매하는 영업 사원은 고객들에게 그들의 재산을 화재에서 보호하는 방법에 대해 알려줘야 하지 않을까? 은행원이라면 금융이나 투자에 관한 조언을 해야 하지 않을까?

연설하기에 앞서 먼저 청중을 연구해야 한다. 그들의 바람과 욕망에 대해 생각하라. 그러면 발표 준비의 절반은 끝난 것이다.

어떤 주제를 준비할 때 시간이 허락하면 책을 읽거나 다른 사람이 무슨 생각을 하는지, 같은 주제에 대해 다른 사람은 뭐라고 했는지 찾아보는 것이 매우 바람직하다. 하지만 자기만의 시각을 정립하기 전까지는 책을 읽지 마라. 이 점은 아주 중요하다. 그런 다음 공공 도서관에 가서 사서에게 필요한 내용을 요청하라. 이런저런 주제에 대해 연설을 준비하고 있다고 말하라.

솔직하게 도움을 청하라. 평소에 자료를 찾아본 경험이 없다면 아마 사서가 제공하는 도움에 놀랄 것이다. 당신이 찾던 바로 그 주제를 다룬 귀한 책은 물론, 토론을 위한 개요 및 요약본, 당대의 의문을 양쪽에서 실질적으로 다룬 주장, 100년 전부터 다양한 주제로 다룬 잡지 기사가 실려 있는《정기 간행물 독자 가이드Reader's Guide to Periodical Literature》,《세기의 기록Century Book of Facts》,《세계 연감World Almanac》, 백과사전, 수십 권의 참고 서적도 구할 수 있을 것이다. 이런 자료는 워크숍에서 사용할 도구가 된다. 얼마든지 활용하라.

여력이 생기게 하는 비결

유명한 원예 전문가 루서 버뱅크Luther Burbank는 죽음을 앞두고 이런 말을 했다.

"나는 백만 개의 식물 표본을 만들고 그중 한두 개의 가장 뛰어난 표본을 찾는다. 그리고 열등한 표본은 모두 버린다."

연설도 이처럼 자료를 낭비하고 버리겠다는 마음으로 준비해야 한다. 100개 생각을 모은 다음 90개를 버려야 한다.

직접 사용할 가능성이 있는 것보다 더 많은 자료와 정보를 모아라. 그러면 자신감이 생기고 확실하게 준비했다는 느낌이 들 것이다. 마음과 정신, 말하는 방식에도 영향을 미칠 것이다. 이는 연설 준비의 기본적이고 핵심적인 요소다. 하지만 공적으로나 사적으로 연설가들이 끊임없이 무시하는 요소이기도 하다. 아서 던Arthur Dunn은 이렇게 말한다.

저는 수백 명의 영업 사원과 외판원, 판매원을 가르쳤습니다. 그들 대부분에게서 발견한 결정적인 약점은 그들이 상품을 제대로 알지 못할뿐더러 판매 전 상품에 대해 속속들이 아는 것이 중요하다는 사실조차 모른다는 점입니다. 많은 영업원이 제 사무실로 찾아와 상품에 대한 설명을 듣고 영업 이야기를 조금 나눈 다음 바로 나가서 물건을 팔려고 합니다. 이런 영업 사원 대다수는 일주일도 버티지 못하고, 심지어 48시간도 버티지 못하는 사람도 있습니다. 저는 특산물 분야의 외판원과 영업 사원들을 교육하고 훈련하면서 이들을 식품 전문가로 만들기 위해 노력했습니다. 그들에게 미국 농무부에서 발행한 식품 성분표를 연구하게 했지요. 성분표에는 음식에 들어가는 수분량, 단백질량, 탄수화물 섭취량, 지방량과 탄산칼륨량이 표시되어 있는데요, 이로써 그들에게 판매하려는 음식을 구성하는 요소를 공부하게 하는 거죠. 관련 학교에 가서 일주일 동안 공부하고 시험도 치르게 합니다. 그리고 다른 영업 사원에게 제품을 팔게 합니다. 가장 뛰어난 판매 연설을 한 사람에게는 상을 줍니다.

기사 연구에 시간을 내야 한다는 점에 짜증 내는 사원들을 종종 봅니다. 그들은 이렇게 말하더군요.

"이걸 모두 소매업자에게 말할 시간은 없어요. 그 사람은 너무 바쁘니까요. 단백질과 탄수화물 이야기를 하면 듣지도 않을 테고, 듣는다 해도 무슨 말인지도 모를 거예요."

제 대답은 이렇습니다.

"고객을 위해서 전부 알라는 게 아닙니다. 여러분 자신을 위해서 알라는 겁니다. 상품을 A부터 Z까지 알게 된다면 말로 표현하기 힘든 감정을 느낄 겁니다. 긍정적인 에너지가 생기고 무척 강인해져 누구와도 맞설 수 있는 강력한 존재가 된 느낌이 들죠."

스탠더드 석유 회사의 역사를 기록한 유명한 역사가 아이다 M. 타벨Ida M. Tarbell은 나에게 몇 년 전 파리에 있을 때의 이야기를 들려주었다. 매클루어 매거진의 창업자 사무엘 시드니 매클루어Samuel Sidney McClure는 그녀에게 전보를 보내, 해저 케이블에 관한 짧은 기사를 써달라고 했다. 그녀는 영국에 가서 해저 케이블 회사의 유럽 담당 매니저를 인터뷰하고 기사를 쓰는 데 충분한 자료를 확보했다. 하지만 그녀는 여기서 멈추지 않았다. 여분의 정보를 더 얻고 싶었다. 그래서 대영 박물관에 진열된 모든 종류의 케이블을 조사했다. 케이블의 역사에 관한 책을 읽고 런던 외곽에 있는 케이블 제조업체를 찾아가 케이블의 제조 과정까지 보았다.

그녀는 왜 사용할 가능성이 있는 정보의 열 배나 더 되는 정보 데이터를 모았을까? 그래야 여력이 생긴다고 느꼈기 때문이다. 알면서도 표현하지 않는 것이 그녀가 쓰는 짧은 기사에 힘과 색채를 부여한다는 사실을 알고 있었기 때문이다.

에드윈 제임스 카텔Edwin James Cartell은 평생 3,000만 명 정도의 청중 앞에서 연설했다. 하지만 최근에 그는 집에 오는 길에 나에게 이렇게 털어놓았다. 자신이 연설에서 하지 못한 말을 두고 아쉬워하지 않는다면 연설을 망친 기분이 든다고 한다. 왜일까? 오랜 경험을 통해 훌륭한 연설에는 연설가가 연설 시간에 다 활용하지 못할 정도로 자료가 넘쳐흐른다는 사실을 알기 때문이다. 그래서 미처 언급하지 못한 자료에 대한 아쉬움이 남는 것이다. 당신은 내게 반기를 들 것이다.

"뭐라고? 이 사람은 내가 이걸 전부 준비할 시간이 있다고 생각하는 거야? 내게는 돌볼 사업이 있고 아내와 두 아이, 에어데일테리어 두 마리까지 책임져야 한다는 걸 알았으면 좋겠는데. 박물관으로 달려가 케이블을 구경하거나 책을 읽고 대낮부터 침대에 앉아 연설을 준비하고 있을 수가 없다고!"

친애하는 여러분, 나는 여러분의 사정을 잘 알고 있으며 십분 공감한다. 이 책에서는 이미 여러분이 상당히 오랫동안 생각해온 주제를 다룰 것이다. 가끔은 사전에 어떤 연설을 해야겠다는 계획도 세우지 못한 채로 연설해야 할 때가 있을 것이다. 하지만 청중을 마주한 후 즉석에서 연설할 때는 쉬운 주제가 제공될 것이다. 이런 연습은 즉석에서 생각을 떠올리는 데 가장 유용한 기회다. 사업상 토론에서 필요한 종류의 일이기도 하다.

이 책을 읽는 독자 중 몇몇은 미리 연설을 준비하는 데 아주 약간의 관심만 있을 뿐이다. 혼자 힘으로 사고할 수 있고 다양한 사업상 회의에서 이뤄지는 토론에 참여하는 사람들이 그렇다. 이런 학생늘은 어쩌다 간혹 강의를 들으러 나오면서 앞에 나온 발표자들에게서 약간의 단서만 얻기를 원한다. 이런 방법도 제한적으로 활용하면 추천할 만하다. 하지만 지나치면 안 된다. 이번 장에 제안한 사항을 따라라. 그렇게 하면 원하는 대로 쉽고 자유로울 뿐 아니라 효율적으로 연설을 준비하는 능력이 생길 것이다. 여유가 생길 때까지 발표를 준비하고 계획하기를 미루다 보면 결코 여유를 찾을 수 없다. 하지만 습관적으로 하는 익숙한 일을 하기는 쉽다. 그렇지 않은가? 일주일 중 밤 8시에서 10시까지는 오로지 이 과제에 집중해보는 건 어떨까? 확실하고 체계적인 방법이다. 한번 시도해보라.

준비하면 자신감이 생긴다

1. 연설가가 마음과 정신에 진정한 메시지가 있고, 말하고자 하는 내면의 욕구가 있다면 이미 연설에 성공한 것이나 다름없다. 잘 준비된 연설은 이미 열 중 아홉은 전달된 것이다.

2. 준비란 무엇일까? 종이에 기계적으로 몇 문장을 작성하는 것일까? 어떤 문구를 외우는 것일까? 전혀 그렇지 않다. 진정한 준비는 내면에서 끄집어내고, 자기만의 생각을 정리하고, 자기만의 신념을 소중히 하고 가꾸는 것으로 이루어진다.

   사례: 뉴욕의 잭슨은 〈포브스〉 기사에서 읽은 다른 사람의 생각을 되풀이하려다가 실패했다. 하지만 기사를 발표의 출발점으로만 삼고 자기만의 아이디어를 생각해낸 다음 직접 경험한 사례를 찾아낸 후에는 발표에 성공했다.

3. 앉아서 30분 만에 발표를 완성하려 하지 마라. 발표는 스테이크를 구울 때처럼 뚝딱 요리할 수 없다. 시간을 두고 자라야 한다. 주 초반에 주제를 고르고 시간이 날 때마다 생각하고 숙고하며 그 생각으로 잠들고 그에 대한 꿈을 꾸어라. 친구들과 토론하라. 대화 주제로 삼아라. 주제에 관련된 모든 질문을 자신에게 던져라. 종이에 떠오르는 모든 생각과 사례를 적고 점점 더 키워나가라. 아이디어와 제안, 사례는 목욕할 때, 차를 타고 시내로 나갈 때, 저녁 식사가 나오길 기다릴 때 등 수시로 떠오를 것이다. 링컨도 이런 방법을 썼다. 성공한 연설가 대부분이 쓴 방법이기도 하다.

4. 혼자서 약간의 생각을 정리한 후에는 도서관에 가서 시간이 허락하는 한 주제에 관련된 책을 읽어라. 사서에게 가서 필요한 점을 말하라. 사서가 큰 도움이 될 것이다.

5. 실제로 사용할 분량보다 훨씬 더 많은 분량의 자료를 모아라. 루서 버뱅크의 방식을 모방하라. 그는 수백 개의 식물 표본 중에서 한두 개의 가장 뛰어난 표본만을 찾곤 했다. 100개의 생각을 모아라. 그리고 90개는 버려라.

6. 여력을 개발하는 방법은 사용할 정보보다 훨씬 더 많이 알고, 정보의 저장고를 가득 채우는 것이다. 연설을 준비하면서 아서 던이 아침 식사 전문 식품을 판매하기 위해 영업 사원을 훈련할 때 적용한 방식이나 아이다 타벨이 대서양 해저 케이블에 관한 기사를 준비할 때 적용한 방식을 활용하라.

정확한 호흡

장 드 레슈케는 이렇게 충고한다.

"넥타이를 높이 매라."

지금 당장 일어나서 어깨를 올리지 말고 가슴을 적절한 위치로 끌어 올리며 그의 가르침을 따르자. 발 앞꿈치에 체중을 싣고 서라. 손을 머리 위로 올려라. 이제 바닥에서 발뒤꿈치를 떼지 않은 채 손으로 머리를 누르려 해라. 팔근육을 쓰지 말고 최대한 꼿꼿이 서서 이 동작을 해보라. 됐다. 그렇게 하는 거서. 좋다! 이제 똑바로 서서 배를 안으로 집어넣고 넥타이와 가슴을 들어 올린 상태로 목덜미를 옷깃 뒤에 대라. 어깨를 들어 올렸는가? 그렇다면 긴장을 풀고 어깨를 떨어뜨려라. 어깨가 아니라 가슴을 들어올려야 한다. 가슴을 내리지 말고 숨을 내쉬어라. 마지막 숨이 빠져나갈 때까지 그대로 가슴의 위치를 높이 유지하라.

이제 올바르게 숨을 쉴 준비가 되었다. 눈을 감아라. 코로 깊이 천천히 편하게 숨을 들이마셔라. 1장에서 설명한 대로 침대에서 횡격막 호흡을 연습할 때와 같은 감각을 느껴보라. 폐의 맨 아래쪽이 거듭 넓어져서 갈비뼈를 옆으로 밀어내는 감각을 느껴라. 옆구리에서도 같은 감각을 느껴라. 등에서도 느껴보아라. 종이 접시가 압력을 받아 납작해지듯 횡격막이 평평해지는 감각을 느껴라. 손을 부드러운 부분, 가슴뼈 바로 아래 말랑말랑

한 부분에 대고 횡격막이 팽창하는 것을 느껴라. 천천히 숨을 내쉬어라.

자, 한 번 더 한다. 코로 숨을 내쉬어라. 다시 한번 경고한다. 어깨를 들어 올리지 마라. 또한 폐를 지나치게 넓히려 해서도 안 된다. 넥타이가 높이 올라간 상태에서 다시 숨을 들이마시며 몸의 가운데 부분이 팽창하는 것을 느껴라.

세계적인 알토 슈만하잉크Ernestine Schumann- Heink는 말했다. "저는 평생 매일 심호흡을 연습합니다."

전설적인 테너 카루소도 날마다 호흡 연습을 했다. 그렇게 해서 놀라운 힘을 발휘하는 횡격막을 갖게 되었다. 평소 학생들이 카루소를 찾아와 올바른 호흡에 관하여 조언을 구할 때마다 그는 이렇게 했다.

"내가 힘을 빼고 있을 테니 내 횡격막을 네 주먹으로 힘껏 눌러봐."

그러고는 빠르고 날카롭게 숨을 들이마시며 횡격막이 아래로 내려가게 한 다음 몸을 부풀려 학생들의 주먹을 튕겨냈다.

하지만 올바른 호흡법을 알기만 하고 적용하지 않으면 이런 지식은 아무 소용이 없다. 그러므로 거리를 걸어 다니며 매일 연습하라. 사무실에서 짬이 날 때마다 연습하라. 한 시간 일에 집중하고 난 후 창문을 열고 폐를 공기로 채워라. 이런 행동은 시간을 낭비하는 것이 아니다. 제대로 호흡하고 나면 활기를 되찾고 건강이 좋아지면서 시간을 절약하게 될 것이다. 이 연습은 아무리 많이 해도 지나치지 않다. 그리고 연습을 충실히 하면 습관이 된다. 아마 다른 방법으로 숨을 쉰 적이 있는지 궁금해질 것이다. 폐 위쪽으로 숨을 쉬는 건 절반만 숨 쉬는 것이다. 산스크리트 경전의 한 구절은 다음과 같이 말한다.

'절반만 숨을 쉬는 사람은 절반만 사는 것이다.'

여기에서 알려준 호흡법을 날마다 실천하면 목소리가 좋아질 뿐 아니라 폐렴에 걸릴 가능성도 무척 낮아진다. 겨울철 사람들을 괴롭히는 감기에 걸릴 가능성도 사라질 것이다.

3장

유명한 연설가들은
어떻게 연설을 준비하는가?

같은 내용이라도 머릿속에 여러 말이 뒤섞여 있는 것과 적절하게
다듬어져 즉시 전달되는 것은 완전히 다르다.

_ 조지 로리머George Lorimer

(《아버지는 내게 이렇게 말했다Letters from a Self-Made Merchant to His Son》
의 저자)

문제의 본질을 파악하는 능력이야말로 배운 사람과 배우지 못한
사람의 핵심적인 차이점이다. 분명 대학 교육을 통해 얻는 가장
큰 혜택은 훈련된 사고방식으로 이 능력을 습득하는 것이다.

_ 존 그리어 히븐John Grier Hibben(프린스턴대학교 총장)

교육받은 사람들이 우리에게 주는 첫인상은 무엇이며, 그들 중 우
월한 사람임을 즉시 알아보게 하는 특성은 무엇일까? 우리는 그
사람의 사고방식이 체계적일 때 우월하다는 인상을 받는다.

_ 새뮤얼 테일러 콜리지Samuel Taylor Coleridge(시인)

연설과 관련된 흔한 오류는 그냥 '할 말'만 있으면 된다고 착각하
는 것이다. 이는 완전히 잘못된 생각이다. '할 말'이 신념을 다스리
는 인간 정신의 법칙과 조화를 이루지 않으면 허공에 이야기하는
것이나 다름없다. 현대의 연설가는 '할 말' 외에도 말을 가장 잘 전
달하는 방식을 배워야 한다. 채텀과 웹스터와 비처는 '할 말'이 있
었을 뿐 아니라, 말의 순서와 방식도 치밀하게 연구해야 한다는
점을 알았다.

_ 아서 에드워드 필립스Arthur Edward Phillips

(《효과적인 연설Effective Speaking》의 저자)

나는 뉴욕 로터리 클럽의 오찬 모임에 참석한 적이 있다. 그날 초청 연설가는 저명한 정부 인사였다. 신분이 높은 사람이어서 권위가 있었고, 우리는 즐거운 마음으로 그의 연설을 기다렸다. 그는 우리에게 자기 부서의 활동에 관해 설명하기로 약속했다. 뉴욕의 사업가라면 누구나 관심이 있는 주제였다.

그는 자신의 주제에 대해 속속들이 알고 있었다. 실제로 연설에 활용할 수 있는 것보다 훨씬 더 많이 알았다. 하지만 그는 연설을 계획하지 않았다. 자료를 고르지도 않았다. 질서정연한 방식으로 정리하지도 않았다. 그런데도 미숙함에서 나오는 용기로 무분별하고 맹목적으로 연설에 뛰어들었다. 어디로 가는지도 모르면서 걸음을 뗐다.

그의 정신은 간단히 말해 뒤죽박죽에 불과했고, 그가 우리에게 제공한 정신적 공연 역시 마찬가지였다. 먼저 디저트인 아이스크림을 대접한 다음 수프를 놓았다. 그다음에 생선과 견과류가 나온 셈이다. 더군다나 수프와 아이스크림, 신선한 붉은 청어가 뒤섞인 정체불명의 무언가도 있었다. 나는 어떤 장소나 시간에도 그날처럼 연설가가 완전히 혼란에 빠진 모습을 본 적이 없었다.

그는 즉흥적으로 말하려 했다. 하지만 절망감에 빠진 나머지

지갑에서 원고 뭉치를 꺼냈고, 비서가 그를 위해 정리한 것이라고 고백했다. 아무도 그가 한 고백의 진정성을 의심하지 않았다. 노트 자체는 그야말로 고철을 가득 실은 트럭만큼이나 무질서했다. 그는 초조하게 뒤적이며 이 페이지 저 페이지를 넘겨보며 갈피를 잡으려 애썼고, 막다른 골목에서 빠져나오려 했다. 그러면서 다시 침착하게 연설하려고 시도했다. 하지만 불가능했다. 그는 사과를 건네고 나서 물을 달라고 했다. 떨리는 손으로 물을 마시면서 엉성한 문장 몇 개를 더 말하고 반복한 다음 다시 원고 뭉치를 파고들었다. 시간이 흐를수록 그는 점점 더 구제 불능이 되어 길을 잃고 혼란스러워하며 당혹감에 빠져들었다. 초조함에 이마에는 땀이 맺혔고, 땀을 닦을 때마다 손수건이 덜덜 떨렸다. 청중석에 앉은 우리는 그날의 낭패를 지켜보면서 동정심이 들고 난처해졌다. 그의 실패가 마치 우리 일처럼 느껴졌다. 하지만 연설가는 신중함보다 고집이 앞섰고 계속 허둥대면서 원고를 들여다보고 사과하며 물을 마셨다. 그를 제외한 모두가 눈앞의 구경거리가 시시각각 재난으로 향해가고 있음을 느꼈다. 그가 자리에 앉아 처절한 몸부림을 멈추고 나서야 모두가 안도했다. 그날 나는 가장 불편해하는 청중 가운데 한 명이 되었다. 그는 이제껏 내가 본 가장 창피하고 수치스러운 연설가였다. 그는 루소가 연애편지를 써야 한다고 주장한 대로 연설했다. 무슨 말을 할지 모르면서 시작했고, 무슨 말을 했는지도 모른 채 끝냈다.

이번 이야기의 교훈은 바로 이것이다. 허버트 스펜서Herbert Spencer는 말했다. "정리되지 않으면 지식이 더 많을수록 혼란스러움도 더 커진다"라고.

정신이 온전한 사람이라면 누구도 아무 계획 없이 그냥 집을 지으려 하지 않을 것이다. 그런데 왜 개요나 프로그램에 대해 아주 조금도 알지 못하면서 연설을 시작하려 하는가?

연설은 목적을 세우고 떠나는 여행이며, 반드시 계획이 있어야 한다. 아무 데서나 시작하는 사람은 아무 데나 도착하게 마련이다.

나는 대중 연설을 배우는 학생들이 모이는 모든 학교의 교실에 붉은 글씨로 나폴레옹의 말을 새기고 싶다.

'전쟁의 기술은 철저히 계산하고 검토하지 않고서는 아무것도 성공할 수 없는 과학이다.'

사격에나 연설 모두에 해당하는 말이다. 하지만 연설가들이 이 사실을 알고 있을까? 알고 있다고 해도 항상 행동으로 옮길까? 그렇지 않다. 단호하게 말하건대 그렇지 않다. 많은 연설 준비가 아일랜드식 스튜 한 그릇을 끓이는 정도의 사소한 계획과 정리에 그친다.

그렇다면 아이디어를 가장 효과적으로 정리하는 방법은 무엇일까? 연구해보기 전에는 아무도 답할 수 없다. 이는 항상 새로운 문제이며, 모든 연설가가 몇 번이고 스스로 묻고 답해야 하는 영원한 의문이다. 완벽한 정답은 존재하지 않는다. 하지만 이 자리에서 질서정연한 정리가 무엇인지 보여주는 구체적인 사례를 통해 어느 정도 간략하게 설명할 수는 있다.

수상 경력에 빛나는 연설은 어떻게 작성하는가?

전미 부동산 위원회 협회의 제13차 정기 연간 대회에 앞서 이 상쇄를 들었던 학생이 한 연설을 소개한다. 이 연설은 여러 도시가 참여한 27편의 연설 중 1위를 차지했다. 짜임새가 좋고, 분명하고 생생하며 흥미로운 정보로 가득하다. 이 연설에는 생명력이 있다. 힘차게 전진한다. 읽고 공부할 가치가 있다.

존경하는 의장님과 내외빈 여러분,

144년 전 미국이라는 이 위대한 국가는 저의 도시인 필라델피아에서 태어났습니다. 이처럼 유구한 역사의 도시에 강인한 미국의 영혼이 새겨져 있어 이 나라의 위대한 산업 중심지가 되었을 뿐 아니라 전 세계에서 가장 거대하고 아름다운 도시로 성장한 것은 당연한 일입니다.

필라델피아에는 200만 명 가까운 사람들이 살고, 그 면적은 밀워키와 보스턴, 파리와 베를린을 합한 규모입니다. 210제곱킬로미터 부지 중 가장 아름다운 땅 32제곱킬로미터에 달하는 땅으로 아름다운 공원과 광장, 대로로써 가꾸어 여가와 즐거움에 적당한 장소이자 선량한 미국인 모두에게 딱 맞는 환경을 조성했습니다.

내외빈 여러분, 필라델피아는 크고 깨끗하고 아름다운 도시일 뿐 아니라 전 세계에서 최고의 일자리를 제공하는 도시로도 알려져 있습니다. 9,200개의 산업 시설에 고용된 사람들이 40만 명이 넘으며, 근무일 동안 10만 달러 가치의 유용한 생활용품을 생산하기 때문입니다. 한 유명한 통계학자에 따르면 미국에서 필라델피아처럼 양모와 피혁, 편물과 직물, 중절모와 하드웨어, 공구와 축전지, 강선 등 수많은 우수한 제품을 생산하는 곳은 없습니다.

우리는 매일 밤낮으로 두 시간마다 철도를 구축했으며, 이 위대한 국가에서 절반 이상의 사람들이 필라델피아에서 만든 전차를 탔습니다. 매분 1,000대의 시가를 제조하고, 작년에는 115개의 양말 공장에서 이 나라의 모든 남성과 여성, 아이를 위한 양말 두 켤레를 만들었습니다.

위대한 영국과 아일랜드가 생산한 양을 합한 것보다 더 많은 카펫과 러그를 생산하고, 실제로 전체 상업 및 산업 업계는 무척이나 거대하여 작년 어음 교환액이 379억 달러에 달해 미국 전체에서 발행한 자유 채권(미국이 제1차 세계대전 당시 발행한 전시 채권)을 다 갚을 정도의 규모입니다.

내외분 여러분, 놀라운 산업적 진보가 매우 자랑스러운 동시에 이 도시가 미국 최대의 의학·예술·교육 중심지인 점에도 자긍심을 느낍니다. 그렇지만 전 세계 다른 어떤 도시보다 필라델피아에 주택이 더 많다는 점이 훨씬 더 자랑스럽습니다. 필라델피아에는 397,000여 개의 개인 주택이 있으며, 주택을 7.6미터 너비의 부지에 나란히 한 줄로 세우면 그 줄은 필라델피아에서부터 이 회의장과 캔자스시티를 지나고 덴버를 거쳐 무려 3,027킬로미터에 이를 것입니다.

그러나 제가 여러분께 특히 강조하고 싶은 점은 수만 채의 주택을 필라델피아의 노동자들이 소유하고 차지하고 있다는 사실의 중요성입니다. 한 사람이 자기가 서 있는 땅과 머리 위의 지붕을 소유하고 있다면 세계독립노동자 협회의 주장에 휘둘릴 가능성도, 외국에서 들여온 사회주의와 볼셰비즘이라는 질병에 길릴 일도 없습니다. 필라델피아는 유럽 무정부주의가 스며들 토양이 아닙니다. 우리의 주택과 교육기관, 거대한 산업은 이 도시에서 태어난 진정한 미국적 정신으로 탄생했으며, 선조들에게 물려받은 유산이기 때문입니다. 필라델피아는 위대한 미국의 모태 도시이자 미국 자유의 정수와도 같은 도시입니다.

필라델피아는 미국에서 최초로 국기가 만들어진 도시입니다. 미국 최초의 의회가 소집된 도시입니다. 독립 선언문에 서명했던 도시입니다. 미국에서 가장 사랑받는 유물인 자유의 종이 수많은 이에게 영감을 주는 도시이기도 합니다. 그래서 우리는 우리에게 신성한 사명이 있다고 믿습니다. 금송아지를 숭배하는 사명이 아니라 미국의 정신을 퍼뜨리고 자유의 불이 계속 불타오르게 하여 신이 허락하는 한 조지 워싱턴과 링컨, 시어도어 루스벨트가 온 인류의 영감이 되게 할 사명입니다.

이 연설을 분석해보자. 어떻게 구성되었는지, 그 효과가 어떻게 전달되는지 살펴보자. 우선 이 연설에는 시작과 끝이 있다. 시작과 끝을 제대로 갖추었다는 사실은 눈에 띄는 장점이다. 이런 연설은 생각보다 드물다. 핵심적인 부분에서 시작한다. 기러기가 날개를 펼치고 날아가듯 곧장 뻗어나간다. 꾸물거리지 않는다. 그 어떤 시간 낭비도 하지 않는다.

신선하고 독창적이다. 연설가는 다른 연설가들이 그들의 도시에 대해 말하지 않을 법한 내용으로 연설을 시작한다. 자신의 도시가 국가 전체의 발상지라는 점을 지적한다.

그는 필라델피아가 세상에서 가장 크고 아름다운 도시라고 언급한다. 그런데 이 주장은 일반적이고 진부하다. 그 자체로서는 누구에게도 깊은 인상을 남기지 못한다. 화자도 이 점을 알고 있다. 그래서 청중에게 "그 면적은 밀워키와 보스턴, 파리와 베를린을 합한 규모입니다"라고 진술하여 규모를 상상하게 한다. 이 문장은 명확하고 구체적이다. 흥미롭다. 놀랍기까지 하다. 흔적을 남긴다. 통계학 문서 한 장 전체보다 아이디어를 더 효과적으로 전달한다.

다음으로 그는 필라델피아가 '전 세계에서 최고의 일자리를 제공하는 도시'라고 선언한다. 과장된 말처럼 들린다. 그렇지 않은가? 마치 선전 문구 같다. 그가 바로 다음 주장을 이어갔다면, 아무도 그의 말을 믿지 않았을 것이다. 하지만 그렇지 않았다. 그는 이 대목에서 잠시 멈추고 필라델피아가 세계에서 가장 앞서나가는 상품을 열거한다. '양모와 피혁, 편물과 직물과 중절모와 하드웨어, 공구와 축전지, 강선'이다.

이제는 별로 선전 문구처럼 들리지 않는다. 그렇지 않은가?

또한 "매일 밤낮으로 두 시간마다 철도를 구축했으며, 이 위대한 국가에서 절반 이상의 사람들이 필라델피아에서 만든 전차를 탔습니다"라고도 언급한다. 우리는 생각에 잠긴다.

'흠, 그런 건 전혀 몰랐는걸. 어쩌면 어제 동네에서 필라델피아에서 만든 전차 중 한 대를 탔을지도 몰라. 내일 한 번 살펴보고 우리 시에서 필라델피아의 차를 샀는지 알아봐야겠어.'

'1분당 1,000대의 시가라…… 모든 남성과 여성, 아이를 위한 양말 두 켤레.'

우리는 훨씬 더 깊은 인상을 받는다.

'내가 제일 좋아하는 시가를 필라델피아에서 만들었을지도 몰라. 그리고 내가 신은 양말도……'

다음으로 연설가는 어떻게 했는가? 처음 다룬 필라델피아의 규모라는 주제로 되돌아가 자신이 잊어버린 다른 사실을 다시 언급하는가? 전혀 그렇지 않았다. 한 주제를 끝내고 마무리할 때까지 계속 붙들고 있어서 되돌아갈 필요가 전혀 없었다. 이 점에 대해 연설가에게 감사해야 마땅하다. 연설가가 황혼 녘에 길을 잃은 박쥐처럼 이리저리 왔다 갔다 하는 것만큼 혼란스럽고 어지러운 일이 또 있을까? 하지만 많은 연설가가 그렇게 한다. 1, 2, 3, 4, 5의 순서대로 주장을 다루는 대신 미식축구 쿼터백이 27, 34, 19, 2라고 신호를 보낼 때처럼 말한다. 더 심각한 경우도 있다. 27, 34, 27, 19, 2, 34, 19처럼 종잡을 수 없는 순서로 다루는 것이다.

하지만 우리의 연설가는 정해진 시간에 맞추어 움직인다. 꾸물대지 않고 다시 돌아가지 않으며, 그가 이야기하는 자동차 중한 대처럼 좌회전이나 우회전을 하지도 않는다.

하지만 이제 그는 연설 전체에서 가장 취약한 주장을 한다. 그가 주장하길 필라델피아는 '이 나라 최대의 의학·예술·교육 중심지'다. 단지 이렇게 알릴 뿐이다. 그런 다음 서둘러 다른 주제로 넘어간다. 이 주장을 활기차고 생생하게 만들어 기억에 남기는 데 고작 열두 단어만 썼다. 그래서는 효과가 없다. 당연히 그럴 것이다. 사람의 마음은 강철 덫처럼 작동하지 않기 때문이다. 그는 이 주장에 너무 적은 시간을 썼고, 너무 일반적이고 모호해서 자신도 깊은 인상을 받지 못했을 뿐 아니라 듣는 사람에게 미치는 영향도 거의 없었다. 그렇다면 어떻게 해야 했을까? 그는 필라델피아가 세계 최고의 일자리를 제공한다는 사실을 구축하기 위해 적용한 것과 같은 기법으로 이 주장을 구축할 수도 있었다. 그도 알고 있었다. 그렇지만 경연 시간 동안 자기에게 스톱워치가 달려 있어 시간이 딱 5분 밖에 없다는 것도 알고 있었다. 그래서 이 부분을 얼버무리거나 다른 주장을 소홀히 할 수밖에 없었다.

"전 세계 다른 어떤 도시보다 필라델피아에 주택이 더 많다"라고 한다. 그는 어떻게 이 구절을 인상적이고 설득력 있게 제시할 수 있었을까? 첫째, 397,000이라는 구체적인 숫자를 제시한다. 둘째, 숫자를 시각화한다.

"주택을 7.6미터 너비의 부지에 나란히 한 줄로 세우면 그 줄은 필라델피아에서부터 이 회의장과 캔자스시티를 지나고 덴버를 거쳐 무려 3,027킬로미터에 이를 것입니다."

청중은 그가 문장을 끝마치기도 전에 숫자를 잊어버렸을지 모른다. 그런데 그가 묘사한 그림까지 잊어버렸을까? 그건 불가능에 가깝다.

냉정하고 현실적인 정보는 이미 충분하다. 하지만 뛰어난 웅변을 하기 위해서는 자료만으로는 부족하다. 지금 내가 소개하는 연설가는 클라이맥스를 만들고 청중의 심장을 건드려서 감동을 주고 싶어 했다. 그래서 마지막 단계에 이르러 감정적인 재료를 동원한다. 그는 노동자가 소유하는 것이야말로 필라델피아의 정신이라고 말한다. 그는 '외국에서 들여온 사회주의와 볼셰비즘이라는 질병, 유럽 무정부주의'를 비난한다. 필라델피아를 '미국 자유의 정수'라고 칭송한다. 자유라! 이 마법과도 같은 단어는 수백만 명이 기꺼이 목숨을 걸게 하는 정서와 감정을 불러일으킨다. 문구 자체도 좋았지만, 청중의 심금을 울리는 신성한 역사적 사건과 유물을 구체적으로 언급하여 이를 뒷받침한 점이 훨씬 더 훌륭하다.

"필라델피아는 최초의 미국 국기가 만들어진 도시입니다. 미국 최초의 의회가 소집된 도시입니다. 독립 선언문에 서명한 도시입니다. 자유의 종…… 신성한 사명…… 미국의 정신을 퍼뜨리고…… 자유의 불이 계속 불타오르게 하는…… 또한 신이 허락하는 한 조지 워싱턴과 링컨, 시어도어 루스벨트가 온 인류의 영감이 되게 할 것입니다."

이 대목이야말로 진정한 클라이맥스다!

이 연설은 구조만으로도 칭찬할 점이 많다. 구성면에서도 탁월하지만 활기와 생생함을 배제한 채 차분한 분위기로 표현했다면 슬픔으로 치닫거나 헛수고에 그쳤을지 모른다. 하지만 연설가는 가장 깊은 성실함에서 우러나온 감정과 열정으로 이 연설을 전달했다. 이 연설이 1위를 차지하고, 시카고 컵을 수상한 것은 당연한 일이다.

콘웰 박사가 연설을 계획하는 방식

이미 말했듯이 아이디어를 가장 잘 구성한다는 문제를 풀기에 절대적인 규칙은 없다. 연설 모두에 또는 심지어 대부분의 연설에 잘 맞는 설계나 계획, 도표 같은 것도 없다. 하지만 몇몇 사례에 활용할 수 있다고 증명될 몇 가지 연설 계획은 있다. 《내 인생의 다이아몬드Acres of Diamonds》의 저자 러셀 H. 콘웰Russell H. Conwell) 박사는 한때 나에게 그의 셀 수 없는 연설을 다음과 같이 작성했다고 알려줬다.

1. 사실을 진술한다.

2. 사실을 근거로 주장한다.

3. 행동을 촉구한다.

이 강좌를 듣는 많은 수강생은 다음의 계획 역시 무척 유용하고 흥미롭게 여길 것이다.

1. 무언가 틀렸다는 사실을 증명한다.

2. 어떻게 해결하는지 보여준다.

3. 협조를 요청한다.

아니면 다른 식으로 표현할 수도 있다.

1. 해결이 필요한 상황이 있다.

2. 그 문제에 대해 이런저런 일을 해야 한다.

3. 이런 사유로 도움을 주어야 한다.

이 책의 15장 '청중을 행동하게 하는 방법'에서 또 다른 연설 계획을 설명할 것이다. 간단히 소개하면 다음과 같다.

1. 흥미와 관심을 확보한다.

2. 신뢰를 얻는다.

3. 사실을 진술한다. 사람들에게 자신의 주장과 관련된 장점을 알
린다.

4. 동기에 호소하여 사람들이 행동을 취하게 한다.

관심이 있다면 15장으로 넘어가 이 계획을 상세히 공부해도
좋다.

상원의원 비버리지가 연설을 구축한 방식

앨버트 비버리지Albert J. Beveridge 상원의원은 〈대중 연설의 기
술The Art of Public Speaking〉이라는 매우 짧고 실용적인 글을 썼다.
선거 유세로 유명한 이 정치 운동가는 이렇게 말했다.

연설가는 자신이 택한 주제의 전문가가 되어야 한다. 즉, 반드시 모
든 사실을 수집하고 정리해서 연구하고 소화해야 한다는 뜻이다. 한
방면의 자료뿐 아니라 다른 방면과 모든 방면의 자료를 전부 다루어야
한다. 가정이나 증명되지 않은 주장에서 그치지 않고 자신이 모은 주
장이 사실임을 확인해야 한다. 그 무엇도 당연하다고 생각하지 마라.

그러므로 모든 항목을 점검하고 다시 검증해야 한다. 정확히 확인하
기 위해 힘에 부칠 때까지 연구해야 한다. 그런데 그게 뭐 어떻단 말인
가? 시민들에게 정보를 제공하고 가르치고 충고하기 위해 주장하는
것이 아닌가? 그렇다면 스스로 권위를 구축해야 하지 않겠는가?

어떤 문제든 사실을 모으고 조합한 다음, 이 사실에 필요한 해결책을 스스로 생각해내라. 그러면 연설에 독창성과 개성이 생길 것이다. 활력과 설득력도 생길 것이다. 연설 속에 당신이 존재하게 될 것이다. 그런 다음 최대한 명확하고 논리적으로 아이디어를 작성하라.

다시 말해 양쪽 방면의 사실을 제공한 다음, 그 사실이 명확하고 분명하다는 결론을 제시한다.

우드로 윌슨이 뼈대를 조합하는 방식

우드로 윌슨Woodrow Wilson에게 연설을 준비하는 방식을 설명해달라고 요청하자, 이렇게 말했다.

"다루고 싶은 주제 목록부터 나열한 후 자연스러운 관계에 따라 머릿속으로 정리합니다. 즉, 아이디어의 뼈대를 조합합니다. 그런 다음 속기로 적습니다. 저는 늘 속기로 적는 데 익숙해져 있습니다. 그러면 시간도 많이 절약됩니다. 그렇게 하고 나서 원고를 타자기로 옮기면서 표현을 바꾸고 문장을 수정하고 자료를 추가하는 식으로 작업을 진행합니다."

루스벨트는 전형적인 루스벨트의 방식으로 연설을 준비한다. 모든 사실을 파헤치고 검토하고 평가한 다음 결론에 도달하고 흔들리지 않는 확신에 이른다.

그런 다음 노트를 앞에 펼쳐두고 받아쓰기 시작한다. 어찌나 빠르게 받아적는지, 마치 갑작스럽게 저절로 연설이 흘러나오는 것처럼 보이기도 한다. 그런 다음 타이핑한 사본으로 넘어가 수정하고 잘라내고 연필 자국으로 채우고 나서 다시 모두 받아적는다.

"저는 힘겨운 노력과 최선의 판단력을 얻기 위한 연습, 신중한 계산과 미리 오랫동안 작업하는 연습 없이 결코 어떤 것도 얻지 않았습니다."

루스벨트가 말했다. 그는 간간이 비평가들을 불러 그들에게 연설을 들어달라고 했다. 자신이 말한 내용 자체로 비평가들과 토론하는 것은 거부했다. 결론에 관한 입장이 확고하여 돌이킬 수 없었기 때문이다. 그는 말하는 내용이 아니라 말하는 방식을 들어주기를 원했다. 몇 번이고 타자기로 쓴 원고를 훑어보며 빼고 수정하고 발전시켰다. 이런 과정을 거친 연설문이 신문에 실리는 것이다. 물론 그는 연설을 외우지 않았다. 즉흥적으로 말했다. 그래서 실제로 연설한 내용은 출판되거나 다듬어진 원고와는 약간 달랐다. 하지만 받아쓰기와 수정 작업은 탁월한 준비 방식이다.

그렇게 하면서 자료와 주장의 순서에 익숙해진다. 다른 방식으로는 좀처럼 확보할 수 없는 매끄러움과 확실성, 세련됨을 얻게 된다.

영국의 물리학자 올리버 로지Oliver Lodge 경은 내게 연설문을 받아쓰면서(청중에게 이야기하듯 빠르게 핵심만 담아 내용을 받아쓰면서) 받아쓰기야말로 훌륭한 연설 준비법이라고 말했다.

이 강의를 듣는 많은 수강생도 딕터폰(말을 녹음한 다음 나중에 받아쓸 수 있게 하는 기계)으로 연설문을 받아쓴 후 다시 들으면 연설을 발전시키는 데 효과적이라는 사실을 알게 되었다. 그렇다. 가끔은 이 연습 때문에 실망하고 잘못을 깨닫게 될까 봐 우려도 된다. 하지만 가장 도움이 되는 연습 방식이기에 권장하는 바다.

말할 내용을 직접 받아쓰는 연습을 하다 보면 억지로라도 내용에 대해 생각하게 될 것이다. 아이디어를 명확하게 알고 내용이 기억에 저장될 것이다. 정신적 방황을 최소한으로 줄일 것이다. 발음도 좋아질 것이다.

벤저민 프랭클린의 고전적인 이야기

벤저민 프랭클린은 그의 자서전에서 어떻게 말하는 능력을 키웠는지, 어휘력과 생각을 정리하는 방법을 배웠는지 이야기한다. 이 책이나 그의 삶은 말 그대로 고전이며, 대부분의 고전과 달리 읽기 쉬우면서도 무척 재미있어서 담백하고 쉬운 영어의 표본이라고 할 수 있다. 사업가라면 누구나 즐겁고 유익하게 그의 책을 읽을 수 있다. 내가 책에서 고른 내용도 마음에 들 것이다. 여기서 소개한다.

이맘때쯤 〈스펙테이터Spectator〉 잡지 한 권을 접했다. 세 번째 호였다. 지금까지 한 번도 본 적이 없다가 처음으로 한 권을 사서 여러 번 읽어보았는데 무척 재미있었다. 글이 훌륭하다고 생각했고, 가능하다면 따라 하고 싶었다. 이런 생각을 하며 종이를 몇 장 꺼내 각 문장의 분위기에 대한 짧은 단서를 남긴 다음 며칠 후 책을 보지 않고 단서로 남긴 분위기만 보고 적당한 단어로 차근차근, 예전에 쓰인 방식대로 충실하게 표현하면서 다시 글을 완성했다.

그런 다음 내가 쓴 내용을 〈스펙테이터〉 원문과 비교하여 결함을 찾아내고 수정했다. 그러다 보니 어휘력이 쌓이고 이를 떠올려서 활용할 수 있는 능력이 생겼으며 시를 쓰기 전에 이 방법을 알았어야 한다는 생각이 들었다. 시를 쓸 때는 같은 의미더라도 운율에 맞추어 다른 길이와 다른 소리를 끊임없이 사용해야 하니 말이다. 그러면 머릿속에서 끊임없이 다양한 단어를 찾아 헤맸을 것이고 어휘력이 훨씬 더 풍부해졌을 것이다. 나는 몇 편의 기사를 가져다 같은 연습을 반복했다. 가끔 단서의 조합을 마구 뒤섞은 다음, 몇 주 동안 가장 좋은 순서로 줄이고 전체 문장을 형성하고 글을 완성하기 시작했다. 이 훈련을 통해 정리와 사고의 방법을 배우게 되었다. 이후 원본과 내 글을 비교하여 많은 결함을 찾아내고 수정했다. 가끔은 어떤 사소한 부분에서 어법을 개선할 만큼 운이 좋았다고 공상에 빠지는 즐거움을 누렸다. 이로 말미암아 시간이 흐르면 제법 괜찮은 영어를 구사하는 작가가 될 수도 있겠다는 생각이 들었다. 지극히 야심 찬 포부였다.

게임을 즐기듯 메모하라

지난 강의에서 메모를 작성하라는 충고했다. 종이 뭉치에 다양한 아이디어와 사례를 적은 다음, 혼자서 즐기는 카드 게임을 해보라. 우선 종잇조각들을 관련된 주제끼리 묶는다. 주요 묶음은 대체로 연설의 핵심 주장을 대표해야 한다. 종이를 더 작은 덩어리로 나눈다. 가장 중요한 조각들만 남을 때까지 필요 없다 싶은 조각은 버린다. 가장 중요한 조각의 일부도 치워버리고 사용하지 않을 수 있다. 제대로 작업한다면 누구나 자신이 모은 자료의 극히 일부만을 사용할 것이다.

연설이 끝날 때까지 수정을 절대 멈추지 말아야 한다. 연설문이 완성되고 나서 요점과 발전 과정, 다듬기 과정을 모두 검토하고 난 후에도 계속 수정해야 한다.

좋은 연설가는 대체로 준비를 마쳤을 때 네 가지 형태의 연설문이 나온다. 처음 준비한 형태와 실제로 연설한 형태, 신문에 실린 형태, 마지막으로 연설을 마치고 집으로 돌아오면서 이렇게 했으면 좋았겠다고 바라는 형태다.

"연설하는 동안 원고를 봐도 될까요?"

링컨은 즉석에서 연설하는 능력이 뛰어났지만, 백악관에 들어가고 나서는 미리 신중하게 다 적어두기 전에는 내각에 하는 비공식적인 이야기를 비롯해 그 어떤 연설도 하지 않았다. 물론 그에게는 취임 연설을 낭독해야 하는 의무가 있었다. 특히 공식적으로 역사에 남을 연설은 정확한 표현 하나하나가 무척 중요해서 즉흥적으로 임할 수 없다. 일리노이주에 있던 때는 연설하면서 원고를 보지도 않았다. 그는 이렇게 말했다.

"원고를 보면서 하는 연설은 듣는 사람을 지루하고 짜증 나게 합니다."

누가 그의 말에 반박하겠는가? 발표할 때 원고를 보고 읽는 연설가는 청중의 관심사를 절반은 흐트러트린다. 그러면 연설가와 청중 사이에 존재해야 할 매우 소중한 접촉과 유대감을 해치지 않는가? 인위적인 느낌이 생기지 않는가? 연설가에게 자신감과 여유가 있다는 인상을 흐리지 않는가?

반복해서 말하건대 준비하는 동안 정교하고 풍성한 메모를 작성하라. 혼자 연습할 때는 얼마든지 참고할 수 있다. 청중을 마주할 때 주머니에 원고가 들어 있으면 한결 편안하다는 느낌이 들 수는 있다. 하지만 객차에 둔 망치와 톱, 도끼처럼 응급 상황일 때만 쓰는 도구여야 한다. 망가지거나 부서져서 죽음과 재앙을 초래할 때만 사용해야 한다.

꼭 원고를 봐야 한다면 넉넉한 종이에 큰 글자로 아주 간략하게만 적어라. 그런 후 연설할 장소에 일찍 도착해서 원고를 탁자 위에 있는 책 같은 데 감춰둔다. 꼭 봐야 할 때 곁눈질하되 청중 앞에서 자신의 허점을 드러내지 않도록 애써라. 존 브라이트는 자기 앞의 탁자에 놓인 커다란 모자에 원고를 감춰두곤 했다.

하지만 지금까지 한 모든 말에도 불구하고 원고를 사용하는 것이 더 현명할 때가 있다. 예를 들어 처음 몇 번의 연설 동안 어떤 사람이 무척 긴장하고 자의식이 너무 강해져서 준비한 연설을 전혀 기억할 수 없다고 해보자. 그 결과는? 연설이 엉뚱한 데서 시작한다. 그토록 주의 깊게 연습한 내용을 잊어버린다. 큰길에서 벗어나 수렁에서 허우적거린다. 이런 사람이라면 처음 몇 번쯤은 손에 핵심을 요약한 몇 장의 메모를 드는 편이 더 낫지 않겠는가? 아이는 처음 걸음마를 시작할 때 가구를 붙잡는다. 하지만 걸을 줄 알게 되면 더 이상 가구를 붙잡고 걷지 않는다.

표현을 있는 그대로 외우지 마라

연설문을 단어 하나하나 읽거나 외우려 하지 마라. 그런 일은 시간을 낭비하고 재난을 부른다. 이렇게 경고해도 이 책을 읽는 독자 몇몇은 그냥 내용을 외우려 할 것이다. 그렇다면 일어나서 연설할 때 어떤 생각을 하게 될까? 자신이 전할 메시지에 대해 생각할까? 그렇지 않다. 정확한 표현을 떠올리려 할 것이다. 연설하게 될 미래가 아니라 과거를 생각하며 일반적인 인간의 사고 과정을 거스르게 될 것이다. 연설 전체가 딱딱하고 냉담하고 무미건조하며 비인간적일 것이다. 간청하건대 이런 쓸데없는 짓에 시간과 에너지를 낭비하지 마라.

사업상 중요한 인터뷰가 있을 때 자리에 앉아서 말할 내용을 그대로 외우는가? 정말 그러는가? 당연히 아닐 것이다. 핵심 내용을 명확하게 파악할 때까지 생각에 잠길 것이다. 약간의 메모를 남기고 기록을 찾아볼 수도 있다. 그리고 혼자 이렇게 중얼거릴 것이다.

"이런 면과 저런 면을 강조해야겠어. 이런 이유로 어떤 일을 반드시 해야 한다고 말해야지."

그 후에 스스로 이유를 열거하고 구체적인 사례를 들어 증명한다. 이처럼 사업상 인터뷰를 준비하지 않는가? 그렇다면 연설을 준비할 때도 상식적인 방식을 적용해야 하지 않을까?

애퍼매톡스의 그랜트 장군

남북전쟁 막바지에 리 장군Robert Edward Lee이 그랜트 장군에게 항복 조건을 작성하라고 했을 때 연합군 지도자는 파커Ely Samuel Parker 장군을 돌아보며 자료를 요청했다. 그랜트는 《율리시스 그랜트의 개인 회고록Memoirs》에서 이렇게 회상한다.

'펜을 종이에 대고 보니 조건과 관련해 써야 할 첫 단어가 떠오르지 않았다. 마음속에 어떤 말이 있었는지만 알았을 뿐이다. 명확하게 표현해서 아무 오해도 생기지 않게 하고 싶었다.'

그랜트 장군은 굳이 첫 번째 단어를 알 필요가 없다. 그에게는 이미 생각이 있었기 때문이다. 확신도 있었다. 무척이나 하고 싶고, 명확하게 전하고 싶은 말이 있었다. 그 결과, 구태여 노력하지 않아도 평소의 습관이 그대로 흘러나왔다. 누구에게나 같은 원칙이 적용된다. 이 점이 의심스럽다면 거리에서 환경미화원을 쓰러뜨려보라. 그가 일어나면 하고 싶은 말을 전혀 거리낌 없이 이야기할 것이다.

2000년 전 로마의 시인 호라티우스Horace는 이렇게 썼다.

> 단어를 찾지 말고, 사실과 생각만 찾아라.
> 그러면 찾지 않아도 단어들이 몰려올 것이다.

아이디어를 확실히 파악했으면 처음부터 끝까지 연습해보라. 거리를 걸으면서, 차나 엘리베이터를 기다리면서 말없이 머릿속으로 연습하라. 방에 혼자 들어가 큰 소리로 읽으면서 검토하고 제스처를 취하면서 생생하고 활기 있게 말하라. 캔터베리의 케논 녹스 리틀Cannon Knox Little은 적어도 다섯 번은 설교해야 설교에서 진정한 메시지를 얻을 수 있다고 말했다. 그런데 여러 번 연습하지 않고서 연설에서 진정한 메시지를 얻기를 바랄 수 있겠는가? 연습하면서 눈앞에 실제로 관객이 있다고 상상하라. 생생하게 상상하면 눈앞에 관객이 있을 때, 마치 익숙한 경험처럼 느껴질 것이다. 그래서 많은 범죄자가 그토록 용감하게 교수대로 향하는 것이다. 그들은 그 장면을 수없이 상상했기 때문에 두려움이 사라졌다. 실제로 처형당하는 순간조차 예전에 자주 겪었던 일처럼 느낀다.

왜 농부들은 링컨이 '지독하게 게으르다'고 생각했을까?

이런 식으로 연설을 연습하면 많은 유명 연설가의 사례를 충실히 본받게 될 것이다. 로이드 조지는 고향 웨일스에서 토론 클럽 회원이었을 때 자주 시골길을 따라 산책하며 나무와 울타리를 상대로 연설하고 제스처를 취하곤 했다.

어린 시절 링컨은 브레킨리지John C. Breckinridge 같은 유명 연설가의 연설을 듣기 위해 왕복 50, 60킬로미터가 넘는 길을 걸어 다녔다. 연설을 들으며 무척 자극받은 채 집으로 돌아와 연설가가 되기로 굳게 결심한 터라 들판에서 다른 노동자들을 불러놓고 그루터기에 올라가 연설하고 그들에게 이야기를 들려주었다. 노동자들을 고용한 사람들은 화가 나서 키케로 흉내나 내는 시골뜨기 링컨은 '지독하게 게을러서' 그의 농담과 웅변이 다른 노동자들을 해치고 있다고 비난했다.

영국 총리를 역임한 허버트 헨리 애스퀴스Hebert Henry Asquith는 옥스퍼드의 유니언 토론 클럽에서 활발하게 활동하며 웅변 실력을 키웠다. 훗날 직접 클럽을 조직하기도 했다. 우드로 윌슨 역시 토론 클럽에서 연설하는 법을 배웠다. 헨리 워드 비처도, 위대한 에드먼드 버크Edmund Burke도 마찬가지다.

유명한 연설가들의 경력을 연구하다 보면 모두에게 적용되는 한 가지 사실을 발견하게 된다. 그들은 모두 연습하고 또 연습했다. 그야말로 연습벌레였다. 이 강좌에서 가장 가파른 성장세를 보인 사람도 가장 열심히 연습한 사람이었다.

연습할 시간이 없다고? 그렇다면 미국 외교관 조셉 초트Joseph Choate가 한 방법을 써보라. 그는 아침에 신문을 사고 출근할 때 신문에 머리를 파묻어 아무도 그를 방해하지 못하게 했다. 그런 다음 그날의 넛없는 스캔들과 가십을 읽는 대신 빌표를 생각하고 계획했다.

촌시 디퓨는 철도 국장과 미국 상원으로서 상당히 활발한 삶을 영위했다. 하지만 왕성한 활동을 하는 와중에도 거의 매일 밤 연설을 연습했다. 그는 이렇게 말한다.

"연설은 업무에 방해되지 않습니다. 모두 오후 늦게 퇴근해서 집으로 돌아온 후에 준비했거든요."

우리 모두에게는 날마다 마음대로 쓸 수 있는 시간이 하루에 세 시간 정도는 있다. 건강이 좋지 않은 다윈에게 작업해야 하는 시간은 세 시간이 전부였다. 다윈은 하루 스물네 시간 중 세 시간을 잘 써서 유명해졌다.

루스벨트는 백악관에 있는 당시 오전을 통째로 5분짜리 인터뷰들에 내줘야 했다. 하지만 그는 책을 옆에 두고 인터뷰 사이에 생기는 단 몇 초의 여유에도 틈틈이 책을 읽었다.

너무 바빠서 시간에 쫓긴다면 아널드 베넷Arnold Bennet의《하루 24시간 어떻게 살 것인가How To Live On Twenty-Four Hours A Day》

를 읽어라. 100쪽씩 잘라서 뒷주머니에 넣고 다니며 시간이 날 때마다 읽어라. 나는 이런 식으로 이틀 만에 이 책을 다 읽었다. 이 책은 시간을 절약하는 법과 하루를 최대한 잘 활용하는 법을 알려준다.

규칙적인 업무에서는 긴장을 풀고 변화를 꾀하는 시간이 필요하다. 연설 연습에도 변화가 필요하다. 가능하다면 일주일에 하루 정도는 밤에라도 이 강의를 듣는 다른 사람들과 만나 연습해보라. 그럴 수 없다면 집에서 가족들을 상대로 연습하며 게임처럼 연설을 즐겨라.

더글러스 페어뱅크스와 찰리 채플린은 어떻게 여가를 즐겼을까?

미국 배우 더글러스 페어뱅크스Douglas Fairbanks와 찰리 채플린에게 약간의 여가를 즐길 만한 수익이 있다는 것은 당연하다. 하지만 모든 재산과 명성에도 불구하고 그들이 저녁 시간을 즐긴 가장 재미있는 방법은 바로 즉흥 연설이었다.

더글러스 페어뱅크스가 몇 년 전 〈아메리칸 매거진American Magazine〉에서 이야기한 그들의 사연을 소개한다.

어느 날 저녁, 장난을 치다가 제가 저녁 식사 자리에서 찰리 채플린을 소개하는 척했지요. 그는 마지못해 자리에서 일어나 소개에 어울리는 말을 해야 했어요. 그때부터 게임을 만들어 거의 2년 동안 매일 밤 계속했지요. 우리 셋(메리 픽퍼드Mary Pickford, 페어뱅크스와 채플린)은 각자 쪽지에 단어를 적어서 접은 다음 뒤섞었습니다. 그리고 한 사람 씩 뽑았지요. 어떤 단어가 됐든 각자 일어나서 60초 동안 그 단어로 이야기해야 했어요. 절대로 같은 단어는 쓰지 않았습니다. 그렇게 해 서 놀이는 언제나 새롭게 유지되었지요. 우리는 온갖 종류의 단어를 사용했습니다. 어느 날 밤은 단어 중 두 개가 '신념'과 '램프 갓'이었어 요. 저는 '램프 갓'을 골랐시요. 60초 동안 '램프 갓'을 소재로 이야기 했던 일이 여태껏 제 인생에서 가장 힘든 시간이었을 겁니다. 쉽다는 생각이 들면 직접 한번 해보세요. 처음에는 당차게 시작합니다.

"램프 갓에는 두 가지 용도가 있지요. 하나는 빛의 세기를 조절하거 나 약하게 하는 것입니다. 다른 하나는 장식용이지요."

램프 갓을 저보다 더 많이 알지 못한다면 여기서 끝난 겁니다. 어떻 게든 이야기를 마치기는 했지요. 하지만 중요한 건 우리 셋 다 게임을 시작할 때보다 더 능숙해졌다는 점입니다. 이 놀이를 하면서 다양하 고 잡다한 주제에 대해 더 많이 알게 되었지요. 하지만 더 중요한 사 실은 순간적으로 어떤 주제가 제시되더라도 그 주제에 대한 지식과 생각을 정리하고 간단하게 설명하는 법을 배웠다는 것입니다. 우리 는 아주 잡다한 사항에 대해 체계적으로 사고하는 법을 배우고 있습 니다. 아직도 이 놀이를 하고 있으므로 '배우고 있다'라는 표현을 썼지 요. 약 2년 동안 게임을 하면서 한 번도 지루함을 느낀 적이 없답니다. 다시 말해 놀이를 하면서 우리는 아직도 성장하고 있다는 뜻입니다.

유명한 연설가들은 어떻게 연설을 준비하는가?

1. 나폴레옹은 말한다.

   "전쟁의 기술은 철저히 계산하고 검토하지 않고서는 아무것도 성공할 수 없는 과학이다."

   사격이나 연설 모두에 해당하는 말이다. 연설은 항해와 같다. 반드시 계획해야 한다. 아무 데서나 시작하는 연설가는 대체로 아무 데서나 끝난다.

2. 아이디어의 정리와 모든 연설의 구성에서 완벽하고 절대적인 규칙이란 없다. 각 연설은 저마다의 특수한 문제가 있다.

3. 연설가는 자신이 다루는 주제의 요점을 확실하게 짚어야 한다. 그런 다음 언급하지 말아야 한다. 필라델피아에서 상을 탄 연설을 참고하라. 황혼 녘의 박쥐처럼 한 주제에서 다른 주제로 넘어갔다가 다시 돌아오는 일은 없어야 한다.

4. 콘웰 박사는 다음 계획에 따라 수많은 연설을 구축했다.

   ① 사실을 진술한다.

   ② 이를 바탕으로 주장한다.

   ③ 행동을 촉구한다.

5. 아마도 다음 계획이 무척 도움 된다는 사실을 알게 될 것이다.

   ① 무언가 틀렸다고 주장한다.

   ② 어떻게 해결할지 보여준다.

   ③ 협조를 요청한다.

6. 탁월한 연설 계획을 소개한다. (더 자세한 내용은 15장 참고)

   ① 관심과 주의를 확보한다.

② 신뢰를 얻는다.

③ 사실을 진술한다.

④ 사람들이 행동하게 만드는 동기에 호소한다.

7. 앨버트 비버리지 상원의원은 다음과 같이 충고한다.

"주제에 관련된 양쪽 방면의 모든 사실을 수집하고 정리하고 연구하여 소화해야 한다. 증명하라. 사실임을 확인하라. 사실이 요구하는 해결책을 직접 생각해내라."

8. 링컨은 연설하기 전에 수학적인 엄밀함으로 결론을 생각했다. 마흔 살이 되고 의회의 일원이 된 후 기하학을 공부하여 궤변이 무엇인지 알고 결론을 증명할 수 있었다.

9. 루스벨트는 연설을 준비할 때 무척 빠르게 연설에 파고들고 타자로 작성한 사본을 수정한 다음 마지막으로 전체를 다시 받아썼다.

10. 가능하다면 딕터폰으로 연설을 녹음하고 들어보라.

11. 연설 도중 원고를 보면 청중이 보이는 관심의 약 50%는 줄어든다. 연설하면서 원고를 보지 마라. 무엇보다도 연설문을 읽지 마라. 연설문 낭독을 듣는 것을 참을 청중은 거의 없다.

12. 이야기를 생각하고 정리한 후에는 길을 걸으면서 조용히 연습하라. 어딘가에 혼자 있을 때는 제스처를 쓰면서 처음부터 끝까지 소리 내어 연습해보라. 실제로 청중에게 연설하고 있다고 상상해보라. 이런 연습을 많이 할수록 발표할 때 더 편안하게 느낄 수 있다.

이완

오페라 가수 슈만하잉크 부인은 이렇게 말한다.

"목소리는 다른 어떤 이유보다 긴장으로 훨씬 많이 망가진다. 가수는 반드시 언제나 긴장을 풀어야 한다. 늘어져 있으라는 말이 아니다. 맥을 놓고 있으라는 뜻도 아니다. 가수에게 긴장을 푼다는 것은 쾌활하고 가벼우며 자유롭고 편안한 상태를 말하는데, 몸의 어떤 부분도 굳어 있지 않다는 뜻이다. 긴장을 풀 때 나는 몸의 세포 하나하나가 우주에서 떠도는 것 같은 느낌이 든다. 단 하나의 신경도 긴장하고 있지 않다."

슈만하잉크 부인은 노래 이야기를 한 것이다. 하지만 물론 연설에도 같은 원칙이 적용된다. 슈만하잉크 부인은 긴장이 목소리를 망친다고 말했다. 하지만 지금처럼 숨 가쁜 시기에 긴장과 초조함이 섞인 부담보다 더 흔한 것이 무엇이겠는가? 이런 상태는 얼굴에 나타나는 만큼이나 목소리에도 나타난다. 이완! 이 말은 우리의 좌우명이 되어야 한다. 이완! 이는 우리의 고유한 관습이 되어야 한다. 유명한 오페라 가수 알레산드로 본치Alessandro Bonchi는 이완이 좋은 목소리의 비결이라고 말하곤 했다.

그런데 어떻게 하면 이완할 수 있을까? 우선 온몸을 이완하는 법을 배워라. 우리의 몸 전체는 목소리의 공명판 역할을 한다. 피아노의 공명판 상자에는 아주 약간의 이상이 생겨도, 예컨대

나사 하나만 헐거워져도 음색에 영향을 미친다. 그리고 목소리
는 신체 구석구석의 영향을 받기 때문에 몸이 여기저기 긴장되
어 있으면 완벽한 목소리가 나올 수 없다.

어떻게 긴장을 푸는가? 간단하다. 그냥 긴장을 풀면 된다. 그
게 전부다. 뭔가 하는 것의 문제가 아니다. 오히려 하지 않는 것
의 문제다. 필요한 것은 노력이 아니라 노력하지 않는 것이다. 어
깨에서부터 팔을 쭉 내밀어 앞으로 뻗어라. 이제 긴장을 풀어라.
팔을 떨어뜨릴 때 마치 추처럼 앞뒤로 흔들리지 않는가? 전혀
흔들리지 않는다면 긴장을 풀지 않은 것이다. 그냥 팔을 내리기
만 한 것이다. 다시 한번 해보라. 이번에는 어떤가?

밤에 잠자리에 들 때마다 똑바로 누워 1장과 2장에서 논의한
횡격막 호흡을 연습하라. 심호흡을 시작할 때 긴장을 풀어라. 몸
전체를 이완시켜라. 완전히 이완하라. 틸실로 짠 가방처럼 축 늘
어져 있다고 느껴라. 팔과 다리, 목의 에너지 전부가 몸 가운데
로 흘러간다고 상상하라. 입이 저도 모르게 벌어질 정도로 완전
히 긴장을 풀어야 한다. 팔과 다리, 몸이 침대에서 무겁게 축 늘
어져 있어 좀처럼 몸을 일으키지 못하겠다고 느껴야 한다. 축 늘
어진 느낌에 푹 빠져라. 이제 깊이, 천천히, 자연스럽게 숨을 쉬
며 그저 편안함과 이완만을 생각하라.

막 지나간 걱정과 문제, 다가올 날에 대한 불안이 한 떼의 모
기처럼 머릿속에 몰려들어 당신을 성가시게 하고 계속 긴장하
게 할 것이다. 그렇다면 모기를 내쫓듯 그런 생각을 내쫓아버려

라. 다음과 같은 차분한 말로 쫓아버려라.

"나는 편안하고 완전히 긴장을 풀고 있다. 팔을 들어 올릴 힘도 없다. 완전히 이완되어 있다."

이런 식으로 하며 심호흡하다 보면 금방 잠이 올 것이다. 셰익스피어가 말하듯 '걱정이라는 뒤엉킨 실타래를 풀고 오늘 하루를 소멸하게 하며 마음을 낫게 하는 영약인' 깊은 잠 속으로 빠져들 것이다. 이런 잠은 얼마나 상쾌하고 포근하며 또 얼마나 원기를 북돋는가.

위와 같이 기분 좋은 이완의 감정을 느꼈다면 일상에서 좀 더 이완을 유도할 수 있도록 노력하라. 말할 때도 슈만하잉크 부인이 노래를 부를 때처럼 느끼도록 노력하라.

"내 몸의 세포 하나하나가 우주에서 떠도는 것 같은 느낌이다. 단 하나의 세포도 긴장하고 있지 않다."

이완하면서 올바르게 호흡하고 숨을 조절한다면 좋은 목소리가 나오는 것은 시간문제다.

4장

기억력을
증진하는 방법

사업가에게 가장 먼저 필요한 능력은 기억력이다.
_ E. B. 고윈E. B. Gowin
(《실행 능력 개발Developing Executive Ability》의 저자)

사업에서 가장 신경 쓰이고 비용이 많이 드는 일은 건망증이다.
어떤 삶의 길을 걷든 잘 개발된 기억력은 분명 무한한 가치를 증
명할 것이다.
_ 〈새터데이 이브닝 포스트The Saturday Evening Post〉

사람들은 시간 대부분을 잊어버린 것을 다시 배우는 데 쓴다. 하
지만 배운 것을 계속 잊지 않는 사람은 언제나 성취하며 앞으로
나아간다.
_ 윌리엄 제임스William James(하버드대학교 교수)

중요한 주제에 대해 말하려 할 때마다 청중에게 어떤 인상을 주
고 싶은지 생각한다. 사실이나 주장을 전부 적지는 않지만, 노트
에 두서너 장의 메모를 남겨 떠오르는 주장이나 사실의 단편을 남
긴다. 정확한 표현을 위해 가끔 짧은 단락을 적기도 한다. 하지만
대체로 결정적인 단어나 문장을 적는다.
_ 존 브라이트John Bright(성서학자)

유명한 심리학자 칼 시쇼어Carl Seashore는 이렇게 말한다.

"평범한 사람은 타고난 기억력의 10%도 쓰지 못한다. 기억의 자연법칙을 위반하여 90%를 낭비한다."

당신도 평범한 사람 중 하나인가? 그렇다면 사회적으로나 상업적으로 불리한 위치에 처한 셈이다. 그렇다면 이번 장을 읽고 또 읽어서 도움받길 바란다. 이번 장은 기억의 자연법칙을 소개하며 설명하고 연설은 물론 사업에서 어떻게 활용할 것인지 이야기할 것이다.

이 '기억의 자연법칙'은 무척 간단하다. 단 세 가지다. 이른바 '기억 시스템'은 하나같이 이 법칙을 바탕으로 한다. 그 세 가지는 간단히 말하면 인상, 반복, 연상이다.

첫 번째 기억의 법칙은 다음과 같다. 기억하고 싶은 사항에 대해 깊고 생생하며 지속적인 인상을 포착한다. 이를 위해서는 반드시 집중해야 한다. 시어도어 루스벨트의 뛰어난 기억력은 만나는 사람 모두에게 깊은 인상을 남겼다. 이 놀라운 능력의 비결은 다음과 같다. 루스벨트는 기억하고 싶은 것의 인상을 물에 쓴 것이 아니라 강철에 새기려 했다. 그는 끈기와 연습으로 가장 열악한 상황에서도 집중할 수 있도록 자신을 단련시켰다. 1912년 시카고의 불 무스 전당대회 동안 루스벨트의 본부는 콩

그레스 호텔에 있었다. 호텔 아래편 거리에 군중이 몰려와 깃발을 흔들면서 외쳤다.

"테디(루스벨트 대통령의 별칭)를 원한다! 테디를 원한다!"

보통 사람이라면 군중의 함성과 밴드 음악, 부산하게 드나드는 정치인, 끝없는 회의와 회담으로 큰 혼란에 빠졌을 것이다. 하지만 루스벨트는 모든 소란을 뒤로한 채 방의 흔들의자에 앉아 그리스 역사가 헤로도토스의 책을 읽었다. 브라질 황야로 여행을 갔을 때는 저녁에 야영장에 도착하자마자 거대한 나무 아래 건조한 자리를 찾고 캠핑 의자를 꺼내 앉은 뒤 직접 베껴 쓴 에드워드 기번Edward Gibbon의 《로마제국 쇠망사Fall of the Roman Empire》를 꺼내 들었다. 그리고 그 자리에서 바로 책에 몰입하여 비가 오는 줄도 모르고, 야영장의 소음과 활동, 열대 우림의 소리도 모두 잊었다. 그러니 루스벨트가 자신이 읽은 내용을 기억하고도 남았다.

5분간 최대한 집중하는 것이 며칠 동안 정신없이 일하는 것보다 훨씬 더 뛰어난 결과를 낳는다. 헨리 워드 비처는 이렇게 썼다.

'한 시간 동안 강렬하게 집중한 효과가 나른하게 보낸 몇 년을 뛰어넘는다.'

베들레헴 스틸의 회장 유진 그레이스는 이렇게 말했다.

"다른 무엇보다 중요하다고 배웠고, 어떤 상황에서도 매일 실천하려고 하는 한 가지가 있다면 바로 지금 하는 일에 집중하는 것이다."

이것이 능력 중의 능력인 뛰어난 기억력을 키우는 비결 가운데 하나다.

그들은 벚나무를 보지 못했다

토머스 에디슨은 27명의 조수가 6개월 동안 매일 그의 전등 회사에서 뉴저지 멘로파크에 있는 작업장으로 갈 때 특정한 길을 이용했다는 사실을 알게 되었다. 그 길을 따라 벚나무가 자랐지만, 에디슨이 물어봤을 때 나무의 존재를 아는 사람은 27명 중 하나도 없었다.

에디슨은 열정과 생기를 담아 이런 주장을 했다.

"평범한 사람의 두뇌는 눈에 보이는 것의 천 분의 일도 보지 못합니다. 우리의 관찰력, 즉 진정한 관찰력이 얼마나 허술한지는 믿기 어려울 정도입니다."

평범한 사람에게 친구 두세 명을 소개하면 2분 후 그 사람은 단 한 명의 이름도 기억하지 못할 가능성이 크다. 왜일까? 그 사람이 애초에 친구들에게 충분한 관심을 기울이지도, 정확하게 관찰하지도 않았기 때문이다. 그는 당신에게 자신의 기억력이 좋지 않다고 말할 것이다. 하지만 기억력이 아니라 관찰력이 좋지 않은 것이다. 안개 속에서 사진을 찍어놓고 사진이 잘 나오지 않았다고 카메라를 탓하지는 않을 것이다. 그런데도 자신이 안

4장 기억력을 증진하는 방법 **115**

개 속에서 찍은 사진처럼 흐릿하고 희미한 인상을 선명하게 기억할 것이라고 기대한다. 물론 그런 일은 일어나지 않는다.

〈뉴욕 월드New York World〉를 창간한 퓰리처는 편집국에 있는 모든 사람의 책상에 세 단어를 붙여놓았다.

정확성

정확성

정확성

우리가 바라는 것은 바로 정확성이다. 사람의 이름을 정확하게 들어라. 이름을 말해달라고 하라. 이름을 다시 말해달라고 하라. 이름을 어떻게 쓰냐고 물어보아라. 그러면 상대방은 당신의 관심에 기분이 좋아질 것이고, 당신은 집중했기 때문에 이름을 기억할 수 있다. 더불어 명확하고 정확한 인상을 얻는다.

링컨이 소리 내어 읽은 이유

링컨은 어린 시절에 교실 바닥이 쪼개진 통나무로 된 시골 학교에 다녔다. 복사본에서 잘라낸 기름기 묻은 종이를 창문에 붙여 빛이 들어오게 하는 유리창 역할을 하게 했다. 교과서는 단한 권이었고, 선생님은 그 책을 학생들에게 소리 내어 읽어주었다. 학생들은 한목소리로 선생님을 따라 수업 내용을 반복해서 읽었다. 그러다 보니 끊임없이 소란이 빚어졌으며, 이웃들은 링컨의 학교를 '횡설수설 학교'라고 불렀다.

링컨은 이 '횡설수설 학교'에서 생긴 습관을 평생 지켰다. 그 이후로도 기억하고 싶은 것이 있다면 다 소리 내어 읽은 것이다. 매일 아침 스프링필드에 있는 법률 사무소에 도착하자마자 소파에 몸을 길게 뻗고는 길쭉하고 볼품없는 한 다리를 옆에 있는 의자에 걸쳤다. 그리고 신문을 큰 소리로 읽었다. 그의 동료가 말했다.

"너무 거슬려서 참을 수 없을 지경이었죠. 한번은 왜 그런 식으로 읽느냐고 물어보았어요. 그의 설명은 이랬답니다. '소리 내어 읽으면 두 개의 감각으로 아이디어를 붙잡을 수 있다네. 우선 내가 읽는 내용을 보게 되고 다음으로 그 소리를 듣게 돼. 그러면 더 잘 기억할 수 있지'라고요."

링컨의 기억력은 놀라울 정도로 오래 유지되었다. 링컨이 이렇게 설명할 정도였다.

"저의 정신은 마치 강철 조각 같습니다. 매우 단단해서 흔적을 남기기는 어렵지만 한 번 흔적이 생기면 지우기가 불가능하죠."

두 가지 감각에 호소하는 것이 그가 흔적을 남길 때 사용한 방법이었다. 여러분도 링컨처럼 해보라. 이상적인 방법은 기억하기 위해 사물을 보고 듣는 것만이 아니라 만지고 냄새를 맡고 맛까지 보는 것이다.

하지만 무엇보다 먼저 보아야 한다. 우리는 시각적으로 사고

한다. 눈으로 기억한 인상이 가장 오래 남는다. 우리는 종종 이름은 몰라도 그 사람의 얼굴을 기억한다. 눈에서 귀로 이어지는 신경은 귀에서 뇌로 이어지는 신경보다 스무 배가 더 많다. 중국에는 '한 번 보는 것은 천 번 듣는 것 이상의 가치가 있다'라는 속담이 있다.

기억하고 싶은 이름과 전화번호, 연설의 개요를 적어라. 눈으로 보아라. 눈을 감아라. 그리고 글자가 불꽃처럼 타오른다고 상상하라.

마크 트웨인은 어떻게 메모 없이 말하는 법을 배웠는가?

마크 트웨인은 시각적 기억을 활용하는 방법을 발견하여 몇 년 동안 그의 연설을 방해한 메모에서 벗어날 수 있었다. 〈하퍼스 매거진Harper's Magazine〉에 밝힌 그의 이야기를 들어보자.

날짜는 숫자로 되어 있어 기억하기 어렵습니다. 숫자는 단조롭고 모양도 눈에 띄지 않아 이미지를 포착할 수 없어요. 아무 그림도 없어서 붙잡아둘 수 없지요. 하지만 그림은 날짜를 잘 기억하게 합니다. 그림으로는 거의 무엇이든 더 잘 기억할 수 있어요. 특히 직접 그린 그림은 더욱 그렇습니다. 이것이 핵심입니다. 제가 경험해봐서 알아요. 30년 전, 저는 매일 밤 원고를 외우고 강연했습니다. 헷갈리지 않으려고 매일 밤 한 장의 메모를 남겼지요. 메모는 각 문단의 첫 마디를 남겼습니다. 11개 문단으로 되어 있다면 11개의 메모를 적었어요.

그 지역의 날씨는……

그 당시의 관습은……

하지만 캘리포니아에서는 아무도……

이런 식의 문장들은 핵심 내용을 약자로 표현해서 제가 건너뛰지
않도록 해주었지요. 하지만 한 장에 쓰고 보니 문장이 다 비슷해 보였
습니다. 아무 그림도 떠오르지 않았어요. 외우기는 했지만 올바른 순
서대로 정확하게 기억한 적이 한 번도 없습니다. 따라서 항상 메모를
간직해야 했고, 수시로 확인했습니다. 한번은 메모를 잘못 펼쳤지 뭡
니까. 그날 저녁에 제가 느낀 공포는 상상도 못 할 겁니다. 이제는 다
른 대책을 개발해야겠다고 생각했지요. 우선 각 문장의 첫 글자를 순
서대로 외웠습니다. I, A, B, 이런 식으로요. 그리고 다음 날 밤 손톱
10개에 잉크로 철자를 적고 단상에 올랐지요. 하지만 소용이 없었습
니다. 한동안 손가락을 따라가다가 어느 순간 길을 잃었거든요. 그런
다음에는 마지막으로 사용한 손가락이 어느 손가락인지 결코 확신할
수 없었습니다. 사용한 후에 글자를 핥아버릴 수도 없는 일이고요. 그
렇게 하면 한동안은 효과가 있겠지만 사람들이 더 큰 호기심을 보일
테니까요. 이미 손가락을 보는 행동만으로 충분히 청중의 호기심을
끌었습니다. 그들에게 저는 강연보다 손톱에 관심이 더 관심이 많은
사람처럼 보였을 겁니다. 강연이 끝나고도 한두 사람이 제 손톱에 무
슨 문제가 있냐고 물었지요.

그때 그림이라는 아이디어가 떠올랐지요. 그 후로 제 골칫거리는 사

라졌습니다. 저는 2분 만에 펜으로 6개의 그림을 그렸어요. 그림에 11개의 중심 문장을 담았고, 정확하게 딱 들어맞았습니다. 저는 그림을 다 그리자마자 던져버렸어요. 눈을 감고도 언제든지 그림을 볼 수 있다고 확신했기 때문이지요. 이게 벌써 25년 전 일입니다. 20년도 더 전이라 강연 내용은 머릿속에서 사라졌지만 그림을 떠올리면 다시 글로 쓸 수 있습니다. 그림은 머릿속에 남아 있기 때문이죠.

최근 기억에 대한 연설을 한 적이 있었는데, 그때 이 장의 자료를 상당 부분 활용하고 싶었다. 나는 해야 할 이야기의 요점을 그림으로 그렸다. 창문 밖에서 군중이 고함을 지르고 밴드가 연주하는 가운데 역사책을 읽는 루스벨트의 모습을 시각화했다. 벚나무를 쳐다보는 토머스 에디슨을 보았다. 소리 내어 신문을 읽는 링컨의 그림을 그렸다. 마크 트웨인이 청중 앞에서 손톱의 잉크를 핥는 모습을 상상했다.

내가 어떻게 그림의 순서를 외웠을까? 1, 2, 3, 4의 순서로? 그렇지 않다. 그렇게 하면 너무 어렵다. 나는 숫자마저 그림으로 바꾸고, 요점의 그림과 숫자의 그림을 조합했다. 예를 들어보겠다. 숫자 1one은 달리다run와 비슷한 소리가 난다. 그래서 나는 1을 뜻하는 경주마를 그렸다. 방에서 경주마에 올라타 책을 읽는 루스벨트의 모습을 그렸다. 2two에는 비슷한 소리가 나는 동물원zoo을 골랐다. 이번에는 동물원에 있는 곰 우리에서 벚나무를 바라보는 토머스 에디슨을 떠올렸다. 3인 쓰리three와 비슷한 소리가 나는 사물은 나무tree였다. 링컨은 나무 꼭대기에 걸터앉아 동료에게 소리 내어 글을 읽게 했다. 4에서는 포four와 비슷한 소리가 나는 문door의 그림을 상상했다. 마크 트웨인이 열린 문 앞에 서서 문설주에 기댄 채 청중에게 연설하며 손톱의 잉크를 핥는다.

이 책을 읽는 많은 사람이 이런 방법은 터무니없다고 생각할 것임을 잘 안다. 터무니없긴 하다. 하지만 바로 그래서 더 효과적이다. 이상하고 터무니없으면 기억하기가 상대적으로 더 쉽다. 숫자만으로 내 주장의 순서를 기억하려 했다면 쉽게 잊었을 것이다. 하지만 방금 설명한 시스템으로는 오히려 잊어버리기란 불가능하다. 세 번째 요점을 기억하고 싶으면 나무 꼭대기에 누가 있는지 떠올리면 된다. 나는 곧장 링컨을 보았다.

편의상 1에서 20까지의 숫자를 그림으로 바꾸어 보았으며, 숫자와 비슷한 소리가 나는 그림을 그렸다. 아래 숫자와 그림을 정리했다. 이 숫자와 그림을 외우는 데 30분만 투자하면 20개 목록을 한 번만 들어도 정확한 순서로 반복할 수 있을 것이다. 여덟 번째와 열네 번째, 세 번째처럼 무작위로 순서를 불러도 기억할 수 있을 것이다.

여기 숫자와 그림이 있다. 한번 시험해보라. 틀림없이 재미있을 것이다.

1one 달리다run — 경주마를 시각화하라.

2two 동물원zoo — 동물원의 곰 우리를 보아라.

3three 나무tree — 나무 꼭대기에 놓인 어떤 사물을 떠올려라.

4four 문door 혹은 멧돼지wild boar — 4four와 같은 소리가 나는 사물이나 동물을 택한다.

5five 벌집bee hive — 벌집을 떠올려라.

6six 아픈sick — 적십자사 간호사를 연상하라.

7seven 천국heaven — 황금이 깔린 거리에서 천사들이 하프를 연주한다.

8eight 문gate을 떠올린다.

9nine 와인wine — 테이블에 와인 병이 쓰러져 있고 아래 있는 무언가 위로 와인이 쏟아진다. 행동을 그림으로 표현하라. 그러면 더 오래 기억할 수 있다.

10ten 깊은 숲속 바위 동굴den에 야생 동물이 산다.

11eleven 축구football 11명의 축구 선수가 필드를 마구 가로지른다. 그 선수가 내가 11번째로 기억하고 싶은 사물을 높이 들어 올리고 있다고 상상하라.

12twelve 선반shelve — 누군가 선반에 있는 무언가를 치운다.

13thirteen 상처hurting — 상처에서 피가 솟구쳐 열세 번째 사물을 붉게 물들이는 장면을 본다.

14fourteen 구애courting — 연인이 어딘가에 앉아 사랑을 속삭인다.

15fifteen 들어 올리기lifting — 건장한 남자, 평범한 존 설리번 같은 사람이 머리 위로 뭔가를 높이 쳐든다.

16sixteen 주먹다짐Licking — 주먹 다툼을 떠올린다.

17seventeen 반죽leavening — 주부가 덩어리를 반죽하다가 덩어리에 열일곱 번째 사물을 반죽하여 넣는다.

18eighteen 기다림waiting — 한 여자가 깊은 숲속 갈림길에 서서 누군가를 기다린다.

19nineteen 비통함pining — 한 여자가 울고 있다. 열아홉 번째로 기억하고 싶은 사물에 눈물이 떨어진다.

20twenty 풍요로운 뿔Horn of Plenty — 꽃과 과일, 옥수수로 장식한 염소 뿔을 떠올린다.

시험하고 싶다면 몇 분간 그림과 숫자를 암기해보라. 원한다면 자신만의 그림을 그려도 좋다. 10에 대해 텐과 같은 소리가 나는 굴뚝새wren(렌)나 만년필fountain pen(파운틴 펜), 암탉hen(헨)이나 센센sensen 등을 생각해보는 것이다. 열 번째 사물이 풍차와 관련이 있다고 해보자. 풍차에 올라가 있는 암탉을 보거나 만년필을 채우기 위해 잉크를 펌프질하는 풍차를 떠올릴 수 있다. 그런 다음 열 번째 대상을 떠올리라는 질문을 받으면 10은 아예 생각하지 않고 그냥 암탉이 어디에 있는지만 물어보면 된다. 아무 효과도 없다고 생각할지 모르지만 한번 시도해보라. 금세 탁월한 기억력으로 주변 사람들을 놀라게 할 것이다. 무엇보다 재미가 있다.

신약 성경처럼 긴 책 외우기

세상에서 가장 큰 대학 중 하나는 카이로의 알아즈하르로, 21,000명이 다니는 이슬람 계통 교육기관이다. 이 학교에 들어가기 위해서는 코란을 전부 외워서 암송해야 한다. 코란은 신약 성경만큼이나 긴 책이고, 전부 암송하는 데는 무려 3일이나 걸린다!

말 그대로 '학동(공부 소년)'인 중국 학생들도 중국의 종교 및 고전 서적 일부를 외워야 한다.

아랍과 중국의 학생들(이들 대다수가 평범한 능력의 소유자다)은 어떻게 그렇게 놀라운 암기 능력을 얻게 되었을까?

두 번째 '기억의 자연법칙'인 반복을 통해서다.

충분히 반복하기만 하면 누구나 끝도 없을 정도의 자료를 외울 수 있다. 외우고 싶은 지식을 반복해서 읽어라. 이 지식을 활용하고 적용하라. 대화에 새로운 단어를 집어넣어라. 낯선 사람의 이름을 기억하고 싶다면 그 사람의 이름을 불러라. 대화할 때 대중 연설에서 이야기하고 싶은 요점을 거듭 이야기하라. 자주 사용한 지식은 기억에 오래 잘 남는 법이다.

중요한 반복 유형

하지만 기계적으로, 맹목적으로 외우기만 해서는 충분하지 않다. 지혜로운 반복, 잘 구축된 정신적 특징에 적합한 반복 능력을 키워야 한다. 예를 들어 독일 심리학자 헤르만 에빙하우스 Hermann Ebbinghaus는 학생들에게 'deyux', 'qoli'와 같이 아무 의미도 없는 음절들로 된 긴 목록을 나눠주었다. 그리고 학생들이 이 목록을 사흘 동안 38번 암기하면 한자리에 앉아서 68번 반복한 것과 같다는 사실을 발견했다. 다른 심리학 테스트에서도 비슷한 결과가 반복적으로 나타났다.

이는 기억의 작동 원리에서 매우 중대한 발견이다. 앉아서 무언가를 계속 반복하고 마침내 기억으로 굳어질 때까지 반복하는 사람이 적절한 간격을 두고 반복 절차를 수행하는 데 필요한 것보다 두 배나 많은 시간과 에너지를 활용한다는 뜻이다.

이러한 마음의 특수성(이런 표현을 쓸 수 있다면)은 두 가지 요인으로 설명할 수 있다.

첫째, 반복 사이의 간격 동안 우리의 무의식적인 마음은 연상을 더욱 확고하게 굳히느라 바쁘다. 제임스 교수가 현명하게 지적한 바와 같다.

"우리는 겨울에 수영을 배우고 여름에 스케이트를 배운다."

둘째, 간격을 두고 작업하면 끊임없이 작동하느라 생기는 긴장으로 정신이 피로해지지 않는다. 《아라비안나이트Arabian Nights》의 번역가이자 탐험가 리처드 버턴Richard Burton은 27개 국어를 원어민처럼 구사한다. 하지만 그 어떤 언어도 한 번에 15분 이상은 공부한 적이 없다고 밝혔다.

"15분이 지나면 두뇌가 활력을 잃어버리기 때문이죠."

분명 이런 사실을 알게 되더라도 자신의 상식에 자부심을 느끼는 사람은 연설하기 전날 밤까지도 발표 준비를 늦추지 않을 것이다. 만약 그렇게 한다면 그의 기억력은 사용할 수 있는 능력의 고작 절반밖에 작동하지 않을 것이다.

우리가 잊고 있는 방식을 일깨워주는 데 무척 도움 되는 발견 하나를 소개하겠다. 심리학 실험에서는 새로운 내용을 외우면 처음 8시간 동안 잊어버리는 양이 다음 30일 동안 잊어버리는 양보다 더 많다는 사실이 반복적으로 증명되었다. 정말 놀라운 비율 아닌가! 그러므로 사업 회의에 들어가기 직전, 연설하기 직전에 자료와 정보를 검토하며 기억을 되살려야 한다.

링컨은 이러한 연습의 가치를 알았고 이를 적용했다. 게티즈버그에서 연설할 때 링컨보다 학구적이며 뛰어난 웅변가 에드워드 에버렛은 링컨에 앞서 연설했다. 에버렛이 그의 길고 형식적인 웅변을 끝내가자 링컨은 늘 그랬듯 눈에 띄게 초조해졌다. 링컨은 서둘러 안경을 고쳐 쓰고 호주머니에서 원고를 꺼내 말없이 읽으며 기억을 되살렸다.

윌리엄 제임스 교수가 설명하는 우수한 기억력의 비결

기억의 처음 두 법칙에 대해서는 충분히 설명했다. 하지만 세 번째 법칙인 연상은 회상하는 데 없어서는 안 되는 요소다. 사실 연상은 기억 자체라고 할 수 있다. 제임스 교수의 현명한 설명을 들어보자.

우리의 정신은 기본적으로 연상 기계다. 내가 몇 분 동안 가만히 있다가 명령조로 이렇게 말한다고 가정해보자.

"기억해! 회상하라고!"

당신의 기억 기능이 명령에 순종하고 과거로부터 어떤 구체적인 이미지를 재생하는가? 분명 그렇지 않을 것이다. 아마 멍하니 허공을 바라보며 물을 것이다.

"뭘 기억하라는 거지?"

간단히 말하자면 기억에는 단서가 필요하다. 내가 태어난 날을 기억하라고 하거나 아침에 뭘 먹었는지 기억하라고 하거나, 연속적인 음계를 기억하라고 하면 기억력은 즉시 필요한 결과를 만들 것이다. 단서는 기억의 무한한 가능성을 특정 지점으로 이끈다. 어떻게 이런 일이 생기는지 살펴본다면 그 단서가 기억되는 대상과 밀접하게 연관되어 있음을 즉시 깨달을 것이다. '생일'이라는 단어는 특정 연도와 달, 숫자와 깊이 관련되어 있다. '오늘 아침 식사'라는 말은 커피와 베이컨, 달걀로 연결되는 대상 말고는 다른 모든 기억 회로를 차단한다. '음계'라는 단어는 도, 레, 미, 파, 솔, 라, 시, 도 등과 뿌리 깊게 관련되어 있다. 연상을 지배하는 법칙은 외부에서 오는 감각에 방해받지 않는 한 모든 생각의 흐름을 통제한다. 우리의 마음속에 떠오르는 것은 무엇이든 반드시 단서를 통해 소개된 것이다. 한 번 소개되면 이미 그 자리에 있던 무언가와 관련이 있는 것으로 연상된다. 회상하는 것뿐 아니라 생각하는 다른 모든 것에도 이 원칙이 적용된다. 훈련된 기억력은 체계적인 연상 시스템을 기반으로 한다. 그리고 이 시스템은 두 가지 특성에서 비롯된다. 첫 번째는 연상의 지속성이다. 두 번째는 연상의 다양성이다. 그러므로 '우수한 기억력의 비결'은 기억하고 싶은 모든 사실과 다양하고 복합적인 연상을 형성하는 비결과도 같다. 하지만 사실과 관련된 연상을 엮기 위해서는 사실에 대해 가능한 한 더 많이 생각하는 수밖에 없다. 간단히 말해 똑같은 경험을 한 두 사람 중 자신의 경험을 많이 생각하고 서로 가장 체계적인 관계로 연결하는 사람의 기억력이 더 뛰어날 것이다.

여러 사실을 서로 조합하는 방법

아주 좋다. 그런데 어떻게 사실을 다른 사실과 체계적인 관계로 엮을 수 있을까? 그 답은 이렇다. 각 사실의 의미를 찾고 반복해서 생각한다. 예를 들어 어떤 새로운 사실에 대해 아래와 같이 묻고 답할 수 있다면, 그 과정은 각 사실을 다른 사실과 체계적으로 엮는 데 도움 될 것이다.

1. 왜 그런가?
2. 어떻게 그런가?
3. 언제 그렇게 되었을까?

4. 어디서 그렇게 되었을까?

5. 누가 그렇다고 했는가?

예컨대 낯선 사람의 이름이 평범한 이름이라면 같은 이름의 다른 친구와 연결할 수 있다. 반면 특이한 이름이라면 그 이름을 말할 기회를 마련한다. 이렇게 하면 종종 낯선 사람이 자신의 이름에 대해 좀 더 자세히 이야기한다. 예를 들어 이번 장을 쓰면서 나는 소터 부인이라는 사람을 소개받았다. 나는 부인에게 이름의 철자를 물어보고 이름이 특이하다고 말했다. 그녀가 대답했다.

"네, 맞아요. 아주 특이해요. 그리스어로 '구원자'라는 뜻이죠."

그런 다음 그녀는 남편이 아테네 출신이며, 그리스 정부에서 높은 직책에 있었다고 이야기했다. 나는 사람들이 자신의 이름에 관해 이야기하게 만드는 일이 제법 쉽다는 사실을 알게 되었다. 이야기를 들으면 이름을 기억하는 데 항상 도움 된다.

낯선 사람의 외모를 예리하게 관찰하라. 눈동자 색깔과 머리카락 색깔에 주목하고 이목구비를 자세히 살펴보아라. 어떻게 옷을 입었는지 주목하라. 말하는 방식에 귀를 기울여라. 표정과 개성에서 명확하고 날카로우며 생생한 인상을 포착한 다음 그 사람의 이름과 결부하라. 다음번에 이 날카로운 인상이 되살아나고, 이름을 함께 떠올리는 데 도움을 줄 것이다.

어떤 사람을 두세 번 만났고 사업이나 직업은 기억해도 이름이 기억나지 않는 경험을 한 적이 있지 않은가? 그 이유는 다음과 같다. 사람의 직업은 분명하고 구체적이다. 의미가 있다. 직업은 반창고처럼 착 달라붙는 반면, 의미 없는 이름은 가파른 지붕에 쏟아지는 우박처럼 굴러떨어진다. 따라서 사람의 이름을 분명히 기억하는 능력을 키우고 싶다면 이름에 관련된 문구를 만들고 그것을 그 사람이 하는 일에 결합해라. 이 방법의 효과에 대해서는 의심의 여지가 없다.

예를 들어 최근 서로 전혀 모르는 사람들 20명이 필라델피아의 펜 애슬레틱 클럽에서 만나 이 강좌를 수강했다. 각 수강생은 일어나서 자기 이름과 직업을 말해야 한다. 그런 다음 이름과 직업을 연결한 문장을 만든다. 그리고 잠시 후 참석한 모든 사람이 방에 있는 다른 사람의 이름을 반복해서 말한다. 이렇게 하면 강좌가 끝난 후에도 서로의 이름이나 직업이 잊히지 않는다. 서로 연결되어 있기 때문이다. 딱 붙어 있다.

다음은 위 모임에 참여한 사람 10명의 이름을 알파벳 순서대로 적은 목록이다. 옆에는 이름을 직업에 묶기 위한 다소 조잡한 문장이 있다.

G. P. 알브렉트G. P. Albrecht — 모래 채취업 — 모래는 모든 것을 밝게 만든다Sands makes all bright.

조지 A. 앤슬리George A. Ansley — 부동산 중개업 — 부동산을 팔기 위해서는 앤슬리 매거진에서 광고하라To sell real estate, advertise in

Ansley 's Magazine.

G. W. 베일리스G. W. Bayliss — 아스팔트 관련 사업 — 아스팔트를 팔고 싸게 사라Use asphalt and pay less.

H. M. 비들H. M. Biddle — 모직물 관련 사업 — 비들 씨가 모직물에 소변을 본다Mr. Biddle piddles about the wool business.

기드온 보에리케Gideon Boericke — 광산업 — 보에리케 씨는 광산에 빨리 구멍을 뚫는다Boericke bores quickly for mines.

토마스 데버리Thomas Devery — 인쇄업 — 모든 사람에게는 데버리의 인쇄물이 필요하다Every man needs Devery's printing.

O. W. 둘리틀O. W. Doolittle — 자동차 매매업 — 대충 일하면 차를 파는 데 성공할 수 없다Do little and you won't succeed in selling cars.

토마스 피셔Thomas Fischer — 석탄 사업 — 그는 석탄을 얻기 위해 낚시를 한다He fishes for coal orders.

프랭크 H. 골디Frank H. Goldey — 목재 사업 — 목재 사업에는 황금이 있다There is gold in the lumber business.

J. H. 핸콕J. H. Hancock — 새터데이 이브닝 포스트 기자 — 새터데이 이브닝 포스트 구독 신청란에 존 핸콕이라고 서명하라Sign your John Hancock to a subscription blank for the Saturday Evening Post.

날짜를 기억하는 방법

날짜는 마음속에 이미 확고하게 자리 잡은 중요한 날짜와 결합할 때 가장 잘 기억할 수 있다. 미국인에게 수에즈운하가 1869년에 개통되었다는 사실이 남북전쟁이 끝나고 4년 후에 처음으로 배가 수에즈운하를 통과했다는 사실보다 훨씬 더 기억하기 어렵지 않은가? 미국인이 호주에 유럽인들이 처음 정착한 해가 1778년이라는 사실을 기억하려 한다면 이 날짜는 자동차의 헐거워진 나사처럼 머릿속에서 빠져나갈 가능성이 크다. 하지만 날짜를 1776년 7월 4일과 연결해서 생각하고 독립 선언을 한 지 12년 후에 정착했다는 사실을 기억하면 훨씬 더 기억에 남을 가능성이 크다. 이는 마치 느슨해진 기억의 나사를 조이는 것과 비슷하다. 이렇게 해야 계속 유지된다.

전화번호를 선택할 때도 이 원칙을 명심하는 편이 좋다. 예를 들어 전쟁하는 동안 나의 전화번호는 1776번이었다. 누구나 쉽게 이 번호를 기억할 것이다. 전화 회사에서 1492, 1861, 1865, 1914, 1918 같은 번호를 확보하면 당신의 친구들은 전화번호부를 뒤적거리지 않아도 될 것이다(1776년은 미국이 독립 선언을 한 해, 1492년은 콜럼버스가 미국을 발견한 해, 1861년은 남북전쟁이 발발한 해, 1865년은 남북전쟁이 종전된 해, 1914년은 제1차 세계대전이 발발한 해, 1918년은 제1차 세계대전이 종전된 해). 무미건조하게 전화번호만 알려준다면 친구들은 당신의 전화번호를 잊어버릴지 모른다. 하지만 "내 번호를 쉽게 기억할 수 있을 거야. 1492년은 콜럼버스가 미국을 발견한 해잖아"라고 한다면 더 잘 기억할 수 있을 것이다.

물론 이 책을 읽는 호주 사람이나 뉴질랜드 사람, 캐나다 사람은 1776, 1861, 1865를 각자의 역사에서 의미 있는 숫자로 바꾸면 된다.

다음 숫자를 가장 잘 기억하는 방법은 무엇일까?

1. 1564 ― 셰익스피어가 태어난 해
2. 1607 ― 영국 이주민이 제임스타운에 최초로 정착한 해
3. 1819 ― 빅토리아 여왕이 태어난 해
4. 1807 ― 로버트 E. 리 장군이 태어난 해
5. 1789 ― 바스티유 감옥이 함락당한 해

연방에 가입한 순서대로 13개 주의 이름을 기계적으로 외우기만 하는 건 분명 지루할 것이다. 하지만 각 주의 이름을 이야기와 결합하면 더 적은 시간과 노력을 들여 암기할 수 있다. 다음 단락을 그냥 한번 읽어라. 집중하라. 다 끝나고 나서 13개 주의 이름을 정확한 순서로 외울 수 있는지 확인해보라.

어느 토요일 오후 델라웨어 출신의 젊은 숙녀가 가벼운 외출을 위해 펜실베이니아 기차표를 샀다. 가방에 뉴저지 스웨터를 챙기고 코네티컷에 있는 친구 조지아를 방문한다. 다음 날 아침 여주인과 방문객은 메리의 땅Mary's land(메릴랜드)의 교회에서 열리는 미사Mass(매사추세츠Massachusetts의 약어)에 참석한다. 그런 다음 사우스 카 라인South car line(사우스캐롤라이나)을 타고 집에 돌아와 저녁 식사로 새로운 햄(뉴 햄new ham은 뉴햄프셔New Hampshire의 약어)을 먹는다. 버지니아라는 유색인종 요리사가 그 햄을 구웠는데, 그녀는 뉴욕 출신이다. 저녁 식사가 끝나고 노스 카 라인North car line(노스캐롤라이나)을 타고 아일랜드rode to island(로드 아일랜드)로 갔다.

발표의 요점을 기억하는 방법

사물을 떠올릴 방법은 단 두 가지다. 첫째, 외부의 자극을 거친다. 둘째, 이미 머릿속에 있는 무언가와 연관시킨다. 이를 연설에 적용하면 이렇게 된다. 첫째, 메모와 같은 외부 자극의 도움을 받아 요점을 기억한다. 하지만 메모를 자꾸 들여다보는 연설가를 누가 보고 싶겠는가? 둘째, 이미 마음속에 있는 것에 연관 지어 요점을 기억한다. 논리적인 순서로 배열하여 방의 문이 다른 방으로 이어지듯이 첫 번째 사항이 두 번째로 연결되고, 두 번째는 자연스럽게 세 번째와 연결되어야 한다.

말은 간단해 보이지만 두려움에 짓눌려 머릿속이 새하얘진 사람에게는 쉽지 않을 것이다. 하지만 쉽고 빠르게, 그러면서도 확실하게 요점을 연결하는 방법이 있다. 바로 터무니없는 문장을 활용하는 것이다. 예를 들어보겠다. 소와 담배, 나폴레옹과 집, 종교와 같이 아무 관련이 없어 연상하기 어려운 무작위 개념을 논의하고 싶다고 하자. 터무니없는 문장을 통해 이 아이디어를 사슬의 고리처럼 연결할 수 있는지 살펴보자.

'소가 담배를 피워 나폴레옹을 낚았다. 집은 종교와 함께 불타고 있다.'

이제 위의 문장을 손으로 가리고 다음 질문에 답해보겠는가? 이 논의의 세 번째 요점은 무엇인가? 다섯 번째, 여섯 번째, 두 번째, 첫 번째는 무엇인가?

이 방법이 효과가 있느냐고? 그렇고말고! 내 강좌를 들은 사람들은 이 방법을 즐겨 사용했다.

어떤 아이디어 조합이든 이와 같은 방식으로 서로 연결하라. 연결할 때 더 우스꽝스러운 문장을 쓸수록 기억하기 더 쉽다.

완전히 내용을 잊어버렸을 때 해야 할 일

철저하게 준비하고 주의했음에도 연설가가 연설 도중 머릿속이 텅 비었다고 해보자. 청중을 바라보면서 완전히 말을 멈추고 더 이상 이어가지 못한다. 소름 끼치는 상황이다. 하지만 혼란과 패배감에 휩싸여 있을 수만은 없다. 단 10초, 15초의 은총이라도 있으면 다음 요점, 어떤 요점이라도 생각할 수 있을 것 같다. 하지만 청중 앞에서 단 15초의 숨 막힐 듯한 침묵은 재앙과 다를 바 없다. 이럴 때 어떻게 해야 할까? 한 유명한 미국 상원의원은 최근 이런 상황에 빠지자 청중에게 자기가 충분히 크게 말하고 있는지, 방 뒤쪽까지 목소리가 또렷하게 들리는지 물었다. 물론, 이미 자신이 충분히 크게 말하고 있다는 것을 알고 있었다. 그는 정보를 요청한 것이 아니었다. 시간이 필요했을 뿐이다. 잠깐의 시간을 번 후 그는 생각을 가다듬고 연설을 이어갔다.

이런 정신적 폭풍 속에 가장 효과적인 방법을 소개하겠다. 마지막 문장의 마지막 단어나 문구, 개념을 활용하여 새로운 문장을 시작하라. 그렇게 하면 시인 앨프레드 테니슨Alfred Tennyson의 시 '시내의 노래Song of the Brook'에 등장하는 시냇물처럼 이어지게 할 수 있다. 하지만 안타깝게도 테니슨의 시냇물만큼이나 아무목적 없는 반복이 끝없이 계속될 수도 있다. 실제로 어떻게 이런 일이 진행되는지 알아보기로 하자. 사업상의 성공에 관해 이야기하던 한 연설가가 "평범한 직원은 일에 진정한 관심이 없어서 앞으로 나아가지 못하고, 거의 주도권을 발휘하지도 못합니다"라고 말한 후에 막다른 정신적 고비에 부딪혔다고 해보자.

다음 문장을 '주도성'이라는 단어로 시작하라. 아마 무슨 말을 해야 할지, 어떻게 끝내야 할지 잘 모를 것이다. 그래도 시작하라. 서투르게 시작해도 철저하게 패배하는 것보다는 바람직하다. 예를 들어 다음과 같이 한다.

주도성이란 자발성을 말합니다. 알아서 하는 거지요. 누가 시킬 때까지 무작정 기다리는 게 아니고요.

흥미로운 주장은 아니다. 역사적인 연설감도 아니다. 하지만 고통스러운 침묵보다는 낫지 않은가? 마지막 구절이 무엇이었는가? '무작정 기다리는 것이다'이다. 좋다. 그렇다면 이 개념으로 새로운 문장을 시작해보자.

자발적으로 생각하고 싶어 하지 않은 직원들에게 끊임없이 이야기하고 지시하며 그들을 기다리게 하는 것은 상상만 해도 고통스러운 일입니다.

자, 이제 이 문장은 통과했다. 다음 문장으로 넘어가자. 이번에는 상상에 관한 문장을 이야기해야 한다.

우리에게는 상상이 필요합니다. 상상은 곧 비전이죠. 솔로몬은 이렇게 말했습니다. "비전이 없으면 사람들은 죽는다"라고요.

이번에도 차질 없이 두 번째 문제를 해결했다. 힘을 내서 계속 해보자.

매년 사업이라는 전쟁터에서 사망하는 직원의 숫자를 보면 정말 안타깝습니다. 유감스럽다고 말하고 싶어요. 약간의 충성심과 약간의 야망, 약간의 열정만 있었더라면 그들도 성공과 실패의 경계선을 넘어설 수 있었기 때문입니다. 하지만 사업에서는 실패를 허용하지 않지요.

이런 식으로 이어가는 것이다. 이때 연설가는 적당한 말을 하면서 동시에 머릿속으로 계획된 연설의 다음 요점, 원래 하려던 말에 대해 골똘히 생각해야 한다.

이 끝도 없는 사슬 방식의 이야기는 너무 질질 끌면 연설가가 자두 푸딩이나 카나리아의 가격에 관하여 토론하는 데 빠지게 할 수 있다. 하지만 망각 때문에 일시적으로 흔들리고 손상된 정신에는 탁월한 응급 처치다. 숨을 헐떡이며 죽어가는 많은 연설을 부활시키는 수단이다.

모든 종류의 기억력을 증진할 수는 없다

이번 장에서 생생한 인상을 남기고, 반복하거나 사실을 결합하는 방법으로 기억력을 증진할 수 있다고 이야기했다. 하지만 기억은 본질적으로 연상의 문제라 제임스 교수는 "기억의 일반적인 혹은 근본적인 기능은 증진할 수 없다. 특별한 연관이 있는 사물의 시스템에 대해서만 기억을 증진할 수 있을 뿐이다"라고 지적한다.

예를 들어 셰익스피어의 인용문을 하루에 한 문장씩 외우면 문학적 인용에 대한 기억이 놀랄 만큼 향상될 수 있다. 추가로 인용문을 더 외울 때마다 마음속에서 관련이 있는 여러 인용구와 한데 묶일 것이다. 하지만 햄릿과 로미오를 모조리 외운다고 해도 면화 시장이나 선철에서 불순물을 제거하는 '베서머법

Bessemer process'에 대한 정보를 저장하는 데 반드시 도움 되지는 않는다.

다시 한번 반복하겠다. 이번 장에서 논의한 원칙을 적용하고 활용한다면 무엇이든 암기하는 방식과 효율을 개선하게 될 것이다. 하지만 이 원칙을 적용해 야구에 대한 천만 가지 규칙을 외운다고 해서 주식 시장에 대한 정보를 외우는 데는 전혀 도움 되지 않는다. 이처럼 관련이 없는 자료는 서로 묶일 수 없다.

"우리의 정신은 근본적으로 연상 기계다."

기억력을 증진하는 방법

1. 유명한 심리학자 칼 시쇼어는 이렇게 말한다.
    "평범한 사람은 실제로 타고난 기억력의 10%도 쓰지 못한다. 기억의 자연법
    칙을 위반하여 90%를 낭비하고 있다."
2. '기억의 자연법칙'은 세 가지다. 인상, 반복, 연상이다.
3. 기억하고 싶은 대상의 생생한 인상을 포착하라. 그러기 위해 다음을 명심하라.
    ① 집중하라. 이것이 루스벨트의 기억 비결이었다.
    ② 주의 깊게 관찰하라. 정확한 인상을 포착하라. 카메라는 안개 속에 있는
    사물을 찍지 못한다. 우리의 정신도 흐릿한 인상을 포착하지 못한다.
    ③ 가능한 한 많은 감각을 통해 인상을 새겨라. 링컨은 그가 기억하고 싶은
    내용을 소리 내어 읽으면서 시각과 청각 양쪽 모두에서 인상을 얻었다.
    ④ 무엇보다 눈으로 인상을 남겨라. 그러면 오래 남는다. 눈에서 뇌로 이어지는
    신경은 귀에서 뇌로 이어지는 신경보다 20배는 더 많다. 마크 트웨인은 메
    모를 사용할 때는 연설의 개요를 기억하지 못했다. 하지만 메모를 내던지고
    그림을 사용하여 다양한 주제를 떠올리자 모든 걱정이 사라졌다.
4. 기억의 두 번째 법칙은 반복이다. 수만 명의 이슬람교 학생들은 신약 성서만
    큼이나 긴 코란을 암기한다. 이들은 대부분 반복의 힘을 통해 외운다. 충분히
    자주 반복하면 당연히 무엇이든 암기할 수 있다. 하지만 반복할 때 다음 사실
    을 명심하라.
    ① 기억에 새겨질 때까지 앉아서 한 가지를 몇 번이고 반복하지 마라. 한두
    번 훑어본 다음 잠시 쉬고 나중에 다시 반복한다. 이런 식으로 간격을 두
    고 반복하면 한 번에 암기하는 데 필요한 시간의 절반 정도만 들이고도 암

기할 수 있다.

② 뭔가를 암기한 후에 처음 8시간 동안 잊어버리는 양은 그 후 30일 동안 잊어버린 양과 같다. 그러므로 연설을 시작하기 몇 분 전에 다시 메모를 검토하라.

5. 세 번째 기억의 법칙은 연상이다. 어떤 사실을 기억하는 유일한 방법은 다른 어떤 사실과 연관시키는 것이다. 제임스 교수는 이렇게 말한다.

"반드시 소개받아야 했다. 소개받고 나면 이미 그 자리에 있던 무언가와 연관된다. 자신의 경험을 많이 생각하고 가장 체계적인 관계로 연결하는 사람의 기억력이 더 뛰어나다."

6. 하나의 사실을 이미 마음속에 존재하는 다른 사실과 연결하고 싶을 때는 새로운 사실을 여러 각도에서 생각해본다. 다음과 같은 질문을 던져라.

"어째서 그런가? 어떻게 그럴까? 언제 그렇게 되었을까? 어디에서 그렇게 되었나? 누가 그렇다고 말했는가?"

7. 낯선 사람의 이름을 기억하고 싶으면 이름에 관한 질문을 하라. 예를 들면 철자가 어떻게 되는지 질문한다. 외모를 날카롭게 관찰하라. 이름과 얼굴을 연결 지으려 해보라. 직업을 알아내어 직업과 이름을 결합하는 터무니없는 문구를 만든다. 팬 애슬래틱 클럽에서 시행한 방법이다.

8. 날짜를 기억하고 싶으면 이미 알고 있는 유명한 날짜와 연관 지어라. 예를 들어 셰익스피어 탄생 300주년 되는 날 남북전쟁이 발발했다.

9. 연설의 요점을 기억하고 싶으면 매우 논리적인 순서로 배열하고 한 요점이 다음 요점으로 자연스럽게 이어지게 한다. 이에 더해 요점들로 터무니없는 문장을 만든다. 예를 들어보겠다.

'소가 담배를 피워 나폴레옹을 낚고, 집은 종교로 불탔다.'

10. 모든 준비에도 불구하고 갑자기 말하려는 바를 잊었다면 마지막 문장의 마지막 단어를 새로운 문장의 첫 단어로 사용하여 완전한 패배에서 빠져나올 수 있다. 다음 요점을 떠올릴 수 있을 때까지 계속 이 방법을 쓰면 된다.

목을 이완하기

지난 시간에서 배웠듯 부담과 긴장은 목소리를 손상하고 불쾌하게 들리게 한다. 어디서 긴장이 치명적인 작용을 할까? 신체의 어느 부위에서? 여기에는 의심의 여지가 없다. 긴장은 거의 언제나 같은 장소에서 독사처럼 고개를 들고 불타는 혀를 날름거린다. 바로 목이다. 목 근육의 신경이 긴장되면 목소리가 거칠어지고, 쉬거나 피로해지며 심지어 인후통까지 생긴다. 이른바 '교사의 인후통', '목사의 인후통', 그리고 '연설가의 인후통'이 있을 정도다. 어떤 사람은 사업상 몇 달간 온종일 이야기하면서도 인후통에 걸리지 않는다. 그런데 왜 이 대중 연설을 하는 사람은 인후통의 고통을 겪게 될까? 그 답은 한 단어로 말할 수 있다. 긴장감 때문이다. 그는 발성 기관을 제대로 사용하지 못한다. 초조해진다. 무의식적으로 목 근육을 수축시킨다. 숨을 너무 크게 쉬고 계속 가슴을 끌어올려 가슴 근육의 긴장으로 목이 팽팽하게 조이게 한다. 강한 어조로 말할수록 목이 긴장되고 죄어든다. 목소리가 잘 들리게 하고 싶어 목에서 단어를 억지로 꺼내려 한다. 그 결과는? 숨소리가 섞이고 거칠고 불쾌해지며 전달이 잘 안되는 목소리가 나온다.

이것은 전혀 올바른 방법이 아니다. 집중하라. 더욱 훌륭한 방법을 알려주겠다. 목을 완전히 이완시켜라. 목은 폐에서 나온 공기가 지나가는 굴뚝일 뿐이어야 한다. 이탈리아의 소프라노 아멜리타 갈리쿠르치Amelita Golli-Curci는 이렇게 말한다.

"목에 힘을 준다는 생각 자체를 최대한 버려야 해요."

옛 이탈리아 노래의 거장들은 "이탈리아 가수는 목이 없다"라고 자랑하곤 했다. 카루소와 멜바, 패티, 메리 가든Mary Garden 등 위대한 가수 중 누구도 목이 있는 것처럼 노래하지 않는다. 연설가도 이렇게 말해야 한다. 쇄골 위의 모든 근육을 이완해야 한다. 실제로는 허리 위 모든 근육이 이완되어야 한다.

어떻게 하면 편안하게 목이 열린 상태가 되었다고 확신할 수 있을까? 쉽게 잊기 힘든 아주 간단한 방법이 있다. 누군가가 "이탈리아 가수들은 목이 있나요?"라고 당신에게 물었다고 해보자. 그러면 당신은 "아니요"라고 대답할 것이다. 눈을 감아라. 하품에 대해 생각해보라. 하품하기 시작한다고 느껴보라. 알다시피 하품은 깊은숨으로 시작한다. 사실 하품이 나오는 이유는 더 많은 숨이 필요하기 때문이다. 숨을 들이마시고 하품이 나오기 직전에 목구멍이 열리고 이완된다. 이제 하품하는 대신 말을 해보라. '아뇨'라고 생각하고, "아뇨"라고 말하라. 소리가 귀에 더 잘 들리지 않는가? 왜 그럴까? 명확한 소리에 대한 조건이 잘 맞았기 때문이다.

이제 우리는 깊은 복식 호흡과 이완된 몸, 열린 목구멍처럼 톤을 만드는 것에 대한 몇 가지 기본 원리를 배웠다.

이 연습을 하루에 스무 번씩 하라. 하품하기 시작하라. 폐의 아래쪽이 공기로 가득 차고 아래쪽 갈비뼈와 등을 확장하고, 횡격막이라고 하는 아치형 근육을 내리누르며 평평하게 만드는 것을 느껴라. 이제 하품하는 대신 말을 해보라. 다음과 같은 노래 가사를 말해보라.

'재잘거리는 석호 위로 달빛을 따라서 떠도는 사랑스러운 롤리타.'

말을 할 때 목구멍이 아니라 머릿속의 열린 공간으로 단어를 들이마신다고 느껴보라. 코로 심호흡하면서 들이마실 때도 머릿속의 열린 방에서 후련한 느낌을 느껴보아라.

마지막으로 심호흡을 한 후 가슴의 긴장을 완전히 풀어준다. 가슴이 내부의 공기 쿠션에 얹혀 있다고 생각하라. 자동차 타이어가 안쪽 튜브의 부푼 공기 위에 앉은 것처럼 이완된 가슴은 호흡에 얹혀 있어야 한다. 이런 식으로 가슴을 이완하지 않으면 가슴을 높이 들어 올리는 데 사용하는 근육이 목을 긴장시킨다. 그렇다고 해서 숨을 쉴 때 가슴이 움푹 들어가야 한다는 뜻은 아니다. 그렇지 않다. 숨을 들이마시는 동안 어깨가 아닌 가슴을 높이 유지하고 가슴이 몸 한가운데 있는 공기의 압력 위에 있게 해야 한다.

5장

청중을 깨어 있게
하는 방법

천재성은 집중력이다. 가치 있는 것을 얻는 사람은 불도그가 고양이를 쫓아가는 것처럼 간절하고 결단력 있게 온 신경을 곤두세우며 목표물을 쫓는 사람이다.

_ W. C. 홀맨W. C. Holman(내셔널 캐시 레지스터 컴퍼니 판매부장)

열정적인 사람은 항상 만나는 사람에게 매력을 발산하고 영향력을 행사한다.

_ H. 애딩턴 브루스H. Addington Bruce(작가)

진심으로 열정을 쏟아라. 열정은 열정을 불러일으킨다.

_ 러셀 H. 콘웰Russell H. Conwell
《내 인생의 다이아몬드Acres of Diamonds》의 저자)

나는 열정이 넘치는 사람을 좋아한다. 진흙 웅덩이보다는 뜨거운 물이 솟아나는 온천이 낫지 않은가?

_ 존 G. 셰드John G. Shedd(마샬 필드 앤 컴퍼니 사장)

그는 정성을 다해 그것을 했고 번창했다.

_ 구약 역대하 2장Second Chronicles

실력은 자신감을 낳고, 자신감은 열정을 낳는다. 그리고 열정은 세계를 정복한다.

_ 월터 H. 코팅엄Walter H. Cottingham(셔윈 윌리엄스 컴퍼니 사장)

정직함은 웅변의 한 부분이다. 자기 자신에게 진실해야 다른 사람을 설득한다.

_ 윌리엄 해즐릿William Hazlitt(작가)

나는 세인트루이스 상공회의소의 한 모임에서 셔먼 로저스 Sherman Rogers와 함께 연설한 적이 있다. 내가 먼저 연설했는데, 로저스가 '나무꾼 연설가'로 불렸기 때문에 적당한 핑곗거리가 있다면 바로 자리를 떴을 것이다. 이런 연설가는 밀랍 꽃처럼 화려하기만 하고 향기는 없는 '웅변'을 하므로 솔직히 지루한 연설을 듣게 될 것이라 예상했다. 하지만 이날 나는 놀라면서도 기분이 좋았다. 로저스의 강연이 내가 들어본 최고의 연설 중 하나에 가뿐하게 올랐기 때문이다.

셔먼 로저스는 누구인가? 진정한 나무꾼인 그는 평생을 서부의 큰 숲에서 지냈다. 웅변에 관한 책들에서 정교하게 설명한 웅변의 규칙에 대해서는 하나도 몰랐고 신경도 쓰지 않았다. 그의 연설은 세련되지는 않았지만, 힘이 있었다. 기교는 부족했어도 열정이 있었다. 문법적 오류를 범했고, 영국 저술가 에드먼드 호일Edmund Hoyle에 따르면 웅변에 적합하지 않은 여섯 가지 실수를 했다. 그러나 연설을 망치는 것은 그런 결함이 아니다. 연설 자체에 미덕이 부족해서다.

그의 연설은 노동자인 동시에 노동자의 상사인 자기 삶에서 찢어낸 거대하고 생생한 경험의 조각이었다. 책 냄새는 전혀 풍기지 않았다. 살아 있는 경험이었다. 오랫동안 웅크리고 있다가 청중을 향해 튀어나왔다. 그가 말하는 모든 것이 가슴에서 뜨겁게 우러나왔다. 청중은 마치 그에게 감전이라도 된 듯했다.

그의 성공 비결은 무엇이었을까? 모든 경이로운 성공 비결과 같다. 에머슨은 말했다.

"역사에 기록된 가장 위대한 업적은 모두 열정의 힘으로 거둔 승리다."

열정Enthusiasm이라는 마법과도 같은 이름은 두 개의 그리스어 단어, 즉 '안'을 뜻하는 '엔en'과 '신'을 뜻하는 '테오스theos'에서 유래했다. 열정은 말 그대로 우리 안에 있는 신이다. 열정적인 사람은 마치 신에게 홀린 것처럼 말하는 사람이다.

열정은 상품을 홍보하고 판매하고 일을 해결하는 데 가장 효과적이고 중요한 요소다. 단일 제품으로는 세계에서 가장 큰 규모의 광고업자인 윌리엄 밀스 리글리William Mills Wrigley는 30년 전 주머니에 50달러도 안 되는 돈을 들고 시카고에 왔다. 현재 리글리는 매년 3,000만 달러 상당의 껌을 판매하고 있으며, 개인 사무실 벽에는 에머슨의 다음과 같은 말이 적힌 액자가 걸려 있다.

'열정 없이는 그 어떤 위대한 업적도 이룰 수 없다.'

나도 대중 연설의 규칙을 상당히 신뢰하던 시기가 있었다. 하지만 세월이 흐르면서 점점 더 연설할 때의 정신을 믿게 되었다.

고인이 된 윌리엄 제닝스 브라이언은 이렇게 말했다.

"웅변이란 자신이 무슨 말을 하는지, 어떤 의도로 말하는지 알고 있는 사람의 연설이라고 정의할 수 있습니다. 즉, 타오르는 정신을 말하지요. 열정이 없는 지식은 연설가에게 아무 소용이 없습니다. 설득력 있는 말은 가슴에서 가슴으로 전달되는 것이지, 머리에서 머리로 전달되는 것이 아닙니다. 연설가가 청중 앞에서 자신의 감정을 속이기는 어렵습니다. 2000여 년 전, 한 라틴어 시인도 연설하면서 이런 생각을 표현했지요. '다른 사람의 눈에서 눈물을 흘리게 하려면 자신이 먼저 슬픔의 흔적을 드러내야 한다'라고요."

마르틴 루터Martin Luther는 말한다.

"작곡을 하거나 글을 쓰거나 기도를 하거나 설교를 잘하려면 반드시 먼저 화가 나야 한다. 그래야 내 혈관의 모든 피가 끓어오르고 내 판단력이 날카로워진다."

여러분과 내가 굳이 화까지 낼 필요는 없지만, 우리의 감정은 끓어올라야 하고, 진지하고 진실하며 열정적이어야 한다.

말조차 진심 어린 이야기에 영향을 받는다. 유명한 동물 조련사 레이니는 화가 섞인 한마디로 말의 맥박이 분당 10회로 올라간다는 것을 알고 있다고 말했다. 확실히 청중은 말만큼이나 민감하다.

우리는 이 사실을 기억해야 한다. 말할 때마다 우리는 청중의 태도를 결정한다. 연설할 때는 청중을 쥐락펴락할 수 있다. 우리가 부주의하면 청중도 부주의해진다. 속마음을 잘 드러내지 않으면 청중도 그럴 것이다. 조금만 관심을 쏟으면 청중도 조금만 관심을 쏟는다. 그러나 말하는 내용에 대해 진지하게, 열정과 자발성, 힘과 강한 확신을 담아 말한다면, 청중 역시 연설가의 생각에 공감하지 않을 수 없다.

뉴욕의 유명한 저녁 만찬 연설가 마틴 W. 리틀턴Marton W. Littleton은 말한다.

"우리가 이성에 따라 움직인다고 생각하고 싶겠지만, 사실 전 세계는 감정에 따라 움직입니다. 매우 심각하거나 재치 있게 말하려는 사람은 실패하기 쉽지만, 진정한 신념으로 청중에게 호소하는 연설가는 절대 실패하지 않습니다. 백색레그혼 종의 번식이건, 아르메니아 기독교인의 역경이건, 국제연맹이나 국가 등 어떤 주제를 다룬다 해도 깊은 신념을 담아 전한다면 그 사람의 연설은 불꽃처럼 타오를 것입니다. 신념에 어떤 옷을 입히는지는 중요하지 않습니다. 얼마만큼의 진정성과 마음의 힘으로 청중에게 다가가는지가 중요할 뿐이죠."

뜨거움과 진정성, 열정이 있으면 연설가의 영향력은 증기처럼 확장한다. 오만 가지 결점이 있을지라도 좀처럼 실패하지 않는다. 위대한 피아니스트 아르투르 루빈스타인Arthur Rubinstein은 셀 수 없이 잘못된 음을 낸 것으로 알려져 있지만, 아무도 개의치 않았다. 지평선 너머 헛간 뒤로 기우는 커다란 붉은 원을 제외하고는 석양에서 아무것도 본 적이 없는 사람들에게 쇼팽의 시를 전달했기 때문이다.

역사에 따르면 아테네의 막강한 지도자 페리클레스는 연설하기 전에 신에게 가치 없는 말은 단 한 마디도 입 밖으로 나오지 않게 해달라고 기도했다고 한다. 그의 메시지에 진심이 담겼기 때문에 그가 한 말은 곧장 한 아테네 사람들의 심장으로 전달되었다.

미국에서 가장 저명한 여성 소설가 중 한 명인 윌라 캐더Willa Cather는 말한다.

"모든 예술가의 비밀(모든 대중 연설가는 예술가여야 한다)은 열정이다. 열정은 누구나 알고 있으며, 완벽하게 믿어도 좋은 비결이다. 영웅심과 같은 값싼 재료로는 열정을 흉내 낼 수 없다."

열정, 느낌, 영혼, 정서적 진정성과 같은 특성을 연설에 녹여 내면 청중은 사소한 결점도 묵인할 것이다. 아니, 거의 알아차리지도 못할 것이다. 역사가 이 사실을 증명한다. 링컨은 귀에 거슬릴 정도로 목소리 톤이 높았다. 그리스의 웅변가 데모스테네스Demosthenes는 말을 더듬었다. 미국 정치가 찰스 E. 후커Charles E. Hooker의 목소리는 너무 작았다. 아일랜드의 연설가 존 필포트 커런John Philpot Curran은 말더듬이로 악명이 높았다. 아일랜드의 정치인 에드워드 셰일Edward Sheil은 쇳소리를 냈다. 소 피트 William Pitt the Younger의 목소리는 알아듣기 힘들었고, 듣기에도 좋지 않았다. 그러나 이들에게는 하나같이 모든 장애를 이겨내는 진지함, 즉 모든 장애를 무색하게 만드는 진정성이 있었다.

간절하게 하고 싶은 말이 있어야 한다

브랜더 매슈스Brander Matthews 교수는 이런 말을 했다.

좋은 연설의 핵심은 연설가에게 진정으로 하고 싶은 말이 있는가
에 달려 있다. 몇 년 전 컬럼비아대학교에서 커티스 메달을 수여하는
심사 위원 중 한 명이었을 때 깨달은 사실이다. 그 자리에는 여섯 명
의 학부생이 있었고, 모두 정식으로 웅변 훈련을 받았으며, 좋은 성과
를 내고 싶어 했다. 하지만 단 한 명의 학생을 제외하고는 전부 메달
을 따기 위해 애썼다. 그들에게는 설득하려는 욕구가 없어 보였다. 그
들은 자신이 웅변을 잘할 수 있다는 이유로 그날의 주제를 선택했다.
자신이 주장하는 내용에 개인적으로는 큰 관심이 없었다. 그래서 학
생들의 연이은 웅변은 단지 기술을 연습하는 데 불과했다. 줄루족 왕
자만이 예외였다. 그는 자신에게 중요한 주제를 선택했다. '현대 문명
에 끼친 아프리카의 공헌'이었다. 그는 한 마디 한 마디에 깊은 감정을
담았다. 확신과 열정에서 우러나온 생생한 이야기였다. 그는 자기 민
족과 대륙을 대표하여 연설했고, 하고 싶은 말이 있었다. 모두 공감할
만큼 진심을 담아 연설했다. 심사의원은 다른 경쟁자 두세 명에 비해
실력이 떨어지긴 했어도 그에게 메달을 수여했다. 그의 연설에 연설가
로서의 진정한 열정이 있었다는 점을 높이 샀다. 그의 열렬한 호소에
비하면 다른 연설은 미지근한 가스 불에 불과했다.

많은 연설가가 실패하는 지점이 바로 여기에 있다. 실패하는 연설가의 말에는 아무런 신념도 깃들어 있지 않다. 연설에 욕망이나 자극이 없으며, 그의 총포에는 화약이 없다. 당신은 이렇게 말할지도 모른다.

"그래, 좋아요. 그런데 어떻게 그토록 대단한 진정성과 영혼, 열정을 개발한단 말이죠?"

맞는 말이다. 얄팍하게 말하는 것만으로는 결코 이런 자질을 개발할 수 없다. 안목 있는 청중이라면 누구나 연설가가 어디서 주워들은 내용을 자기 것처럼 말하는지 아니면 내면 깊은 곳에서 흘러나온 표현을 담아 말하는 것인지 알아차릴 수 있다. 그러니 무기력한 상태에서 박차고 나와야 한다. 당신이 하는 일에 열중하라. 깊이 파헤쳐라. 내면에 묻혀 있는 숨겨진 자원을 찾아보라. 사실, 그리고 사실 뒤에 숨겨진 원인을 파악하라. 집중하라. 자신에게 중요한 의미로 다가올 때까지 생각하고 고민하라. 마지막 분석에서는 철저한 준비와 올바른 준비에 모든 것이 달려 있음을 알게 된다. 마음의 준비는 머리의 준비만큼이나 중요하다. 예를 들어보겠다.

미국 은행협회 뉴욕 지부의 여러 사람에게 절약 캠페인에서 연설하도록 교육한 적이 있다. 그중 한 명은 유독 열의가 부족했다. 단지 해야 하니 할 뿐이지, 절약에 대한 열정이 타올라서 연설하는 것이 아니었다. 그 남자를 훈련하는 첫 단계는 그의 마음과 정신에 불을 지피는 것이었다. 나는 그에게 혼자 자리를 떠서 주제에 대해 열정이 생길 때까지 더 곰곰이 생각해보라고 말했다. 그에게 뉴욕의 유언 검인 법원(유언을 확인하고 집행하는 특수 법원) 기록에 따르면 85% 이상의 사람들이 사망할 때 전혀 아무 것도 남기지 않고, 오직 3.3%만이 10,000달러 혹은 그 이상의 유산을 남긴다는 사실을 기억하라고 했다. 그는 절약이 사람들에게 무리한 부탁이거나 감당할 수 없는 일을 해달라는 것이 아님을 항상 명심해야 했다. 그리고 그에게 다음과 같이 혼잣말하게 했다.

"나는 이 사람들이 노년에 고기와 빵, 옷과 위안을 얻고, 죽은 뒤에 아내와 자녀들이 보호받을 수 있도록 준비시켜주려는 것이다."

그는 자신이 위대한 사회적 봉사를 하고 있다고 믿어야 했다. 분명 십자군의 신념에서 영감을 받아 실제적이고 적용 가능한 방식으로 예수의 뜻을 전하고 있었다.

그는 내가 한 충고를 진심으로 받아들였다. 마음 깊이 새겼다. 그리고 그 중요성을 깨달았다. 관심의 불씨가 싹트고 열정이 생겼으며 자신의 사명이 거룩하다고까지 느끼게 되었다. 이 과정을 거친 후 연설하러 나가자 그의 말에 신념을 품은 울림이 생겼다. 실제로 절약에 대한 그의 발표는 많은 사람의 관심을 끌었고, 그는 미국에서 가장 큰 은행 조직에 합류하도록 초청받았으며 훗날 남미 지점으로 파견되었다.

성공의 비결

한 젊은이가 철학자 볼테르에게 "나는 살아야 합니다!"라고 외쳤다. 그러자 볼테르는 "나는 그 이유를 모르겠다"라고 대답했다.

많은 경우, 세상도 당신에게 볼테르와 비슷하게 대꾸한다. 당신이 왜 어떤 말을 하는지 이유를 모르겠다고 할 것이다. 그러나 성공하고 싶다면 어떤 말을 하는지 이야기해야 한다. 그 이유가 있다면 말이다. 철저하게 그 이유를 파고들어야 한다. 당분간이라도 그것이 지상에서 가장 중요하다고 느껴야 한다.

드와이트 L. 무디는 은혜에 관한 설교를 준비하면서 진리를 찾는 데 푹 빠졌다. 그는 저도 모르게 모자를 집어 들고 서재를 뛰쳐 나와 거리에서 처음 만난 사람에게 "은혜가 뭔지 아십니까?"라고 갑작스럽게 물었다. 이토록 진지하고 열정적인 사람이 청중에게 마법과도 같은 힘을 발휘한 것이 과연 놀라운 일일까?

얼마 전 내가 파리에서 진행한 강좌의 한 수강생은 저녁마다 무미건조한 방식으로 연설했다. 그는 우수한 학생이었고, 관련 사실을 올바르게 모으고 잘 정리했다. 하지만 그는 수많은 사실을 자신의 관심사와 결합하지 못했다. 열정이 부족했다. 자신이 해야 할 말이 매우 중요한 것처럼 느껴지게 말하지 않았기에 청중은 귀를 기울이지 않았다. 청중은 그의 연설을 그가 평가한 만큼만 받아들였다. 몇 번이나 그의 연설을 멈추고 그에게 활기를 불어넣고 힘을 주려 노력했다. 하지만 매번 차갑게 식은 라디에이터에서 증기를 빼내려 하는 기분이 들곤 했다. 마침내 나는 준비 방법이 잘못되었다고 그를 설득하는 데 성공했고, 머리와 가슴 사이에 일종의 전신 통신을 구축해야 한다는 점을 이해시켰다. 그에게 사실뿐 아니라 그 사실에 대한 태도도 드러내야 한다고 말했다.

그다음 주에 그는 표현할 가치가 있을 정도로 강렬하게 느끼는 아이디어를 가지고 찾아왔다. 마침내 그는 열정적으로 무언가에 관심을 보였다. 영국 소설가 새커리William Marepeace Thackeray가《허영의 시장Vanity Fair》의 베키 샤프를 사랑했던 것처럼 그에게도 사랑하는 메시지가 생겼다. 그는 그 메시지를 위해 기꺼이 피땀 어린 노력을 기울였고, 그의 발표는 길고 진심 어린 박수를 받았다. 극적인 승리였다. 그에게는 진심에서 우러나오는 진정성이 있었다. 이것이 바로 준비의 핵심이다. 2장에서 배운 대로 연설 준비와 진정한 연설은 단순히 종이에 기계적으로 단어를 적거나 문구를 암기하는 것으로 이뤄지지 않는다. 책이나 신문 기사에서 본 몇 가지 생각을 옮기는 것도 아니다. 아니, 그런 것이 아니다. 자기의 생각과 마음, 삶 깊숙이 파고들어 진정으로 자신의 것인 신념과 열정을 끌어내야 한다. 자신의 것! 자기 자신의 것! 파고 또 파고 또 파야 한다. 저 깊숙한 곳에 있다. 이를 의심치 말라. 꿈도 꾸지 못했던 엄청난 규모의 금광이 거기에 있다. 스스로 잠재력이 어느 정도인지 깨닫고 있는가? 그렇지 않을 것이다. 윌리엄 제임스 교수는 평범한 사람은 잠재적인 정신 능력의 10%도 쓰지 못한다고 말했다. 8기통 자동차에서 1기통만 작동하는 것보다 더 안타까운 현실이다.

그렇다. 연설에서 가장 중요한 것은 차가운 문구가 아니라 그 문구 뒤에 숨어 있는 사람, 정신, 신념이다. 영국 하원에서 워런 헤이스팅스Warren Hastings를 탄핵한 리처드 브린즐리 셰리든의 유명한 연설은 이 연설을 들은 유명한 연설가들, 즉 에드먼드 버크와 윌리엄 피트, 윌리엄 윌버포스William Wilberforce, 찰스 제임스 폭스Charles James Fox 등이 영국 땅에서 한 연설 중 가장 웅변적인 연설이라고 평가했다. 그러나 셰리든은 자신의 연설이 차가운 활자로 담기에는 너무 뜨겁고 덧없는 희미한 것이라고 생각했다. 그래서 그는 5,000달러에 이 연설을 출판하고 싶다는 제안을 거절했다. 그래서 오늘날 그 사본은 존재하지 않는다. 실제로 사본을 읽는다면 분명 실망스러울 것이다. 연설을 훌륭하게 만들었던 특성이 사라졌기 때문이다. 박물관에서 날개를 펼치고 박제된 새처럼 빈 껍질만 남아 있을 것이다.

연설에서 가장 중요한 요소는 바로 자신이라는 사실을 항상 기억하라. 에머슨의 명언을 기억하라! 그 명언에는 깊은 지혜가 담겨 있다.

'어떤 언어를 사용하든, 오직 있는 그대로의 자신을 말할 수 있을 뿐이다.'

내가 자기표현의 기술에 대해 들어본 것 중 가장 중요한 말

중 하나다. 강조하기 위해 다시 한번 반복한다.

'어떤 언어를 사용하든, 오직 있는 그대로의 자신을 말할 수 있을 뿐이다.'

소송에서 승리한 링컨의 연설

링킨은 에미슨의 말을 들어보지 못했을 수도 있다. 하지만 한 가지는 확실하다. 그는 그 말이 어떤 의미인지 알고 있다. 어느 날 한 독립전쟁 군인의 미망인, 나이가 들어 등이 굽은 노부인이 링컨의 사무실로 찾아왔다. 그녀는 연금 담당 직원이 자신에게 받아야 할 금액의 두 배인 200달러라는 막대한 수수료를 챙겼다고 말했다. 링컨은 분노했고 즉시 소송을 제기했다.

링컨은 어떻게 소송을 준비했을까? 워싱턴의 전기와 독립전쟁의 역사를 읽고 열정을 불태우며 자신의 느낌과 감정에 불을 지피며 준비했다. 변론할 때는 애국자들이 자유를 위해 싸우도록 자극한 억압에 관한 사례로 이야기했다. 그들이 포지 계곡에서 굶주린 배를 움켜쥐고 맨발로 피를 흘리며 얼음과 눈 위를 기어오르며 견뎌낸 고통을 묘사했다. 그러면서 분노에 찬 그는 영웅 중 한 명의 미망인에게 연금을 가로챈 악당 이야기로 넘어갔다. 피고의 "가죽을 벗기겠다"고 선언하고 신랄한 비난을 쏟아내면서 그의 눈이 번쩍였다.

그는 결론에서 이렇게 말했다.

많은 세월이 흘렀습니다. 독립전쟁의 영웅들은 세상을 떠났고, 저승에서 진을 치고 있을 겁니다. 병사들은 안식을 취하러 떠났지만, 다리를 절고 눈이 멀고 몸이 망가진 그들의 미망인은 배심원 여러분과 저에게 자신의 문제를 바르게 잡아달라고 찾아왔습니다. 이분이 원래 지금과 같은 모습이었던 건 아닙니다. 한때는 아름답고 젊은 여인이었습니다. 발걸음은 탄력 있고 얼굴은 곱고 목소리는 옛 버지니아의 산에서 울려 퍼지는 어떤 소리보다 감미로웠죠. 하지만 이제는 가난하고 무방비 상태입니다. 어린 시절을 보낸 곳에서 수백 마일 떨어진 이곳 일리노이 대초원에서 그녀는 혁명의 애국자들이 이룩한 특권을 누리고 있는 우리에게 동정심 어린 원조와 인간적인 보호를 호소하고 있습니다. 제가 말하고 싶은 건 이게 전부입니다. 우리가 그녀와 친구가 되어야 하지 않을까요?

링컨의 연설이 끝나자 배심원 중 일부는 눈물을 흘리며 노부인이 요구한 금액 전부를 반환해야 한다는 평결을 내렸다. 링컨은 그녀의 보증인이 되어 호텔비와 귀국 비용을 대신 내주고, 법률 서비스 비용은 한 푼도 청구하지 않았다.

며칠 후 링컨의 동료는 사무실에서 종이 뭉치 하나를 집어 들었다. 그는 종이에 적힌 링컨의 연설 개요를 읽고는 웃음을 터뜨렸다.

계약 없음 — 전문 서비스 아님 — 불합리한 비용 청구 — 피고가 보

유한 돈을 원고가 주지 않음 ― 독립전쟁 ― 포지 계곡의 고난 묘사
― 원고의 남편 ― 입대하는 군인 ― 피고의 가죽을 벗긴다 ― 끝.

따뜻함과 열정을 불러일으키기 위한 첫 번째 요건은 전달하
고자 하는 진정한 메시지가 철저히 준비될 때까지 주제를 파고
드는 것이다. 이제 다음 단계를 살펴보자.

진정성 있게 행동한다

1장에서 언급한 윌리엄 제임스의 주장을 떠올려보자.
"행동과 감정이 함께 간다. 의지의 가장 직접적인 통제를 받
는 행위를 통제함으로써 직접적인 통제를 받지 않는 감정도 간
접적으로 통제할 수 있다."
그러므로 진정성과 열정을 느끼기 위해서는 일어서서 진실하
게 열정적으로 행동해야 한다. 탁자에 기대지 마라. 똑바로 서라.
가만히 서 있어라. 몸을 앞뒤로 흔들지 마라. 위아래로 흔들지도
마라. 지친 말처럼 체중을 한 발에서 다른 발로 옮겼다가 다시
옮기지 마라. 요컨대 초조해 보이는 동작을 많이 해서 사람들에
게 편안함과 자신감이 부족하다는 사실을 알리지 말아야 한다.
스스로 육체를 통제하라. 침착하고 강인해졌다는 느낌이 들 것
이다. 일어나서 '경주에 나가 기뻐하는 사람처럼' 버티고 서라.
다시 한번 말하겠다. 폐에 산소를 채워라. 최대한 가득 채워라.

청중을 똑바로 바라보라. 긴히 할 말이 있고, 그리고 긴박하다는 것을 아는 사람처럼 청중을 쳐다보라. 학생들을 바라보는 선생님처럼 자신 있고 용기 있게 청중을 쳐다보라. 당신은 선생님이고 청중은 당신의 말을 듣고 배우기 위해 이 자리에 와 있다. 그러니 당당하고 힘차게 말하라. 예언자 이사야는 말했다.

"목소리를 높여라. 힘껏 높여라. 두려워하지 말라."

그리고 단호한 제스처를 써라. 지금만이라도 제스처가 아름답거나 우아한지 전혀 신경 쓰지 마라. 힘차고 자연스럽게 만드는 것만 생각하라. 다른 사람에게 전달할 의미를 위해서가 아니라 자신을 위해 무엇을 할 것인가를 생각하는 제스처를 취하라. 그러면 놀라운 결과가 펼쳐질 것이다. 라디오 청취자에게 말하고 있더라도 제스처가 중요하다. 물론 청취자에게는 보이지 않겠지만 제스처의 결과가 청취자들에게 전달될 것이다. 제스처는 말투와 태도 전체에 생동감과 에너지를 더할 것이다.

기운 없이 이야기하는 발표자의 말을 도중에 멈추게 하고, 그가 별로 사용하고 싶지 않아 하던 강렬한 제스처를 쓰라고 시킨 적이 얼마나 많았는지 모른다. 하지만 억지로라도 동작을 취하다 보면 결국 기운이 나서 자발적으로 제스처를 쓰게 된다. 표정도 밝아지고 전반적인 태도와 분위기가 더욱 진지하고 단호하게 바뀐다.

진정성 있게 행동하면 진정성 있어 보인다. 셰익스피어는 이렇게 충고한다.

"진정성이 없다면 있는 척하라."

무엇보다도 입을 크게 벌리고 이야기해야 한다. 법무부 장관을 지낸 조지 위커샴George W. Wickersham은 나에게 이런 말을 한 적이 있다.

"보통 사람이 대중 앞에서 연설하려 하면 그 소리는 10미터 밖에서도 들리지 않는다."

과장된 말일까? 최근 한 위대한 대학의 종장이 하는 대중 연설을 들었다. 나는 네 번째 줄에 앉았는데 그가 하는 말의 절반도 제대로 들리지 않았다. 최근 유니언 대학에서 기념 연설을 한 유럽 주요 국가 대사의 연설은 연단에서 6미터 떨어진 곳에서도 들리지 않을 정도였다.

경험이 많은 연설가도 이런 실수를 저지르는데 하물며 초보자는 어떻겠는가? 초보자는 목소리를 크게 내서 청중에게 전달하는 데 익숙하지 않다. 그래서 충분한 활기를 담아 말하려면 자신이 소리를 지르고 있고, 사람들이 자기를 비웃는다는 느낌이 들 것이다.

일상적인 말투를 사용하라. 그러면서 소리를 더 강하게 내라. 눈앞에서는 작은 글씨도 보이지만 강당 맞은편에서도 잘 보이려면 글씨가 커야 한다.

청중이 졸 때 가장 먼저 해야 할 일

한 시골 목사가 헨리 워드 비처에게 무더운 일요일 오후에 청중이 계속 깨어 있게 할 방법을 물었다. 그러자 비처는 안내원에게 날카로운 막대기를 들고 그것으로 설교자를 쿡쿡 찌르라고 말했다.

나는 비처의 방법이 마음에 든다. 훌륭하다. 매우 상식적이다. 지금까지 웅변의 기술에 관해 장황하게 이야기한 어떤 책보다 평범한 연설가에게 더 큰 도움이 될 것이다.

학생이 진정으로 연설에 몰입하게 하는 가장 확실한 방법 하나는 연설 시작 전에 그로 하여금 철저히 자신을 버리게 하는 것이다. 그러면 연설에 열정과 활기와 생동감이 생긴다. 배우들은 무대에 오르기 전에 자신을 흔들어 깨우는 것의 가치를 잘 알고 있다. 마술사 해리 후디니Harry Houdini는 무대 뒤에서 뛰어다니며 주먹으로 허공을 힘차게 치고 가상의 적과 스파링을 하는 방식으로 자신을 흔들어 깨웠다. 배우 리처드 맨스필드 Richard Mansfield는 때로 일부러 어떤 핑계라도 대서 자신을 완벽한 분노에 빠뜨릴 계획을 세웠다. 어쩌면 무대 담당자가 너무 크게 숨을 쉬기 때문일 수도 있다. 그가 바라는 대로 에너지를 끌어올리고 진정성이 생기게 하는 어떤 핑계라도 좋았다. 무대 양옆에 서서 큐 사인을 기다리는 동안 야수처럼 가슴을 세게 치는 배우들을 본 적이 있었다. 나도 연설하기 직전에 학생들을 옆

방에 보내 피가 치솟고 얼굴과 눈에 생기가 돌 때까지 자기 가슴을 치게 한 적이 있다. 이 강좌에서 발표를 연습하기 전에 격렬한 동작과 끌어낼 수 있는 모든 원기와 분노를 동원해 ABC를 반복하게 한 적도 많다. 청중 앞에 설 때 경주를 앞둔 경주마처럼 긴장하는 것이 바람직하지 않겠는가?

연설하기 직전에는 가능하면 완전히 푹 쉬어라. 옷을 벗고 침대에서 몇 시간 자는 것이 가장 이상적이다. 가능하면 찬물에 몸을 담그고 힘차게 문질러라. 아예 수영을 하면 훨씬 더 좋다.

영화 제작자 찰스 프로만Charles Frohman은 배우를 캐스팅할 때 그 사람의 활력을 본다고 말했다. 중요한 연기나 연설에는 상당한 정신적·신체적 에너지가 소모된다. 프로만은 이 사실을 잘 알고 있었다. 나는 혼자 히커리 나무를 베어내고 장작으로 쓴 경험이 있다. 두 시간 동안 청중에게 이야기한 적도 있다. 그래서 청중에게 이야기하는 것이 나무를 베고 쪼개는 것만큼이나 힘이 든다는 것을 안다. 제1차 세계대전 중 변호사 더들리 필드 말론 Duddly Field Malone은 뉴욕의 센추리 극장에 모인 대규모의 청중에게 열정적으로 호소했다. 한 시간 반 동안 연설하고 정점에 이르렀을 때 그는 완전히 지쳐서 기절하고, 의식을 잃고 무대에서 실려 나갔다.

시드니 스미스Sydney Smith는 대니엘 웹스터를 '바지를 입은 증기 기관'이라고 묘사했다.

비처는 이렇게 선언했다.

"가장 훌륭한 연설가는 생기가 넘치고 회복력이 강한 사람, 하고 싶은 말을 폭발적으로 쏟아내는 사람입니다. 이들은 마치 새총과 같아서, 앞에 있는 사람들은 쓰러지고 맙니다."

'족제비 말'과 양파밭

활력을 실어서 긍정적으로 말하라. 하지만 너무 단정적으로 말하지는 마라. 무식한 사람만이 매사에 단정적으로 말한다. 반면 나약한 사람은 말을 할 때마다 '제가 보기에는'이나 '아마도'나 '제 생각에는요'와 같은 표현을 쓴다.

초보 연설가들이 대체로 겪는 문제점은 너무 단정적인 말투가 아니라 위와 같은 소심한 표현으로 연설을 망친다는 점이다. 뉴욕의 한 사업가가 코네티컷을 통과하는 자동차 여행에 관해 설명하는 것을 들은 기억이 있다. 그는 이렇게 말했다.

"길 왼쪽에 양파밭이 있는 것 같았어요."

하지만 양파밭이 있으면 있고 없으면 없는 것이지, '있는 것 같았어요'라고 할 수는 없다. 그리고 양파밭을 보면서 양파밭이라고 알아차리는 데는 별다른 노력이 필요하지 않다. 그러나 이 사례는 연설가가 때때로 얼마나 터무니없는 말을 할 수 있는지를 보여준다.

루스벨트는 이런 모호한 표현을 '족제비 말'이라고 부른다. 족제비는 달걀에서 핵심을 파먹고 텅 빈 껍데기만 남기기 때문이다. 애매한 표현을 쓰면 이처럼 연설의 핵심이 사라진다.

주눅 들고 사과하는 것 같은 말투와 알맹이 같은 문구로는 신뢰와 확신을 얻지 못한다. 한 기업이 다음과 같은 문구를 내걸었다고 상상해보라.

'우리는 결국 여러분이 언더우드 기계를 사게 될 것이라고 생각합니다.'

'우리의 견해로는 푸르덴셜에는 지브롤터라는 장점이 있습니다. 우리는 당신이 결국 우리의 밀가루를 쓰게 될 것이라고 생각합니다. 그렇다면 지금 써보시는 것이 어떻겠습니까?'

1896년 브라이언이 처음 대통령 선거에 출마했을 때 당시 어린아이였던 나는 그가 왜 그렇게 단호하게, 또 그토록 자주 자신이 당선될 것이며 윌리엄 매킨리William McKinley는 패배할 것이라고 말하는지 궁금했다. 이유는 간단했다. 브라이언은 대중은 강조하는 것과 실제 사실을 구분하지 못한다는 것을 알고 있었다. 어떤 말을 충분히 자주, 충분히 강력하게 하면 대다수가 그 말을 믿게 된다는 걸 알고 있던 것이다.

세계의 위대한 지도자들은 항상 그들의 주장을 반박하는 사람이 세상에 존재할 가능성이 없다는 듯이 우렁차게 소리쳤다. 붓다는 죽을 때 추론하거나 푸념하거나 맞서지 않았다. 권위가 있는 자로서 남은 사람들에게 말했다.

"내가 가르친 대로 행하라."

수백만 명의 삶에서 지배적인 역할을 해온 코란은 예비기도 직후 다음과 같은 말로 시작한다.

'이 책에는 의심의 여지가 없다. 이 책 자체가 명령이다.'

빌립보에서 한 간수가 사도 바울에게 물었다.

"제가 구원을 받으려면 어떻게 해야 합니까?"

바울은 논쟁이나 변명, '내가 보기에는 이런 것 같다'나 '내 생각은 이렇다'로 답하지 않았다. 한 차원 높은 명령으로 응수했다.

"주 예수를 믿어라. 그리하면 구원을 얻으리라."

하지만 이미 말했듯 모든 경우에 너무 단정적으로 말하지 마라. 때와 장소, 대상, 청중에 따라 지나친 단정은 도움이 되기보다 방해가 된다. 일반적으로 청중의 지적 수준이 높을수록 강압적인 주장이 성공할 가능성이 낮다. 생각하는 사람들은 끌려가는 것이 아니라 주도적으로 이끄는 것을 좋아한다.

사실이 제시되고 스스로 결론을 내리기를 원한다. 질문받길 좋아하지, 끊임없이 쏟아지는 직접적인 진술에 시달리는 것을 좋아하지 않는다.

청중을 사랑하라

몇 년 전 영국에서 여러 명의 대중 강연자를 고용하고 교육해야 했다. 고통스럽고 값비싼 시련 끝에 세 명은 해고하고 한 명은 5,000킬로미터가량 떨어진 미국으로 돌려보내야 했다. 이들의 가장 큰 문제는 그들이 청중에게 봉사한다는 데 관심이 없었다는 점이었다. 그들은 주로 다른 사람이 아니라 자신과 자신의 월급봉투에 관심이 있었다. 누구나 느낄 수 있었다. 청중에게 차갑게 대했고, 청중 역시 그들에게 차갑게 대했다. 그 결과, 이 연설가들의 목소리는 놋쇠 소리와 쟁그랑대는 심벌즈 소리에 그쳤다.

널리 알려진 바와 같이 인간은 연설가가 입에 바른 소리를 하는지, 가슴 깊은 곳에서 나온 말을 하는지 매우 빠르게 감지할 수 있다. 개마저도 이를 감지할 수 있다.

나는 대중 연설가로서의 링컨에 대해 전문적으로 연구했다. 그는 분명 미국이 배출한 가장 사랑받는 인물이며, 미국 최고의 연설 중 하나를 선보였다. 어떤 면에서는 천재였지만, 그가 청중을 사로잡은 힘은 공감 능력과 정직함, 선량함이었다. 그는 사람들을 사랑했다. 링컨의 아내는 이렇게 말했다.

"팔이 긴 만큼 마음도 넓었답니다."

그는 예수를 닮았다. 그리고 2000년 전, 연설에 관한 최초의 책에서는 그를 '연설에 능숙하며 선한 사람'이라고 묘사했다.

유명한 프리마돈나 슈만하잉크의 말이다.

"제 성공의 비결은 청중을 향한 절대적인 헌신입니다. 저는 청중을 사랑합니다. 그들은 모두 제 친구입니다. 관객 앞에 서는 순간 그들과의 유대감이 생깁니다."

이것이 바로 그녀가 전 세계적으로 성공한 비결이다. 우리도 이와 같은 정신을 키워야 한다.

연설에서 가장 훌륭한 것은 육체적인 것도 아니고 정신적인 것도 아니다. 영적인 것이다. 대니엘 웹스터가 죽어가면서 머리 맡에 두었던 책은 모든 연설가가 살아 있는 동안 책상 위에 놓아야 할 책이다. 예수는 사람들을 사랑했고, 사람들과 대화하면서 그들의 마음을 불태웠다. 대중 연설에 대한 훌륭한 텍스트를 원한다면 신약 성경을 읽어보는 것이 어떻겠는가?

청중을 깨어 있게 하는 방법

1. 우리는 말할 때마다 말하는 내용에 대한 청중의 태도를 결정한다. 연설가가 부주의하면 청중도 부주의해진다. 약간의 관심을 기울이면 청중도 약간만 관심을 기울인다. 연설가가 열정적이라면 청중은 분명 그의 진정성을 느낄 것이다. 열정은 '가장 중요하지는 않더라도' 중요한 요소 중 하나다.

2. "매우 진지하거나 재치 있게 말하려고 노력하는 사람은 실패하기 쉽지만 진정한 신념으로 호소하는 연설가는 절대 실패하지 않는다"라고 마틴 W. 리틀턴은 말한다. 정말로 깊은 확신에 차서 청중에게 메시지를 전한다면 그의 연설은 불꽃처럼 타오를 것이다.

3. 전염성이 강한 신념과 열정이라는 특성은 대단히 중요한데도 대부분의 사람에게 부족하다.

4. 브랜더 매슈스 교수는 "좋은 연설의 핵심은 연설가에게 진정으로 하고 싶은 말이 있다는 것이다"라고 말한다.

5. 사실에 대해 생각하고, 그 사실의 진정한 중요성을 마음속에 새겨라. 다른 사람에게 확신을 주려 하기 전에 먼저 자신에게 확신을 주어라.

6. 머리와 가슴 사이에 통신망을 구축하라. 사실을 전달할 뿐 아니라 그 사실에 대한 자신의 태도도 함께 드러내야 한다.

7. 어떤 언어를 사용하든 있는 그대로의 자신을 말할 수밖에 없다. 연설에서 가장 중요한 것은 말이 아니라, 말 뒤에 숨어 있는 사람의 진정성이다.

8. 진정성을 키우고 열정을 느끼려면 열정적으로 행동해야 한다. 똑바로 서서 청중을 똑바로 쳐다보라. 단호한 제스처를 사용하라.

9. 무엇보다 입을 크게 벌리고 잘 들리게 말하라. 많은 연설가의 목소리가 10미

터 밖에서도 잘 들리지 않는다.

10. 한 시골 목사가 헨리 워드 비처에게 무더운 일요일 오후에 청중이 잠들었을 때 어떻게 해야 하느냐고 묻자, 비처는 "안내원에게 날카로운 막대기를 가져와 그것으로 설교자를 쿡쿡 찌르게 하라"고 답했다. 이것은 대중 연설의 기술에 관한 최고의 조언 중 하나다.

11. '저의 생각에는', '저의 겸손한 의견으로는'과 같은 '모호한 말'로 연설을 망치지 마라.

12. 청중을 사랑하라.

호흡 조절

유명한 오페라 가수 율리아 클라우센Julia Claussen은 인터뷰 도중 이렇게 선언했다.

"지금 이 순간 어린 여자아이를 가르친다면 숨을 깊이 들이 마시고 횡격막 바로 아래 허리를 팽창하는 데 주의하라고 할 겁니다. 그런 다음 숨을 내쉬며 가능한 한 많은 단어를 말하라고 할 거예요. 그러면서 횡격막에 가까운 근육으로 호흡을 유지하라고 할 거고요. 이때, 호흡이 끊기거나 횡격막을 끌어올리지 않은 채로 호흡을 유지해야 해요. 이 요령의 핵심은 가장 강한 톤, 가장 많은 호흡이 아니랍니다. 가장 적은 호흡, 가장 약한 톤으로 특히 목을 최소한만 긴장시킨 채로 거미줄같이 섬세한 상태를 유지하는 거예요. 저에게 가장 어려운 모음은 '아'였습니다. 이 모음을 낼 때 목이 가장 많이 열려서 호흡의 흐름을 제대로 조절하지 못했지요. 그래서 저는 연습하기 전에 '우, 오, 아, 에, 이' 순서대로 목을 푸는 습관을 들이고 있답니다."

아주 좋다, 클라우센 여사. 우리는 어린 소녀도 아니고 노래에 관심도 없다. 하지만 이 제안을 받아들여 연설을 개선하는 데 활용하려 한다.

먼저 클라우센 여사가 제안한 대로 심호흡을 해보겠다. 지금 숨을 깊이 들이마시면서 하품을 시작하라. 구멍이 많은 폐가 풍선처럼 팽창하는 것을 느껴야 한다. 옆구리와 등에서 아래쪽 갈비뼈가 확장된다고 느껴보라. 횡격막이라고 불리는 아치형 근육을 아래로 눌러 평평해지는 것을 느끼며 특히 횡격막에 집중하라. 횡격막은 부드러운 근육이다. 횡격막을 강화할 필요가 있다.

이제 하품이 나오기 직전처럼 목을 열고 '아' 소리를 내라. 호흡이 허락하는 한 최대한 오래 끌어라. 얼마나 오래 할 수 있을까? 호흡 조절 능력이 얼마나 좋은지에 따라 다르다. 구멍 난 풍선에서 바람이 빠지듯 숨이 빠르게 빠져나가는 것이 자연스럽다. 왜 그럴까? 폐는 탄력성이 있어서 팽창한 만큼 수축한다. 팽창한 폐가 밀어낸 갈비뼈는 다시 폐를 밀어내며 폐에서 공기를 내뱉게 한다. 횡격막 역시 조절하지 않으면 빠르게 아치형의 위치로 되돌아가 허파를 눌러 공기를 빼낸다.

그러나 공기가 급히 빠져나가게 하면 목소리에 공기가 많이 섞일 것이다. 그러면 어떤 말을 해도 알아듣기 힘들 것이다. 듣기에도 거슬린다. 그렇다면 어떻게 해야 이 현상을 제어할 수 있을까? "호흡 조절을 철저히 정복하지 않고는 예술적으로 노래하기란 불가능하다"라고 카루소는 말했다. 호흡을 조절하지 않고 연설에 이상적인 목소리를 내기란 불가능하다.

그렇다면 어떻게 숨이 빠져나가는 것을 제어할 수 있을까? 주의하지 않으면 우리는 목에 힘을 주어 호흡을 조절하려 한다. 호흡 조절에 이보다 더 나쁜 방법이 있을까? 클라우센 여사의 말을 빌리자면, 목은 거미줄처럼 섬세한 상태를 유지해야 한다.

목은 숨이 빠져나가는 것이나 숨 자체와 아무 관련이 없어야 한다. 목으로는 팽창된 폐를 압박할 수 없다. 그러므로 우리는 횡격막과 갈비뼈로 폐를 조절해야 한다. 이 두 기관을 통제하라. "아"라고 소리를 내면서 가볍고 부드럽게 횡격막과 갈비뼈를 눌러라. 그리고 얼마나 오랫동안 견고하게, 흔들림 없이 소리를 유지할 수 있는지 확인하라. 이제 클라우센 여사가 제안하는 다른 음인 '우, 오, 아, 에, 이'로 연습해보라.

6장

효과적인 연설의
필수 요소

나는 어떤 상황에서도 절대로 낙담하지 않는다. 가치 있는 일을 성취하기 위한 세 가지 필수 요소는 첫째는 노력, 둘째는 끈기, 셋째는 상식이다.

_ 토머스 에디슨Thomas Alva Edison(발명가)

약간의 방심으로도 공든 탑은 무너지게 마련이다.

_ E. H. 해리만E. H. Harriman(유니언 퍼시픽 철도 임원)

절망하지 마라. 그러나 절망한다면 절망 속에서 일하라.

_ 에드먼드 버크Edmund Burke(영국 정치가)

인내심은 모든 문제에 대한 최선의 치료법이다.

_ 플라우투스Plautus(고대 로마 희극 작가)

인내하면 모든 일이 완벽해진다.

_러셀 H. 콘웰 박사가 가장 좋아하는 좌우명

할 수 있다고 믿는 사람은 무엇이든 해낸다. 두려움을 극복하지 않는 사람은 아직 인생의 첫 교훈을 배우지 못한 것이다.

_ 랄프 왈도 에머슨Ralph Waldo Emerson(시인)

승리는 의지의 문제다.

_ 나폴레옹Napoleon(프랑스 군인)

뚜렷한 목적의식과 도덕적 성실성, 자신이 수행하는 모든 일을 끝까지 해내는 자기 충성심이 위대한 업적을 위해 갖추어야 할 가장 중요한 요소라고 믿는다.

_ 프레드릭 B. 로빈슨Frederick B. Robinson(뉴욕시립대학교 학장)

일단 결정을 내리고 행동해야 한다면, 부담은 다 내려놓고 결과에만 신경 써라.

_ 윌리엄 제임스

아래의 글을 쓴 1월 5일은 탐험가 어니스트 섀클턴Ernest Shackleton의 기일이다. 그는 남극을 탐험하기 좋은 배 '퀘스트(퀘스트는 탐험이라는 뜻이다)'를 타고 남극으로 향하다가 사망했다. 퀘스트호에 오르면 가장 먼저 눈에 들어오는 것은 동판에 새겨진 다음 글귀다.

꿈을 꿔도 꿈을 주인으로 삼지 않는다면
생각은 해도 생각 자체를 목표로 삼지 않는다면
승리와 재난을 만나도
두 사기꾼을 똑같이 대할 수 있다면

오래전 약해졌을지라도 때가 됐을 때
심장과 신경과 근육을 다스릴 수 있다면
그래서 네 안에 '견디자'라는 의지 외에
아무것도 없을 때조차 견뎌낼 수 있다면

무자비한 1분이라는 시간을
60초 거리의 달리기로 채울 수 있다면
온 세상과 만물이 네 것이 되고

무엇보다 네가 인간이 될 것이다, 내 아들아.

섀클턴은 이 구절을 '퀘스트호의 정신'이라고 불렀다. 남극에 도달하거나 대중 연설에서 자신감을 얻기 위해 출발하는 사람이 갖춰야 할 정신이기도 하다.

그러나 유감스럽게도 모든 사람이 위와 같은 정신으로 대중 연설에 관한 연구를 시작하지는 않는다. 몇 년 전, 처음 교육 사업에 참여했을 때, 나는 모든 종류의 야간 학교에 등록한 학생 중 얼마나 많은 학생이 목표를 달성하기도 전에 지치고 기진맥진하는지를 알고는 깜짝 놀랐다. 그 숫자는 가히 한탄스러우면서도 놀랍다. 인간의 본성을 일깨우는 서글픈 증거와도 같다.

이번 장이 이 강좌의 여섯 번째 장인데, 이 글을 읽고 있는 독자 중 일부는 6주라는 짧은 시간 동안 청중에 대한 두려움을 극복하고 자신감을 얻지 못해 이미 낙담하고 있다는 것을 경험으로 알고 있다. 얼마나 안타까운 일인가.

"인내하지 못하는 자들은 얼마나 불행한가? 천천히 아물지 않는 상처가 어디 있단 말인가?"

끈기의 필요성

프랑스어와 골프, 대중 연설 등 어떤 새로운 것을 배우기 시작할 때 우리는 절대 꾸준히 발전하지 않는다. 우리의 실력은 조금씩 늘지 않는다. 갑작스럽게 전진하고 놀랍도록 발전한다. 그러다 보면 한동안 제자리걸음을 하거나 심지어 뒷걸음질 치다가 지금까지 쌓은 기반을 잃을 수도 있다. 모든 심리학자가 이러한 정체 또는 퇴보의 시기를 잘 알고 있으며, 이를 '학습 곡선의 고원'이라고 부른다. 대중 연설을 배우는 학생 역시 때로 이 고원에 몇 주 동안 빠질 수 있다. 아무리 열심히 노력해도 정체기에서 벗어나지 못한다. 나약한 사람은 절망에 빠져 포기한다. 하지만 근성이 있는 사람은 끈기 있게 노력하고 하룻밤 사이에 자기도 모르게 큰 발전을 이룬다. 비행기라도 탄 것처럼 정체기의 고원에서 날아오른다. 갑자기 그 일에 대한 요령을 알게 된다. 갑자기 연설에 자연스러움과 힘과 자신감이 생긴다.

이 책의 다른 지면에서도 언급했듯이 청중을 처음 대면하는 순간에 항상 순간적인 두려움과 충격, 긴장감 섞인 불안을 경험할 수 있다. 존 브라이트는 분주한 경력의 마지막까지 느꼈고 글래드스턴William Gladstone도 그랬다. 윌버포스 주교와 다른 저명한 연설가도 마찬가지였다. 위대한 음악가 역시 수많은 대중 앞에 섰음에도 이런 감정을 느꼈다. 파데레프스키는 피아노 앞에 앉기 직전에 긴장해서 항상 소매를 만지작거렸다. 미국의 오페라 가수 릴리안 노르디카Lillian Nordica는 심장이 쿵쾅거리는 것을 느꼈다. 오스트리아의 오페라 가수 마르첼라 젬브리히Marcella Sembrich도 마찬가지다. 미국의 소프라노 엠마 임스Emma Eames도 그랬다. 하지만 청중을 향한 두려움은 8월의 햇살 속 안개처럼 금세 사라졌다.

이들의 경험이 여러분의 경험이 될 것이다. 인내하기만 하면 시작할 때의 두려움만 빼고 모든 두려움이 곧 사라질 것이다. 시작할 때의 두려움도 처음 시작할 때만 그럴 뿐, 그 이상은 없을 것이다. 처음 몇 문장을 말하고 나면 자신을 통제할 수 있게 될 것이다. 긍정적으로, 기쁨에 차서 말하게 될 것이다.

끊임없이 노력하라

한번은 법학을 공부하고 싶어 하는 한 청년이 링컨에게 조언을 구하는 편지를 썼다. 링컨은 이렇게 대답했다.

'스스로 변호사가 되기로 결심했다면 이미 절반 이상은 이룬 셈입니다. 성공하겠다는 결심이 그 무엇보다 중요하다는 것을 항상 명심하십시오.'

링컨은 알고 있었다. 이미 다 겪어봤기 때문이다. 링컨은 평생 학교 교육을 1년 이상 받은 적이 없었다. 책은 어떤가? 링컨은 집에서 80킬로미터는 걸어가야 책을 빌릴 수 있었다고 말했다. 오두막에서는 보통 밤새도록 장작불을 피웠다. 때때로 그는 그 불빛 아래서 책을 읽었다. 통나무 사이에는 갈라진 틈이 있었는데 링컨은 종종 그 틈새에 책을 꽂아두곤 했다. 아침이 되고 책을 읽을 수 있을 만큼 날이 밝기 무섭게 그는 나뭇잎 침대에 누워 눈을 비비고 책을 꺼내 허겁지겁 읽기 시작했다.

그는 연설가의 연설을 듣기 위해 30킬로미터에서 50킬로미터를 걸어갔고, 집에 돌아와서는 들판이든, 숲이든, 젠트리빌에 있는 존스네 식료품점에 모여든 사람들 앞이든 어디에서나 연설 연습을 했다. 뉴 세일럼과 스프링필드의 문학 토론 모임에 가입하고 지금 이 강좌의 수강생으로 여러분이 하는 것처럼 그날의 주제에 대해 말하는 연습을 했다.

　그는 늘 열등감에 시달렸다. 여자들이 옆에 있으면 소심해져서 아무 말도 못 했다. 메리 토드와 연애할 때도 거실에 앉아 수줍어하며 침묵을 지켰고, 한 마디도 못 하고 그녀의 이야기를 듣기만 했다. 하지만 그는 끊임없는 훈련과 연습을 통해 뛰어난 웅변가인 더글러스 상원의원과 토론을 벌인 연설가로 거듭났다. 처음에는 게티즈버그에서, 그리고 다시 두 번째 취임 연설에서 인류 역사상 거의 찾아볼 수 없는 웅변의 경지를 선보인 사람이기도 하다.

　자신의 결점과 고달픈 투쟁을 고려할 때 그가 '스스로 변호사가 되기로 결심했다면 이미 절반 이상은 이룬 셈입니다'라고 쓴 것도 당연하다.

　미국 대통령 집무실에는 에이브러햄 링컨의 사진이 걸려 있다. 시어도어 루스벨트는 이렇게 말했다.

　"가끔 결정해야 할 문제가 있을 때, 복잡하고 처리하기 어려운 문제나 권리와 이해관계가 상충하는 문제가 있을 때면 링컨의 초상화를 바라봅니다. 그리고 그분이 저와 같은 입장이고 저와 같은 상황이라면 어떻게 행동했을지 상상해보곤 했습니다. 이상하게 들릴지도 모르지만, 솔직히 말해 그렇게 하면 문제가 더 쉽게 풀리는 것 같았습니다."

루스벨트의 전략을 시도해보는 건 어떨까? 낙담에 빠져 자신의 목소리를 내기 위한 싸움을 포기하고 싶을 정도라면 주머니에서 링컨을 닮은 5달러짜리 지폐를 꺼내고 혼자 그 상황에서 링컨이라면 어떻게 행동했을지 물어보는 건 어떨까? 링컨이라면 어떻게 했을지는 이미 알 것이다. 링컨은 미국 상원의원 선거에서 스티븐 더글러스에게 패배한 후 그를 따르는 사람에게 "한 번이 아니라 백 번을 패배해도 포기하지 말라"고 타일렀다.

확실한 보상

독자들이 일주일 동안 매일 아침 식탁에 유명 심리학자인 윌리엄 제임스 박사의 책을 펼치고 다음 구절을 외운다면 얼마나 좋을까?

젊은이라면 무엇을 배우든 결과에 대해 전혀 불안해하지 말라. 일하는 매 순간 충실하게 노력했다면 결과가 어떻게 될지는 신경 쓰지 말라. 그러다 보면 어느 날 아침 눈을 떴을 때 어떤 분야에서든 자신이 그 시대의 유능한 인재로 성장해 있을 것이라고 단언할 수 있다.

저명한 제임스 교수의 말을 빌리자면 이 책을 충실하고 열정적으로 읽고 연습을 계속한다면, 어느 날 아침 눈을 떴을 때 당신이 사는 도시나 지역사회에서 유능한 연설가가 되어 있을 것이라고 자신 있게 말할 수 있다.

얼마나 공허하게 들리든 간에 이 말은 진실이자 보편적인 원칙이다. 물론 예외는 있다. 사고방식이나 성격에 문제가 있고 아무 할 말이 없는 사람은 대니엘 웹스터 같은 뛰어난 연설가로 성장하지 못할 것이다. 그러나 합리적인 범위 내에서 이 주장은 타당하다.

구체적인 예를 들어 설명하겠다. 뉴저지의 전 주지사 에드워드 스토크Edward Stokes는 트렌턴에서 열린 대중 연설 강좌의 종강 파티에 참석했다. 그는 그날 저녁 학생들이 한 연설이 워싱턴의 하원과 상원에서 들었던 연설만큼이나 훌륭했다고 칭찬했다. 이들은 불과 몇 달 전까지만 해도 청중 공포증으로 말문이 막혀 있었다. 키케로와 같은 웅변의 재능을 타고난 사람이 아니라, 미국 어느 도시에서나 볼 수 있는 전형적인 사업가들이었다. 하지만 어느 날 갑자기 이들은 그 지역에서 유능한 연설가 중 한 명이 되어 있었다.

연설가로서 성공할 가능성은 오직 두 가지, 즉 타고난 능력 그리고 욕망의 깊이와 강도에 달려 있다.

제임스 교수는 다음과 같이 말했다.

어떤 일에서든 여러분의 열정이 여러분을 구할 것입니다. 결과를 위해 충분히 노력하기만 한다면 반드시 원하는 결과를 얻을 겁니다. 부자가 되고 싶으면 부자가 되고, 배운 사람이 되고 싶으면 배운 사람이 되고, 선한 사람이 되고 싶으면 선한 사람이 됩니다. 단, 자신이 원하는 것을 진심으로 원하고 오직 그것만 원해야 합니다. 서로 양립할 수 없는 백 가지의 것들을 동시에 원해서는 안 됩니다.

제임스 교수가 다음과 같은 말을 덧붙였더라도 그 역시 진실이었을 것이다.

"자신 있는 대중 연설가가 되고 싶다면 그렇게 될 수 있습니다. 하지만 진심으로 그렇게 되기를 바라야 합니다."

나는 대중 앞에서 자신 있게 말할 수 있는 능력을 얻기 위해 노력한 사람을 수천 명은 알고 있으며, 주의 깊게 지켜보기도 했다. 성공한 사람 중 남다른 탁월함을 갖춘 사람은 극소수였다. 대부분은 고향에서 흔히 볼 수 있는 평범한 사업가들이었다. 하지만 이들은 끈질기게 계속했다. 똑똑한 사람들은 쉽게 낙담하거나 돈 버는 데 너무 깊이 빠져서 멀리 가지 못했다. 하지만 근성이 있고 단 하나의 목표를 추구하는 평범한 사람은 결국 정상에 올랐다.

이는 인간적이고 당연한 이치다. 사업과 전문직에서도 항상 같은 일이 일어나지 않는가? 록펠러는 언젠가 사업에서 성공하기 위한 첫 번째 필수 요소는 인내라고 말했다. 대중 연설 강좌에서도 인내는 성공의 첫 번째 필수 요소다.

포슈 제독은 제1차 세계대전에서 위대한 군대를 이끌어 역사상 최고의 승리를 거두었다. 그는 자신의 미덕은 단 하나, '절대로 절망하지 않는 것'이라고 밝혔다.

1914년 프랑스군이 마른강으로 후퇴했을 때, 조제프 조프르Joseph Joffre 사령관은 병력 200만 명을 책임지고 있는 휘하 장군들에게 후퇴를 멈추고 공격을 시작하라고 명령했다. 역사상 가장 결정적인 전투 중 하나였던 이 싸움은 이틀 동안 치열하게 벌어졌다. 당시 중심부를 지휘하던 포슈 제독은 군 역사상 가장 인상적인 메시지 중 하나를 조프르 장군에게 보냈다.

'중앙이 무너집니다. 오른쪽도 물러납니다. 아주 좋은 상황입니다. 공격하겠습니다.'

이 공격이 파리를 구했다.

친애하는 연설가들이여, 싸움이 가장 힘들고 절망적으로 보일 때, 중앙이 무너지고 오른쪽도 물러날 때 "아주 좋은 상황입니다"라고 말하라. 공격하라. 또 공격하라! 그러면 가장 중요한 인간적 가치, 즉 용기와 믿음을 얻게 될 것이다.

와일더 카이저산맥 등반하기

몇 해 전 여름, 나는 오스트리아 알프스의 와일더 카이저산맥이라는 봉우리를 올랐다. 출판업자 카를 바데커Karl Baedeker는 이 등반이 어려우며, 초보 등산가에게는 반드시 가이드가 필요하다고 말했다. 친구와 나에게는 가이드가 없었고, 우리는 분명 아마추어였다. 그래서 제삼자는 우리를 보고 등반에 성공할 수 있겠느냐고 물었다. "물론이죠"라고 우리는 대꾸했다. "어째서 그렇게 생각하는 거죠?" 하는 그의 물음에 나는 "가이드 없이 성공한 사람도 있으니까요. 그러니 충분히 가능하다고 생각해요. 전 어떤 일을 할 때 실패부터 생각하지는 않는답니다"라고 답했다.

알프스 등반가로서의 나는 가장 서툴고 무모한 초보다. 그러나 방금 내가 한 말은 대중 연설에 관한 글을 쓰거나 에베레스트산 등반에 이르기까지 어떤 일에든 적용할 수 있다. 이 강좌를 성공적으로 마친다고 생각해보라. 완벽한 자제력을 발휘하며 대중 앞에서 말하는 자신을 상상해보라. 얼마든지 그렇게 할 수 있다. 성공할 것이라고 믿어라. 굳게 믿으면 성공에 필요한 일을 알아서 하게 된다.

새뮤얼 프랜시스 듀퐁Samuel Francis Du Pont 제독은 남북전쟁 당시 찰스턴항에 정박한 포함을 공격하지 말아야 할 여섯 가지의 훌륭한 이유를 제시했다. 데이비드 패러것David Farragut 제독은 그의 이야기를 집중해서 들었다. 그리고 이렇게 대꾸했다.

"그런데 언급하지 않은 이유가 하나 더 있군요."

"그게 뭡니까?"

듀퐁 제독이 물었다. 대답은 다음과 같았다.

"할 수 있다고 믿지 않는 거죠."

대부분의 수강생이 대중 연설 강좌에서 얻는 가장 값진 성과는 자신감이 강해지고 성취 능력에 대한 믿음이 커진다는 것이다. 그 어떤 일이든 성공하는 데 이보다 더 중요한 것이 또 있을까?

이기겠다는 의지

이 자리에 꼭 인용해야 하는 앨버트 허버드의 현명한 조언이 있다. 평범한 사람이 그 안에 담긴 지혜를 적용하고 살기만 한다면 큰 행복과 번영을 누릴 것이다.

밖에 나갈 때마다 턱을 당기고, 머리는 곧추세우고 가슴을 최대한 펴라. 햇빛을 들이마시고 미소로 친구를 맞이하고 진심으로 반갑게 악수해라. 오해받는 것을 두려워하지 말고 적을 생각하느라 시간을 낭비하지 말라. 하고 싶은 일을 마음속에 단단히 품고, 이리저리 흔들리지 말고 목표를 향해 곧장 나아가라. 자신이 원하는 위대하고 멋진 일을 되새기면 하루하루 흘러가며 산호가 조류에서 필요한 영양분을 취하듯 저절로 욕망을 성취하는 데 필요한 기회를 포착할 것이다. 유능하고 성실하며 쓸모 있는 사람이 되고 싶다고 상상하면, 그 상상은 매 순간 당신을 특별한 사람으로 바꿀 것이다. 생각에는 놀라운 힘이 있다. 용기와 솔직함, 쾌활함과 같은 올바른 정신적 태도를 생각하라.

올바르게 생각해야 올바르게 창조할 수 있다. 모든 일은 욕망을 통해 이루어지며 모든 진실한 기도는 응답받는다. 우리는 우리의 마음속에 떠올리는 대로 된다. 턱을 당기고 머리를 곧추세워라. 우리는 아직 깨어나지 않은 신이다.

나폴레옹과 웰링턴, 리와 그랜트, 포슈 등 모든 위대한 군 지도자들은 승리를 향한 의지와 승리할 수 있다는 자신감이 그 무엇보다 군의 성공을 결정짓는다는 사실을 알고 있었다.

포슈 제독은 말한다.

"싸움에 진 9만 명의 병사가 싸움에서 이긴 9만 명의 병사보다 먼저 후퇴하는 이유는 딱 한 가지다. 충분히 싸웠다고 생각하며 더 이상 이길 수 있다고 믿지 않아서다. 즉, 사기가 꺾였기 때문이다."

다시 말해, 9만 명의 퇴역 병사들은 육체적으로 타격을 입은 것이 아니라 정신적으로 타격을 입었다. 용기와 자신감을 잃은 것이다. 이런 군대에는 희망이 없다.

미 해군 군목 존 프레이저John Fraizer는 제1차 세계대전 중 군목으로 입대하고자 하는 사람들을 인터뷰했다. 해군 군목으로 성공하는 데 필수적인 자질이 무엇이냐는 질문에 그는 '품위Grace, 적극성Gumption, 근성Grit, 배짱Guts'이라는 네 가지 G로 답했다.

이는 연설에서 성공하기 위한 필수 요건이기도 하다. 이 네 가

지를 성공적인 연설이라는 전투의 좌우명으로 삼아라. 그리고
로버트 서비스Robert Service의 시를 전투 곡으로 삼아라.

황야에서 길을 잃고 어린아이처럼 겁에 질릴 때
죽음이 쿵 하는 소리를 내며 당신의 눈을 바라볼 때
온몸이 펄펄 끓으며 아플 때
방아쇠를 당겨 죽는 건 쉽다.
하지만 인간으로서의 강령은 '있는 힘껏 싸워라'다.
자기 소멸은 금지되어 있다.
굶주림과 비참함 속에 방아쇠를 당기기는 쉽다.
지옥 같은 아침 식사를 견디는 것, 그게 힘든 일이다.
"삶에 지쳤다고!" 거참 안됐군.
젊고 용감하고 똑똑한데도 말이지.
억울한 대접을 받았구나.
나도 안다. 하지만 비명을 지르지는 마라.
힘을 내고 최선을 다해 싸워야 한다.
그렇게 버티다 보면 승리할 수 있다.
그러니 움츠러들지 말라, 오랜 벗이여!
그저 근성으로 밀어붙여라. 그만두기는 너무 쉽다.
턱을 높이 치켜드는 것, 그게 어렵다.
실패에 울고 죽어버리기는 쉽다.
굽실거리며 도망치기도 쉽다.

하지만 희망이 보이지 않을 때 싸우고 또 싸우는 것,

이것이 오히려 힘들다.

싸울 때마다 녹초가 되고

부러지고 두들겨 맞고 상처를 입는다 해도

한 번 더 해보라. 죽기는 쉬우니.

계속 살아가는 것, 이게 진정 힘든 일이다.

효과적인 연설의 필수 요소

1. 골프든 프랑스어든 대중 연설이든 그 어떤 것에서도 실력은 꾸준히 늘지 않는다. 우리는 갑작스럽게 진전하고 놀랄 만큼 발전한다. 그런 다음 몇 주 동안 제자리걸음을 하거나 심지어 그동안 쌓은 실력을 일부 잃을 수도 있다. 심리학자는 이러한 정체기를 '학습 곡선의 고원'이라고 부른다. 오랫동안 열심히 노력해도 이 '고원'에서 벗어나 다시 상승세로 돌아서지 못할 수 있다. 어떤 사람은 우리가 발전하는 방식에 대한 이 흥미로운 사실을 이해하지 못하고 정체기의 고원에서 낙담하여 노력을 포기한다. 매우 유감스러운 일이다. 연습을 계속한다면 갑자기 비행기처럼 날아올라 하룻밤 사이에 다시 엄청난 진전을 이룰 수 있을 것이기 때문이다.

2. 연설하기 직전에 약간의 불안감이 없으면 입도 떼지 못할 수 있다. 브라이트, 글래드스턴, 윌버포스 모두 경력이 끝날 때까지 연설을 시작할 때 약간의 긴장을 경험했다. 하지만 인내심을 갖고 노력하면 최초의 두려움을 제외한 모든 두려움이 곧 사라지며, 몇 초간 말을 하고 나면 이 두려움조차 사라진다.

3. 제임스 교수는 교육의 결과에 대해 불안해할 필요가 없으며, 충실하고 부지런히 노력한다면 "어느 날 아침 눈을 떴을 때 어떤 분야에서든 가장 유능한 사람으로 성장해 있을 것이라고 확신할 수 있다"고 지적했다. 하버드의 유명한 현자가 말한 이 심리학적 진실은 우리 자신과 연설을 배우기 위한 노력에도 적용된다. 이 점에 대해서는 의문의 여지가 없다. 대중 연설 강좌에서 성공한 사람들은 대체로 특별한 능력을 타고난 사람들이 아니었다. 그러나 그들에게는 끈기와 완강한 결단력이 있었다. 그들은 계속했다. 그리고 원하는 곳에 도착했다.

4. 성공할 것이라 믿어라. 그러면 성공에 필요한 일을 하게 된다.

5. 낙담할 때는 링컨의 사진을 보고 비슷한 상황에서 링컨이라면 어떻게 했을지 자문했던 루스벨트의 방법을 시도해보라.

6. 제1차 세계대전 당시 미 해군 군목인 프레이저는 군목으로 성공하는 데 필수적인 자질은 G로 시작하는 네 가지 단어로 열거할 수 있다고 말했다. 그 네 가지는 무엇인가?

혀끝 사용하기

이탈리아 테너 카루소는 그가 가수로서 성공을 거둔 이유의 상당 부분이 그의 뛰어난 혀 사용 능력 덕분이라고 말한다. 이탈리아 소프라노 아멜리타 갈리쿠르치도 마찬가지다. 다른 많은 가수도 그렇다. 카루소는 혀끝이 매우 강하고 민첩해질 때까지 훈련했다. 그는 혀 뒤쪽을 가만히 놓아두고 혀끝으로 모든 일을 하게 했다. 혀 뒤쪽 근육은 후두와 연결되어 있으므로 이렇게 하는 것은 대단히 중요하다. 혀 뒤쪽을 사용하면 목에 불필요한 긴장과 수축을 유발하기 때문이다.

혀끝의 힘과 민첩성을 개발하는 가장 좋은 방법 중 하나는 'R' 소리를 빠르고 높게 내는 것이다. 마치 나팔 소리처럼 끊임없이 이 소리를 내라. 멀리서 들려오는 기관총의 소리를 따라 하라. 단지 'R' 음을 연속해서 내는 것이 아니라 빠르고 높게 굴려서 내야 한다. 공격하기 직전에 방울뱀의 성난 꼬리가 격렬하게 움직이는 모습을 본 적이 있는가? 그렇다면 혀끝을 앞니 바로 뒤의 입천장에 대고 굴린다는 의미가 무엇인지 짐작할 수 있을 것이다. 이른 봄, 썩은 나뭇가지를 쪼아대는 딱따구리 소리를 들어본 적 있는가? 우리가 내는 'R' 소리는 딱따구리가 내는 스타카토처럼 빨라야 한다. 이 소리는 팀파니를 울리는 소리와도 비슷하다.

'버르burr'라고 발음하기 시작하고, 'R' 소리가 나면 혀끝을 빠르게 움직여라. '브르르르르르르르Brrrrrrrrrrr', '커cur'와 '슬러slur'로도 같은 연습을 하라.

이제 하품을 시작하고 심호흡을 하면서 몸 한가운데의 움직임을 느껴보라. 하품을 하기 전에 'R' 소리를 내기 시작하라. 숨이 허락하는 한 최대한 오래 소리를 내라. 5장에서 설명한 호흡 조절 방법을 사용하라.

'R' 소리를 빠르고 높게 내는 훈련은 중요한 연습이다. 그러나 일주일에 한 번 이 강좌에서만 목소리 연습을 하고 다른 시간에는 전혀 신경 쓰지 않으면서 원하는 결과를 얻을 것이라고는 기대하지 마라. 에머슨은 "신은 모든 일에 정당한 대가를 치르게 한다"라고 말했다. 목소리를 개선하기 위해 치러야 하는 정당한 대가는 연습, 또 연습, 그리고 연습이다. 그러나 이러한 연습을 하기 위해 다른 일을 하는 데 쓰이는 일상적인 시간을 일부러 떼어낼 필요는 없다. 이 연습은 아침에 욕조에서도 할 수 있다.

7장

좋은 전달력의
비결

사실을 알고 포용하라. 사실보다 중요한 것은 열정이고, 열정은 성실함에서 비롯된다.

_ 랄프 왈도 에머슨

주제를 아는 것 이상으로 알아야 한다. 주제를 발표할 때는 진정성이 있어야 한다. 사람들이 당신에게 들어야 할 말이 있다고 느껴야 한다.

_ 윌리엄 제닝스 브라이언

자신의 마음을 따라야 한다. 그보다 더 믿을 만한 것은 없다. 마음은 가끔 높은 정찰대 위에 앉아 있는 파수꾼 7명보다 더 많은 진실을 드러낸다.

_ 러디어드 키플링Rudyard Kipling(소설가)

한 번에 한 가지 일만 하라. 마치 그 일에 인생이 걸려 있는 것처럼 하라.

_ 유진 그레이스Eugene G. Grace(베들레헴 스틸 회장)의 좌우명

좋은 설교나 연설은 생각과 말투, 자연스러운 제스처와 일상에서 필연적으로 생긴 관심사에 따라 흘러갈 때 가장 효과적이다. 일상적인 대화에서 정확하고 자연스럽고 진지하게 말하는 법을 배워야 한다. 그러면 연단이나 강단, 술집에서 연설하기 위해 일어났을 때 자연스럽게 자신을 표현할 것이고 청중은 연설에 대해서는 다 잊을 것이다.

_ 존 H. 빈센트John H. Vincent(종교가)

제1차 세계대전이 끝나고 얼마 후 나는 런던에서 로스 스미스Ross Smith 경과 키스 스미스Keith Smith 경이라는 두 형제를 만났다. 형제는 런던에서 호주로 가는 최초의 비행에 성공하여 호주 정부에서 5,000달러의 상금을 받아 영국 대영제국 전역에 돌풍을 일으켰으며, 영국 국왕에게 기사 작위를 받은 바 있다.

유명한 풍경 사진작가인 캡틴 헐리Captain Hurley는 이들과 일부 구간을 함께 비행하며 사진을 찍었다. 그래서 나는 이들이 그 비행을 주제로 사진을 곁들여 이야기를 준비하도록 돕고, 이야기를 전달하는 방법을 가르쳤다. 그들은 런던 필하모닉 홀에서 4개월 동안 매일 두 번씩, 한 번은 오후에, 한 번은 밤에 연설했다.

두 사람은 지구 반 바퀴를 비행하면서 똑같은 경험을 했고, 나란히 앉아 있었으며, 단어 하나하나까지 거의 똑같은 이야기를 전달했다. 하지만 놀랍게도 전혀 같은 이야기처럼 들리지 않았다.

말에는 단순한 말 자체보다 중요한 것이 있다. 바로 말을 전달하는 분위기다.

"무슨 말을 하느냐가 아니라 어떻게 하느냐가 중요하다."

한 공개 콘서트에서 폴란드의 피아니스트 이그니치 얀 파데레프스키Ignacy Jan Paderewski가 쇼팽의 마주르카를 연주하는 동안 악보를 읽고 있던 한 젊은 여자 옆에 앉은 적이 있다. 그녀는 혼란스러워하고 있었다. 도무지 이해할 수 없었다. 파데레프스키의 손가락은 그녀가 연주한 것과 똑같은 음을 정확히 누르고 있었다. 하지만 그녀의 연주는 평범한데 파데레프스키의 연주는 영감을 주었고 아름다움을 뛰어넘는 차원이었으며 청중을 매료시켰다. 파데레프스키가 청중을 매료시킨 이유는 단순히 건반을 건드렸기 때문이 아니다. 건반을 건드는 그만의 방식과 느낌, 예술성과 개성 때문이었다. 이 지점에서 평범함과 천재성의 차이가 생긴다.

러시아의 위대한 화가 카를 브률로프Karl Bryullov가 한 제자의 작품을 수정한 적이 있다. 제자는 달라진 그림을 보고 놀라움을 금치 못하며 이렇게 외쳤다.

"왜죠? 아주 조금만 손댔을 뿐인데 완전히 달라졌어요."

브률로프가 대답했다.

"예술은 아주 조금에서 시작되는 거라네."

그림과 파데레프스키의 연주뿐 아니라 연설에서도 마찬가지다.

글을 손볼 때도 위와 같은 원칙이 적용된다. 영국 의회에는 연설할 때 '모든 것은 주제가 아니라 말하는 방식에 달려 있다'는 오랜 격언이 있을 정도다. 오래전 영국이 로마 주변부 식민지 중 하나였을 때 퀸틸리아누스Quintilianus가 한 말이다.

대부분의 옛 속담처럼 이 말 역시 걸러서 들어야 한다. 하지만 제대로 전달하면 사소한 내용이라도 훌륭한 연설처럼 들릴 수 있다. 대학 경연대회에서 항상 최고의 자료를 갖춘 연설가가 이기는 것은 아니라는 사실을 종종 목격하곤 한다. 오히려 연설 내용을 가장 잘 전달하는 연설가가 우승하는 경우가 더 많다.

영국 정치가 존 몰리John Moley 경은 한때 냉소적으로 주장한 바 있다.

"연설에서는 세 가지가 중요하다. 누가 말하는가, 어떻게 말하는가, 무엇을 말하는가이다. 이 세 가지 중에서 마지막이 가장 덜 중요하다."

과장일까? 그렇긴 하다. 하지만 표면을 파고들면 그 안에 진실이 빛나고 있다.

에드먼드 버크는 논리와 추론, 구성이 매우 뛰어난 연설문을 작성해 오늘날 전 세계 절반의 대학교에서 연설문의 대표적인 본보기로 연구된다. 하지만 연설가로서의 버크는 실패자로 악명이 높았다. 자신의 주옥같은 연설 내용을 흥미롭고 설득력 있게 전달하는 능력이 없어서 영국 하원의 '저녁 종'으로까지 불렸다. 그가 연설하기 위해 일어나면 다른 의원들은 헛기침하고는 떼를 지어 조심스레 자리를 떴다.

강철 피복 총알을 온 힘을 다해 사람에게 던져도 옷에 흠집조차 낼 수 없다. 그러나 수지 양초 뒤에 가루를 넣으면 소나무 판자를 뚫고 나간다. 가루를 뿌린 수지 양초와 같은 연설은 유감스럽게도 아무 힘도 없는 강철 피복 연설보다 더 강렬한 인상을 남긴다.

그러므로 연설하는 방식에 주의하라.

전달이란 무엇인가?

백화점에서 손님이 구매한 상품을 '전달'해준다고 한다는 것은 무슨 의미인가? 물건을 집 뒷마당에 던져놓고 그냥 가버린다는 말인가? 그냥 한 사람의 손에 물건을 건네는 게 물건을 전달하는 것과 같은가? 전보를 전하는 소년은 수취인에게 직접 정보를 전달한다. 하지만 모든 연설가가 그렇게 할까?

수천 명의 사람이 대화하는 방식을 전형적으로 보여주는 사례를 들어보겠다. 스위스 알프스의 여름 휴양지 뮈렌에서 열린 한 행사에 참여한 적이 있다. 런던의 한 회사에서 운영하는 호텔에 머물고 있었는데, 그 회사는 매주 영국에서 두어 명의 강연가를 초청해 투숙객들과 이야기하는 자리를 만들었다. 그중 한 명은 유명한 영국 소설가였다. 주제는 '소설의 미래'였다. 그녀는 직접 주제를 선정하지 않았다고 밝혔다. 게다가 그녀에게는 마음을 담아 표현하고 싶은 이야기가 없었다. 그래서 주먹구구식으로 쓴 원고를 들고 마지못해 청중 앞에 섰다. 그리고는 청중을 무시하고 쳐다보지도 않는 채 때로는 머리 위를, 때로는 메모를, 때로는 땅바닥을 응시했다. 먼 허공을 바라보며 아득한 목소리만 내뱉을 뿐이었다.

그날 그녀는 연설을 전달한 것이 아니다. 독백한 것이다. 소통한다는 느낌이 없었다. 이 소통의 느낌이야말로 바로 좋은 연설의 첫 번째 필수 요소다. 청중은 연설가의 정신과 가슴에서 그들의 정신과 가슴으로 메시지가 곧바로 전달되고 있다고 느껴야 한다. 방금 설명한 연설은 물 한 방울 나지 않는 고비사막에서 한 말이나 다름없다. 실제로 그 연설은 살아 있는 인간들이 아니라 사막 같은 곳에 전달되는 것처럼 들렸다.

연설을 전달하는 것은 매우 단순하면서도 매우 복잡한 과정이다. 많은 오해와 오용이 생기는 과정이기도 하다.

좋은 전달력의 비결

항간에는 전달력과 관련된 터무니없는 이야기와 엉뚱한 이야기가 엄청나게 많다. 규칙 및 의식과 결부되어 신비로운 대상화가 된 이야기도 있다. 누가 봐도 구태의연하고 오래된 방식의 '웅변술'은 종종 연설 자체를 우스꽝스럽게 만들기도 한다. 도서관이나 서점에 간 사업가는 '웅변'에 관한 책들이 완전 쓸모없다는 사실을 깨닫는다. 다른 학문 분야에서의 발전에도 불구하고 오늘날 미국의 거의 모든 주에서 학생들은 여전히 웹스터와 로버트 잉거솔Robert G. Ingersoll의 화려한 수사법을 암송하도록 강요받는다. 잉거솔 부인과 웹스터 부인이 오늘날 부활한다면 그들이 쓰고 다녔을 구식 모자만큼이나 유행에 뒤떨어졌고 이 시대의 정신과도 거리가 멀어졌는데도 말이다.

남북전쟁 이후 완전히 새로운 연설 흐름이 생겨났다. 시대 정신에 맞게 〈새터데이 이브닝 포스트〉처럼 현대적이고, 전보처럼 직접적이며, 자동차 광고처럼 상업적이다. 한때 유행했던 화려한 언어유희는 요즘 시대의 품위 있는 청중에게는 더 이상 용납되시 않는다.

현대의 청중은 비즈니스 회의에 참석한 15명이든 천막 아래 있는 1,000명이든 상관없이 연설가가 평소 잡담할 때처럼 소탈하게, 그리고 그들 한 사람 한 사람과 대화하듯 자연스럽게 이야기하기를 원한다.

방식은 같더라도 그 에너지는 달라야 한다. 평소 대화할 때와 같은 에너지로 이야기하면 청중은 연설가를 외면할 것이다. 자연스러워 보이려면 한 명과 대화할 때보다 마흔 명과 대화할 때 훨씬 더 많은 에너지를 써야 한다. 건물 꼭대기에 있는 조각상이 땅 위에 있는 관찰자에게 실물 크기처럼 보이려면 실제보다 훨씬 더 거대한 크기로 만들어야 하는 것과 마찬가지다.

네바다의 광산촌에서 마크 트웨인이 강연을 끝낼 무렵, 한 나이 많은 광부가 그에게 다가와 물었다.

"평소에도 지금처럼 말씀하시나요?"

이것이 바로 청중이 원하는 것이다. '자연스러운 평소의 말투'를 조금 더 크게 한 말투다. 정치인 존 헨리 스미스John Henry

Smith에게 말하는 것처럼 상공회의소에 연설하라. 상공회의소 회의는 결국 존 헨리 스미스를 여러 명 모아놓은 자리에 불과하지 않은가? 개별적으로 성공했던 방법이 집단적으로도 성공을 거두지 않겠는가?

조금 전 어떤 소설가의 연설에 관해 설명했다. 나는 그녀가 연설한 바로 그 연회장에서 며칠 후 물리학자 올리버 로지 경의 강연을 듣는 기쁨을 누렸다. 주제는 '원자와 세계'였다. 그는 이 주제에 대해 생각하고, 연구하고, 실험하고, 조사하는 데 반세기 이상을 바쳤다. 그에게는 본질적으로 마음과 정신과 삶의 일부인 무언가가 있었고, 그 무언가에 대해 하고 싶은 이야기가 무척 많았다. 그는 자신이 강연하고 있다는 사실조차 잊어버렸다. 나는 그가 그 사실을 잊어버렸는데 오히려 감사할 정도였다. 강연 자체는 그의 걱정거리가 아니었다. 그의 관심사는 오로지 청중에게 원자에 대해 정확하고 생생하고 호소력 있게 이야기하는 데 있었다. 자신이 보고 느낀 것을 우리도 보고 느낄 수 있게 하려고 심혈을 기울였다.

결과는 어땠을까? 그는 멋진 강연을 했다. 매력과 힘을 두루 갖춘 강연이었다. 깊은 인상을 남겼다. 그는 특별한 능력이 있는 연설가였다. 그러나 나는 그가 자신을 그렇게 생각하지 않는다고 확신한다. 그의 연설을 듣는 사람 중 그를 대중 연설가라고 생각하는 사람은 거의 없을 것이라고도 확신한다.

독자들이여, 만약 대중 앞에서 연설할 때 사람들이 대중 연설

교육을 받았다는 느낌을 받는다면 여러분을 가르친 사람은 그리 자랑스러워하지 않을 것이다. 그 사람은 여러분이 무척 자연스럽게 연설해서 청중이 교육받았다고 상상도 못 할 연설을 하길 원한다. 좋은 창문은 그 자체로는 주의를 끌지 못한다. 그저 빛이 들어오게 할 뿐이다. 좋은 연설가는 바로 그런 존재다. 너무 자연스러워서 청중은 그가 어떤 말투로 말하는지 전혀 알아차리지 못한다. 오직 그가 말하는 내용에만 관심이 있을 뿐이다.

헨리 포드의 충고

포드 자동차를 세운 헨리 포드Henry Ford는 이렇게 말하곤 했다.

모든 포드 자동차는 정확히 똑같지만 똑같은 사람은 없습니다. 모든 새 생명은 태양 아래 새롭습니다. 예전에도 그와 똑같은 존재는 없었고 앞으로도 그럴 겁니다. 젊은이는 스스로 이런 생각을 떠올려야 합니다. 유일한 나만의 불꽃을 찾고, 모든 사람에게 가치 있도록 그 불꽃을 개발해야 하는 거죠. 사회와 학교에서는 여러분에게 있는 개성의 불꽃을 억누르려 할지 모릅니다. 우리 모두를 같은 틀에 넣으려 하기 때문입니다. 하지만 그 불꽃을 잃지 말라고 당부하고 싶습니다. 그것이 여러분의 가치를 증명해줄 유일한 증거이기 때문입니다.

헨리 포드의 주장은 대중 연설에도 해당한다. 세상에 여러분과 똑같은 인간은 없다. 수억 명에게 두 눈과 코와 입이 있다. 하지만 누구도 당신과 똑같이 생기지 않았고, 특징과 방식, 기질이 똑같은 사람도 없다. 당신이 자연스럽게 말할 때처럼 똑같이 말하고 똑같이 표현하는 사람은 없다. 즉, 우리에게는 개성이 있다. 연설가에게 개성은 가장 소중한 자산이다. 개성을 단단히 지켜야 한다. 소중히 여겨야 한다. 개발해야 한다. 개설은 연설에 힘과 진정성을 불어넣을 불꽃이다.

"가치를 증명해줄 유일한 증거다."

올리버 로지 경이 다른 사람들과 다르게 말하는 이유는 그 자신이 다른 사람이기 때문이다. 그의 말투는 그의 수염과 대머리만큼이나 고유한 개성의 일부다. 그가 로이드 조지를 모방하려 했다면 그는 자기 모습을 숨겨야 했을 테고, 실패했을 것이다.

미국에서 가장 유명한 토론은 1858년 일리노이주의 대초원 마을에서 스티븐 더글러스 상원의원과 에이브러햄 링컨이 벌인 논쟁이다. 링컨은 키가 껑충하고 서툴러 보였다. 더글러스는 키가 작고 우아했다. 두 사람은 겉모습만큼이나 성격과 사고방식, 개성과 기질도 달랐다.

더글러스는 교양 있는 사람이었다. 링컨은 구두도 신지 않고 현관문으로 달려 나가 손님을 맞이했으며, 도끼를 잘 다루어 울타리를 만드는 사람이라는 별명이 있었다. 더글러스의 제스처는 우아했다. 링컨의 제스처는 어색했다. 더글러스는 유머가 전혀 없었다. 링컨은 역사상 가장 위대한 이야기꾼 중 한 명이다. 더글러스는 직유를 사용하는 경우가 드물었다. 링컨은 끊임없이 비유와 사례를 들어 주장했다. 더글러스는 거만하고 도도해 보였다. 링컨은 겸손하고 관대했다. 더글러스는 순식간에 생각을 떠올렸다. 링컨의 정신적 과정은 훨씬 더 느렸다. 더글러스는 마치 회오리바람이 몰아치는 것처럼 성급하게 말했다. 링컨은 더 조용하고 깊고 신중했다.

서로 무척 달랐던 두 사람이 유능한 연설가가 될 수 있었던 이유는 자기 자신이 될 용기와 분별력을 가졌기 때문이다. 둘 중 한 사람이 다른 사람을 모방하려 했다면 그 사람은 비참하게 실패했을 것이다. 그러나 두 사람은 각자 자신의 독특한 재능을 최대한 활용하여 자신을 개성 있고 영향력 있는 존재로 만들었다. 우리도 이들처럼 해야 한다.

이처럼 설명하기는 쉽다. 그런데 실제로 실천하기도 쉬울까? 절대 그렇지 않다. 포슈 제독은 전쟁의 예술에 대해 이렇게 말했다,

"개념은 간단하지만 안타깝게도 실행하기는 복잡하다."

청중 앞에서 자연스러워지려면 연습이 필요하다. 배우들은 이 사실을 알고 있다. 아마 네 살쯤 되는 어린아이였을 때는 마음만 먹으면 단상에 올라 청중 앞에서 자연스럽게 '낭송'할 수 있었을 것이다. 하지만 스물넷 또는 마흔넷이 되었을 때 단상에 올라 연설을 시작하려 한다면 어떻게 될까? 네 살 때의 무의식

적인 자연스러움이 그대로 흘러나올까? 그럴 수도 있지만, 열에 아홉은 뻣뻣하고 부자연스러워지면서 기계적으로 변한다. 딱딱거리는 거북이처럼 껍데기 속으로 숨으려고만 할 것이다.

사람들에게 연설을 가르치거나 훈련하는 것의 문제는 기존에 없던 특성을 보태는 것이 아니다. 대부분 장애물을 제거하고, 자유롭게 해주고, 누군가 그들을 쓰러뜨렸을 때 반사적으로 나타나는 자연스러운 태도로 이야기하게 하는 것이다.

나는 수백 번 발표 도중 발표를 끊고 "사람처럼 말하라"라고 간청했다. 사람이 자연스럽게 말하도록 훈련하고 가르치느라 정신적으로 피곤하고 긴장한 상태로 집에 돌아오는 날도 수없이 많았다. 내 말을 믿어도 좋다. 생각보다 훨씬 고된 일이다.

그리고 자연스러움을 키우는 요령을 얻을 유일한 방법은 그저 연습뿐이다. 그리고 연습할 때 부자연스러운 방식으로 말하는 자신을 발견하면 잠시 멈추고 마음속으로 자신에게 날카롭게 말하라.

"이봐! 뭐가 문제지? 깨어나! 사람처럼 하라고!"

그런 다음 청중석 뒤쪽에 있는 사람, 가장 둔해 보이는 사람을 골라 그를 상대로 이야기하라. 그 사람 말고 다른 사람이 있다는 사실은 아예 잊어버려라. 그와 대화하라. 그가 당신에게 질문하고 당신이 대답한다고 상상해보라. 그가 일어나서 당신에게 말을 걸고 당신이 그에게 대답한다면 그 과정은 당신의 이야기를 더 일상적이고 자연스러우며 직접적인 분위기로 바꿀 것이다. 그러니 지금 당장 그런 일이 일어나고 있다고 상상해보라.

실제로 질문하고 대답하는 단계까지 나아갈 수도 있다. 예를 들어 이야기하는 도중에 "이 주장에 대한 증거가 무엇이냐고 물어보셨는데요. 제게 증거가 충분히 있으며 여기를 보시면……" 하는 식으로 말할 수 있다. 그런 다음 계속 가상의 질문에 대답한다. 이 과정을 매우 자연스럽게 진행할 수 있다. 그렇게 하면 단조로운 형식에서 벗어나 자연스럽고 유쾌하게 언설할 수 있다.

성실성과 열정, 진정성도 도움 된다. 사람은 자신의 감정에 영향을 받을 때 표면에 진정한 자아가 나타난다. 빗장이 풀린다. 감정의 열기가 모든 장애물을 녹아내리게 한다. 자발적으로 행동이 우러나온다. 자연스러워진다.

결국 전달이 잘되는 연설이라는 주제도 이 책에서 이미 반복해서 강조한 것, 즉 말에 마음을 담으라는 이야기로 되돌아간다.

브라운 학장은 예일 신학교 설교학 강의에서 이렇게 말했다.

예일 신학교에서 설교학에 대해 강의하던 제 친구가 런던에서 한 번 참석했던 예배에 대해 한 설명을 결코 잊지 못할 겁니다. 그날 설교자는 조지 맥도널드George Mcdonal 목사였습니다. 그는 그날 아침 성경 수업을 위해 히브리서 11장을 읽었습니다. 설교 시간이 되자 그가 말했습니다.

"여러분 모두 이 신앙심이 깊은 사람들에 대해 들었을 겁니다. 신앙이 무엇인지는 말하지 않겠습니다. 저보다 신학과 교수님들이 더 잘 설명할 테니까요. 저는 여러분에게 신앙심이 생기게 도우려고 이 자리에 와 있습니다."

그 후 그는 모든 청중의 생각과 정신에 믿음이 생기게 하는 보이지 않는 실재에 대한 그 자신의 믿음에 대해 단순하고 진실하며 장엄한 이야기를 했습니다. 연설에 진심이 담겼고, 내면의 진실한 아름다움을 바탕으로 삼았기 때문에 그의 연설은 사람들에게 깊은 감동을 주었습니다.

"연설에 진심이 담겼다."

이것이 좋은 연설의 비결이다. 이런 충고가 인기가 없음을 알고 있다. 모호하기 때문이다. 불명확하게 들린다. 평범한 학생들은 확실한 규칙을 원한다. 확실한 것, 구체적인 것, 포드 자동차 설명서만큼이나 정확한 것.

그들은 이런 것을 원한다. 나 역시 그런 것을 주고 싶다. 정확한 규칙이 있다면 그들에게 편할 것이다. 사실 나에게도 편하다. 그런 규칙은 있지만 단 한 가지 잘못된 점이 있다. 효과가 없다. 게다가 실제로 규칙을 적용하면 사람의 말에서 자연스러움과 자발성, 생명력과 활력이 모조리 사라진다. 나는 안다. 젊은 시절에 나 역시 여러 규칙을 시도하느라 많은 에너지를 낭비했다. 굳이 이 책에서 어떤 규칙인지 설명하지는 않겠다. 조시 빌링스Josh

Billings는 말했다.

"쓸모도 없는 것을 굳이 알려고 해봤자 아무 쓸 데도 없다."

여러분도 대중 앞에서 말할 때 이렇게 하는가?

지금부터는 더 명확하고 생생하게 전달하기 위한 자연스러운 연설의 몇 가지 특징에 대해 논의할 것이다. 이 논의를 해야 할지를 놓고 망설이기는 했다. 누군가 이렇게 말할 것이 틀림없기 때문이다.

"아, 알겠어요, 그냥 시키는 대로 이것저것 하다 보면 좋아지겠죠."

아니, 그렇지 않다. 시키는 대로 하려고 하면 딱딱하고 기계적으로 말하게 될 것이다.

당신은 어제 대화할 때 이 원칙의 대부분을 사용했고, 어젯밤 저녁 식사를 할 때도 무의식적으로 사용했다. 이렇게 원칙을 활용해야 한다. 이것만이 유일한 방법이다. 대중 연설에 관한 한, 앞서 말했듯이 오직 연습을 통해서만 자연스러움을 얻게 될 것이다.

첫째, 중요한 단어는 강조하고 중요하지 않은 단어는 약하게 넘겨라. 대화할 때 우리는 한 단어의 한 음절에만 강세를 둔다. 그런 다음 다른 음절은 부랑자 행렬을 지나가는 유료 차량처럼 서둘러 지나간다. 예컨대 매사**추**세츠MassaCHUsetts, **어플릭**션afFLICtion, 어

프랙티브니스atTRACtiveness, 인바이런먼트enVIRONMENT와 같은
식이다. 한 문장을 말할 때마다 특정한 한 두 단어를 강조하고,
한 단어에서도 특히 한 음절만 강조한다. 브로드웨이에 높이 치
솟은 울워스 빌딩처럼 중요한 단어 한두 개를 우뚝 솟아오르게
만든다.

　내가 하는 설명이 낯설거나 이상하게 들리지는 않을 것이다.
내 말을 잘 들어보길 바란다. 주변에서 항상 벌어지고 있는 일
이다. 어제만 해도 여러분 자신도 수백 번, 어쩌면 수천 번은 썼
을 것이다. 아마 내일도 수백 번은 더 쓸 것이다.

　예를 들어보겠다. 다음 인용문을 읽으면서 진한 글씨로 된 단
어를 강조해보라. 다른 단어는 빠르게 뛰어넘어라. 어떤 효과가
생겼는가?

　나는 맡은 일은 무엇이든 **성공한다**. 그렇게 하겠다는 **의지가** 있었기
때문이다. 한 번도 **주저해본** 적이 없다. 그래서 다른 사람보다 더 **뛰어
날** 수 있었다.

_ 나폴레옹

위의 문장을 읽는 방법이 이것만은 아니다. 다른 연설가라면
다르게 읽을 수도 있다. 강조하는 데 반드시 지켜야 하는 규칙은
없다. 모두 상황에 따라 다르다.

　다음 문장을 전하려는 내용을 명확하고 설득력 있게 전달하

도록 큰 소리로 진지하게 읽어보라. 의미가 있고 중요한 단어만 강조하고 다른 단어는 서둘러 읽으며 넘어가지 않는가?

패배했다고 생각하면 패한 것이다.
감히 이길 수 없다고 생각하면 이기지 못한다.
이기고 싶지만 그럴 수 없다고 생각한다면,
결국 이길 수 없게 된다.
인생의 전투에서
항상 더 강하거나 빠른 사람이
이기는 것은 아니다.
빠르건 늦건 이기는 사람은
자신이 이길 수 있다고 생각하는 사람이다.

_ 익명

한 사람의 성격에서 굳은 다짐보다 더 중요한 요소는 없다. 위대한 인물이 되거나 어떤 식으로든 죽어서 이름을 남기려면 수천 가지 장애물을 극복해야 할 뿐 아니라 수천 번의 거부와 패배에도 불구하고 승리하겠다고 다짐해야 한다.

_ 시어도어 루스벨트

둘째, 높낮이에 변화를 주어라. 대화할 때 목소리의 높낮이는 음계를 오르내리며 고음에서 저음으로, 다시 고음에서 저음으로,

한 번도 멈추지 않고 항상 바다의 수면처럼 바뀐다. 왜 그럴까? 그 이유는 아무도 모르고 아무도 신경을 쓰지 않는다. 하지만 그래서 기분 좋게 들리며, 이것이 자연의 이치다. 우리는 이렇게 말하는 법을 배울 필요가 전혀 없었다. 어렸을 때부터 애쓰지 않고 깨닫지 못한 채 자연스럽게 말할 수 있었다. 하지만 일어서서 청중을 마주하게 되면 우리의 목소리는 네바다사막처럼 둔하고 밋밋해지며 단조로워질 가능성이 크다.

어느샌가 단조로운 음조로 말하고 있다면(평소에는 높은 음조로 말할 것이다), 잠깐 멈추고 혼자 이렇게 말해보라.

"꼭 나무로 된 인디언 인형처럼 말하고 있잖아. 앞에 있는 사람들하고 이야기해야지. 사람이 되어야 해. 자연스럽게 말해."

이런 중얼거림이 당신에게 도움 될까? 아마 조금은 될 것이다. 잠깐 멈추는 자체가 도움 된다. 연습을 통해 자신의 문제를 비로잡을 방법을 찾아야 한다.

목소리를 높이거나 낮추는 것만으로 특정 단어와 표현을 앞마당의 푸른 월계수 나무처럼 눈에 띄게 할 수 있다. 브루클린의 유명한 목사였던 존 캐드먼John Cadman이 종종 그렇게 했다. 올리버 로지 경도 그랬다. 브라이언도 그렇게 했다. 루스벨트 대통령도 이 방법을 썼다. 유명 연설가라면 대부분 같은 방법을 썼다. 다음 인용문에서 굵게 표시된 단어를 나머지 문장에서 사용하는 것보다 훨씬 낮은 음정으로 말해보라. 어떤 효과가 있는가?

내게는 단 한 가지 장점이 있다. **절대로 절망하지 않는다는 것**이다.

_ 포슈 제독

교육의 가장 큰 목표는 지식이 아니라 **행동**이다.

_ 허버트 스펜서

나는 여든여섯 해를 살았다. 수백 명의 사람이 성공에 오르는 모습을 보았다. 성공의 주요 요소 중 **가장 중요한 것은 믿음**이다.

_ 기번스James Gibbons 추기경

셋째, 속도에 변화를 주어라. 어린아이가 말할 때나 우리가 일상적인 대화를 할 때면 끊임없이 말의 속도를 바꾼다. 즐겁다. 자연스럽다. 무의식적이다. 힘차다. 실제로 이 방법은 어떤 생각을 눈에 띄게 돋보이게 하는 데 가장 좋은 방법 중 하나다.

미주리 역사 협회에서 발행한 《기자가 본 링컨Reporter's Lincoln》에서 월터 B. 스티븐스Walter B. Stevens는 이것이 링컨이 핵심을 강조할 때 즐겨 쓰던 방법 중 하나라고 말했다.

링컨은 몇 구절을 매우 빠르게 말하다가 강조하고 싶은 단어나 구절이 나오면 목소리를 낮추고 그 부분을 아주 천천히 말한 다음 번개처럼 문장의 끝으로 달려갔습니다. 강조하고 싶은 한두 단어에 들이는 시간은 뒤에 나오는 덜 중요한 단어 대여섯 개를 말하는 시간과 비숫할 정도였지요.

이런 방법은 항상 주의를 집중시킨다. 예를 들어보겠다. 나는 대중 강연에서 기번스 추기경의 다음과 같은 말을 자주 인용한다. 용기에 관한 생각을 강조하고 싶었기에 아래 굵게 된 단어에 주의하며 그 단어를 길게 늘여 마치 나 자신이 그 단어에 깊은 인상을 받은 것처럼 말했고, 실제로도 그랬다. 여러분도 나처럼 다음 글귀를 소리 내어 읽어보고, 그 결과에 주목하길 바란다.

죽기 얼마 전 기번스 추기경은 이렇게 말했다.
"저는 **여든여섯** 해를 살았습니다. **수백** 명의 사람이 **성공**에 오르는 **모습**을 보았지요. 그들을 보며 성공의 중요 요소 중 **가장 중요한 것은 믿음**이라는 사실을 깨달았습니다. **용기가 없는 사람에게는 어떤 위대한 일도 일어나지 않습니다.**"

다음 방법을 시도해보라. 아주 적은 금액처럼 들리도록 '3천만 달러'라고 대수롭지 않다는 느낌으로 빠르게 말해보라. 이제 '3만 달러'라고 천천히 말하면서 그 금액이 엄청나게 커서 감탄하는 것처럼 느껴지도록 말해보아라. 이제 3만 달러가 3천만 달러보다 더 큰 돈처럼 느껴지지 않는가?

넷째, 중요한 아이디어 앞뒤로 잠깐씩 멈추어라. 링컨은 연설 도중 자주 잠시 멈추었다. 청중의 마음에 깊은 인상을 남기고 싶은 중요한 아이디어가 떠오르면 몸을 앞으로 굽히고 잠시 청중의 눈을 똑바로 응시한 후 아무 말도 하지 않았다. 이 갑작스러운 침묵은 갑작스러운 소음과 같은 효과를 불러일으켰다. 사람들의 주의를 끌었다. 모든 사람이 주의를 기울이고 집중하며 다음에 어떤 말이 나올지 궁금하게 만든다.

예컨대 더글러스와의 유명한 토론이 막바지에 이르고 모든 징후가 그의 패배를 가리키자 링컨은 눈에 띄게 의기소침해졌다. 그는 해묵은 습관 같은 우울함에 사로잡혔는데 청중은 이런 그의 모습을 보고 연민을 느꼈다. 마무리 연설을 하던 중 링컨은 갑자기 말을 멈추고 잠시 침묵했다. 그리고 당장이라도 눈물이 터져 나올 것 같은, 움푹 패고 지친 눈으로 눈앞의 반쯤은 무관심하고 반쯤은 친근한 사람들의 얼굴을 둘러보았다. 링컨은 무기력한 싸움에 지친 듯 팔짱을 끼며 특유의 단조로운 말투로 말했다.

"여러분, 더글러스 판사나 제가 미국 대통령에 당선되든 안 되든 큰 차이는 없습니다. 그러나 오늘 우리가 여러분에게 꺼낸 이 중대한 문제는 개인적 이해관계나 어떤 사람의 정치적 운명을 훨씬 뛰어넘는 것입니다. 그리고 여러분⋯⋯."

여기서 그는 다시 숨을 고른다. 청중은 그의 말 하나하나에 집중했다.

"이 문제는 더글러스 판사와 저의 불쌍하고 연약하고 더듬거리는 혀가 무덤에서 침묵할 때도 살아 숨 쉬며 불타오를 것입니다."

링컨의 전기 작가 중 한 명은 이렇게 표현했다.

'이 단순한 말과 그 말투가 모든 사람의 마음을 움직였다.'

링컨은 또한 강조하고 싶은 문구를 말한 뒤에도 잠시 멈췄다. 그는 그 의미가 사람들 마음속에 스며들어 깊이 새겨질 때까지 침묵을 지킴으로써 강조하고 싶은 말에 힘을 더했다.

올리버 로지 경은 중요한 아이디어를 말하기 전과 후에 자주 멈췄다. 한 문장에서도 서너 번 정도 무심코 자연스럽게 멈추곤 했다. 올리버 경의 방식을 분석하지 않는 한 그 누구도 알아차리지 못할 것이다.

키플링은 "당신은 침묵으로 말한다"고 언급했다. 말할 때 현명하게 사용하면 침묵보다 더 황금 같은 순간은 없다. 침묵은 강력한 도구이고 무시하기에는 너무 중요하다. 하지만 침묵을 소홀히 하는 초보 연설가가 많다.

세일즈 매니저 워싱턴 홀맨Washington Holman의 《진저가 이야기하다Ginger Talks》에서 발췌한 내용에서 이야기하다가 효과적으로 잠시 멈출 수 있는 지점을 표시해두었다. 이 지점이 멈춰야 하는 유일한 곳이라거나 심지어 가장 좋은 곳이라고 하지는 않겠다. 그저 말을 멈추는 방법을 사용하는 한 가지 방법일 뿐이다. 어디에서 멈춰야 할지는 엄격하게 정해진 규칙의 문제가 아니다. 의미와 기분, 느낌의 문제다. 오늘은 이곳에서 멈추었지만, 내일 같은 연설을 할 때는 다른 곳에서 멈출 수도 있다.

처음에는 쉬지 않고 멈추지 않고 큰 소리로 읽어보아라. 그런 다음 다시 표시한 곳에서 멈추면서 읽어보라. 멈춰 읽기의 효과는 무엇일까?

영업은 전쟁입니다. (잠시 멈추고 전쟁이라는 생각이 스며들게 하라) 전쟁에시 승리하는 사람은 오식 전사뿐입니다. (잠시 멈추고 요점이 스며들게 하라) 이런 조건이 마음에 들지 않을 수도 있지만, 우리가 만든 것이 아니며 바꿀 수도 없습니다. (잠시 멈춤) 판매 게임에 뛰어들기로 결심했다면 용기를 내야 합니다. (일시 정지) 그렇지 않으면 (잠시 멈추고 긴장감을 고조시키며) 타석에 들어설 때마다 삼진아웃을 당하고, 계속 높은 점수를 얻지 못할 겁니다. (잠시 멈춤) 투수를 두려워하며 3루타를 친 사람은 아무도 없습니다. (잠시 멈추고 요점이 스며들게 한다) 명심하십시오. (잠시 멈추고 좀 더 뜻을 음미하게 한다) 장타를 치거나 펜스 너머로 홈런을 치는 선수는 항상 타석에 들어서면서 (잠시 멈추고 이 특별한 선수에 대해 무슨 말을 할 것인지에 대한 긴장감을 높인다) 비장한 결의를 품고 있습니다.

다음 인용문에 힘과 의미를 실어 큰 소리로 읽어보라. 자연스럽게 멈추게 되는 지점에 주의하라.

미국의 가장 거대한 사막은 아이다호와 뉴멕시코, 애리조나에 있지 않다. 평범한 사람의 모자 아래에 있다. 거대한 미국의 사막은 물리적 사막이라기보다는 정신적 사막이다.

_ J. S. 녹스J. S. Knox

인간의 온갖 질병을 고치는 만병통치약은 없다. 가장 가까운 접근 방식이 있다면 널리 알리는 것뿐이다.

_ 폭스웰Foxwell

내가 기쁘게 해야 할 두 사람이 있다. 신과 가필드다. 이 세상에서는 가필드와 함께, 저 제상에서는 신과 함께 살아야 하기 때문이다.

_ 제임스 A. 가필드James A. Garfield

이 강좌에서 내가 제시한 원칙을 따르는데도 연설가에게 여전히 백 가지 결점이 있을 수 있다. 대화할 때와 마찬가지로 대중 앞에서 말할 수 있으며, 불쾌한 목소리로 연설하고 문법상 오류를 범하거나 어색하게 행동하는 등 여러 유쾌하지 못한 짓을 할 수 있다. 사람들의 일상적인 대화 방식에는 많은 개선이 필요할 수 있다. 그러므로 대화에서 자연스러운 방식을 갈고닦은 다음 그 방식을 연단에서 사용해야 한다.

좋은 전달력의 비결

1. 연설에서는 단순한 말 외에도 중요한 것이 있다. 바로 그 말이 전달되는 분위기다.

   "무슨 말을 하느냐가 중요한 것이 아니라 어떻게 말하느냐가 중요하다."

2. 많은 연설가가 청중을 무시하고 머리 위나 바닥을 응시한다. 마치 독백하는 것처럼 보인다. 청중과 연설가 사이에 소통이나 주고받는다는 느낌이 전혀 없다. 이런 태도는 대화를 망친다. 연설 역시 망친다.

3. 좋은 연설은 대화하는 듯한 말투로 청중과 직접 대면한다고 느끼게 한다. 존 스미스에게 말하듯이 상공회의소에서 연설하라. 상공회의소는 결국 존 스미스 여러 사람이 모인 집단이 아니겠는가?

4. 누구나 연설할 수 있는 능력이 있다. 이 말에 의문이 든다면 직접 시도해보라. 당신이 아는 가장 무식한 사람을 쓰러뜨려라. 그 사람이 몸을 일으킨다면 아마 무슨 말을 할 것이고, 그의 말투는 완벽에 가까울 것이다. 대중 앞에서 말할 때 이와 같은 자연스러움을 취하길 바란다. 자연스러움을 개발하려면 연습해야 한다. 다른 사람을 모방하지 마라. 자연스럽게 말하면 이 세상 누구와도 다르게 말할 수 있다. 이야기 속에 나만의 개성과 고유한 특성을 담아라.

5. 청중이 자리에서 일어나서 대답할 것이라 예상하듯이 말하라. 실제로 청중이 일어나서 질문한다면 당신의 연설은 놀랄 만큼 향상될 것이다. 그러니 누군가 당신에게 질문하고 그 질문에 대답하고 있다고 상상해보라. 큰 소리로 말해보라. "제가 그걸 어떻게 알았냐고요? 알려 드리겠습니다"라고 말하면 매우 자연스러워 보인다. 말투에서 격식이 사라진다. 따뜻하고 인간적인 느낌이 든다.

6. 진심을 담아 말하라. 진정성 있고 성실한 태도는 그 어떤 규칙보다 더 큰 도움이 된다.

7. 다음은 우리 모두 대화에서 무의식적으로 하는 네 가지다. 그러나 공식적인 장소에서 이야기할 때도 그렇게 하는가? 대부분은 그렇지 않다.

   ① 문장에서 중요한 단어는 강조하고 중요하지 않은 단어는 가볍게 지나가는가? '그, 그리고, 그러나'를 포함한 거의 모든 단어에 같은 정도로 주의를 기울이는가? 아니면 매사추세츠를 말하는 것과 같은 방식으로 문장을 말하는가?

   ② 목소리의 높낮이가 어린아이가 말할 때처럼 높게 올라갔다가 낮게 내려갔다가 하며 왔다 갔다 하는가?

   ③ 말하는 속도에 변화를 주는가? 중요하지 않은 말은 빠르게 넘어가고, 강조하고 싶은 말은 더 오래 끄는가?

   ④ 중요한 생각 앞뒤로 잠시 멈추는가?

밝고 매력적인 톤

다음은 충실히 지키면 목소리를 더 밝고 매력적으로 만드는 데 도움이 되는 세 가지 연습이다.

1. 비강 공명법을 훈련하라. 깊이 숨을 들이마시며 공기가 들어올 때 코가 자유롭게 열리고 확장된다는 감각을 느껴보라. 다음 음절을 반복하라. 코에서 소리를 내라. 각 단어 끝의 '응ng' 소리를 2~3초간 유지하라. 소리가 종소리처럼 콧속에서 울리게 하라.

   Singing······ Wringing······ Bringing······ Clinging······
   Flinging······ Winging······ Hanging······ Banging······
   Longing······ Wronging······

2. 신기하게도 두성으로 높은음을 내는 팔세토 기법을 연습하면 평범하게 말할 때도 목소리가 더 밝아진다. 팔세토가 무슨 뜻인지 아는가? 다음 방법을 따라 하다 보면 무슨 뜻인지 알게 될 것이다. 낼 수 있는 가장 높은음을 내라. 비명을 지르듯이 하라. 어색하고 우스꽝스러운 톤이 될 수도 있고, 매우 여성스럽게 들릴 수도 있다. 그리고 가성을 계속 내다보면 이내 지친다. 지쳤다는 느낌이 들 때는 더 이상 연습하지 마라. 시인 롱펠로는 유명한 셰익스피어 극 배우 메리 앤더슨Mary

Anderson에게 목소리의 매력을 키우기 위해 매일 즐겁고 서정적인 시를 소리 내어 읽으라고 조언했다. 행복한 톤, 쾌활하고 햇살 같은 톤은 언제나 환영받고 언제나 매력적이다. 희망적이고 기쁜 시에 감정을 담아 소리 내어 읽으면 이내 자기 자신과 자신의 목소리가 표현하려는 감정을 닮아갈 것이다. 이 문장의 심리학적 타당성에는 의심의 여지가 없다. (1장 제임스 교수의 진술 참고)

3. 아멜리타 갈리쿠르치는 자신의 원칙 중 하나가 항상 연습과 공연에 '노래하는 기쁨'이 있어야 한다는 것이라고 말한다. 연설가도 청중에게 연설의 기쁨을 느끼고 있음을 전달해야 한다.

시를 여러 번 소리 내어 읽고, 시를 썼을 때 시인이 느꼈던 감정을 느끼려 해보라. 그 감정을 자신의 감정으로 만들어보라. 그 감정이 시를 읽으면서 자신의 목소리에서 우러나오게 해보라.

8장

연단 설 때의
주의 사항

행동은 웅변이며, 무지한 자의 눈은 귀보다 더 박식하다.

_ 윌리엄 셰익스피어William Shakespeare (극작가)

정신적으로 깨어 있기를 바란다면 절대 육체를 잠들게 하지 말라.

_ 나단 셰퍼드Nathan Sheppard(《청중 앞에서Before An Audience》의 저자)

제스처가 너무 적어도 너무 많은 것만큼 부자연스럽다. 모든 아이
는 제스처를 적절하게 사용하는 본보기이며 거리에서 이웃과 이
야기하는 사람에게서도 그 예를 볼 수 있다. 그런데도 제스처를
잘 사용하는 연설가가 눈에 띄지 않는다는 점은 이상할 정도다.

_ 윌리엄 매슈스William Matthews(《웅변과 웅변가들Oratory and Orator》의 저자)

연설가는 자신이 선택한 단어 못지않게 목소리와 눈빛과 분위기
로 말한다.

_ 라 로슈푸코La Rochefoucauld (고전 작가)

말할 때는 제스처에 대해서는 완전히 잊어버려라. 무엇을 말해야
하는지, 왜 말해야 하는지에 주의를 집중하라. 생각을 표현하는
데 모든 열정과 정신을 쏟아라. 열정적으로 진정성을 쏟아라. 그러
면 반드시 행동이 따라온다. 생각과 충동이 충분히 강해지면 몸
이 저절로 움직일 것이다. 그러니 연설할 때는 그저 하고 싶은 말
만 생각하라. 제스처를 미리 계획하지 마라. 행동이 자연스러운
충동을 따르게 하라.

_ 조지 롤런드 콜린스George Roland Collins
(《대중 연설Platform Speaking》의 저자)

언어는 사고에 필요한 도구이지만 사고를 가로막는 걸림돌이기도
하다. 단순한 생각은 동작을 통해 그 의미가 더 잘 전달되기 때문
이다. "방을 나가라"고 말하는 건 문을 가리키는 것보다 표현력이
떨어진다. 손가락을 입술에 대는 건 "말하지 마"라고 속삭이는 것
보다 더 강하다. 손짓하는 게 "이리 와!"라고 말하는 것보다 낫다.
눈을 크게 뜨고 눈썹을 치켜올리는 것만큼 놀라움을 생생하게
전달할 수 있는 말은 없다. 어깨를 으쓱하는 동작은 말로 옮기면
많은 의미가 사라진다.

_ 허버트 스펜서Herbert Spencer (철학자)

예전에 카네기공과대학에서 뛰어난 사업가 100명을 대상으로 지능검사를 실시한 적이 있다. 이 검사는 전쟁 중 군대에서 사용하는 검사와 유사했다. 검사 후 카네기 연구소에서는 뛰어난 지능보다 개성이 사업 성공에 더 큰 기여를 한다고 선언했다.

이는 매우 중대한 선언이다. 사업가에게 매우 중요한 선언이며, 교육자에게, 전문직 종사자에게, 연설가에게도 매우 중요한 선언이다.

대중 연설에서 준비 다음으로 중요한 요소는 개성이다. 앨버트 허버드는 이렇게 주장했다.

"연설이 성공을 거두게 하는 요소는 말이 아니라 태도다."

나는 태도에 생각이라는 요소를 덧붙이고 싶다. 하지만 태도의 기반이 되는 개성은 제비꽃처럼 모호하고 애매하며 분석하기 어렵다. 한 사람의 육체적, 영적, 정신적 특성을 모두 조합한 것이기 때문이다. 성향과 기질, 마음가짐과 활력, 경험과 훈련, 삶의 총합이기도 하다. 아인슈타인의 상대성 이론만큼이나 복잡하며 좀처럼 이해할 수 없다.

사람의 개성은 대부분 유전의 결과다. 주로 출생 전에 결정된다. 물론 출생 이후의 환경도 관련이 있다. 하지만 대체로 바꾸거나 개선하기 매우 어렵다. 그러나 생각하기에 따라 어느 정도 개선할 수 있고, 더욱 강력하고 매력적으로 가다듬을 수는 있다. 자연이 우리에게 준 이상한 것을 최대한 활용하기 위해 노력해야 한다. 이 문제는 우리 모두에게 무척 중요하다. 개선 가능성이 제한적이기는 하지만 여전히 논의와 조사가 필요할 만큼 그 가능성은 충분히 크기 때문이다.

자신의 개성을 최대한 살리고 싶다면 청중이 자리에 앉기 전에 연설할 장소에 도착하라. 피곤한 사람은 다른 사람을 끌어당길 만큼 매력적이지 않다. 준비와 계획을 마지막까지 미루다가 잃어버린 시간을 만회하기 위해 맹렬한 속도로 작업하는 흔한 실수를 범하지 마라. 그렇게 하면 신체에 독이 쌓이고 뇌에 피로가 쌓여 피곤해진다. 활동을 제한하고 활력을 떨어뜨리며 뇌와 신경 모두를 약화한다.

4시에 열리는 위원회 회의에서 중요한 발표를 해야 하는 경우, 가능하면 점심 식사 후에 사무실로 다시 돌아오지 마라. 집에서 가볍게 점심을 먹고 상쾌하게 낮잠을 즐겨라. 물리적으로나 정신적으로, 신경학적으로 휴식이 필요하기 때문이다.

미국 소프라노 가수 제럴딘 패러Geraldine Farrar는 새로 사귄 친구들에게도 초저녁에 작별 인사를 하고 떴으며, 남은 저녁 시간 동안 남편에게 자기가 초대한 친구들을 맡겨 놀라게 했다. 그녀는 자신의 예술에 무엇이 필요한지 알고 있었다.

노르디카 부인은 프리마돈나가 된다는 건 사교계와 친구, 유혹적인 식사 등 좋아하는 모든 것을 포기하는 일이라고 말했다.

중요한 연설을 해야 할 때는 배고픔을 조심하라. 성자처럼 적게 먹어야 한다. 헨리 워드 비처는 일요일 오후 5시에 크래커와 우유를 먹고 그 이후에는 아무것도 먹지 않았다.

멜바 부인은 다음과 같이 언급한다.

"저녁에 노래를 부를 때는 식사를 하지 않고 5시에 생선이나 닭고기, 또는 송아지 고기에 구운 사과와 물 한 잔으로 아주 가벼운 식사를 한답니다. 오페라나 콘서트를 마치고 집에 돌아오면 몹시 배가 고프죠."

나는 전문 연설가가 되고 나서 매일 저녁 풍성한 식사를 한 후 두 시간 동안 연설을 해보기 전까지는 멜바와 비처가 얼마나 현명했는지 미처 알지 못했다. 이제는 경험을 통해 소고기 스테이크와 감자튀김, 샐러드와 채소, 디저트를 먹고 한 시간 동안이나 서서 연설하면 나 자신이나 내 몸이 충분히 제 능력을 발휘할 수 없다는 사실을 배웠다. 뇌에 있어야 할 피가 배 속에서 스테이크, 감자와 씨름하고 있기 때문이다. 파데레프스키가 옳았다. 연주회 전에 먹고 싶은 음식을 다 먹으면 몸속에서 야수가 깨어나고 그 동물은 손가락 끝으로 들어가 몸을 둔하게 만들고 연주를 엉망으로 만든다.

왜 어떤 연설가는 더 많은 관심을 끄는가?

에너지를 무뎌지게 하는 일은 아무것도 하지 말라. 에너지에는 사람을 끌어당기는 힘이 있다. 활력과 생동감, 열정은 내가 연설가 및 연설 강사를 고용할 때 항상 가장 먼저 찾는 자질이다. 사람들은 가을철 밀밭의 기러기처럼 에너지 넘치는 연설가 주변으로 모여든다.

런던 하이드 파크에서 이런 모습이 종종 눈에 띈다. 하이드 파크의 대리석 아치 입구 주위에는 다양한 신념과 개성을 지닌 야외 연설가들이 모이는 상소가 있다. 일요일 오후에는 교황의 무오류성 교리를 설명하는 가톨릭 신자, 카를 마르크스의 경제 복음을 설파하는 사회주의자, 모하메드가 네 명의 아내를 두는 것이 옳고 적절한 이유에 관해 설명하는 인도인 등의 강연을 마음대로 골라 들을 수 있다. 그런데 한 명의 연설가에게 수백 명의 청중이 몰려드는 반면, 바로 옆에 있는 연설가에게는 몇 명의 청중만 모인다. 왜 그럴까? 연설가마다 사람을 끌어모으는 힘이 다른 이유가 늘 주제 때문이라는 것이 적절한 설명일까? 그렇지 않다. 그 대답은 연설가 자신에게서 더 많이 찾을 수 있다. 사람이 많이 모이는 연설가는 연설하려는 주제에 더 관심이 많고 그래서 더 흥미롭다. 더 많은 생명력과 활기를 담아 이야기한다. 활력과 생동감을 발산한다. 항상 주목받는다.

옷은 어떤 영향을 미치는가?

한 심리학자와 대학 총장이 많은 사람을 대상으로 옷이 주는 인상을 묻는 설문조사를 했다. 응답자들은 모두 단정하고 흠잡을 데 없는 옷차림을 하고 있고, 자신도 그 사실을 알고 있을 때 (정확한 이유는 설명하기 어렵지만) 매우 확실하고 실질적인 효과가 생긴다고 답했다. 옷을 잘 입으면 자신감이 커진다. 자기 자신에 대한 믿음과 자존감도 높아진다. 그들은 성공한 사람처럼 입을 때 성공을 생각하고 이루기 더 쉬워졌다고 말했다. 옷이 입는 사람 본인에게 미치는 영향은 이와 같다.

그렇다면 청중에게는 어떤 영향을 미칠까? 연설가가 헐렁한 바지와 볼품없는 외투, 신발을 착용하고 앞주머니에는 만년필과 연필이 삐져나와 있고 신문이나 파이프, 담뱃갑이 옷 옆으로 튀어나와 있으면 청중은 그 사람이 자기 외모에 관심이 없는 것만큼이나 그를 존중하지 않는다는 것을 나는 몇 번이고 깨달았다. 청중이 그의 지저분한 머리와 닦지 않은 신발만큼이나 그의 생각도 지저분하다고 생각할 가능성이 크지 않겠는가?

그랜트 장군의 가장 큰 후회

항복문서에 서명하기 위해 애퍼매톡스 법정에 왔을 때, 리 장군은 새 군복을 말끔히 차려입고 있었고, 옆구리에는 특별한 가치가 있는 검을 차고 있었다. 그랜트 장군은 외투도 없고 칼도 없었으며 일반 병사들은 셔츠와 바지를 걸치고 있었다. 그는 회고록에 이렇게 적었다.

'나는 180센티미터의 키에 흠잡을 데 없는 몸매에 잘 차려입은 남자와 매우 묘한 대조를 이뤘을 것이다.'

그랜트의 인생에서 가장 후회되는 일 중 하나는 이 역사적인 행사에 걸맞은 차림새를 갖추지 못했다는 사실이다.

워싱턴 농무부의 실험용 농장에는 수백 개의 벌통이 있다. 각 벌통 안에는 대형 확대경이 설치되어 있어 버튼을 누르면 내부 전체를 전등으로 밝게 비춘다. 그래서 밤낮을 가리지 않고 벌들을 하나하나 관찰할 수 있다. 연설가는 이 벌들이나 마찬가지다. 모든 시선이 확대경 아래서 스포트라이트를 받는 그에게 쏠린다. 연설가의 용모에서 제아무리 작은 불협화음이 생기더라도 그 크기는 마치 평원에서 본 파이크스산 봉우리처럼 보인다.

"우리는 말하기도 전에 평가받는다!"

몇 년 전 나는 〈아메리칸 매거진〉에 뉴욕에서 일하는 한 은행가의 인생 이야기를 기고하고 있었다. 나는 그의 친구 중 한 명에게 그가 성공한 이유를 설명해달라고 부탁했다. 친구는 그 이유의 상당 부분이 은행가의 매력적인 미소 때문이라고 대답했다. 언뜻 들으면 과장된 말처럼 들릴지 모르지만 나는 친구의 말이 사실이라고 믿는다. 다른 수십, 아니 수백 명의 판단력이 더 뛰어나고 경험이 더 풍부할지 모르지만 이 은행가에게는 그들에게 없는 자산, 즉 호감을 끄는 성격이 있었다. 따뜻하고 환한 미소도 눈에 띄는 특징 중 하나였다. 그 미소는 곧장 상대방의 신뢰를 얻었다. 즉시 호감을 샀다. 우리 모두 그런 사람이 성공하기를 바라며, 그런 사람을 후원하는 것은 진정한 기쁨이다.

중국 속담에 이런 말이 있다.

'웃지 못하는 사람은 장사해서는 안 된다.'

그리고 미소는 계산대 뒤에서나 청중 앞에서나 환영받는다. 브루클린 상공회의소에서 진행하는 대중 연설 강좌에 참석했던 한 수강생이 떠오른다. 그는 항상 청중 앞에 나와서 자신이 그 자리에 있는 것을 좋아하고 발표를 즐기는 듯한 분위기를 풍겼다. 항상 미소를 지었고 우리를 만나서 반갑다는 듯이 행동했다. 그의 발표를 들은 사람은 즉시 그에게 호감을 느끼고 기분이 좋아질 수밖에 없다.

그러나 유감스럽게도 이 강좌의 다른 수강생은 불쾌한 임무라도 수행하듯 차갑고 형식적인 태도로 다른 수강생들 앞으로 걸어 나가고 발표가 끝나면 하나님께 감사기도를 드렸다. 청중석에 있던 우리도 감사하고 싶을 정도였다. 태도에는 전염성이 있다.

해리 오버스트리트Harry Overstreet 교수는 《인간 행동에 영향을 미치는 법Influencing Human Behavior》에서 이렇게 주장한다.

같은 것은 같은 걸 낳는다. 우리가 청중에게 관심을 보이면 청중도 우리에게 관심을 보인다. 청중에게 인상을 찌푸리면 청중도 마음속으로나 겉으로 우리에게 인상을 찌푸린다. 우리가 겁을 먹거나 당혹스러워하면 청중도 우리를 향한 신뢰를 잃는다. 뻔뻔스럽고 거만하게 행동하면 청중은 방어적이고 이기적인 자세를 취할 것이다. 말하기 전부터 우리는 종종 말하기 전에 평가받는다. 그러므로 사람들의 따뜻한 반응을 얻는 태도를 갖추기 위해 노력해야 한다.

청중을 한데 모으기

대중 강연자로서 오후에는 큰 홀에 흩어져 있는 소규모의 청중을 대상으로, 저녁에는 같은 홀에 꽉 들어찬 대규모 청중을 대상으로 강연하는 경우가 많다. 오후에 모인 청중의 얼굴에 미소만 짓게 했던 똑같은 내용을 듣고 저녁에 모인 청중은 진심으로 크게 웃었다. 오후에 모인 청중이 전혀 반응이 없었던 지점에서 저녁에 모인 청중은 아낌없이 박수를 보냈다. 왜 그럴까?

우선 오후에 올 가능성이 큰 나이 든 여성과 아이들은 더 활기차고 분별력 있는 저녁 군중만큼 감정을 크게 드러낼 것이라고 기대할 수 없다. 하지만 이런 설명은 일부에 지나지 않는다.

사실 청중은 흩어져 있으면 쉽게 동요하지 않는다. 청중 사이에 넓고 탁 트인 공간과 빈 의자만큼 열정을 떨어뜨리는 것은 없다.

헨리 워드 비처는 설교에 관한 예일대 강의에서 이렇게 말했다.

사람들은 종종 말합니다.

"적은 수의 청중보다 많은 수의 청중 앞에서 말할 때 훨씬 더 힘이 나지 않나요?"

그렇지 않습니다. 두 사람이 제 주변에 모이고 서로 접촉할 정도로 가까이 붙어 있다면 열두 명이 있을 때도 천 명이 있을 때처럼 연설할 수 있습니다. 그러나 천 명이 모이더라도 두 사람 사이가 1미터 이상 떨어져 있다면 빈방이나 마찬가집니다. 청중이 가까이 모여 있게 하면 절반의 노력으로 더 큰 효과를 거둘 수 있답니다.

많은 청중 속에 있는 사람은 개성을 잃기 쉽다. 군중의 일원이 되면 유일한 개인일 때보다 훨씬 더 쉽게 흔들린다. 수십 명의 청중 가운데 한 명이 되면 자신이 혼자였을 때 전혀 감동하지 않았을 일에 웃고 박수를 보낸다.

한 명씩 행동하게 하는 것보다 단체로 행동하게 하는 게 훨씬 더 쉽다. 예컨대 전투에 나가는 남자들은 언제나 세상에서 가장 위험하고 무모한 일을 하려고 한다. 커다란 무리를 이루어 뭉쳐 다니기 때문이다. 전쟁 말기에 독일군은 서로 팔짱을 끼고 전투에 임했다고 한다.

군중! 군중! 군중! 군중은 신기한 현상이다. 모든 위대한 대중 운동 및 개혁은 군중 정신의 힘으로 일어났다. 에버렛 딘 마틴Everett Dean Martin의 《군중 행동The Behavior of Crowds》에서는 군중의 힘이라는 주제를 흥미롭게 다룬다.

소규모 집단을 대상으로 이야기하려면 작은 방을 선택해야 한다. 사람들이 커다란 강단의 외롭고 메마른 공간에 흩어져 있는 것보다 작은 장소에서 통로까지 꽉 채우는 것이 좋다. 청중이 흩어져 있는 경우 앞쪽으로 이동하여 가까운 곳에 앉도록 요청하라. 연설을 시작하기 전에 이 점을 강조하라.

청중이 상당히 많거나 연설가가 연단에 서야 할 실질적 이유나 필요성이 있는 경우가 아니라면 연단에 서 있지 마라. 연단에서 내려와 청중과 나란히 서라. 청중에게 가까이 다가가라. 모든 격식을 허물라. 친밀하게 소통하라. 대화를 나누는 것처럼 하라.

폰드 대령이 창문을 부순 이유

공기를 신선하게 유지하라. 대중 연설 과정에서 산소는 후두와 인두, 후두개만큼이나 필수적인 요소다. 아무리 키케로가 웅변해도, 아무리 영화 〈지그펠드 폴리스Ziegfeld Follies〉에 나오는 여자들이 아름다워도 공기가 나쁘면 청중을 계속 깨어 있게 할 수 없다. 그래서 나는 여러 연설가와 함께 연설할 때 내 차례가 되면 창문부터 열게 한다. 그리고 그동안 청중에게 일어나서 2분간 쉴 것을 요청한다.

브루클린의 유명한 설교가 헨리 워드 비처가 인기 강사로 전성기를 구가하던 시절, 제임스 B. 폰드James B. Pond 대령은 14년 동안 미국과 캐나다 전역을 여행하며 비처의 매니저로 일했다.

청중이 모이기 전 폰드는 항상 비처가 출연할 홀이나 교회, 극장을 방문하여 조명과 좌석, 온도와 환기 상태를 꼼꼼히 점검했다. 폰드는 군 시절 걸핏하면 호통과 고함을 쳐서 악명이 높은 장교였다. 권위를 행사하는 것도 좋아했다. 그래서 공연장이 너무 덥거나 공기가 잘 통하지 않을 때 창문을 열지 못하면 책을 집어던져 유리창을 부수었다. 그는 침례교 목사 찰스 스펄전Charles Spurgeon의 말을 굳게 믿었다.

"연설가에게 하나님의 은혜 다음으로 좋은 것은 산소다."

얼굴에 빛을 비추어라

사람들 앞에서 강신술을 선보일 것이 아니라면, 강연장을 조명으로 가득 채워라. 빛이 절반만 커져 보온병 내부처럼 어두컴컴한 강연장에서 열정을 불러일으키느니 메추라기를 길들이는 편이 낫다.

무대 연출에 관한 데이비드 벨라스코David Belasco의 글을 읽어보면 평범한 연설가들이 적절한 조명이 얼마나 중요한지 전혀 알지 못한다는 것을 알 수 있다.

조명이 얼굴을 비추게 하라. 사람들은 당신을 보고 싶어 한다. 이목구비 전반에 걸쳐 나타나는 미묘한 변화는 무척 현실적인 부분이자 자기표현 과정의 일부이다. 때로는 말보다 더 많은 것을 드러내기도 한다. 조명 바로 아래 서 있으면 그림자 때문에 얼굴이 어두워질 수 있다. 하지만 조명 바로 앞에 서도 마찬가지다. 그렇다면 연설하기 전에 가장 환히 조명을 받을 수 있는 자리를 선택하는 것이 현명하지 않을까?

연단에 쓸모없는 물건을 두지 마라

그리고 탁자 뒤에 숨지 마라. 사람들은 당신의 머리부터 발끝까지 보고 싶어 한다. 심지어 전체 모습을 보기 위해 자리에서 몸을 앞으로 기울일 것이다.

누군가 좋은 의도로 연단 위에 물 주전자와 컵을 올려둘 가능성도 있다. 하지만 목이 마르면 약간의 소금이나 레몬을 먹는 쪽이 나이아가라폭포보다 더 갈증을 해소할 것이다.

물도 물 주전자도 필요 없다. 연단을 어지럽히는 쓸모없고 볼품없는 그 어떤 다른 장애물도 필요치 않다.

브로드웨이에 있는 다양한 자동차 쇼룸은 아름답고 질서정연하며 눈을 즐겁게 한다. 파리의 대형 향수 전문점들과 보석상들의 사무실은 예술적이고 고급스럽게 꾸며져 있다. 왜 그럴까? 사업에 도움 되기 때문이다. 잘 꾸며진 사무실에서 일하는 사람은 더 많은 존경심과 자신감, 신뢰를 얻는다.

마찬가지로 연설가도 무대의 배경이 좋아야 한다. 내 생각에 가장 이상적인 배치는 가구가 전혀 없는 것이다. 스피커 뒤나 연설가의 양옆에 시선을 끌 만한 어떤 물건도 없어야 한다. 그냥 어두운 파란색 커튼 정도면 충분하다.

하지만 보통 연설가의 뒤에는 무엇이 있는가? 지도와 표지판, 탁자, 아마도 먼지가 많은 의자가 있고 의자 일부는 다른 의자 위에 쌓여 있을 것이다. 그 결과는 무엇일까? 값싸고 지저분하며 무질서한 분위기다. 그러니 잡동사니를 모두 치워라. 헨리 워드 비처는 말했다.

"대중 연설에서 가장 중요한 것은 사람이다."

그러니 푸르른 스위스의 눈 덮인 융프라우산맥 정상처럼 오직 사람만 돋보이게 하라.

연단에 손님이 없어야 한다

캐나다 온타리오주 런던에 머물면서 캐나다 총리의 연설을 들은 적이 있다. 한창 연설이 진행되고 있는데, 갑자기 긴 막대기로 무장한 청소부가 이 유리창에서 저 유리창으로 옮겨 다니며 실내를 환기하기 시작했다. 어떻게 됐을까? 총리에게 집중하던 청중은 그를 무시하고 마치 기적이라도 행하듯 유난스럽게 일하는 청소부를 열심히 쳐다보았다.

청중은 움직이는 물체를 보고 싶은 유혹에 저항할 수 없다. 이 사실만 명심한다면 연설가는 불편한 문제와 불필요하게 주의가 산만해지는 것을 피할 수 있다.

첫째, 엄지를 빙빙 돌리거나 옷을 만지작거리는 등 자신을 방해하는 사소하고 성가신 움직임을 자제할 수 있다. 뉴욕에서 유명한 연설가가 이야기하고 있을 때 한 청중이 30분 동안 연설가의 손만 쳐다보던 기억이 있다. 그 연설가는 계속 설교단 덮개를 만지작거리고 있었다.

둘째, 청중이 늦게 들어오는 사람 때문에 주의가 산만해지지 않도록 가능한 한 미리 조치해야 한다.

셋째, 연단에 손님이 없어야 한다. 몇 닌 전 경제학사 레이먼드 로빈스Raymond Robins는 브루클린에서 일련의 강연을 진행했다. 나는 여러 사람과 함께 연단에 올라가 앉아 있어 달라는 부탁을 받았다. 하지만 연설가에게 도움 되지 않는다는 이유로 거절했다. 첫날 밤 연단 위에서 얼마나 많은 손님이 몸을 움직이고 한쪽 다리를 다른 쪽 다리 위에 올렸다가 내리는지, 그리고 그들 중 한 명이 움직일 때마다 청중이 연설가에서 손님에게 시선을 돌리는지 관찰한 바 있다. 다음 날 로빈스에게 이 문제를 지적했고, 그는 우리와 함께한 남은 연설 시간 동안 매우 현명하게 혼자 연단을 차지했다.

연극 연출자 데이비드 벨라스코는 붉은 꽃이 너무 많은 관심을 끌기 때문에 무대에서 붉은 꽃을 사용하는 것도 허용하지 않았다. 그렇다면 연설가가 자신이 말하는 동안 산만한 손님들이 청중을 마주 보고 앉도록 허용해야 하는 이유가 무엇이겠는가? 그렇게 해서는 안 된다. 현명한 사람이라면 그렇게 하지 않을 것이다.

앉기의 기술

연설가가 연설을 시작하기 전에 청중보다 먼저 도착해 미리 자리에 앉아 있는 것을 피해야 하지 않을까? 낡은 볼거리보다 새로운 볼거리를 선보이는 것이 더 낫지 않겠는가?

하지만 미리 앉아 있어야 한다면 앉는 자세에 신경을 써야 한다. 밤새 누울 자리를 찾는 폭스 하운드처럼 의자를 찾기 위해 주위를 둘러보는 사람들을 본 적이 있을 것이다. 그들은 주위를 둘러보다가 의자를 찾으면 자제력이라고는 아예 없는 사람처럼 의자에 털썩 주저앉는다.

앉는 법을 아는 사람은 의자가 다리 뒤쪽에 닿는 것을 느끼면서 머리부터 엉덩이까지 몸을 똑바로 세우고 완벽하게 제어하면서 자리에 앉는다.

균형

몇 장 앞에서 옷이 주의를 끌기 때문에 옷을 만지작거리지 말라고 말했다. 거기에는 또 다른 이유도 있다. 그런 행동은 나약하고 자제력이 부족하다는 인상을 준다. 존재감에 도움 되지 않는 움직임은 모두 존재감에 방해가 된다. 중립적인 움직임은 없다. 그러므로 가만히 서서 육체적으로 자신을 통제하라. 그러면 정신적으로 통제가 잘되고 균형을 잘 유지한다는 인상을 줄 것이다.

청중에게 연설하기 위해 일어선 후에는 서둘러 시작하지 말아야 한다. 아마추어나 하는 행동이다. 심호흡을 하라. 청중을 잠시 바라보고, 소음이나 방해가 있으면 조용해질 때까지 잠시 멈추어라.

가슴을 쫙 펴라. 그런데 굳이 기다렸다가 청중 앞에서만 이 동작을 해야 할까? 매일 혼자 해보는 건 어떨까? 그러면 공공장소에서도 무의식적으로 하게 될 것이다.

루터 H. 귤릭Luther H. Gulick은 그의 저서 《효율적인 삶The Efficient Life》에 이렇게 썼다.

'열 명 중 단 한 명도 최고의 모습을 보이려 노력하지 않는다. 목을 옷깃 뒤쪽에 바짝 붙여야 한다.'

다음은 그가 매일 해야 한다고 권장하는 훈련이다.

'천천히 그리고 최대한 깊이 숨을 들이마신다. 동시에 목을 옷깃에 단단히 누른다. 이 상태를 한동안 유지한다. 좀 힘들 정도로 오래 유지해도 전혀 문제 될 것 없다. 이 운동의 목표는 정확히 어깨 사이에 있는 등을 쭉 펴는 것이다. 그렇게 하면 가슴이 넓어진다.'

손은 어떻게 해야 할까? 그냥 잊어버려라. 자연스럽게 옆으로 늘어뜨리면 이상적이다. 손이 마치 바나나 한 송이처럼 느껴져도 다른 사람은 당신의 손에 조금도 관심이 없다. 그러니 굳이 신경 쓰지 마라.

손은 옆에 편안하게 늘어져 있는 편이 가장 보기 좋다. 그렇게 하면 관심을 끌 일이 가장 적다. 지나치게 비판적인 사람조차도 그 위치에 있는 손을 비판하지 못한다. 게다가 이렇게 있을 때 충동이 생기더라도 아무런 방해를 받지 않고 자유롭게 제스처의 흐름을 따르게 될 것이다.

하지만 매우 긴장한 상태에서 손을 등 뒤에 두거나 주머니에 넣는 것이 자의식을 완화하는 데 도움 된다면 어떻게 해야 할까? 상식을 활용하라. 나는 이 세대의 가장 유명한 연설가들의 연설을 많이 들었다. 전부는 아니더라도 많은 사람이 연설 중 가끔 주머니에 손을 집어넣었다. 브라이언이 그랬다. 촌시 M. 디퓨도 그랬다. 테디 루스벨트도 마찬가지였다. 디즈레일리처럼 까다롭고 멋진 사람도 때때로 이 유혹에 굴복했다. 그렇게 해도 하늘은 무너지지 않았고 내 기억이 옳다면 다음 날 아침에도 평소처럼 해가 정시에 떠올랐다.

사람이 가치 있는 말을 할 수 있고 전염성 있는 신념을 담아 그 사실을 전한다면 손과 발은 어떻게 사용해도 큰 문제가 되지 않을 것이다. 머릿속이 할 말로 가득 차 있고 열정이 있다면 부차적인 세부 사항은 대부분 저절로 해결된다. 결국 연설에서 가장 중요한 것은 손과 발의 위치가 아니라 심리적 측면이다.

제스처라는 이름의 터무니없는 장난

그리고 제스처에 관한 논의는 매우 자연스럽게 남용되는 제스처 문제로 연결된다. 나는 중서부에 있는 한 대학의 총장에게 첫 대중 연설 강의를 들었다. 내 기억에 따르면 강의는 주로 제스처에 관한 내용을 다루었다. 수업 내용은 쓸모없을뿐더러 오해를 불러일으키고 해롭기까지 했다. 나는 팔을 양옆에 느슨하게 늘어뜨리고 손바닥은 뒤를 바라보게 하고 손가락은 반쯤 접고 엄지는 다리를 향하게 하라고 배웠다. 팔은 우아한 곡선으로 들어 올리고 손목으로 고전적으로 흔들며 엄지를 먼저 펴고 그다음에는 검지, 마지막으로 약지를 펴는 훈련도 받았다. 미학적이고 장식적인 동작 전체가 끝나면 다시 우아하고 부자연스러운 곡선을 그리며 팔을 다시 다리 옆에 가만히 내려놓아야 했다. 이런 행위 전체가 딱딱하고 가식적이었다. 합리적이거나 솔직한 면은 전혀 없었다. 정신이 멀쩡한 사람이라면 어디에서도 하지 않을 행위를 하도록 훈련받았다.

움직임에 나의 개성을 불어넣으려는 시도도 없고, 제스처를 취하고 싶도록 자극하려는 시도도 없었다. 그 과정에서 생기와 활력을 느끼게 하는 자연스럽고 무의식적이며 필연적인 동작은 하나도 없었다. 자신을 내려놓으라고, 있는 그대로 하라고, 보호막을 깨고 인간처럼 말하고 행동하라고 촉구하는 어떤 가르침도 없었다.

그 모든 안타까운 공연은 타자기처럼 기계적이고, 새가 떠나 버린 둥지처럼 무미건조하고, 인형극 〈펀치 앤 주디 쇼〉처럼 우스꽝스러웠다.

1902년이었다. 20세기에 그런 터무니없는 수법을 가르칠 수 있었다는 것이 믿기지 않는다. 하지만 여전히 계속되고 있다. 불과 몇 년 전, 동부에 있는 한 대규모 대학에서 가르치는 교수가 온통 제스처를 다루는 책을 출판했다. 이 문장에서는 어떤 제스처를 해야 하는지, 저 문장에서는 어떻게 해야 하는지, 한 손으로는 어떤 제스처를, 두 손으로는 또 어떻게 하는지, 어떤 손을 높게 들고, 중간으로나 낮게 들어야 하는지, 손가락은 어떻게 접고 어떻게 유지해야 하는지 설명하는 책이다. 한마디로 인간을 로봇으로 만들려 한다. 수업을 시작하기 전 동시에 스무 명의 사람이 비슷한 내용의 웅변술 책을 읽고, 모두 똑같은 단어에 똑같은 제스처를 취하면서 다 같이 우스꽝스러워지는 모습을 본 적도 있다.

이런 제스처는 인위적이고 시간을 낭비하며 기계적이고 해롭기까지 하다. 논의 전체가 많은 사람의 불신을 산다. 매사추세츠의 한 대학 학장은 최근 자신이 있는 대학에 대중 연설 강좌가 없다고 말했다. 실용적이면서 사람들에게 말하는 법을 현명하게 가르치는 강좌를 본 적이 없기 때문이라고 했다. 학장의 말에 전적으로 동의하는 바다.

제스처 관련 글 중 10분의 9는 좋은 흰 종이와 검은 잉크를 낭비하는 것에 지나지 않는다. 책에서 접한 제스처 모두 그렇게 보일 가능성이 크다. 제스처는 자신과 자신의 마음, 정신, 주제에 관한 관심, 자기 생각대로 다른 사람을 설득하려는 욕망, 자신의 충동에서 나와야 한다. 주목할 가치가 있는 유일한 제스처는 순간적인 충동으로 하는 제스처다. 자발성 한 스푼에 수많은 규칙만큼의 가치가 있다.

제스처는 마음내로 입었다가 벗는 연회복 같은 것이 아니다. 키스나 배앓이, 웃음과 뱃멀미처럼 내적인 상태가 외적으로 드러난 것일 뿐이다.

그리고 한 사람의 제스처는 칫솔처럼 매우 개인적인 것이어야 한다. 모든 사람이 다르기에 자연스럽게 행동하기만 하면 그들의 몸짓 역시 저마다 다를 것이다.

두 사람이 똑같은 방식으로 제스처를 취하도록 훈련받아서는 안 된다. 지난 장에서 링컨과 더글러스가 연설가로서 어떻게 다른지 설명했다. 길고 서툴고 느리게 생각하는 링컨이 빠르게 말하며 성급하고 세련된 더글러스와 같은 방식으로 제스처를 취한다고 상상해보라. 우스꽝스러울 것이다.

전기 작가 윌리엄 헌던은 링컨을 이렇게 묘사했다.

링컨은 머리만큼 손을 많이 움직이지 않았다. 그는 머리를 자주 사용했으며, 활기차게 머리를 이쪽저쪽으로 움직이곤 했다. 자신의 주장을 강조하려고 할 때 쓰는 중요한 동작이었다. 때때로 불이 잘 붙는 물질에 전기 불꽃을 던지듯이 빠르게 움직이기도 했다. 다른 연설가들처럼 팔을 앞뒤로 흔든다거나 공간을 이리저리 휘젓고 다니지 않았다. 무대 효과를 위해 과장된 연기를 한 적이 한 번도 없었다. 연설이 진행될수록 그의 움직임은 더 자유로워지고 편안해지면서 차츰 우아함을 더해갔다. 그는 완벽하게 자연스러웠고 개성이 강했다. 그만큼 더 기품이 느껴졌다. 화려함과 그럴듯해 보이는 것, 정해진 형식과 가식을 경멸했다. 그가 길고 깡마른 손가락으로 자기 생각을 그려내면 청중은 무한한 의미와 강조의 세계를 떠올렸다. 가끔 기쁨이나 즐거움을 담아 자신이 사랑하는 정신을 포용하기라도 하듯 손바닥이 위로 향하게 하면서 두 손을 약 50도 각도로 들어 올리곤 했다. 그런가 하면 노예제 폐지를 향한 혐오감을 드러낼 때는 양팔을 위로 치켜든 채 주먹을 불끈 쥐고 팔을 들어 올렸다가 내리치곤 했다. 이는 가장 효과적인 제스처 중 하나였으며, 증오의 대상을 끌어내려 먼지가 될 때까지 짓밟겠다는 굳은 결의를 생생하게 표현한 것이다. 항상 똑바로 서 있었는데, 발가락까지 바닥에 딱 붙이고 있다. 결코 한 발을 다른 발 앞에 두지 않았다. 어떤 것에도 기대거나 의지하지 않았다. 자세와 태도에도 좀처럼 변화가 없었다. 절대로 고함을 지르지 않았고 연단에서 앞뒤로 왔다 갔다 하지도 않았다. 팔의 긴장을 풀기 위해 왼손 엄지를 위로 세우고 코트 깃을 잡고 있었다. 이때도 오른손은 자유롭게 제스처를 취하도록 놔두었다.

조각가 오거스터스 세인트 고든스Augustus Saint-Gaudens는 시카고의 링컨 공원에 세워진 동상에서 링컨의 그런 자세를 담아 냈다.

이것이 링컨이 제스처를 쓰는 방식이었다. 시어도어 루스벨트 는 더 활기차고 열정적이고 활동적이었다. 온 얼굴에 생동감이 넘쳤으며, 주먹을 불끈 쥐고 온몸을 표현의 도구로 사용했다. 브 라이언은 종종 손바닥을 펴고 쭉 뻗은 손을 사용했다. 글래드 스턴은 종종 주먹으로 탁자나 자신의 다른 손바닥을 치거나 바 닥에 쿵쿵 소리를 내며 발을 굴렀다. 로즈버리Rosebery, Archibald Philip Primrose 경은 오른팔을 들어 올렸다가 엄청난 힘으로 빠르 게 끌어내리곤 했다. 하지만 무엇보다 이들에게는 생각과 믿음 에 확신이 있었다. 그렇기에 제스처가 강하고 즉흥적으로 나온 것이다.

즉흥성과 생명력에서 우러나온 행동이 가장 훌륭하다. 버크 는 몹시 여위고 제스처가 극도로 어색했다. 피트는 '서투른 광대 처럼' 팔로 허공을 갈랐다. 헨리 어빙Henry Irving 경은 다리를 절 고 움직임이 무척 기이하다는 핸디캡이 있었다. 연단에서 토머 스 매콜리Thomas Babington Macalay 경의 행동은 어색했다. 아일랜 드의 정치가 헨리 그래턴Henry Grattan도 마찬가지였다. 찰스 파 넬도 예외는 아니었다. 케임브리지대학교의 고故 조지 커즌George Nathaniel Curzon 경은 의회 웅변에 관한 연설에서 이렇게 말했다.

"위대한 연설가는 모두 자신만의 제스처를 취합니다. 잘생긴 외모와 우아한 행동은 도움 되기는 하겠지만 훌륭한 연설가에게는 추하고 어색한 행동은 별로 큰 영향을 끼치지 않습니다."

몇 년 전 유명한 복음 전도자 로드니 집시 스미스Rodney Gipsy Smith의 설교를 들은 적이 있다. 나는 수많은 사람을 그리스도에게 인도한 그 사람의 웅변에 매료되었다. 그는 제스처를 많이 썼는데, 숨을 쉬는 공기만큼이나 제스처를 의식하지 않았다. 이것이 이상적으로 제스처를 쓰는 방법이다.

독자 여러분도 이 강좌에서 이미 설명한 원칙을 연습하고 적용하면 저절로 자기만의 제스처를 쓰게 될 것이다. 제스처에 관한 모든 것은 연설가의 기질과 준비, 열정과 성격, 주제와 청중, 상황에 따라 달라진다. 따라서 제스처에 관한 어떤 규칙을 가르쳐줄 수는 없다.

도움 될 만한 제안

한계가 있지만 몇 가지 유용하다고 증명될 제안을 소개한다.

단조로워질 정도로 한 제스처를 반복해서 사용하지 마라. 팔꿈치로 짧고 갑작스러운 동작을 하지 마라. 연단에서는 어깨의 움직임이 더 잘 보인다. 제스처를 너무 빨리 끝내지 마라. 검지를 사용하여 생각을 정리할 경우 전체 문장에 걸쳐 그 동작을 유지해야 한다. 이렇게 하지 않는 것은 매우 흔한 실수이며 심각한 실수이기도 하다. 강조할 사항을 왜곡하여 작은 것을 중요하지 않게 만들고, 정말 중요한 요점은 사소한 것처럼 보이게 한다.

청중 앞에서 실제로 연설할 때는 자연스럽게 나오는 제스처만 취해야 한다. 하지만 이 강좌의 수강생들 앞에서 연습하는 동안에는 필요한 경우 제스처를 사용하도록 스스로 강요하라. 5장에서 지적했듯, 제스처를 억지로 쓰다 보면 제스처가 자신을 깨우고 자극하여 곧 저절로 나오게 될 것이다.

책을 덮어라. 인쇄된 페이지에서 제스처를 배울 수는 없다. 자신이 말하면서 느끼는 충동은 어떤 강사가 가르쳐주는 그 어떤 말보다 더 신뢰할 수 있고, 더 가치 있는 것이다.

제스처와 연설에 대해 앞서 말한 다른 모든 내용을 잊어버리더라도 이 점을 기억하라. 어떤 사람이 자신이 말해야 할 내용에 몰두하고 메시지를 전달하고자 하는 열의가 넘쳐서 저절로 말하고 행동하게 된다면, 제스처와 연설을 배우지 않았더라도 비판받을 가능성이 없다. 내 말이 의심스러우면 길거리를 지나가는 사람에게 다가가서 그를 쓰러뜨려 보아라. 그 사람은 다시 일어났을 때 흠잡을 데 없는 연설을 할 것이다.

다음은 연설이라는 주제에 대해 내가 읽은 최고의 문장이다.

통을 채워라.
뚜껑을 부수어라.
본성이 뛰놀게 하라.

연단 설 때의 주의 사항

1. 카네기 연구소에서 실시한 실험에 따르면, 뛰어난 지식보다 성격이 사업에서의 성공에 더 큰 영향을 미친다. 이 말은 사업뿐 아니라 연설에도 해당한다. 그러나 성격은 꼬집어 말할 수 없고 파악하기 어려우며 신비한 것이기 때문에 성격을 개발하는 지침을 제시하기란 거의 불가능하다. 하지만 이번 장에서 제시한 몇 가지 제안은 연설가가 최고의 기량을 선보이는 데 도움 될 것이다.

2. 피곤할 때는 연설하지 마라. 쉬면서 회복하고 여분의 에너지를 저장하라.

3. 말하기 전에 음식을 적게 먹어라.

4. 에너지를 둔하게 하는 행동은 절대 금하라. 에너지에는 전염성이 있다. 사람들은 가을철 밀밭에 모여든 기러기처럼 활기찬 연설가 주위로 모여든다.

5. 단정하고 매력적으로 옷을 입어라. 옷을 잘 입었다는 생각만으로도 자존감과 자신감이 높아진다. 연설가가 헐렁한 바지와 지저분한 신발을 걸치고 머리는 헝클어진 데다 앞주머니에 만년필과 연필이 튀어나와 있다면 자신을 존중하지 않는 사람처럼 보일 것이고, 청중 역시 그런 사람을 존중하지 않는다.

6. 미소를 지어라. 그 자리에 서게 되어 기쁘다는 듯한 태도로 청중 앞에 서라. 오버스트리트 교수는 이렇게 말한다.
"비슷한 것끼리 끌리는 법입니다. 우리가 청중에게 관심이 있다면 청중도 우리에게 관심을 보일 겁니다. 우리는 종종 말하기 전부터 평가받습니다. 따라서 따뜻한 반응을 끌어낼 수 있는 태도를 취해야 합니다."

7. 청중을 한데 모아라. 어떤 집단도 흩어져 있으면 쉽게 영향을 받지 않는다. 사람들은 혼자 있거나 흩어져 앉은 그룹의 일원일 때는 의문을 제기하고 반대할 일도 함께 모여 앉아 있을 때는 웃고 손뼉을 치며 동조한다.

8. 소규모를 대상으로 연설하는 경우, 청중이 작은 방에 모이게 하라. 연단 위에 서지 마라. 청중과 같은 눈높이로 내려가라. 친밀하고 비공식적이며 마치 이야기를 나누듯이 진행하라.

9. 공기를 신선하게 유지하라.

10. 강연장에 조명이 흘러넘치게 하라. 빛이 얼굴을 비추는 자리에 서서 이목구비 전체가 드러나게 하라.

11. 연단 뒤로 서지 마라. 탁자와 의자를 한쪽으로 치워라. 연단을 어지럽히는 보기 흉한 포스터와 장식물을 모두 치워라.

12. 연단에 손님이 있으면, 그들이 아예 움직이지 않을 수는 없다. 그리고 조금이라도 움직일 때마다 청중의 시선은 분명 그들을 향할 것이다. 청중은 움직이는 물체나 동물, 사람을 보고 싶은 유혹을 뿌리칠 수 없다. 그런데 왜 문제를 사서 만들고, 경쟁심을 유발하려 하는가?

13. 의자에 털썩 주저앉지 마라. 다리 뒤쪽이 의자에 닿는 느낌이 들면 상체를 똑바로 세운 채 편안하게 앉아라.

14. 가만히 서 있어라. 초조해 보이는 동작을 많이 하지 마라. 나약하다는 인상을 준다. 존재감을 더하지 않는 움직임은 존재감에 방해만 될 뿐이다.

15. 손을 양옆에 자연스럽게 늘어뜨려라. 그것이 이상적인 위치다. 등 뒤에서 잡거나 주머니에 넣는 것이 더 편안하다고 느껴진다고 해서 큰 문제는 되지 않는다. 머리와 가슴이 말하는 내용으로 가득 차 있다면 이러한 부차적인 세부사항은 대부분 저절로 처리된다.

16. 제스처를 책에서 배우려 하지 마라. 배운 대로 제스처를 따라 하는 충동에서 벗어나라. 편안하게 자신을 내려놓아라. 계산된 품위와 규칙이 아니라 즉흥성과 삶, 자유분방함이 제스처의 본질이다.

17. 제스처를 하면서 지루해질 때까지 한 동작을 반복하지 마라. 팔꿈치에서 시작하는 짧고 갑작스러운 움직임을 행하지 마라. 무엇보다도 움직임의 핵심이 생각의 핵심과 일치할 때까지 제스처를 계속 유지하라.

복습

1. 이탈리아의 유명한 발성 교사 조반니 바티스타 람페르티 Giovanni Battista Lamperti가 학생들에게 매일 연습하라고 강조한 방법을 소개한다. 호흡 기술의 기초가 되는 훈련이다. 턱에 힘을 빼고 자연스럽게 벌어지게 하라. 하품하면서 목의 감각을 느껴보라. 이제 입으로 아주 짧은 호흡을 들이마시고 내뱉기 시작하라. 개가 뛰다가 숨이 차서 헐떡이는 소리가 나올 때까지 점점 속도를 높여라. 이 헐떡이는 소리는 날숨이 입천장에 부딪혀서 나는 소리여야 한다. 좁고 수축된 목에서 나오지 말아야 한다. 이 헐떡임의 원동력은 어디에서 오는 것일까? 횡격막이다. 횡격막은 공기를 빠르게 분출하는 풀무 같은 역할을 한다. 공기를 힘차게 퍼 올리고 있다. 몸 한가운데 있는 횡격막의 움직임에 익숙해져라. 가슴뼈 바로 아래에 손을 대고 횡격막의 움직임을 느껴보라.

2. 긴장을 풀어라. 하품할 때 목에서 생기는 시원하고 즐거운 감각을 느껴라. 공기를 깊이 들이마셔라. 폐가 아래쪽 갈비뼈를 옆구리로 밀어내고 아치형 횡격막을 평평하게 만드는 것을 느껴라. 이제 횡격막으로 공기 흐름을 제어해보자. 촛불을 켜고 입 가까이 갖다 대라. 이제 폐를 비울 수 있는지 확인해보자. 입에 가까이 대고 있어도 촛불이 전혀 흔들리지 않을 정도로 아주 느리

고 고르게 숨을 쉬어라. 양초의 불꽃을 꺼뜨리지 않고 30초에서 40초 동안 숨을 내쉴 수 있을 때까지 연습해야 한다.

그러나 목을 수축하면 이 연습을 안 하느니만 못하다. 호흡을 조절하는 활동은 몸 한가운데에 이루어져야 한다. 이 점을 절대 잊지 마라. 헐떡이면서 숨쉬기를 연습했던 곳, 바로 횡격막에서 호흡을 조절해야 한다. 이 연습을 서너 번 시도해보라. 그런 다음 횡격막을 세게 수축하고 한 번에 숨을 불어내어 촛불을 꺼라.

3. 이번 장의 마지막에 햄릿이 배우들에게 한 불멸의 조언을 적어두었다. 대중 연설을 배우는 사람들에게도 훌륭한 조언이다. 횡격막 호흡과 호흡 조절에 대해 지금까지 배운 모든 것을 실천하면서 큰 소리로 다음 구절을 읽어보라. 하품하거나 눈물을 흘릴 때처럼 톤이 오르락내리락한다고 생각하라. 목을 계속 열어두어라. 폐에 항상 숨을 넉넉히 비축할 공간을 마련하라. 혀끝으로 강조하는 생각을 튕겨내라. 혀끝이 앞니 뒤쪽과 입천장의 앞쪽에 깔끔하고 빠르게 부딪히는 것을 느껴보라. 이렇게 하면 분명 자신이 만들어내는 음색에 만족할 것이다. 이렇게 둥글고 선명한 음색은 우리가 하는 말을 잘 전달해줄 것이다.

대사는 부디 내가 시범을 보인 대로 혀에서 굴러 나오듯 자연스럽게 해주게. 많은 배우가 그렇듯 입으로만 중얼거린다면 차라리 포고문을 외치는 자에게 대사를 맡기겠네. 손을 허공에 대고 마냥 휘젓지 말게. 양손 다 우아하게 써야 하네. 격정의 소용돌이, 사나운 포효와 태풍 속에서도 절제하며 부드럽게 연기를 소화하게. 가발 쓴 난폭한 배우가 격정을 갈기갈기 찢어 누더기로, 꼭 넝마 꼴로 만들어 입석 관객들 귀청이 터져 나갈 지경인 걸 보면 정신이 다 사나울 지경이네. 이들 관객은 대개 뭘 하는지도 모를 얼간이 짓과 시끌벅적한 소리만 알아듣거든. 사나운 타미건트를 뛰어넘는 놈은 채찍질해야 해. 헤롯 왕도 저리 가라지. 제발 그렇게는 하지 말게.

너무 맥이 빠져서도 안 되니 자네의 분별력을 스승으로 삼게. 동작을 대사에, 대사를 동작에 맞추되, 자연스러움과 겸손을 해치지 않아야 하네. 어느 것이든 너무 지나치면 연극의 목적에서 벗어나기 때문이지. 연극의 목적은 처음이나 지금이나 과거나 현재나 자연을 있는 그대로 비추는 것일세. 선은 선한 품성대로 비추고, 악은 악한 모습대로 조롱하면서 한 시대의 형상과 무게를 드러내는 거라네. 그런데 이것이 과하거나 모자라면 분별없는 자는 웃을지라도 사려 깊은 청중은 안타까워할 걸세. 이들의 비판을 극장 전체의 평가보다 더 무겁게 여겨야 하네. 어떤 배우의 연극을 봤는데 다른 사람들이 칭찬하더군. 불경스러운 소리일지 몰라도 기독교인들의 억양을 쓰거나 걸음걸이를 따르기는커녕 이교도나 심지어 인간 같지도 않으면서 거드름을 피우며 고함을 질러대더군. 신의 조수가 인간을 빚다가 실수했다는 생각이 들었네. 이들의 인간 흉내가 아주 소름 끼쳤거든.

9장

연설을
시작하는 방법

자기 경험을 이야기하는 대중 연설가 모임에 가게 된다면 적절히 연설을 구성하는 방법에 관해 이야기하는 말을 자주 들었을 것이다.

"잘 시작하고 잘 끝내라. 그 사이는 무엇이든 자신이 좋아하는 내용으로 채워라."

_ 빅터 머독Victor Murdock (정치가)

대중 연설에서는 시작이 가장 중요하다. 험난한 연설 과정 전체에서 청중과 쉽고 능숙하게 접촉하는 것만큼 어려운 일은 없다. 첫인상과 첫 마디에 많은 것이 달려 있다. 종종 처음 서너 문장으로 청중의 마음을 얻거나 잃는다.

_ 록우드 소프

대중 연설의 황금률은 확실하다. 가능한 한 빨리 주제의 핵심으로 들어가라. 이 원칙을 엄격하게 준수하라. 화려하고 근사한 말을 하려는 유혹에 저항하라. 절대 그러면 안 된다. 그 무엇에 대해서도 사과하지 마라. 간단하고 명확한 말로 요점을 설명하라. 연설문을 작성할 때, 기사를 작성할 때 대부분 첫 번째 단락은 삭제 가능하다. 소개가 끝날 것이라고 생각하는 지점에서 시작하라.

_ 시드니 F. 윅스Sidney F. Wicks
(《직장인을 위한 대중 연설Public Speaking for Business Man》의 저자)

우리가 되어야만 하는 존재에 비해 우리는 오직 반만 깨어 있다. 육체적·정신적 자원의 극히 일부만 사용하고 있다. 폭넓게 말하면, 인간은 자신의 한계 안에서만 살아간다. 다양한 종류의 힘을 소유하고 있으면서도 번번이 잘 사용하지 못한다.

_ 윌리엄 제임스

노스웨스턴대학교 총장을 역임한 린 해럴드 허프Lynn Harold Hough 박사에게 오랜 연설 경험에서 깨달은 가장 중요한 가르침이 무엇인지 물어본 적 있다. 박사가 잠시 생각하더니 답했다.

"청중의 관심을 단번에 사로잡을 수 있도록 매력적으로 시작하는 거죠."

그는 시작과 끝의 거의 모든 단어를 미리 계획한다. 존 브라이트도 그랬다. 글래드스턴도 그랬다. 웹스터도 마찬가지였다. 링컨도 마찬가지다. 실제로 상식적이고 경험이 풍부한 연설가는 모두 이렇게 한다.

그런데 초보자는 어떤가? 좀처럼 미리 계획하지 않는다. 계획하는 데는 시간이 걸리고 생각도 해야 하며 의지력도 필요하다. 생각하는 일은 고통스러운 과정이다. 토머스 에디슨은 공장 벽에 영국 화가 조슈아 레이놀즈Joshua Reynolds 경이 한 말을 붙여 놓았다.

사람은 생각하는 수고를 피하려고 온갖 구실을 동원한다.

초보자는 대체로 자신이 발견한 순간적인 영감을 신뢰하며 그 결과 다음과 같은 사실을 알게 된다.

함정과 덫으로 가득 차 있네,

그가 방황하는 길에.

고故 노스클리프Viscount Northcliffe 경은 빈약한 주급을 받다
가 대영제국에서 가장 부유하고 영향력 있는 신문사 사주가 되
었다. 그는 파스칼의 말이 자신이 읽은 그 어떤 글보다 성공에
큰 도움이 되었다고 말했다.

예측하는 것이 지배하는 것이다.

이 말은 연설을 준비하는 연설가가 책상에 붙여두기에도 훌
륭한 좌우명이다. 어떤 말을 해도 이해할 수 있을 만큼 머릿속이
맑을 때 어떻게 시작해야 할지 예측하라. 다른 모든 말이 사라
진다 해도 청중의 기억에 마지막으로 남길 인상을 예측하라.

아리스토텔레스 시대 이후로 연설을 다룬 책들은 연설을 서
론, 본론, 결론의 세 부분으로 나누었다. 비교적 최근까지만 해
도 서론은 마차를 타는 것처럼 여유롭게 흘러갔고, 실제로 그렇
게 해도 별문제가 없었다. 당시 연설가는 뉴스 전달자이자 연예
인이었다. 100년 전의 연설가는 현재 '신문과 라디오, 전화와 영
화관'이 차지한 지역사회의 틈새를 메우는 역할을 했다.

하지만 상황은 놀랍게도 변했다. 세상이 바뀌었다. 바빌로니
아 왕국의 벨사살Belshazzar 왕과 네부카드네자르Nebuchadnezzar

왕 이후 지난 100년 동안 그 어느 때보다 더 빠르게 삶이 바뀌었다. 자동차와 비행기, 라디오가 발명되면서 우리는 점점 더 빠른 속도로 움직인다. 그리고 연설가는 긴박한 시대의 박자에 맞춰야 한다. 서론을 말하려 할 때는 간판에 쓴 광고 문구처럼 짧게 해야 한다. 이것이 평균적인 현대의 청중이 선호하는 박자다.

"할 말이 있다고요? 좋아요. 아주 짧고 간단하게 해보세요. 장황한 웅변은 안 됩니다. 요점만 빨리 말하고 자리에 앉아요."

미국 제28대 대통령 우드로 윌슨은 제1차 세계대전을 앞둔 중대한 시기에 의회에서 연설할 때, 다음과 같은 짧은 문장으로 청중의 주의를 사로잡았다.

국가의 외교 문제에 중대한 상황이 발생했습니다. 여러분에게 솔직하게 알려드리는 것이 저의 의무입니다.

찰스 슈와브는 뉴욕의 펜실베이니아 협회에서 연설할 때 두 번째 문장부터 바로 연설의 핵심을 파고들었다.

오늘날 미국 시민들의 마음속에 가장 중요한 문제는 다음과 같은 질문입니다. 현재 경기 침체의 의미는 무엇이며, 앞으로는 어떻게 될 것인가? 개인적으로 저는 낙관주의자입니다.

전미 금전 등록기 회사의 영업부장 역시 직원들에게 이와 같은 방식으로 이야기를 시작했다. 도입부는 단 네 문장뿐이다. 하지만 모두 알아듣기 쉽고 활기차고 추진력이 있다.

여러분은 공장 굴뚝 밖으로 연기를 계속 내보내라는 지시를 받았습니다. 지난여름 두 달 동안 굴뚝에서 배출된 연기의 양은 들판을 탁하게 할 정도로 많지는 않았습니다. 이제 길고 무더운 날이 지나고 다시 경기가 회복되는 시기가 되었으니 이 문제에 대해 짧고 강력한 요청을 하려 합니다. 우리는 더 많은 연기를 원합니다.

하지만 경험이 부족한 연설가들이 이렇게 신속하고 간결하게 연설을 시작할 수 있을까? 냉정한 진실에 따르면 그렇지 않다고 해야 할 것이다. 훈련받지 못한 미숙한 연설가는 대부분 두 가지 방법 중 하나로 시작하는데, 둘 다 좋지 않다. 이에 대해 자세히 알아보자.

유머러스한 이야기로 시작하지 않도록 주의하라

어떤 이유에서인지 초보자는 자신이 재미있어야 한다고 생각한다. 원래는 백과사전처럼 딱딱하고 가벼움이라곤 전혀 없는 사람일지도 모른다. 그러나 말을 하려 일어서는 순간 마크 트웨인의 영혼이 자신에게 내려오는 것을 느끼거나, 그래야 한다고 상상하는 것 같다. 특히 저녁 식사 후 행사에서 유머러스한 이야기로 말문을 여는 경향이 있다. 그런 다음에는 어떻게 될까? 딱딱한 사업가에서 이제 막 이야기꾼으로 변신한 그의 유머는 십중팔구 사전 속 문구처럼 고리타분할 것이다. 그의 이야기가 '성공하지' 않을 가능성도 크다. 햄릿의 언어로 표현하자면, '지겹고, 진부하고, 밋밋하고, 아무 소용 없는' 이야기에 그칠 것이다.

돈을 내고 입장한 보드빌 연극 관객 앞에서 배우가 이런 실수를 범한다면 관객들은 '야유'를 보내며 "당장 내보내!"라고 외칠 것이다. 그러나 연설가의 말을 듣는 일반 청중은 아주 동정심이 많다. 따라서 순전히 동정심에서 웃어주려 노력하지만 마음 깊은 곳에서는 유머러스해지고 싶었던 연설가의 실패를 안타깝게 여긴다. 그러면서 내심 불편함을 느낀다. 독자 여러분도 이런 종류의 실패를 여러 번 목격하지 않았는가? 나는 그렇다.

대중 연설의 그 모든 어려운 영역 중에서 청중을 웃게 만드는 능력보다 더 어렵고 드문 능력이 또 있을까? 유머는 개성과 성격의 문제와 관련이 크기 때문에 무척 민감한 문제다. 갈색 눈동자로 태어났거나 그렇지 않은 것처럼 유머러스한 성향이 있거나 그렇지 않을 수 있다. 갈색 눈동자든 유머든 달리 손쓸 도리가 없다.

이야기 자체가 재미있는 경우는 거의 없다는 점을 기억하라. 이야기를 어떻게 전달하느냐에 성공 여부가 달려 있다. 마크 트웨인을 유명하게 만든 이야기를 똑같이 따라 해도 100명 중 99명은 비참하게 실패할 것이다. 링컨이 일리노이의 선술집에서 했다는 이야기를 읽어보라. 사람들은 그 이야기를 들으러 몇 킬로미터를 운전해 왔고 밤새도록 서서 기다렸으며 몇몇 목격자에 따르면 발을 구르다 의자에서 굴러떨어진 이도 있었다고 한다. 이러한 이야기를 가족에게 큰 소리로 읽어주고 가족이 미소를 짓는지 확인해보라. 다음은 링컨이 큰 성공을 거두었던 이야기다. 직접 해보겠는가? 부디 청중 앞에서가 아니라 개인적으로 하길 바란다.

어느 늦은 밤, 일리노이 평원의 진흙 길을 지나 집으로 가던 한 여행자가 폭풍우에 휩싸였다. 밤은 칠흑처럼 캄캄하고 하늘에서 댐이 무너지기라도 한 듯 비가 쏟아졌으며, 성난 구름이 다이너마이트를 터트리듯 천둥이 울렸다. 거듭 몰아치는 번개에 주변 나무들이 쓰러졌다. 그 소리로 귀가 먹먹해질 정도였다. 평생 들어본 것보다 더 끔찍하고 요란한 소리에 가엾은 남자는 무릎을 꿇었다. 평소 기도를 잘 하지 않던 그는 숨을 헐떡이며 말했다.

"오, 주님. 괜찮으시다면 빛을 좀 더 주시고 소리는 조금만 줄여주세요."

당신도 운 좋게 유머 감각이라는 드문 재능을 타고난 사람 중 한 명일 수 있다. 그렇다면 어떻게 해서든 그 감각을 발휘해야 한다. 유머 감각이 있다면 어디서 연설하든 세 배는 더 환영받을 것이다. 그러나 당신의 재능이 다른 방향에 있는데 유머러스한 연설로 유명한 촌시 드퓨를 따라 하려는 것은 어리석다 못해 위험한 일이다.

드퓨의 연설과 링컨의 연설, 그리고 미국 정치가 잡 헤지스Job Hedges의 연설을 공부해보면 특히 도입 부분이 무척 짧다는 사실을 알고 놀랄 것이다. 에드윈 제임스 커텔Edwin James Cattell은 그저 웃기려는 이유로 재미있는 이야기를 한 적은 한 번도 없다고 나에게 털어놓았다. 그 이야기가 주제와 관련이 있고, 요점을 설명하는 데 도움 되어야 했다. 유머는 케이크의 장식, 케이크 층 사이의 초콜릿이어야 한다. 케이크 자체가 되어서는 안 된다. 미국 최고의 유머 강사인 스트릭랜드 질리언Strickland Gillian은 강연을 시작하고 첫 3분 동안은 절대 재미있는 이야기를 하지 않는 것을 원칙으로 삼는다. 유머 강사마저 이 원칙이 바람직하다고 생각한다면, 여러분과 나 역시 그래야 하지 않을까?

그렇다면 시작은 무겁고 장황하며 지나치게 엄숙해야 할까? 전혀 그렇지 않다. 가능하다면 현지 상황이나 행사와 관련이 있는 소재, 다른 연설가의 발언을 언급하여 유머 감각을 자극하라. 부조화를 관찰하라. 그리고 이 부조화를 과장해서 표현하라. 이러한 유머는 〈팻과 마이크Pat& Mike〉라는 로맨틱 코미디 영화라든지 시어머니나 염소에 대한 고리타분한 농담보다 성공할 확률이 수십 배는 더 높다.

유쾌함을 만드는 가장 쉬운 방법은 자기 자신을 농담의 소재로 삼는 것이다. 우스꽝스럽고 당황스러운 상황에 빠진 자신을 묘사해보라. 이 점이 바로 유머의 핵심이다. 에스키모인은 다리가 부러진 친구를 보고도 웃는다. 중국인은 2층 창문에서 떨어져 스스로 목숨을 끊은 개를 보고도 웃는다. 우리는 그보다는 조금 더 동정심이 많지만, 바람에 날아가는 모자를 쫓아가는 사람이나 바나나 껍질에 미끄러져 넘어진 사람을 보면 웃지 않는가?

누구라도 얼토당토않은 생각이나 특성을 조합해 청중을 웃길 수 있다. 예를 들어 한 신문기자는 "나는 아이와 시시한 농담, 민주당을 싫어한다"라고 말해 청중을 폭소케 했다.

러디어드 키플링이 영국에서 열린 정치 회담의 서두에서 얼마나 영리하게 웃음을 자아냈는지 주목하길 바란다. 그는 그 자리에서 꾸며낸 일화가 아니라 자신의 경험 중 일부라고 하며 부조화를 장난스럽게 강조한다.

신사 숙녀 여러분! 인도에서 기자로 일하던 젊은 시절, 저는 신문사에 '범죄 사건'을 보고하곤 했습니다. 위조범과 횡령범, 살인범 같은 부류의 진취적인 스포츠맨을 소개받았기 때문에 아주 흥미로웠습니다. 가끔은 그런 사람들의 재판을 보도한 후 감옥에 있는 친구들을 만나러 가곤 했습니다. (웃음) 그중 살인죄로 종신형을 선고받았던 한 남자가 기억납니다. 영리하고 말도 잘하는 사람이었는데, 제게 자기가 살아온 이야기를 들려주더군요. 그는 이렇게 말했습니다.

"사람이 한 번 엇나가면 계속 그 길로 가게 되죠. 그러다 올바른 길을 가려고 하면 남에게 피해를 줄 수밖에 없는 상황이 되는 겁니다."

(웃음)

아, 이건 우리나라 내각의 현 상황과도 정확히 일치하네요. (웃음과 박수갈채)

미국의 제27대 대통령 윌리엄 하워드 테프트William Howard Taft도 메트로폴리탄 생명보험사 관리자들의 연회에서 유머를 구사했다. 이 연설의 탁월한 점은 유머러스한 동시에 청중에게 진심 어린 칭찬을 아끼지 않는다는 점이다.

메트로폴리탄 생명보험사 사장님, 그리고 신사 숙녀 여러분.

9개월 전쯤에 저는 한 신사분의 저녁 만찬 연설을 들었습니다. 그 사람은 연설하기가 두려워서 연설 경험이 많은 친구에게 도움을 청했다고 합니다. 친구는 연설가에게 가장 좋은 청중은 지적이고 교육을 잘 받았으면서도 반쯤 취한 청중이라고 조언했다고 합니다. (웃음과 박수) 지금 제가 보기에는 여러분이 연설가로서 제가 본 최고의 청중입니다. 여러분 모두 정신이 맑은 것이 조금 아쉽긴 합니다만 그 부족한 면을 무언가 보충해줬는데요. (박수) 그것은 바로 메트로폴리탄 생명보험사의 정신이라고 생각합니다. (장시간 박수).

연설을 사과로 시작하지 마라

초보자가 연설을 시작하며 저지르는 두 번째 끔찍한 실수는 바로 사과하는 것이다.

"저는 전문 연설가가 아닙니다…… 연설할 준비가 충분히 되어 있지 않습니다. 아무 할 말이 없습니다……."

절대 사과하지 말라! 그러면 안 된다. 키플링의 시 첫 구절은 다음과 같다.

'더 이상 멀리 나아갈 필요가 없다네.'

연설가가 사과하면서 연설을 시작하면 청중은 이 시의 구절처럼 더 이상 사과할 필요가 없다고 느낀다.

그리고 어차피 준비되어 있지 않다면 몇몇 청중은 굳이 연설가가 설명하지 않아도 그 사실을 알게 된다. 물론 모르는 사람도 있기는 하다. 왜 준비가 안 되었다는 사실을 청중 앞에서 강조하려 하는가? 연설을 준비할 시간도 아깝다고 여겼거나, 케케묵은 이야기로 대충 때워도 충분할 것이라고 밝혀 청중을 모욕하는 이유는 무엇인가? 그렇게 하지 마라. 연설가에게 사과는 듣고 싶지 않다. 청중은 정보를 얻고 관심을 보이고 흥미를 느끼기 위해 그 자리에 있는 것이다.

청중 앞에 나서는 순간 당연히 관심을 받게 된다. 처음 5초 동안은 관심을 끌기 어렵지 않지만, 그다음 5분 동안은 유지하기가 어렵다. 한 번 관심을 잃으면 되찾는 것은 두 배로 어렵다. 그러므로 첫 문장부터 흥미롭게 시작해야 한다. 두 번째, 세 번째가 아니다. 첫 번째, 첫 번째다!

"어떻게 하면 되죠?"라고 물을 것이다. 무리한 요구라는 점은 인정한다. 연설의 시작 부분을 채울 자료를 수집할 때 우리는 구불구불하고 모호한 길을 걸어야 한다. 연설 당사자와 청중, 주제와 소재, 상황 등에 따라 많은 것이 달라지기 때문이다. 하지만 이 장의 나머지 부분에서 논의하고 설명하는 제안을 통해 유용하고 가치 있는 정보를 얻길 바란다.

호기심을 불러일으키기

하월 힐리Howell Healy는 이 강좌를 듣기 전, 필라델피아의 펜 애슬레틱 클럽에서 연설한 적이 있다고 한다. 그는 연설을 다음과 같이 시작했다. 마음에 드는가? 바로 흥미가 생기는가?

지금으로부터 82년 전, 런던에서 불후의 명작이 될 책 한 권이 출판되었습니다. 많은 사람이 이 책을 '세상에서 가장 위대한 작은 책'이라고 불렀고 처음 출간되었을 때 스트랜드나 폴 몰에서 만난 친구들은 서로 "그 책 읽어봤어?" 하고 질문을 던졌으며 대답은 늘 같았습니다. "응, 읽고말고. 그에게 신의 축복이 있기를" 했죠.

책이 출간된 날 1,000부가 팔렸습니다. 2주 만에 15,000부가 소진되었죠. 그 이후로 이 책의 수많은 판본이 나왔고, 하늘 아래 모든 언어로 번역되었습니다. 몇 년 전, J. P. 모건은 책의 육필 원고를 엄청난 금액에 사들였습니다. 현재 그가 자신의 서재라고 부르는 뉴욕의 웅장한 아트 갤러리에 다른 귀중한 보물들과 함께 보관되어 있습니다.

세계적으로 유명한 이 책은 무엇일까요? 바로 디킨스의 《크리스마스 캐럴Christmas Carol》입니다.

성공적인 도입부라고 생각하는가? 주의를 집중시키고 이야기가 진행됨에 따라 흥미를 고조했는가? 어째서인가? 호기심을 불러일으키고 긴장감을 유지했기 때문이 아닌가?

호기심! 호기심에 흔들리지 않을 사람이 있을까?

나는 숲속의 새들이 순전히 호기심에 나를 지켜보며 한 시간 동안 날아다니는 것을 본 적이 있다. 알프스 고원지대의 한 사냥꾼은 침대 시트를 던져주고 그 주변을 기어 다니며 호기심을 자극하여 산양을 유인한다고 한다. 개와 고양이, 그리고 인류를 포함한 모든 종류의 동물에게는 호기심이 있다.

따라서 첫 문장으로 청중의 호기심을 불러일으키면 흥미와 관심을 끌 수 있다.

나는 영국 웨일스의 모험가이자 군인인 토머스 에드워드 로렌스Thomas Edward Lawrence 대령의 아라비아 로렌스에 대한 강의를 다음과 같이 시작한다.

로이드 조지는 로렌스 대령을 근대의 가장 낭만적이고 기발한 인물 중 한 명으로 꼽았다고 합니다.

이 도입부에는 두 가지 장점이 있다. 우선 저명한 인물을 인용하는 방법은 항상 주목할 만한 가치가 있다. 둘째, 호기심을 불러일으킨다. "왜 낭만적인가?"라는 질문에 "어떤 면이 기발한가?"라는 질문이 이어진다. "나는 저 사람에 대해 들어본 적이 없는데…… 무슨 일을 했지?" 하는 질문이 나올 수도 있다.

아라비아의 로렌스에 관한 일대기를 쓴 로웰 토머스Lowell Thomas는 다음과 같이 강연을 시작하곤 했다.

어느 날 예루살렘의 기독교 거리를 지나가다가 화려한 동양 권력자 차림의 남자를 만났습니다. 옆구리에 예언자 모하메드의 자손들만 쓸 법한 금색 칼을 차고 있었죠. 그런데 이 사람은 전혀 아랍인의 외모가 아니었습니다. 아랍인의 눈은 항상 검은색이나 갈색인데 그의 눈은 파란색이었으니까요.

호기심을 자극하지 않는가? 더 듣고 싶어질 것이다. 그 사람은 누구였을까? 왜 아랍인처럼 하고 다닐까? 무슨 일을 한 걸까? 그는 앞으로 어떻게 될까?

한 학생은 다음 질문으로 발표를 시작했다.

오늘날 전 세계 17개국에 노예제도가 존재한다는 사실을 알고 계십니까?

이 도입부는 호기심을 불러일으킬 뿐 아니라 듣는 사람에게 충격을 준다.

'노예제도라고? 오늘날? 17개 국가라니? 믿기지 않는군. 어떤 나라들이지? 어디에 있는 거야?'

결과부터 말하고 사람들이 원인을 궁금해하게 만들어 호기심을 자아낼 수도 있다. 예컨대 한 학생은 다음과 같이 놀라운 문장으로 연설을 시작했다.

최근 한 의원은 입법 회의 중에 자리에서 일어나 "학교 주변 3미터 내에서 올챙이가 개구리가 되는 것을 금지하는 법안을 통과시키자" 하고 제안했습니다.

다들 이 말에 웃을 것이다. 저 연설가가 지금 농담하는 것일까? 정말 어처구니가 없다. 실제로 그런 일이 있었을까? 그렇다. 연설가는 설명을 이어간다.

〈새터데이 이브닝 포스트〉에 실린 '조직 폭력배와 함께With The Gangsters'라는 제목의 기사는 이렇게 시작한다.

조직 폭력배는 정말 조직적일까? 대체로 그렇다. 어떤 식으로 조직되어 있을까?

보다시피 이 기자는 단 세 문장으로 주제를 알리고 사실을 알려주며 조직 폭력배가 어떻게 조직되는지 호기심을 유발한다.

매우 신뢰할 만한 방법이다. 대중 앞에서 연설하기를 열망하는 모든 사람은 잡지기자가 독자의 관심을 즉시 사로잡기 위해 사용하는 기술을 연구해야 한다. 연설을 시작하는 방법에 대한 자료를 공부하는 것보다 훨씬 더 많은 가르침을 얻을 거다.

이야기로 시작해보는 건 어떨까?

미국의 베스트셀러 작가 해럴드 벨 라이트Harold Bell Wright는 인터뷰에서 소설로 한 해 동안 10만 달러 이상을 번 적이 있다고 밝혔다. 소설가 부스 타킹턴Booth Tarkington과 로버트 W. 체임버스Robert w. Chambers도 비슷하게 벌었을 것이다. 더블데이 페이지 앤 컴퍼니는 17년 동안 거대한 인쇄기 하나를 지금은 고인이 된 진 스트라튼 포터Gene Strattan Porter에게 배정하고 그녀의 소설을 끝도 없이 찍어냈다고 한다. 그녀의 책은 1,700만 부 이상 팔렸고, 인세로 300만 달러 이상을 지급했다. 과연 사람들은 이야기를 듣는 것을 좋아할까? 이 수치를 보면 그런 것 같지 않은가?

우리는 특히 경험에서 우러나오는 이야기를 좋아한다. 러셀 H. 콘웰은 '내 인생의 다이아몬드' 강연을 6,000회 이상 진행했고, 이를 통해 수백만 달러의 강연료를 받았다.

이 놀랍도록 인기 있는 강의는 어떻게 시작되었을까? 직접 읽어보라. 이야기가 시작되는 방식은 다음과 같다.

1870년에 우리는 티그리스강을 따라 내려갔습니다. 바그다드에서 가이드를 고용했고, 페르세폴리스와 니네베, 바빌론을 둘러볼 참이었습니다.

이렇게 그는 이야기를 시작한다. 바로 이런 시작이 우리의 관심을 끈다. 이런 식의 도입부는 완벽하다. 실패할 수가 없다. 움직인다. 이야기는 계속 앞으로 나아간다. 우리는 따라간다. 무슨 일이 일어나는지 알고 싶다.

이 책의 3장 도입부에서도 이야기로 시작하는 방식을 활용했다.

다음은 〈새터데이 이브닝 포스트〉에 실린 이야기 두 개에서 발췌한 도입부 문장이다.

1. 날카로운 권총 소리가 정적을 깨뜨렸다.

2. 7월 첫 주 덴버주 몬트뷰 호텔에서 그 자체로는 사소하지만, 결과는 사소하지 않은 사건이 발생했다. 이 사건은 호텔 관리인 괴벨의 호기심을 자극했으며, 그는 몬트뷰와 다른 여섯 개 호텔의 소유주인 스티브 패러데이에게 이 사실을 알렸다. 사건이 있고 며칠 후 스티브가 여름철 정기 점검을 위해 호텔을 방문했을 때다.

위의 도입부가 행위를 묘사한다는 점에 주목하라. 누군가 어떤 행동을 시작한다. 호기심을 불러일으킨다. 계속 읽고 싶고,

더 알고 싶고, 무슨 내용인지 궁금해진다.

이야기를 잘 활용하는 기법으로 청중의 호기심을 불러일으 킨다면 경험이 없는 초보자라도 성공적인 도입부로 연설을 시작 할 수 있다.

구체적인 사례로 시작하기

일반 청중이 추상적인 설명을 오래 듣고 있기란 어렵고 지루 한 일이다. 사례는 훨씬 더 듣기 쉽다. 그렇다면 아예 처음부터 사례로 시작하면 어떨까? 연설가로서 그렇게 하기는 어렵다. 내 가 해봐서 안다. 연설가는 먼저 몇 가지 일반적인 진술을 해야 한다고 생각한다. 하지만 꼭 그럴 필요는 없다. 사례로 시작하여 관심을 불러일으킨 다음 일반적인 발언을 이어가도 된다. 이 기 법의 예시를 보려면 6장의 도입부를 보길 바란다.

지금 읽고 있는 이 장의 도입부에는 어떤 기법이 사용되었 는가?

볼거리를 활용하라

사람들의 관심을 끄는 가장 쉬운 방법은 눈길을 끌 무언가 를 들고 있는 일이다. 야만인과 미치광이, 요람을 탄 아기, 상점 창문에 있는 원숭이, 길거리의 개도 이런 자극에는 주의를 기울인다. 가끔 가장 품위 있는 청중 앞에서도 효과적으로 사용할 수 있다. 예컨대 필라델피아의 S. S. 엘리스S. S. Ellis는 엄지와 검지로 동전을 쥐고 어깨 위로 높이 든 채 연설을 시작했다. 당연히 모든 사람이 쳐다보았다. 그런 다음 그는 이렇게 물었다.

"여기 계신 분 중 길거리에서 이런 동전을 본 분 있습니까? 운 좋게 이 동전을 발견하면 부동산 개발 택지를 무료로 준다고 하던데요. 그냥 찾아가서 동전만 보여주면 된다고 하네요."

엘리스는 이어서 유색인종 남자에 관한 사례를 이야기했고, 이에 얽힌 오해의 소지가 있고 비윤리적인 관행을 비난했다.

질문하라

엘리스의 시작 방법에는 또 다른 칭찬할 만한 특징이 있다. 청중이 함께 생각하고 연설가에게 협력하게 하는 질문으로 시작한다는 것이다. 조직 폭력배에 관한 〈새터데이 이브닝 포스트〉 기사는 처음 세 문장에서 두 가지 질문으로 시작한다는 점에 주목하라.

'조직 폭력배는 정말 조직적일까? 어떤 식으로 조직되어 있을까?'

이처럼 핵심적인 질문은 연설가가 청중의 마음을 열고 그 안으로 들어가게 하는 가장 간단하고 확실한 방법 중 하나다. 다른 도구가 쓸모없다고 판명되면 언제든 이 질문 도구를 다시 사용할 수 있다.

유명인의 말을 인용하면서 시작하라

유명한 사람의 말은 항상 주의를 집중시키는 힘이 있다. 그래서 적절한 인용문은 연설을 시작하기에 가장 좋은 방법이다. 사업 성공에 관한 논의를 이렇게 시작하면 어떻겠는가?

앨버트 허버드는 이렇게 말합니다.
"세상에서 돈과 명예라는 두 가지 보상을 주는 것은 한 가지뿐입니다. 그 한 가지는 바로 주도성입니다. 주도성이란 무엇일까요? 누가 시키지 않아도 옳은 일을 하는 것입니다."

시작하는 말로서 위의 인용에는 몇 가지 높이 살 만한 특징이 있다. 첫 문장은 호기심을 불러일으킨다. 궁금증을 불러일으키고, 더 듣고 싶게 만든다. 연설가가 '앨버트 허버드'라는 단어를 말하고 능숙하게 멈추면 긴장감이 생긴다.
'세상은 어떤 일에 보상을 주지?'
우리는 스스로 묻는다. 빨리 대답해줘. 동의하지 않을 수도 있지만 어쨌든 뭔지 말해달라고. 두 번째 문장은 주제의 핵심으로 우리를 안내한다. 세 번째 문장인 질문은 청중이 토론에 참여하고, 생각하고, 무언가를 같이 해보게 만든다. 그리고 청중은 같이 해보는 것을 얼마나 좋아하는가! 정말 좋아한다! 네 번째 문장에서는 주도성을 정의한다. 위와 같이 서두를 마친 후 연설가는 주도성을 보여주는 인간적인 관심사로 이야기를 이어갔다. 구성에 관한 한, 신용평가 기관 무디스는 이 연설의 주가를 Aaa로 평가했을 것이다.

청중의 주요 관심사와 주제를 연결하라

청중의 개인적 관심사와 직결되는 주제로 시작하라. 이는 가장 좋은 시작 방법이라 해도 과언이 아니다. 분명 청중의 관심을 끌 것이다. 우리는 자신한테 크게 와 닿는 것에 큰 관심을 보이게 마련이다.

이런 이야기는 모두가 아는 상식이다. 그런데도 이를 실제로 활용하는 경우는 매우 드물다. 예를 들어, 최근 한 연설가가 정기 건강검진의 필요성에 대해 발표하는 것을 들은 적이 있다. 그는 어떻게 시작했을까? 생명 연장 연구소의 역사와 조직 방식, 연구소가 제공하는 서비스에 관해 설명했다. 어리석기 짝이 없다! 청중은 어딘가에 어떤 회사가 어떻게 설립되었는지에 대해 추호도 관심이 없다. 하지만 자기 자신에 대해서는 엄청나게 그리고 영원토록 관심이 있다.

왜 이 근본적인 사실을 인정하지 않는가? 회사가 청중의 중대한 관심사와 얼마나 큰 관련이 있는지 보여주면 어떨까? 이를 테면 이렇게 시작해보면 어떨까?

"생명보험 표에 따르면 우리가 얼마나 오래 살 것으로 예상되는지 알고 계십니까? 보험 통계학자에 따르면 우리의 기대수명은 80에서 현재 나이를 빼고 그 수의 3분의 2를 곱한 수입니다. 예컨대 35세인 경우, 80에서 35를 빼면 45세가 되고 여기에 3분의 2를 곱하면 30년을 더 살 수 있는 겁니다. 이 정도면 충분할까요? 그렇지 않습니다. 우리는 모두 더 오래 살기를 원합니다. 하지만 기대수명 수치는 수백만 건의 기록을 근거로 하기에 바꿀 수 없습니다. 그렇다면 혹시 여러분과 제가 더 오래 살 방법은 없을까요? 있습니다. 적절한 예방 조치를 취하면 가능합니다. 그 첫 번째 단계는 철저하게 건강검진을 받는 것입니다."

그런 다음 정기 건강검진이 필요한 이유를 자세히 설명하면 청중은 해당 서비스를 제공하기 위해 설립된 회사에 관심을 보일 수 있다. 그러나 아무도 관심 없는 회사의 서비스에 관해서만 이야기한다면 그것은 재앙이다! 치명인 실수다!

다른 예를 들어보겠다. 지난 학기에 한 학생이 숲을 보존하는 문제가 얼마나 시급한지에 대해 연설을 시작하는 것을 들었다. 그는 이렇게 말문을 열었다.

"우리는 미국인으로서 국가의 천연자원을 자랑스러워해야 합니다."

이 문장을 시작으로 그는 우리가 뻔뻔하고 변명의 여지가 없는 속도로 목재를 낭비하고 있다고 설명했다. 하지만 도입부가 좋지 않았다. 너무 일반적이고 모호했다. 이 주제가 우리에게 중대하다는 생각이 들게 하지 않았다. 그때 청중석에 인쇄업자가 한 명 있었다. 숲이 파괴된다면 그의 사업에 매우 현실적인 영향을 끼칠 것이다. 은행가도 한 명 있었다. 숲의 파괴는 우리의 일반적인 번영에 영향을 미칠 것이기 때문에 그에게도 영향을 줄 것이다. 그렇다면 이렇게 시작하는 건 어떨까?

"제가 지금 말씀드리려는 주제는 애플비 씨, 당신의 사업과 사울 씨, 당신의 사업에 영향을 미칩니다. 사실 우리가 먹는 음식의 가격과 우리가 내는 집세에도 영향을 미칠 것입니다. 우리 모두의 행복과 번영에도 영향을 주지요."

산림 보존의 중요성을 지나치게 과장하는 것일까? 아니다. 나는 그렇게 생각하지 않는다. 그저 "그림을 크게 그리고 주의를 끌 수 있는 방식으로 문제를 제기하라"는 앨버트 허버드의 가르침을 따른 것일 뿐이다.

충격적인 사실의 파급 효과

자신의 이름을 딴 정기 간행물의 창시자인 S. S. 맥클루어는 이렇게 말했다.

"좋은 잡지 기사는 충격의 연속이다."

충격적인 사실은 우리를 일상에서 벗어나게 하고, 주의를 끌며, 관심을 요구한다. 그 몇 가지 사례를 소개하겠다. 볼티모어의

N. D. 밸렌타인N. D. Ballantine은 '라디오의 경이로움'에 대한 연설을 다음과 같은 말로 시작했다.

파리 한 마리가 뉴욕 유리창을 기어가는 소리가 전파를 타면 중앙 아프리카에서도 나이아가라폭포 소리처럼 울려 퍼진다는 사실을 알고 계십니까?

해리 존스 컴퍼니의 사장 해리 G. 존스Harry G. Jones는 범죄 상황에 대한 연설을 다음과 같은 말로 시작했다.

당시 미국 대법원 대법관이던 윌리엄 하워드 태프트는 이렇게 선언했습니다.
"우리 형법의 집행은 문명의 수치입니다."

이와 같은 시작에는 충격적인 서두일 뿐 아니라 법학 권위자의 말을 인용했다는 두 가지 장점이 있다.

필라델피아 옵티미스트 클럽의 전 대표 폴 기번스Paul Gibbons는 범죄에 관한 연설을 다음과 같은 충격적인 발언으로 시작했다.

미국인들은 세계 최악의 범죄자입니다. 놀랍게도 이 주장은 사실입니다. 오하이오주 클리블랜드만 해도 런던 전체보다 6배나 많은 살인 사건이 발생했습니다. 인구 대비 절도 건수도 런던의 170배에 달합니다. 클리블랜드에서는 매년 잉글랜드와 스코틀랜드, 웨일스를 모두 합친 것보다 더 많은 사람이 강도를 당하거나 강도질로 폭행당합니다. 세인트루이스에서는 매년 잉글랜드와 웨일스 전체를 합친 것보다 더 많은 사람이 살해됩니다. 뉴욕시에서 프랑스와 독일, 이탈리아, 영국 전체를 합친 것보다 더 많은 살인이 일어나고 있습니다. 이 문제의 안타까운 진실은 범죄자가 처벌받지 않는다는 것입니다. 살인을 저질러도 살인자가 처형될 확률은 100분의 1도 안 됩니다. 평화로운 시민인 당신이 사람을 쏜 경우, 교수형에 처할 확률보다 암으로 사망할 확률이 10배는 더 높습니다.

기번스가 자신의 말에 필요한 힘과 진정성을 담았기 때문에 그의 연설 도입부는 성공적이었다. 그의 말은 살아 있었다. 숨을 쉬었다. 다른 학생들이 비슷한 사례를 들어 범죄 상황에 대해 연설하는 것을 들었지만, 이들의 도입부는 평범했다. 왜 그럴까? 말, 말, 말 때문이다. 구성은 흠잡을 데 없었지만, 연설에 영혼이 담겨 있지 않았다. 그들의 연설 방식은 모든 말의 생기를 빼앗고 쇠약하게 만들었다.

평범해 보이는 도입부의 가치

다음 연설의 도입부가 마음에 드는가? 그 이유는 무엇인가?

메리 E. 리치먼드Marry E. Richmond는 아동 결혼 금지 법안이 통과되기 전, 뉴욕 여성 유권자 연맹 정기총회에서 연설하고 있었다.

어제 기차가 여기서 멀지 않은 도시를 지나갈 때, 몇 년 전 그곳에서 있던 한 결혼식이 떠올랐습니다. 뉴욕주에서 있었던 많은 결혼만큼이나 그 결혼도 성급하고 비참했습니다. 그래서 이 결혼에 대한 몇 가지 구체적인 사실을 언급하는 것으로 이야기를 시작하겠습니다. 12월 12일, 그 도시의 열다섯 살 여고생이 이제 막 성년이 된, 인근 대학교의 학생을 처음 만났습니다. 불과 사흘 후인 12월 5일, 그들은 그 소녀가 열여덟 살이어서 부모의 동의를 구할 필요가 없다고 속이고 결혼 허가증을 발급받았습니다. 결혼 허가증을 들고 시청을 떠난 그들은 즉시 신부에게 결혼을 집전해달라고 부탁했지만(소녀는 가톨릭 신자였습니다), 신부는 매우 사려 깊게 거절했습니다. 어떤 식으로든, 아마도 이 신부를 통해 어머니는 딸이 결혼하려 한다는 소식을 들었습니다. 그러나 어머니가 딸을 찾기 전에 치안 판사가 두 사람을 불렀습니다. 신랑은 신부를 호텔로 데려가 이틀 밤낮을 보냈고, 그 후 신랑은 신부를 버리고 다시는 찾지 않았습니다.

개인적으로 위의 도입부가 무척 마음에 든다. 우선 첫 문장이 좋다. 흥미로운 회상을 예고한다. 자세한 내용이 듣고 싶어진다. 인간의 관심사에 관한 이야기에 귀를 기울일 준비를 하게 한다. 그뿐만 아니라 매우 자연스럽다. 연구했다는 느낌이 들지 않고 형식적이지 않으며 지나치게 공들인 흔적도 보이지 않는다.

"어제 기차가 여기서 멀지 않은 도시를 지나갈 때, 몇 년 전 그곳에서 있던 한 결혼식이 떠올랐습니다."

자연스럽고, 즉흥적이며, 인간적으로 들린다. 마치 한 사람이 다른 사람에게 흥미로운 이야기를 들려주는 것처럼 말이다. 청중은 이런 연설을 좋아한다. 하지만 너무 정교하거나 계획적으로 준비한 분위기가 들면 매우 부담스러울 수 있다. 우리는 예술을 드러나지 않게 감추는 기교를 원한다.

연설을 시작하는 방법

1. 연설을 시작하기란 어렵다. 하지만 연설을 어떻게 시작하는지는 매우 중요하다. 청중의 정신이 맑아 비교적 쉽게 감동을 줄 수 있기 때문이다. 운에 맡기기엔 너무 많은 대가를 치러야 하므로 미리 신중하게 준비해야 한다.

2. 서론은 한두 문장으로 짧아야 한다. 아예 생략하는 경우도 종종 있다. 가능한 한 적은 수의 단어로 주제의 핵심을 파고들어라. 아무도 맞서지 않을 것이다.

3. 초보자는 유머러스한 이야기를 하거나 사과하는 것으로 시작하는 경향이 있다. 두 가지 모두 일반적으로 좋지 않다. 유머러스한 일화를 성공적으로 이야기할 수 있는 사람은 극소수에 불과하다. 이런 시도는 대개 청중을 즐겁게 하기보다는 당황하게 만든다. 재미있는 이야기는 연설 주제와 관련이 있어야 한다. 그저 재미있다는 이유로 끌어들여서는 안 된다. 유머는 케이크 자체가 아니라 케이크 위에 놓인 장식이어야 한다.

   준비가 부족했더라도 절대 사과하지 마라. 사과하는 것은 청중을 모욕하는 행위이며 지루하게 만든다. 해야 할 말을 바로 시작하고, 빨리 말하고, 자리에 앉아라.

4. 연설가는 다음과 같은 방법으로 즉시 청중의 주의를 끌 수 있다.

   ① 호기심을 불러일으킨다. (사례: 디킨스의 〈크리스마스 캐럴Christmas Carol〉)

   ② 관심을 끄는 이야기를 한다. (사례: 내 인생의 다이아몬드 강연)

   ③ 구체적인 사례로 시작한다. (이 책의 5장과 7장 서두 참고)

   ④ 볼거리를 사용한다. (사례: 발견자에게 무료 택지를 받을 수 있는 자격을 부여한 동전)

   ⑤ 질문한다. (사례: 여기 계신 분 중 보도에서 이런 동전을 발견하신 분이 있나요?)

⑥ 인상적인 인용으로 시작한다. (사례: 앨버트 허버드가 언급한 주도성의 가치)

⑦ 주제가 청중의 주요 관심사에 어떤 영향을 미치는지 보여준다. (사례: 여러분의 기대수명은 80에서 현재 나이를 빼고 그 수에 3분의 2를 곱한 수입니다. 정기적인 건강검진을 받으면 기대수명을 늘릴 수 있습니다.)

⑧ 충격적인 사실로 시작한다. (사례: 미국인은 전 세계에서 최악의 범죄자입니다.)

5. 너무 형식적으로 시작하지 마라. 핵심을 지나치게 드러내지 마라. 자유롭고 일상적이지만 필연적인 것처럼 보이게 하라. 방금 일어난 일이나 방금 말한 내용을 언급하며 시작할 수도 있다. (사례: 어제 기차가 여기서 멀지 않은 도시를 지나갈 때, 한 가지 생각이 떠올랐습니다.)

턱을 이완하기

3장과 4장의 목소리 연습에서 특히 목을 이완해야 한다고 강조했다. 턱 역시 이완되어야 한다. 우리는 대개 턱을 긴장한 채 꽉 다무는 경향이 있다. 그러면 어떻게 될까? 목소리를 억지로 끌어내게 되어 톤이 가늘고 딱딱해진다. 이런 상태에서 만들어진 음색으로는 메시지를 제대로 전달할 수 없다. 숨은 주로 입술과 혀를 통해 입안에서 단어로 만들어지는데, 이때 혀가 가장 중요한 역할을 한다. 앙다문 턱은 입의 형태를 왜곡하고, 입에서 아름답고 정확한 소리가 흘러나오지 못하게 한다.

게다가 턱이 뻣뻣하면 혀가 둔하게 움직일 가능성이 커진다. 그리고 우리에게는 혀의 속도와 단단함, 그리고 탄력이 중요하다.

턱을 이완하기 위해 다음 연습을 시도해보라.

1. 턱이 셔츠에 닿을 때까지 고개를 가슴 쪽으로 떨어뜨린다. 이제 턱의 아랫부분을 제외한 머리 전체를 끌어올려라. 턱을 완전히 이완하면 손을 이완하여 양옆으로 떨어뜨릴 때처럼 턱이 저절로 내려간 상태가 된다.
2. 턱이 머리의 나머지 부분에 매달린 무거운 짐처럼 느껴질 때까지 입을 벌리고 바보처럼 멍하니 앉아라.

3. 귀 옆 아래턱뼈의 1센티미터쯤 옆에 손가락을 갖다 댄다. 의도적으로 턱을 벌린다. 음식을 질겅질겅 씹는다는 느낌으로 입을 움직여라. 손가락 끝 아래의 움직임에 주목하라. 이제 턱을 다물고 턱이 저절로 떨어지도록 놔둔다. 올바르게 연습하고 힘을 쓰지 않았다면 이전에 느꼈던 손가락 끝 아래의 움직임을 느끼지 못할 것이다.

4. 멀리서 대화를 엿듣고 있는데 알아들을 수 없을 때 어떻게 하는가? 자기도 모르게 심호흡하면서 입을 크게 벌린 채 열심히 듣지 않는가? 지금 그런 상황에서 대화를 듣고 있다고 상상해보라. 멀리서 들리는 대화에서 갑자기 매우 놀라운 이야기를 들었다고 상상해보라. 어떻게 하겠는가? 몸을 팽창시키고 숨을 깊이 들이마시면서 무의식적으로 목을 개방할 것이다. "아, 저 사람이 뭐라고 했는지 알아?"라고 말해보라. 톤이 쉽고 자유롭게 흘러나오지 않는가?

턱을 통제할 수 있는 유일한 방법은 턱을 이완하는 것임을 기억하라. 턱이 뻣뻣하게 굳어 있고 고집불통인 상태가 아니라 유순한 하인처럼 될 때까지 계속 연습하라.

10장

청중의 마음을
단숨에 사로잡기

청중을 기쁘게 해야 한다. 청중의 두려움을 달래고, 의심을 없애고, 그들이 경계심을 내려놓고, "함께 고민해봅시다"라고 말하게 해야 한다. 이를 위해 청중과의 공동점과 상호 관심사를 찾아야 한다. 우리를 단절시키는 힘보다 더 강하게 우리를 묶어주는 것들이 있다. 그것이 무엇일까? 그것을 찾아내는 데 연설의 성공 여부가 달려 있다. 정말로 청중을 기쁘게 할 수 없다면 그들의 감탄과 존경을 끌어내라. 내가 벨파스트에서 오렌지당원(아일랜드에서 개신교들이 조직한 오렌지당의 당원)에게 연설한다면 그들의 양심에 경의를 표할 것이다. 그리고 위대한 조상들에게 존경심을 표하며 우리가 공유하는 감정에 관해 이야기할 것이다. 직원들에게 연설할 때는 호된 질책으로 시작해서는 안 되며, 더 행복해질 기회와 과거의 충성스러운 협력관계, 업계에 종사하는 모든 사람을 괴롭히는 걱정과 문제를 상기시키려 노력해야 한다. 직원들에게 내가 진지하게 그리고 순탄하게 탈출구를 찾고 있다는 것을 보여주어야 한다. 모든 경우에 청중의 가장 큰 본능에 호소하라. 그러한 호소에 사람들이 어떻게 반응하는지를 보면 놀라울 정도다.

_ 시드니 F. 윅스

일반적으로 권리를 위해 노력하는 방식은 투쟁하며 피를 흘리는 것이다. 감히 그 길이 쉬운 길이 아니라 험난한 여정이라고 말할 수 있다. 당신이 주먹을 불끈 쥐고 내게 다가온다면 내 주먹도 불끈 쥘 것을 약속하는 바다. 그러나 나에게 와서 "앉아서 함께 상의하고, 우리가 서로 다르다면 왜 다른지, 문제의 요점이 무엇인지 알아봅시다"라고 말한다면, 결국 우리가 그리 멀리 떨어져 있지 않다는 것을, 다른 점은 적고 비슷한 점은 많다는 것을, 인내와 솔직함 그리고 함께한다는 마음만 있으면 얼마든지 함께할 수 있음을 알게 될 것이다.

_ 우드로 윌슨Woodrow Wilson (미국 제28대 대통령)

몇 년 전 콜로라도 채광 회사는 노사 문제로 곤욕을 치렀다. 총격전이 벌어졌다. 유혈 사태도 있었다. 회사 분위기가 격렬한 증오로 가득 찼다. 록펠러라는 이름 자체가 혐오의 대상이 되었다. 하지만 존 D. 록펠러 주니어John D. Rockerfeller, Jr는 불만이 있는 직원들과 대화하고자 했다. 직원들에게 자신의 사고방식을 설명하고 설득하여 자신의 신념을 받아들이게 하고 싶었다. 그는 연설의 첫머리에서 악감정과 적대감을 모두 없애야 한다는 사실을 알고 있었다. 처음에는 아름답고 진지하게 연설을 시작했다. 대부분의 대중 연설가는 록펠러의 방식을 배우면 도움 될 것이다.

오늘은 제 인생에서 기념할 만한 날입니다. 이 위대한 회사의 직원 대표, 경영자와 관리자가 처음으로 함께 만나는 행운을 누리고 있으니까요. 이 자리에 참석하게 된 것을 자랑스럽게 생각하며 죽는 날까지 오늘을 기억하겠습니다, 회의가 2주 전에 열렸더라면 저는 여러분 대부분을 모르고 얼굴도 알아보지 못한 채 이 자리에 서 있었을 겁니다. 하지만 지난주에 남부 탄전의 모든 광산촌을 방문하면서 자리를 비운 분들을 제외하고 거의 모든 대표분과 따로 대화할 기회가 있었습니다. 여러분의 집을 방문하고 수많은 부인과 자녀를 만났기 때문에 우리는 낯선 사람이 아니라 친구로서 이 자리에서 만나는 셈입니다. 상호 우의의 정신으로 여러분과 공동 관심사를 논의할 기회가 생긴 것을 기쁘게 생각합니다.

이 자리는 노사 간 대표 모임이기 때문에 제가 여기 온 것은 오로지 여러분의 배려 덕분입니다. 저는 어느 쪽도 될 수 있는 행운을 누리지 못했지만, 어떤 의미에서는 주주와 임원진 모두를 대표하기 때문에 여러분과 긴밀하게 연결되어 있다고 느낍니다.

이와 같은 도입부는 무척 재치 있다. 그리고 연설은 그를 향한 쓰라린 증오에도 불구하고 성공적이었다. 록펠러가 상황의 모든 진상을 설명하자 임금 인상을 요구하며 파업에 나섰던 노동자들은 더 이상 아무 말도 하지 않았다.

꿀 한 방울, 그리고 쌍권총을 든 무법자

'꿀 한 방울로 담즙 3리터보다 더 많은 파리를 잡을 수 있다'라는 말은 진실한 옛 격언이다. 사람도 마찬가지다. 다른 사람이 자기 뜻을 따르게 하고 싶다면 먼저 당신이 그의 진실한 친구라고 믿게 하라. 그 안에 상대의 마음을 사로잡는 꿀 한 방울이 있다. 그가 어떤 말을 하더라도 그것이 마음을 얻는 제일 확실한 길이다. 한 번 마음을 얻고 나면 대의의 정당성을 믿게 하는 데는 큰 어려움이 없을 것이다. 물론 그 뜻이 진정 정의로울 때의 일이다.

링컨의 계획이 이와 같았다. 링컨은 1858년 미국 상원의원 선거 유세에서 당시 '이집트'라 불리는 일리노이 남부 저개발 지역에서 연설할 예정이라고 발표했다. 이 지역 사람들은 매우 거칠었고, 공공장소에서도 흉측한 칼과 권총을 허리춤에 차고 다녔다. 노예제도에 반대하는 사람을 향한 증오심은 싸움과 옥수수로 만든 위스키를 향한 사랑만큼이나 컸다. 켄터키주와 미주리주에서 노예를 소유한 남부 사람들은 미시시피강과 오하이오주를 건너 이곳에 정착했으며 흥분과 소란을 즐길 준비가 되어 있었다. 이 지역의 과격한 사람들은 링컨이 대화를 시도하면, 저주받은 노예제도 폐지론자를 마을 밖으로 쫓아내고 총으로 쏴 죽이겠노라 맹세했기 때문에 많은 소란이 빚어질 것으로 예상되었다.

링컨은 이러한 위협을 들은 적이 있었고, 강렬한 감정과 명백한 위험이 존재한다는 것을 잘 알고 있었다. 그는 선언했다.

"나에게 몇 마디 할 기회만 준다면 제가 저들을 바꿔놓겠습니다".

그는 이야기를 시작하기 전 직접 주모자들에게 자신을 소개하고 진심으로 악수를 청했다. 그리고 내가 지금까지 읽어본 가장 재치 있는 도입부 중 하나를 선보였다.

남부 일리노이주 주민 여러분, 켄터키주 주민 여러분, 미주리주 주민 여러분, 여기 계신 분 중 저를 곤란하게 만들고 싶은 분들이 있다고 들었습니다. 왜 그런지는 잘 모르겠군요. 저도 여러분처럼 평범한 보통 사람입니다. 그렇다면 왜 제게 여러분처럼 제 감정을 말할 권리가 없겠습니까? 친구들, 나도 당신들 중 한 명입니다. 저는 이방인이 아닙니다. 켄터키에서 태어나 일리노이에서 자랐고, 여러분 대부분과 마찬가지로 아주 힘들게 일하며 컸습니다. 켄터키 주민들을 잘 알고, 일리노이 남부 주민들도 잘 알고, 미주리 주민들도 잘 알고 있다고 생각합니다. 저는 여러분 중 한 명입니다. 그래서 잘 알지요. 여러분도 저를 더 알아주셨으면 합니다. 저를 더 잘 알게 된다면 제게 여러분을 괴롭힐 뜻이 없음을 알게 될 겁니다. 그런데도 왜 여러분 중 어떤 분은 저를 곤란하게 하고 싶은 걸까요? 동료 여러분, 그런 어리석은 짓은 하지 맙시다. 우리 서로 친구가 됩시다. 저는 세상에서 가장 평범하고 평화로운 사람 중 한 명입니다. 어떤 사람에게도 잘못하지 않고 어떤 사람의 권리도 침해하지 않을 겁니다. 제가 여러분께 바라는 것, 하고 싶은 말은 그저 제 이야기를 들어달라는 것뿐입니다. 용감하고 멋진 일리노이, 켄터키, 미주리 주민인 여러분이 그렇게 해주실 것이라 확신합니다. 그럼 이제부터 허물없는 친구처럼 함께 이야기해봅시다.

이 말을 할 때 그의 얼굴은 선량하기 짝이 없었고 목소리에는 진정성이 가득해 절로 공감을 자아냈다. 이 재치 있는 도입부가 금방이라도 닥칠 폭풍을 진정시키고 적들을 침묵시켰다. 사실 이 연설은 많은 사람을 링컨의 친구로 만들었다. 사람들은 그의 연설에 환호했고, 거칠고 무례했던 '이집트인들'은 훗날 링컨이 대통령 후보로 출마했을 때 가장 열렬한 지지자 중 하나가 되었다.

당신은 이렇게 대꾸할지도 모른다.

"흥미롭긴 하네요. 그런데 지금까지 한 이야기가 저와 무슨 상관이죠? 전 존 록펠러가 아니라 제 목을 조르고 저를 두들겨 패고 싶어 하는 굶주린 파업자들을 상대할 일은 없는데요. 링컨이 아니니, 옥수수 위스키와 증오에 푹 빠진 무법자들과는 대화하지도 않을 거고요."

모두 맞는 말이다. 하지만 당신도 의견이 다른 사람과 토론하며 이야기해야 할 때가 있지 않은가? 집과 사무실, 시장에서 끊임없이 사람들을 자신의 사고방식대로 설득하려 노력하고 있지 않은가? 그런 대화에 개선의 여지가 없는가? 당신은 토론을 어떻게 시작하는가? 링컨처럼 재치를 보여주는 것으로? 아니면 록펠러처럼? 그렇다면 보기 드문 기교와 뛰어난 분별력을 갖춘 사람이다. 대부분은 상대방의 견해와 욕구에 대해 생각하고 공통의 합의점을 찾으려 노력하는 것이 아니라 그저 자신의 의견을 쏟아내려 할 뿐이다.

예컨대 나는 금주법이라는 뜨거운 논쟁을 일으키는 주제에 대해 수많은 연설을 들어보았다. 대체로 연설가들은 거칠기 짝이 없는 태도를 보이며 독단적이고 호전적으로 말문을 열었다. 자신이 어느 방향을 향하고 어느 편의 아래에서 싸우는지 단숨에 보여주려 했다. 자기 생각이 절대 바뀌지 않을 만큼 확고하게 정해져 있음을 밝혔다. 그러면서도 다른 사람이 그의 소중한 신념을 버리고 자신의 신념을 받아들이기를 기대한다. 결과적으로 모든 논쟁의 결과와 비슷하게 아무도 설득하지 못한다. 퉁명스럽고 공격적인 도입부를 시작하자마자 그와 의견이 다른 사람의 공감과 관심을 잃었다. 사람들은 즉시 그가 한 말과 앞으로 할 말을 모두 부시하기로 마음먹는다. 그가 한 말 전부를 믿지 않고 그의 의견에 경멸을 표한다. 그의 연설은 청중이 그들의 신념이라는 보루를 더욱 굳건히 다지는 역할을 했을 뿐이다.

여러분도 알겠지만, 이런 연설가들은 처음부터 청중의 심기를 거슬러서 그들이 뒤로 몸을 젖히고 입을 꾹 다문 채 속으로 "아니야!"라고 외치게 하는 치명적인 실수를 저지른다.

상대방이 자기처럼 생각하도록 설득하려 하는 사람에게는 매우 심각한 상황이 아닌가? 이와 관련된 가장 통찰력 있는 발언은 오버스트리트 교수가 뉴욕시 사회과학대학원 강연에서 한 말이다.

"아니요" 하는 대답은 극복하기 가장 어려운 장애물입니다. 사람은 한 번 "아니요"라고 말하고 난 후에는 자존심을 지키기 위해서라도 일관성을 유지하려 합니다. 나중에 자신의 "아니요"라는 대답이 경솔했다고 느낄 수도 있습니다. 그래도 소중한 자존심을 위해서 의견을 바꾸지 않죠. 사람은 한 번 꺼낸 말은 지키려 합니다. 따라서 처음부터 사람을 긍정적인 방향으로 이끄는 것이 가장 중요합니다. 유능한 연설가는 처음부터 "예" 하는 대답이 많이 나오게 합니다. 청중의 심리적 과정을 긍정적인 방향으로 움직이게 합니다. 마치 당구공의 움직임과 같습니다. 당구공을 한 방향으로 보내고 나면 같은 방향으로 미는 데는 약간의 힘이 필요할 뿐입니다. 하지만 다시 반대 방향으로 돌리려고 하면 훨씬 더 큰 힘이 필요합니다.

여기서 심리적인 패턴은 제법 명확합니다. 사람이 "아니요"라고 말하고 그게 진심이라면 말 자체보다 훨씬 더 큰 의미가 있습니다. 그의 몸 전체, 즉 분비선과 신경, 근육이 함께 모여 거절의 상태로 변합니다. 그때 보통은 미미하지만 가끔 눈에 띄게 몸이 움츠러들거나 움츠러들 준비를 하게 됩니다. 요컨대 신경근육계 전체가 어떤 수용도 마다하기 위해 스스로 경계를 취합니다. 반대로 사람이 "예"라고 말할 때는 위와 같이 움츠러드는 행동은 일어나지 않습니다. 몸이 앞으로 나오고 무엇이든 수용하려 하며 개방적인 태도를 보입니다. 따라서 처음에 더 많은 '예'를 끌어낼수록 궁극적인 제안에 관한 관심을 사로잡는 데 성공할 가능성이 커집니다.

"예" 하는 응답을 끌어내는 건 매우 간단합니다. 그런데도 얼마나 많이 무시되고 있는지요! 사람들은 종종 처음부터 반대함으로써 자신이 중요하다는 느낌을 받는 것처럼 보입니다. 급진주의자는 보수적인 동료들과 회의를 시작하자마자 그 자리에서 그들을 분노케 합니다. 그래 봐야 좋을 게 뭐가 있나요? 보수주의자들이 분노하는 걸

보는 게 즐겁다면 몰라도요. 그러나 무언가를 성취하기를 기대한다면 이런 방법은 그저 어리석을 뿐입니다.

학생이나 고객, 자녀나 배우자, 누구든 간에 처음에 "아니요"라고 말하게 해보세요. 그 날카로운 부정을 긍정으로 바꾸려면 천사와 같은 지혜와 인내심이 필요한 법이지요.

처음부터 바람직하게 "예"하는 응답을 얻으려면 어떻게 해야 할까? 아주 간단하다. 링컨은 이렇게 털어놓았다.

"내가 논쟁에서 이기는 방법은 먼저 공통의 합의점을 찾는 것이다."

링컨은 노예제라는 매우 논쟁적인 주제를 놓고 토론할 때도 공통점을 찾으려 했다. 링컨의 연설 중 하나를 보도한 중립적 신문 〈더 미러The Mirror〉에서는 이렇게 선포했다.

'처음 30분 동안은 링컨을 반대하는 사람들조차 그의 모든 말에 동의한다. 그 시점부터 링컨은 사람들을 조금씩 이끌기 시작해 모두 자신의 편으로 끌어들인 것처럼 보인다.'

로지 상원의원의 방법

제1차 세계대전이 끝난 직후, 지금은 고인이 된 로지 상원의원과 하버드대 총장 로웰은 보스턴 청중 앞에서 국제연맹을 주제로 토론할 예정이었다. 로지 상원의원은 청중 대부분이 자신의 견해에 적대적이라고 느꼈지만, 그의 사고방식을 따르도록 청중을 설득해야 했다. 어떻게? 청중의 신념을 직접, 정면으로 적극적으로 공격해서? 아니, 그렇지 않다. 그는 이처럼 조잡한 전술로 나서기에는 너무 영리한 심리학자였다. 그는 감탄할 만한 기교와 최고의 재치로 연설을 시작했다. 그의 연설 도입부는 다음 단락에 인용되어 있다. 격렬하게 그에게 반대하는 사람조차 도입부의 몇 문장에 표현된 정서에 공감할 수밖에 없었다. '나의 동지 미국인 여러분'이라는 인사말에서 그가 애국심이라는 감정에 어떻게 호소하는지 주목하라. 어떻게 청중이 옹호하는 견해와 자신의 견해와의 차이를 최소화하고, 그와 청중이 모두 소중히 여기는 것들을 능숙하게 강조하는지 관찰하라.

견해가 다른 상대방을 어떻게 칭찬하는지, 사소한 세부 사항만 다를 뿐 미국의 안녕과 세계 평화라는 중요한 문제에 대해서는 전혀 다르지 않다는 사실을 어떻게 강조하는지 살펴보라. 더나아가 그는 자신이 어떤 종류의 국제연맹에는 찬성한다고 인정한다. 결론에서 그는 단 한 가지 점만 다르다고 밝힌다. 그가 더이상적이고 효과적인 연맹이 필요하다고 믿은 것이다.

각하, 신사 숙녀 여러분, 미국인 동지 여러분.

이 위대한 청중 앞에서 연설할 기회를 주신 로웰 총장님께 깊이 감사드립니다. 그분과 저는 오랜 친구이며 둘 다 공화당원입니다. 그분은 미국에서 가장 중요하고 영향력 있는 대학의 총장이십니다. 정치사와 행정사를 공부한 저명한 학자이기도 합니다. 지금 국민 앞에 놓인 이 중대한 질문에 대해 그분과 저는 방법론에서 다를 수 있지만, 세계 평화와 미국의 안녕이라는 점에서는 그 목적이 다르지 않다고 확신합니다.

허락하신다면 제 입장에 대해 한 말씀을 드리겠습니다. 사실 계속 말씀드리긴 했습니다. 아주 평범한 말로 이야기했다고 생각합니다. 그러나 제 말을 왜곡해서 논란의 무기로 삼는 사람들도 있고, 또 다른 아주 뛰어난 분들은 제 말을 듣지 않거나 오해하신 것 같습니다. 제가 국제연맹에 반대한다고 하더군요. 그렇지 않습니다. 전혀 반대하지 않습니다. 저는 전 세계의 자유 국가들이 우리가 부르는 것처럼 하나의 연맹, 또는 프랑스인들이 부르듯 공동체로 연합하는 것을 무척 보고 싶습니다. 하지만 세계의 미래 평화를 보장하고 전면적인 군비 축소를 이루는 방식으로 하나가 되길 간절히 바랍니다.

사전에 아무리 연설가와 의견이 다르다고 마음을 굳혔더라도 위와 같은 도입부를 들으면 조금 부드러워지고 물러서게 될 것이다. 그렇지 않은가? 더 많은 이야기를 듣고 싶어지지 않을까? 연설가가 공정한 사람이라는 확신이 들지 않는가?

만약 로지 상원의원이 국제연맹을 믿는 사람들에게 그들이 절망적인 오류를 범하고 있으며 망상을 품고 있다는 사실을 그 자리에서 증명하려 했다면 어떤 결과가 나왔을까? 아무 소용 없었을 것이다. 제임스 하비 로빈슨 교수의 계몽적이고 유명한 저서인 《정신의 발달 과정The Mind in the Making》에서 인용한 다음 구절에서는 정신적 이유로 그런 공격이 아무런 소용이 없음을 다음과 같이 설명한다.

우리는 가끔 아무런 저항이나 격한 감정 없이 마음을 바꾸지만, 자신이 틀렸다는 말을 들으면 그 지적에 화가 나고 마음이 냉담해진다. 우리는 신념을 형성하는 데 매우 경솔하지만, 누군가 우리에게서 빼앗아 가겠다고 나서면 신념을 지키겠다는 그릇된 열정으로 가득 찬다. 신념이 중요한 것이 아니라 자존심이 위협받는다는 생각이 싫은 것이다. '나의'라는 짧은 단어는 인간사에서 가장 중요한 단어이며, 이를 올바르게 인식하는 것이 지혜의 시작이다. '나의'는 '나의' 저녁 식사든, '나의' 개와 '나의' 집이든 '나의' 믿음과 '나의' 나라와 '나의' 신이든 같은 힘이 있다. 우리는 시계가 고장 났거나 자동차가 낡았다는 비난뿐 아니라 화성의 운하 존재 여부, '에픽테투스'의 발음, 살리신의 의학적 효능, 사르곤 1세의 처세에 대한 자신의 생각이 틀렸다는 지적에도 분노한다. 익숙하게 받아들여온 것을 계속 진실이라고 믿고 싶어 하며, 우리의 가정에 의문이 제기될 때 분노를 느끼기 때문에 그 가정에 집착하기 위해 온갖 구실을 찾는다. 그 결과 소위 추론이라고 부르는 것의 대부분은 우리가 이미 믿고 있는 걸 계속 믿기 위한 논거를 찾는 거로 구성된다.

최고의 주장은 설명이다

연설가가 청중과 논쟁하며 그들이 날을 세우고 방어적인 태도를 취하게 한 다음 다시 그들의 마음을 바꾸는 것은 불가능하지 않을까? "저는 이러저러하다고 증명할 것입니다"라고 말하면서 시작하는 게 과연 현명할까? 청중은 이런 말을 도전으로 받아들이고 내심 "어디 한번 해보시지"라고 중얼거릴 수밖에 없지 않을까?

여러분과 청중 모두가 믿는 사실을 강조하는 것으로 시작한다음, 함께 답을 찾고 싶어 하는 적절한 질문을 제기하는 것이 훨씬 더 유리하지 않겠는가? 그런 다음 청중과 함께 진지하게답을 찾아보라. 그 과정에서 청중이 무의식적으로 당신의 결론을 받아들일 수 있도록 아주 명확하고 솔직하게 사실을 제시하라. 그러면 청중에게 스스로 발견했다고 믿는 진실에 대해 훨씬더 큰 믿음이 생길 것이다.

"가장 좋은 주장은 단지 설명에 불과해 보이는 주장이다."

아무리 차이가 크고 문제가 심각하더라도 모든 논쟁에는 항상 합의할 수 있는 타협점이 있다. 연설가는 이 합의점을 기반으로 자신의 주장을 뒷받침하는 사실을 청중이 믿고 따르도록 이끌 수 있다. 예를 들어 공산당 지도자가 미국 은행가 협회 대회에서 연설하더라도 청중과 공유하는 공통의 믿음, 유사한 욕망을 찾을 수 있다. 그렇지 않겠는가? 그 예를 직접 살펴보자.

빈곤은 항상 인간 사회의 잔인한 문제 중 하나였습니다. 미국인으로서 우리는 언제 어디서나 가난한 사람들의 고통을 덜어주는 것이 우리의 의무라고 생각해왔습니다. 우리나라는 관대한 국가입니다. 역사상 그 어떤 민족도 불행한 사람들을 돕기 위해 이토록 사심 없이 그들의 부를 쏟아부은 적이 없습니다. 이제 과거에 우리 기부의 특징이었던 정신적 관대함과 이타심을 바탕으로 산업생활의 현실을 살펴보고 빈곤이라는 악을 예방하고 완화하기 위한 공정하고 정의로우며 모두 이해할 수단을 찾을 수 있는지 생각해봅시다.

어느 누가 이런 말에 반대할 수 있을까? 극우적인 성향의 찰스 코플린Charles Coughlin 목사나 사회당을 대표한 노먼 토마스 Norman Thomas, 전 미국 국토 안보 보좌관 프랜시스 타운센드 Francis Townscend나 대부호 J. P. 모건이 반대할 수 있을까? 그렇지 않을 것이다.

5장에서 내가 그토록 칭찬했던 힘과 에너지와 열정의 복음에 모순되는 것 같은가? 그렇지 않다. 모든 일에는 때가 있는 법이다. 그리고 처음 이야기를 시작하면서 힘으로 밀어붙여야 할 때는 좀처럼 없다. 시작에는 재치가 필요할 가능성이 더 크다.

패트릭 헨리가 폭풍 같은 연설을 시작한 방식

이 땅의 남학생은 하나같이 1775년 버지니아 집회에서 패트릭 헨리Patrick Henry가 했던 유명한 연설의 격렬한 마지막 외침을 잘 알고 있다.

"자유가 아니면 죽음을 달라."

하지만 그 격렬하고 감정적이며 역사에 남을 연설을 그가 비교적 차분하고 재치 있는 방식으로 시작했다는 사실을 아는 사람은 없다. 미국 식민지들이 독립을 선언하며 영국과 전쟁을 벌여야 할까? 당시 사람들은 이 질문에 대해 치열하고 열정적으로 논했다. 감정이 백열등처럼 타올랐지만 패트릭 헨리는 자신을 반대하는 사람들의 능력을 칭찬하고 애국심을 칭송하는 것으로 연설을 시작했다. 두 번째 단락에서 그가 질문을 던져 청중 스스로 결론을 도출하게 하고 청중과 함께 생각하도록 이끄는 방법에 주목하라.

의장님, 방금 연설을 마친 훌륭한 신사분들의 애국심과 능력을 저보다 더 높이 사는 사람은 없을 겁니다. 그러나 사람들은 종종 같은 주제를 다른 관점에서 보곤 합니다. 따라서 제가 그분들과 매우 반대되는 성향의 인물에 대한 의견을 말하면서, 제 감정을 자유롭고 주저없이 말해도 그 신사들에게 무례를 범했다고 생각하지 마시길 바랍니다. 지금은 격식을 차릴 때가 아닙니다. 지금 의회가 다루는 질문은 한 국가에 가장 끔찍한 순간과 관련이 있는 주제입니다. 개인적으로 이 문제는 곧 '자유냐, 노예냐?'의 문제라고 생각합니다. 그리고 주제가 중대한 만큼 토론의 자유도 있어야 합니다. 그래야 진실에 도달할 수 있고, 하나님과 국가에 대한 막중한 책임을 다할 수 있기 때문입니다. 이러한 시기에 불쾌감을 줄까 봐 두려워서 제 의견을 숨긴다면, 조국에 반역죄를 범하는 것이며, 세상 그 무엇보다 가장 숭배하는 하나님께 대한 불충의 행위로 간주해야 할 것입니다.

의장님, 희망이라는 환상에 빠지는 것은 인간에게 자연스러운 일입니다. 고통스러운 진실에 눈을 감고 사이렌의 노래에 취해 짐승이 되기를 자처하는 사람도 있습니다. 그런데 이것이 자유를 위한 위대하고 힘겨운 투쟁을 벌이는 현자의 모습일까요? 이 땅에서의 구원과 관련된 문제를 앞에 두고, 눈이 있어도 보지 못하고 귀가 있어도 듣지 못하는 사람들이 되려는 겁니까? 저는 어떤 영적 고통이 따르더라도 기꺼이 진실을 알고자 하며, 최악을 알고 그것에 대비하려 기꺼이 노력할 것입니다.

셰익스피어 최고의 연설

셰익스피어가 등장인물의 입을 빌려 전한 가장 유명한 연설은 최고의 재치를 보여주는 전형적인 사례다. 바로 율리우스 카이사르의 시신에 바치는 마크 안토니우스의 장례식 연설이다.

당시 상황은 이랬다. 카이사르는 독재자가 되었다. 당연히 카이사르의 정적들은 그를 시기했고, 그를 무너뜨리고 죽여 권력을 차지하려 혈안이 되어 있었다. 브루투스와 카시우스의 지휘 아래 스물세 명이 뭉쳐서 그의 몸에 단검을 꽂았다. 마르쿠스 안토니우스는 카이사르의 국무장관이었다. 잘생긴 안토니우스는 준비된 작가이자 막강한 연설가이기도 했다. 그는 정부의 공적 업무를 잘 대변할 수 있었다. 카이사르가 그를 오른팔로 선택한 것은 당연한 일이다. 이제 카이사르를 제거했으니 음모자들은 안토니우스를 어떻게 해야 할까? 쫓아낼까? 죽일까? 피는 이미 흘릴 만큼 흘렸다. 지금 상황을 있는 그대로 유지해야 할 이유도 충분했다. 안토니우스를 그들 편으로 끌어들이고, 그의 무시할 수 없는 영향력과 감동적인 언변을 활용해 그들을 보호하고 원하는 목적을 달성하는 데 쓰면 어떨까? 안전하고 합리적으로 보이는 선택이다. 그래서 그들은 그렇게 했다. 안토니우스를 만났고 그가 세상을 다스리다시피 한 사람의 시체 앞에서 '몇 마디 말'을 할 수 있도록 허락하기까지 했다.

안토니우스가 로마의 포로 로마노 연단에 올랐다. 그의 앞에는 살해당한 카이사르가 누워 있었다. 브루투스와 카시우스, 그리고 다른 암살자들에게 우호적인 무리가 안토니우스를 향해 소란을 피우며 위협적으로 몰려들었다. 안토니우스는 대중의 열광을 격렬한 증오로 바꾸고, 평민들이 반란을 일으켜 카이사르를 죽인 자들을 처단하도록 선동하고 싶었다. 그는 손을 들어 올렸고 소란이 멈추자 연설을 시작했다. 그가 브루투스와 다른 공모자들을 칭찬하면서 얼마나 독창적이고 교묘하게 시작하는지 주목하라.

브루투스는 존경할 만한 사람입니다.

그들 모두 존경할 사람들입니다.

그가 논쟁으로 시작하지 않는다는 점에 주목하라. 그는 포로의 몸값이 어떻게 국고를 가득 채웠는지, 카이사르가 가난한 사람들이 울 때 어떻게 울었는지, 어떻게 왕관을 거부했는지, 유언으로 대중에게 어떻게 재산을 남겼는지 등 눈에 띄지 않게 카이사르에 대한 특정 사실을 제시한다. 사실을 제시하고 군중에게 질문을 던지며 군중이 직접 결론을 내리게 한다. 증거가 제시되지만 새로운 증거가 아니라 군중이 그 순간 잊고 있던 것이다.

여러분이 알고 계신 것을 말씀드리겠습니다.

그리고 안토니우스는 모든 증거와 더불어 마법의 혀로 군중의 감정을 자극하고 선동하며 동정심을 일깨우고 분노가 치솟게 한다. 재치 있고 설득력 있는 안토니우스의 연설 전문이 아래 실려 있다. 문학과 웅변의 광범위한 분야를 모조리 찾아봐도 이에 버금가는 연설을 찾을 수 있을지 의문이다. 인간 본성에 영향을 미치는 훌륭한 예술 분야에서 두각을 보이고 싶은 사람은 누구나 진지하게 연구할 가치가 있는 연설이다. 그러나 지금 언급한 내용 외에도 사업가가 셰익스피어의 작품을 읽어야 하는 이유가 하나 더 있다. 그는 지금까지 살았던 다른 어떤 작가보다 더 풍부한 어휘력을 소유했으며, 더 마법적이고 아름답게 단어를 사용했다. 〈맥베스Macbeth〉와 〈햄릿Hamlet〉, 〈율리우스 카이사르 Julius Caesar〉 같은 작품을 읽다 보면 자연스레 더 명쾌하고 폭넓은 어휘를 구사하게 될 것이다.

안토니우스 | 친구들, 로마인들, 형제들이여. 제게 귀를 기울여주십시오. 저는 이 자리에 카이사르를 묻으러 왔지, 칭찬하러 오지 않았습니다. 사람이 저지른 악행은 그가 죽은 후에도 살아남습니다. 하지만 선행은 으레 그들의 뼈와 함께 묻힙니다. 카이사르도 그렇게 될 겁니다. 고귀한 브루투스는 카이사르에게 야심이 있다고 말씀하셨죠. 만약 그렇다면 중대한 잘못입니다. 그리고 슬프게도 카이사르는 대가를 치렀습니다. 여기, 브루투스와 다른 분들의 허락하에. 브루투스는 존경할 만한 분이시기에. 다른 분들도 모두 존경할 만한 분이시죠. 저는 카이사르의 장례식에 추도사를 하러 왔습니다. 카이사르는 제게 공정하고 정당한 친구였습니다. 하지만 브루투스는 카이사르가 야심가라고 말씀하셨죠. 그리고 그분은 존경할 만한 분이십니다. 카이사르는 수많은 포로를 여기 로마로 데려오고 그들의 몸값으로 국고를 채웠습니다. 이것이 야심가의 행동처럼 보입니까? 가난한 이들이 눈물을 흘릴 때 카이사르도 함께 울었습니다. 야심가라면 좀 더 냉정하게 대처했을 겁니다. 하지만 브루투스는 카이사르가 야심가라고 말씀하셨죠. 그리고 그분은 존경할 만한 분이십니다. 여러분 모두 아시겠지만 루페르칼리아 축제 때 저는 세 번이나 카이사르에게 왕권을 권

했습니다. 카이사르는 세 번 거절했고요. 이것이 야심일까요? 하지만 브루투스는 카이사르가 야심가라고 하십니다. 그리고 물론 그분은 존경할 만한 분이십니다. 제가 이런 말씀을 드리는 건 그분의 말씀을 비난하기 위함이 아닙니다. 하지만 저는 이 자리에 제가 아는 사실을 말씀드리러 왔습니다. 여러분 모두 한때 카이사르를 사랑했습니다. 그럴 만한 이유가 있었죠. 그렇다면 어떤 이유로 그분을 애도하기를 망설이십니까? 판단력이여! 그대는 잔인한 짐승에게 도망갔고 사람들은 이성을 잃었구나! 제 말을 끝까지 들어주십시오. 제 심장은 카이사르와 함께 관 속에 있습니다. 다시 돌아올 때까지 멈춰야겠습니다.

시민 1 | 내 생각에 그의 말이 무척 타당한데.

시민 2 | 이 문제를 올바르게 생각해보면 카이사르가 억울한 일을 당하긴 했어.

시민 3 | 그렇지 않은가, 여보게. 그의 자리를 악한 자가 차지할까 걱정이군.

시민 4 | 안토니우스의 말을 들었지? 카이사르는 왕관을 거절했네. 그러니 분명 야심가는 아닐세.

시민 1 | 사실이 밝혀진다면 누군가 대가를 치러야지.

시민 2 | 가엾은 사람! 우느라 눈이 불처럼 빨갛군.

시민 3 | 로마에 안토니우스보다 더 고귀한 분은 없을 거야.

시민 4 | 이제 그의 말을 더 들어보자고. 다시 이야기를 시작했어.

안토니우스 | 하지만 어제부로 카이사르라는 단어는 세상에서 사라졌습니다. 이제는 저기 누워 있지요. 누구도 그에게 경의를 표하지 않을

겁니다. 아, 여러분, 제가 여러분의 마음과 정신을 흔들어 폭동과 분노를 일으키려 한다면 브루투스와 카시우스에게 죄를 범하게 되겠지요. 모두 알다시피 존경할 만한 분들께요. 저는 그분들께 죄를 짓지 않겠습니다. 그 대신 죽은 자와 저 자신, 여러분께 죄를 짓는 편이 나을 겁니다. 존경할 만한 분들을 욕보이는 것보다요. 하지만 여기 카이사르의 낙관이 찍힌 서류가 있습니다. 그의 옷장에서 찾았습니다. 이 서류는 그의 유언장입니다. 만일 이 유언장의 내용을 듣는다면 (양해해주십시오. 저도 읽을 생각은 아니었습니다.) 여러분은 가서 죽은 카이사르의 상처에 입을 맞출 것이고 여러분의 손수건이 그의 신성한 피로 젖을 겁니다. 그리고 추모를 위해 머리칼 한 줌을 간절히 원하게 될 것입니다. 세상을 떠날 때 유언장에 이 사실을 언급하고 후손들에게 자랑스러운 유산으로 물려줄 겁니다.

시민 4 | 유언장 내용을 듣겠소. 읽어보시오, 마르쿠스 안토니우스.

시민들 | 유언장, 유언장! 카이사르의 유언을 듣자!

안토니우스 | 인내하십시오, 점잖은 친구들이여. 읽지 않아야 합니다. 카이사르가 여러분을 얼마나 사랑했는지 모르는 편이 좋습니다. 그리고 카이사르의 유언을 들으면 인간으로서 걷잡을 수 없이 화가 치솟을 겁니다. 여러분이 카이사르의 상속자라는 사실을 모르는 게 좋지요. 알게 된다면 무슨 일이 생길지!

시민 4 | 유언을 읽으시오! 듣고 싶소, 안토니우스. 우리에게 유언장을 읽어주어야 합니다. 카이사르의 유언장이요!

안토니우스 | 참을 수 있겠습니까? 가만히 계시겠다고 약속할 겁니

까? 제가 해선 안 될 말을 여러분께 한 것 같습니다. 명예로운 분들이 단검으로 카이사르를 찔렀다고 말해서 그분들께 누가 될까 봐 두렵습니다. 정말로 두렵소이다.

시민 4 | 그들은 반역자요. 명예로운 분이라니!

시민들 | 유언장! 유언장!

시민 2 | 악당들, 살인자요. 유언장! 유언장을 읽어라!

안토니우스 | 제게 강제로 유언장을 읽게 만들 참인가요? 그렇다면 카이사르의 시체 주위에 둥글게 둘러서시오. 그리고 유언장을 만든 장본인을 내가 보여주게 하시오. 내가 내려가는 것을 허락해주겠소?

시민들 | 내려와주세요. (안토니우스가 연단에서 내려온다)

시민 2 | 내려와요.

시민 3 | 내려와야 해요.

시민 4 | 원으로! 둥글게 둘러서요!

시민 1 | 관에서 물러서요. 시신에서 물러서시오.

시민 2 | 안토니우스에게 자리를 내줍시다. 가장 고결한 안토니우스에게!

안토니우스 | 아, 절 너무 밀지 마세요. 물러서세요.

시민들 | 물러서요! 공간을! 뒤로 가시오.

안토니우스 | 여러분에게 눈물이 있다면 지금이 눈물을 흘릴 때입니다. 모두 이 망토를 잘 아실 겁니다. 카이사르가 이 망토를 처음 입었을 때가 기억납니다. 어느 여름밤 그의 막사에서 걸쳤는데, 네르비 부족을 정복하던 그날이랍니다. 보세요! 카시우스의 칼이 여길 찔렀

답니다. 시기심에 찬 카스카가 만든 이 깊은 상처를 보십시오! 여긴 총애받던 브루투스가 낸 자국입니다. 저주받은 칼끝을 브루투스가 뺄넬 때 카이사르의 피가 어떻게 그 칼을 따라 나왔던지요. 마치 문밖으로 뛰어나가 브루투스가 정말 그처럼 잔인한 짓을 했는지 확인이라도 하려는 것 같았습니다. 브루투스는 알다시피 카이사르에겐 천사였으니까요. 오, 신들이여, 카이사르가 얼마나 그 사람을 아꼈는지 판단해주소서. 이것이 가장 비정한 일격이었습니다. 고귀한 카이사르는 브루투스가 찌르는 것을 보고 반역자의 팔뚝보다 더 강한 배신감에 무너져버렸지요. 그리고 그 튼튼하던 심장이 터져 나갔지요. 그러고는 이 옷으로 얼굴을 가리고 줄곧 피를 흘리면서 폼페이 동상 밑바닥에 위대한 카이사르는 쓰러졌습니다. 아, 어찌 그리 쓰러졌단 말입니까, 시민들이여! 그렇게 피비린내 나는 반역이 우리를 뒤덮고 저와 여러분, 우리 모두 쓰러져버렸습니다. 이제 우시는군요. 동정심으로 우시는 게 보입니다. 경건한 눈물입니다. 선량하신 분들, 왜 우시나요? 카이사르의 옷에 난 상처만 보고도 우는 겁니까? 여길 보세요. 카이사르 본인입니다. 보시다시피 반역자들에게 난도질당했습니다.

시민 1 | 아, 비참한 광경이다!

시민 2 | 고귀한 카이사르여!

시민 3 | 슬픈 날이다!

시민 1 | 배신자, 반역자들.

시민 1 | 가장 피비린내 나는 모습이다!

시민 2 | 복수할 것이다.

시민들 | 복수다! 시작하라! 찾아라! 태워라! 불 질러! 죽여라! 때려 잡자! 반역자는 한 놈도 살려두지 말자!

안토니우스 | 멈추세요, 여러분.

시민 1 | 조용히 합시다! 고귀한 안토니우스의 말씀을 들어봅시다!

시민 2 | 저분 말을 듣고 저분을 따르고 저분과 생사를 같이하자.

안토니우스 | 친애하는 친구 여러분, 내 말에 격노해서 갑자기 폭동의 물결을 일으키면 안 됩니다. 이번 일을 저지른 사람들은 명예로운 분들이오. 무슨 개인적인 원한으로 이런 일을 하게 됐는지, 아! 저는 모릅니다. 그분들은 현명하고 명예로우니. 틀림없이 이유를 여러분에게 설명해줄 겁니다. 전 여러분의 마음을 뺏으러 여기 온 게 아닙니다. 브루투스처럼 웅변가도 아니고요. 그러나 여러분이 다 알다시피 친구를 사랑할 줄만 아는 평범하고 무뚝뚝한 사람입니다. 그리고 그분들도 그걸 잘 알기에 제게 공식적인 추도사를 허락해줬지요. 제게는 사람들의 피를 끓게 하는 재치도 말주변도 평판도 몸짓도 언변도 웅변술도 능력도 없으니까요. 그저 솔직하게 말할 뿐입니다. 여러분도 알고 있는 걸 이야기할 뿐입니다. 여러분에게 자상한 카이사르의 상처를, 딱하고 딱한 말 없는 상처를 보여주고 저 대신 말하라고 할 뿐이고요. 하지만 제가 브루투스이고 브루투스가 안토니우스라면 그 안토니우스는 여러분을 자극하고 카이사르의 상처 하나하나에 입을 달고 로마의 돌까지 선동하여 폭동을 일으키게 했을 겁니다.

시민들 | 폭동을 일으킬 것이다.

시민 1 | 브루투스의 집을 불태우자.

시민 3 ㅣ 자, 가자! 음모자들을 찾아내자.

안토니우스 ㅣ 제 말을 들어주십시오, 시민 여러분, 제 말을 들어주세요.

시민들 ㅣ 자, 조용히! 안토니우스의 말을 듣자, 가장 고귀한 안토니우스의!

안토니우스 ㅣ 친구분들, 여러분들은 뭘 하실지 모르고 가는 겁니다. 도대체 카이사르의 어떤 점이 여러분의 사랑을 받을 만합니까? 아, 여러분은 모를 것입니다. 그렇다면 제가 말씀드리죠. 여러분은 제가 말한 유언장을 잊었습니다.

시민들 ㅣ 맞소, 유언장. 멈춰서 유언장을 들어봅시다.

안토니우스 ㅣ 여기 유언장이 있습니다. 카이사르가 도장을 찍었고요. 모든 로마 시민에게 각각 75드라크마의 은화를 준다고 했습니다.

시민 2 ㅣ 가장 고귀한 카이사르여! 그의 죽음에 복수하자.

시민 3 ㅣ 아, 참으로 왕다운 카이사르!

안토니우스 ㅣ 참을성 있게 제 말을 들어주십시오.

시민들 ㅣ 쉿, 조용히!

안토니우스 ㅣ 더군다나 카이사르는 그분의 모든 산책로와 테베레강 이쪽의 개인 숲과 새로 심은 과수원도 기증하셨어요. 이것을 당신과 당신 후손들에게 남기셨습니다. 모두가 걸으면서 휴식을 취할 안식처로요. 카이사르는 이런 분이셨습니다. 언제 또 이런 분이 나오시겠습니까?

시민 1 ㅣ 절대로, 절대로 없을 거요. 자, 갑시다. 가! 성스러운 곳에서 카이사르의 시신을 화장하고 장례식 때 사용한 햇불로 반역자들의 집을 태웁시다. 시신을 운구합시다.

시민 2 | 가서 불을 가져오자.

시민 3 | 의자를 뜯어내라.

시민 4 | 틀이고 창문이고 뭐든지 뜯어내자. (시민들, 시신을 들고 퇴장)

안토니우스 | 이제 될 대로 될지어다. 재앙이여, 일을 시작했으니.

청중의 마음을 단숨에 사로잡기

1. 공통 관심사에서 시작하라. 처음부터 모든 사람의 동의를 얻어라.
2. 사람들이 처음에 "아니, 안 돼"라고 말하지 않게 하라. 한 번 "아니요"라고 말한 사람은 자존심 때문에라도 그 말을 지킨다.

   "처음부터 더 많은 '네'를 유도해야 궁극적으로 자신의 주장에 청중의 관심을 불러일으킬 가능성이 커진다."
3. 이렇게 저렇게 증명하겠다고 말하면서 시작하지 마라. 반대 의견이 나올 수 있다. 상대방은 "한번 해보시지"라고 말할지 모른다. 적절한 질문을 제기하고 함께 답을 찾아라.

   "가장 좋은 주장은 단지 설명에 불과한 것처럼 보인다."
4. 셰익스피어가 쓴 가장 유명한 연설은 카이사르에게 바치는 마르쿠스 안토니우스의 장례식 연설이다. 최고의 재치를 보여주는 고전적인 사례. 로마 민중은 음모자들에게 우호적이었다. 안토니우스가 이 친근함을 얼마나 교묘하게 증오와 분노로 바꾸는지 주목하라. 특히 논쟁하지 않고 이 일을 해냈다는 점에 주목하라. 그는 사실을 제시하고 사람들이 스스로 의견을 형성하게 했다.

유연한 입술

특히 연설을 시작할 때 연설가는 항상 신경이 긴장되어 어려움을 겪는다. 신경이 긴장되면 목 근육을 조이고 턱과 입술을 경직시킨다. 앞서 목과 턱을 이완하는 방법을 설명했다. 이제 뻣뻣하고 유연하지 않은 입술로 주의를 돌리겠다. 이는 큰 불편을 유발하며 걸림돌이자 골칫거리다. 입술은 선명하고 아름다운 소리를 내는 데 도움 되도록 자유롭고 유연해야 한다. 기꺼이 관심과 연습이라는 대가를 치른다면 목소리에 매력과 힘을 더할 수 있다. 내가 이 자리에서 할 수 있는 일은 처방전을 쓰는 것뿐이다. 처방을 따르는 것은 여러분 몫이다.

'노 맨no man'이라는 말을 예로 들어보자. '노no'라고 말할 때 입술을 둥글게 말아서 앞으로 내밀어보라. '맨man'이라고 할 때는 최대한 입술을 뒤로 당긴다. 이 동작을 과장되게 표현하라. 활짝 미소를 지을 때처럼 입술을 끌어당겨라. 치약 광고에 나올 법한 미소를 짓는다고 상상해보라. 이제 노 맨, 노 맨, 노 맨이라고 빠르게 반복해서 말하라.

다른 문구를 추가하고 다시 한번 시도해보라. 노 맨, '노 마인드no mind', 노 맨, 노 마인드, 노 맨, 노 마인드, 노 맨, 노 마인드, 노 맨.

입술의 움직임을 과장하고 최대한 많이 사용하여 다음 문장을 여러 번 반복하라.

소So — 위we — 두do — 씨see — 어크로스across — 더the —
리lea

복습 연습

1. 턱에 힘을 빼고 머리에서 무거운 짐처럼 떨어지게 하라. 심호
   흡을 하고 위를 공기로 가득 채우는 느낌으로 전혀 힘을 들
   이지 않고 편안하게 '아' 소리를 내라.
2. 다시 심호흡하고 팔로 원을 그리는 듯한 몸짓을 하고 말하라.
   "나는 편안하다. 턱이 이완되어 있다. 목이 열려 있고 어디에
   도 긴장이 없다."
3. 심호흡하고 지금까지 배운 횡격막 호흡과 이완, 호흡 조절에
   관한 모든 원리를 활용하여 한 번의 호흡에 최대한 집중한다.
   목소리를 방해하지 않고 통제할 수 있는 유일한 곳인 횡격막
   으로 호흡을 조절하라.
4. 유명한 시인의 시를 팔세토 기법으로 낭송해보라. 우스꽝스
   러운 가성을 쓰더라도 시인이 시를 쓰면서 어떤 감명을 받았
   는지 느끼는 데 집중하라. 그 의미를 느낄 때까지 반복해서
   읽어보라.

11장

연설을
마무리하는 방법

결론에서도 분명히 할 일이 있다. 결론은 연설을 마무리한다. 연설에 대한 청중의 관심을 집중시킨다. 생각의 실타래를 하나로 모으고 연설이라는 직물을 하나의 작품으로 만든다. 결론을 확실히 계획하고 말하라. 중얼거리면서 어색하고 성급하게 연설을 끝내지 마라. "할 말을 다 한 것 같습니다" 하는 말은 삼가라. 연설을 끝내고 청중에게 끝났다고 알려라.

_조지 롤런드 콜린스

시계는 설교의 길이와는 아무 상관이 없다. 긴 설교는 길게 느껴지는 설교다. 짧은 설교는 사람들이 더 많이 듣기 원할 때 끝나는 설교다. 설교하는 동안 20분이 지났을 수도 있고 한 시간 반이 지났을 수도 있다. 하지만 사람들이 더 듣고 싶어 하면 시간이 얼마나 지났든 계속해야 한다. 그러므로 시곗바늘을 보고는 설교가 얼마나 긴지 판단할 수 없다. 사람들을 지켜보라. 그들의 손이 어디에 있는지 보라. 남자들의 손이 대부분 조끼 주머니에서 시계를 꺼내어 얼마나 시간이 지났는지 확인하고 있다면 이는 불길한 징조다. 그들의 눈이 어디 있는지 확인하라. 그들의 정신이 어디에 있는지 알면 시간이 얼마나 흘렀는지 알 수 있다. 그때가 설교를 끝내야 할 때다.

_ 찰스 브라운Charles Brown (예일 신학대학교 학장)

연설의 어느 부분에서 미숙함이나 전문성, 서투름이나 노련함을 드러낼 가능성이 가장 큰지 알고 싶은가? 내가 알려주겠다. 바로 시작할 때와 끝날 때다. 무대에 오르는 배우들이 즐겨 말하는 오래된 속담이 있다.

'등장할 때와 퇴장할 때, 배우의 실력이 드러난다.'

시작과 끝! 어떤 활동에서든 능숙하게 다루기 가장 어려운 부분이다. 예컨대 사람들이 모인 자리에서도 가장 어려운 일은 우아하게 입장하고 우아하게 퇴장하는 것 아닌가? 사업상 면접에서 가장 어려운 과제는 성공적인 접근 방식과 성공적인 마무리가 아니겠는가?

마지막에 하는 말, 연설을 마칠 때 귀에 맴도는 마지막 단어가 가장 오래 기억에 남는다. 그러나 초보자들은 이 마지막 부분의 중요성을 인식하는 경우가 드물다. 이들의 결말에는 종종 상당한 아쉬움이 남는다.

가장 일반적인 오류는 무엇인가? 몇 가지 사항을 논의하고 해결책을 찾아보자.

첫째, "제가 할 말은 이게 전부입니다. 그럼, 이만 마치겠습니다"라고 마무리하는 사람이 있다. 이것은 마무리가 아니다. 실수다. 아마추어 냄새가 난다. 용서할 수 없을 정도다. 할 말이 그게 전부라면 "마치겠다"라고 하지 말고 바로 자리에 앉는 것으로 이야기를 마무리하는 게 낫지 않을까? 그러면 할 말이 그게 전부라는 판단을 안전하고 품위 있게 청중의 분별력에 맡길 수 있다.

다음으로 할 말은 다 했지만 멈추는 방법을 모르는 연설가가 있다. 나는 유머 작가 조시 빌링스Josh Billings도 그중 한 명이라고 생각한다. 그는 사람들에게 황소의 뿔 대신 꼬리를 잡으라고 충고했다. 꼬리를 놓기가 훨씬 쉽기 때문이다. 황소의 뿔을 잡고 있으면 아무리 황소에게서 벗어나려 해도 안전한 울타리나 나무 근처로 다가갈 수 없다. 빙빙 돌면서 허우적거리고 내내 같은 자리만 맴돌고 똑같은 행동을 반복하면서 나쁜 인상을 남기고 만다.

해결책은? 끝을 미리 계획해두어야 한다. 그렇지 않겠는가? 청중을 마주한 후 말해야 한다는 부담과 스트레스에 시달리며 말하는 내용에 집중해야 할 때 결말을 만들어내는 것이 지혜로운 행동일까? 아니면 상식에 따라 조용하고 차분하게 미리 준비하는 편이 바람직할까?

웹스터와 브라이트, 글래드스턴과 같은 뛰어난 연설가들처럼 영어를 훌륭하게 구사한 사람들조차도 반드시 끝부분의 단어를 하나하나 적고 외워야 한다고 생각했다.

초보자가 이들의 방식을 따른다면 후회할 일이 없을 것이다. 어떤 아이디어로 끝낼 것인지 아주 철저하게 계획해야 한다. 반복할 때마다 반드시 같은 문구를 사용할 필요는 없지만, 생각을 명확하게 말로 표현하면서 결말을 여러 번 연습해야 한다.

즉흥 발표는 연설 과정에서 때때로 상당 부분 내용이 바뀔 때도 있고, 예기치 않은 상황에 대처해 잘라내고 줄여야 할 때도 있으며, 청중의 반응에 따라야 할 때도 있다. 그러므로 두세 가지 결론을 준비하는 것이 현명하다. 한 결말이 맞지 않으면 다른 결말이 맞을 수도 있기 때문이다.

어떤 연설가들은 아예 끝에 이르지 못한다. 여행 도중 휘발유가 다 떨어져갈 때의 엔진처럼 털털거리며 오작동을 일으키기 시작하고, 몇 번의 필사적인 돌진 끝에 완전히 멈추고 고장이 나기도 한다. 이들에게는 물론 더 나은 준비와 더 많은 연습, 즉 연료 탱크에 더 많은 휘발유를 채우는 일이 필요하다.

많은 초보자가 너무 갑작스럽게 멈춘다. 이들이 끝내는 방법은 매끄럽지 않으며, 제대로 끝냈다는 느낌이 들지 않는다. 엄밀하게 말하면 이들의 연설에는 끝이 없다. 불쑥 갑작스럽게 그만둘 뿐이다. 그렇게 끝내면 무례하고 서투르다는 인상만 줄 뿐이다. 마치 함께 대화를 나누다 친구가 우아하게 자리를 뜨는 대신 갑자기 말을 끊고 방에서 뛰쳐나가는 셈이다.

링컨도 첫 번째 취임 연설의 초안에서 이러한 실수를 저질렀다. 그 연설은 긴장이 고조되던 시기에 이루어졌다. 불화와 증오의 검은 폭풍우와 구름이 일찌감치 머리 위로 밀려오고 있었다. 몇 주 후, 피와 파멸의 회오리바람이 나라를 휩쓸 예정이었다. 링컨은 남부 사람들에게 마지막 말을 하면서 이런 식으로 끝내려 했다.

불만을 품으신 시민 여러분, 남북전쟁이라는 중대한 문제는 제가 아니라 여러분의 손에 달려 있습니다. 정부는 여러분을 공격하지 않을 것입니다. 여러분이 스스로 침략자가 되지 않는다면 아무 갈등도 없습니다. 여러분은 정부를 파괴하겠다고 하늘에 대고 맹세하지 않았지만, 저는 정부를 지키고 보호하겠다고 가장 엄숙한 맹세를 바쳤습니다. 여러분은 정부를 공격하지 않을 수 있습니다. 하지만 저는 정부를 보호하는 데서 한 치도 물러설 수 없습니다. 제가 아니라 여러분께 엄숙한 질문을 던지는 바입니다. 평화를 선택하겠습니까? 전쟁을 선택하겠습니까?

링컨은 국무장관이던 윌리엄 수어드 장관에게 연설문을 보냈다. 수어드는 결말이 너무 직설적이고 갑작스러우며 도발적이라고 적절한 지적을 했다. 그래서 수어드는 직접 결말을 손보기로 했다. 그는 실제로 두 가지 결말을 작성했다. 링컨은 그중 하나를 받아들이고 '원래 준비했던' 마지막 세 문장 대신 약간 수정한 결말을 사용했다. 그 결과 그의 첫 취임 연설에서 도발적이면서 갑작스러운 느낌이 사라지고 친근함과 순수한 아름다움, 시적인 유려함을 선보이는 클라이맥스를 선보이게 되었다.

이야기를 마치기 아쉽군요. 우리는 적이 아니라 친구입니다. 적이 되어서는 안 됩니다. 열정이 한계에 도달해도 우리의 애정과 유대를 끊어서는 안 됩니다. 드넓은 나라의 모든 전장과 애국자의 무덤에서 살아 있는 사람과 벽난로의 바닥 돌에 이르기까지 이 신비로운 기억의 선율이 아로새겨져 있습니다. 이 선율이 우리의 선한 본성을 다시금 어루만지며 연방의 합창을 더욱 풍성하게 해줄 것입니다.

어떻게 하면 초보자가 연설을 마무리하기 위한 적절한 감각을 키울 수 있을까? 기계적인 규칙을 따른다면 가능할까?

그렇지 않다. 문화와 마찬가지로 그렇게 하기엔 이 주제는 너무 섬세하다. 감각의 문제이자 직관의 문제이기 때문이다. 연설가가 연설이 조화롭고 능숙하게 끝난다는 것을 느낄 수 없다면 어떻게 연설을 잘 마무리할 수 있을까?

다행히도 이 느낌은 충분히 갈고닦을 수 있다. 뛰어난 연설가들이 연설을 잘 마친 방식을 연구함으로써 어느 정도 전문성을 개발할 수 있다. 다음은 과거 영국 왕세자가 토론토의 엠파이어 클럽 앞에서 한 연설의 마지막 부분이다.

여러분, 제가 자제력을 잃고 저 자신에 대해 너무 많이 이야기한 것이 아닐까 걱정입니다. 그러나 캐나다에서 만난 가장 많은 청중 앞에서 연설할 특권이 있는 제 위치와 그에 따르는 책임감에 대해 제가 느끼는 바를 여러분께 말씀드리고 싶었습니다. 막중한 책임에 부응하고 여러분의 신뢰에 부응하도록 항상 노력할 것이라고 말씀드릴 수 있습니다.

이 말을 듣는다면 시각장애인이라도 이야기가 끝났다고 느낄 것이다. 이와 같은 결말은 느슨한 밧줄처럼 공중에 매달려 있지 않다. 거칠고 울퉁불퉁한 채로 남아 있지도 않다. 원만하게 마무리되고 완성된다.

유명한 해리 에머슨 파즈딕Harry Emerson Fodsdick 목사는 제6차 국제연맹 총회가 개막한 다음 날인 일요일에 제네바의 성 피에르 대성당에서 연설했다. 그는 그날의 주제로 '칼을 잡은 자는 칼로 망할 것이다'를 선택했다. 그가 설교를 마무리하는 아름답고 고상하고 강력한 방식에 주목하길 바란다.

예수님과 전쟁을 화해시킬 수 없습니다. 이것이 문제의 본질입니다. 오늘날 그리스도교 국가의 양심을 자극해야 하는 과제입니다. 전쟁은 인류를 괴롭히는 가장 거대하고 파멸적인 사회적 죄악입니다. 완전히, 그리고 돌이킬 수 없을 정도로 비기독교적입니다. 그 방식 전체와 영향에서 전쟁은 예수님이 뜻하시지 않은 모든 일을 의미하며, 예수님이 하신 일은 아무것도 의미하지 않습니다. 지구의 이론적 무신론자들이 떠올릴 수 있는 것보다 더 노골적으로 하나님과 인간에 관한 모든 기독교 교리를 부정합니다. 교회가 우리 시대의 가장 큰 도덕적 문제를 자신의 문제라고 주장하고, 선조들의 시대와 마찬가지로 현 세상의 이교도에 대한 명확한 기준을 다시 한번 강조하는지 지켜봐야 할 것입니다. 호전적인 국가의 명령에 따라 양심을 지키기를 거부하는지, 하나님의 나라를 민족주의보다 우선시하고 세계 평화를 우선시하는지 지켜볼 만한 가치가 있지 않겠습니까? 이는 애국심을 저버리는 것이 아니라 드높이는 일입니다.

오늘 저는 미국인으로서 이 높고 친절한 지붕 아래 우리 정부를 대변할 수는 없습니다. 하지만 미국인 그리고 기독교인으로서 수백만의 동료 시민을 대표하여 말하고자 합니다. 우리가 믿고 기도하며 동참하지 못해 애석해하는 위대한 업적이 눈부신 성공을 거두길 바랍니다. 우리는 평화로운 세상이라는 같은 목적을 위해 다양한 방식으로 일하고 있습니다. 인류에게 이보다 더 가치 있는 목적은 없습니다. 이 일이 실패하면 인류는 가장 끔찍한 재앙에 직면하고 맙니다. 물리적 영역에서의 중력처럼 도덕적 영역에서의 하나님의 법칙 앞에서는 그 어떤 나라도, 어떤 인간도 자유로울 수 없습니다. 그 법칙은 바로 '칼을 잡는 자는 칼로 망합니다'입니다.

그러나 이 연설문의 결말도 장엄한 분위기와 오르간 선율에 걸맞을 링컨의 두 번째 취임식 연설에 비하면 완벽하지 않아 보인다. 옥스퍼드대학교 총장을 역임하고 고인이 된 커즌 백작은 링컨의 연설문이야말로 '인류의 영광과 보물 중에서 가장 값진 순금과 같은 웅변, 거의 신의 말에 가까운 웅변'이라고 선언했다.

우리는 이 엄청난 전쟁의 재앙이 속히 사라지기를 간절히 바라고 기도합니다. 그러나 만약 노예들이 250년 동안 아무 대가도 받지 못하고 쌓아 올린 모든 재산이 가라앉길, 그리고 3000년 전에 말씀하셨듯 채찍질로 흘린 핏방울을 죄다 칼로 갚을 때까지 전쟁이 지속되길 하나님이 원하신다면 "그분의 심판은, 판단은 늘 진실하고 정당하다"라고 말해야 할 것입니다.

누구에게도 악의를 품지 마십시오. 모두에게 자비를 베푸십시오. 하나님이 우리에게 옳은 것을 보게 하시는 대로 옳은 편에 굳게 서서 우리가 맡은 일을 끝내려 노력합시다. 민족의 상처를 싸매고, 전쟁을 견딘 자와 과부와 고아를 돌보며, 우리 자신과 모든 민족에게 정의롭고 지속적인 평화를 이룰 수 있는 모든 일을 하기 위해 힘씁시다.

친애하는 독자 여러분, 우리는 방금 내가 보기에 인간의 입술에서 나온 연설 중 가장 아름다운 결말을 읽었다. 내 평가에 동의하는가? 모든 연설 문학 중 어디에서 이보다 더 많은 인간성, 더 순수한 사랑, 더 많은 동정심을 찾을 수 있겠는가?

윌리엄 바턴William Barton은 《에이브러햄 링컨의 생애Life of Abraham Lincoln》에서 이렇게 말한다.

'게티즈버그 연설만큼이나 고귀한 이 연설은 연설의 수준을 한층 끌어올렸다. 에이브러햄 링컨의 연설 중 가장 위대한 연설이며 그의 지적·영적 능력을 가장 높은 경지에 올려놓은 연설이다.'

그런가 하면 미국 정치가 카를 슈르츠Carl Schurz는 이렇게 평했다.

"마치 신성한 시와도 같다. 어떤 미국 대통령도 미국 국민에게 이런 말을 한 적이 없다. 미국은 마음 깊은 곳에서 이런 이야기를 전달한 대통령을 한 번도 만나본 적이 없다."

하지만 우리가 미국 대통령이나 캐나다 혹은 호주의 총리로서 불멸의 명언을 남길 수는 없을 것이다. 우리의 문제는 사업가 그룹 앞에서 간단한 발표를 어떻게 마무리할 것인가 정도다. 이 문제를 어떻게 다룰 것인가? 같이 연구해보자. 그리고 몇 가지 유용한 제안을 찾을 수 있는지 살펴보자.

핵심을 요약하라

연설가는 3~5분 정도의 짧은 발표에서도 많은 내용을 다루기 때문에 발표가 끝날 무렵이면 청중이 요점을 헷갈릴 수 있다. 그러나 이를 알아차리는 연설가는 거의 없다. 자신의 머릿속에서 요점이 뚜렷하므로 청중에게도 똑같이 명확할 것이라고 오해한다. 하지만 전혀 그렇지 않다. 연설가는 자신의 아이디어에 대해 한동안 고민해왔다. 그러나 그의 요점은 청중에게는 하나같이 새로우며, 여러 발의 총알처럼 청중을 향해 날아간다. 어떤 것은 붙들 수도 있지만, 대부분 혼란 속에 굴러떨어진다. 청중은 셰익스피어의 작품 〈베니스의 상인The Merchant of Venice〉에 나오는 이아고처럼, 많은 걸 어렴풋이 기억하지만 뚜렷하게 기억하는 것은 하나도 없다.

익명의 아일랜드 정치인은 연설할 때 다음과 같은 비결을 사용한 것으로 알려져 있다.

'먼저, 청중에게 말할 것이라고 말하라. 그리고 말하라. 그런 다음 말했다고 말하라.'

여러분도 알셨지만 괜찮은 방법이다. 실제로 '그들에게 말했다고 말하라'는 방법은 매우 추천할 만하다. 물론 간략하고 신속하게 그저 개요와 요약을 언급하는 정도로 지나가야 한다. 좋은 사례 하나를 소개하겠다. 연설가는 시카고 센트럴 YMCA에서 빌스의 대중 연설 강좌를 들은 수강생이다. 그는 시카고의 한 철도 회사에 일하는 교통 관리자이기도 하다.

신사 여러분, 요컨대 이 차단 장치를 뒷마당에서 실험해보니 동부와 서부, 북부와 마찬가지로 작동 원리가 건실하고 파손을 방지하여 1년 동안 비용을 절약해줄 것이 틀림없습니다. 저는 무척 깊은 인상을 받았고 남부 지점에도 즉시 이 장치를 설치해야 한다고 주장하는 바입니다.

그가 무슨 말을 했는지 이해했는가? 나머지 이야기를 듣지 않고도 알 수 있을 것이다. 그는 전체 연설에서 실제로 모든 요점을 단 몇 개의 문장으로 요약했다.

이 요약이 효과적이라고 생각하지 않는가? 그렇다면 이 기법을 당신 자신의 것으로 만들어라.

행동에 호소하라

방금 인용한 결말은 행동을 호소하는 결말의 훌륭한 사례다. 연설가는 어떤 일이 처리되기를 원했다. 도로의 남쪽 지점에 차단 장치를 설치하는 것이다. 그는 장치를 설치하여 비용을 절약하고 사고를 예방할 수 있다는 근거로 호소했다. 행동을 원했고, 원하던 바를 이루었다. 그의 연설은 단순한 발표만을 위한 연설이 아니었다. 이 연설은 철도 회사 이사회에 전달되었고, 그가 요청한 대로 차단 장치가 설치되었다.

15장에서 연설가가 행동을 취하려고 할 때 직면하는 문제와 그 해결 방법에 대해 좀 더 자세히 설명하겠다.

간결하고 진심 어린 칭찬

위대한 펜실베이니아주는 새로운 날의 도래를 앞당기는 데 앞장서야 합니다. 철강의 거대 생산지이자 세계 최고 철도 회사의 모체이며 농업주 중 세 번째로 큰 펜실베이니아는 우리 경제의 핵심입니다. 펜실베이니아에 지금처럼 장래성이 높고 리더십을 발휘하기에 제격인 시기는 없었습니다.

찰스 슈와브는 위와 같은 말로 뉴욕 펜실베이니아 협회 연설을 마무리했다. 그는 청중이 기쁘고 행복해지게 했고, 낙관적으로 생각하게 만들었다. 연설을 마치기에 감탄할 만한 방식이긴 하지만, 연설이 효과적이려면 진정성이 있어야 한다. 헛된 아첨을 하지 말아야 한다. 도를 넘어서도 안 된다. 이런 종류의 마무리는 진실하지 않으면 거짓으로, 그것도 매우 거짓으로 들릴 것이다. 그런 연설은 위조 화폐처럼 아무도 거들떠보지 않을 것이다.

유머러스한 마무리

가수 조지 코헨George Cohan은 이렇게 말했다.

"작별 인사를 할 때는 항상 사람들이 웃으며 떠나게 하라."

그렇게 할 수 있는 능력이 있다면 좋을 것이다. 하지만 어떻게 한단 말인가? 햄릿이 말했듯, 그것이 문제다. 각자 자기만의 방식으로 해야 한다.

로이드 조지 총리가 감리교도 창시자 존 웨슬리John Wesley의 무덤이라는 매우 엄숙한 주제에 관해 이야기할 때 감리교 신자들이 웃으며 그 자리를 떠날 것이라고 기대하기는 어렵다. 하지만 그가 얼마나 영리하게 이 문제를 다루는지 주목하라. 이야기가 얼마나 매끄럽고 아름답게 마무리되는지도 주의해서 살펴봐야 한다.

여러분이 그분의 무덤을 돌봐주셔서 기쁩니다. 영광으로 생각합니다. 그분은 깔끔하거나 청결하지 못한 것을 유난히 혐오했습니다. 제 생각에 그분은 "아무도 초라한 감리교도를 보지 못하게 하라"라고 말했을 겁니다. 우리가 초라한 감리교도를 볼 수 없는 것은 바로 이런 이유죠. 이분의 무덤을 초라하게 남겨두는 것은 두 배로 잘못된 일입니다. 어느 더비셔의 소녀가 그분이 지나가던 문 앞으로 달려와 그분에게 "신의 축복이 있기를, 웨슬리 씨"라고 외치자 뭐라고 대답했는지 기억하십니까? 이렇게 대꾸했습니다.

"애야, 네 얼굴과 앞치마가 더 깨끗하다면 너의 축복이 더 가치 있을 것 같구나." (웃음)

웨슬리 씨는 지저분한 것을 보면 이런 반응을 보였던 겁니다. 그분의 무덤을 어지럽히지 맙시다. 만약 그가 돌아다니다 보면 그 무엇보다도 상처가 될 것입니다. 무덤을 잘 관리합시다. 길이 기억에 남을 신성한 장소니까요. 여러분께 남겨진 몫이랍니다. (박수갈채)

시적 인용으로 마무리하기

모든 결말 중에서 유머나 시를 동원하는 방법보다 더 좋은 결말은 없다. 결말에 적절한 시 구절을 구할 수 있다면 거의 이상적이다. 시로 마무리하면 원하는 분위기로 연설을 마칠 수 있다. 연설에 품위가 생길 것이다. 개성을 부여할 것이다. 아름다움을 선사할 것이다.

로터리 클럽 회원 해리 로더Harry Lauder 경은 에든버러 국제대회에서 미국 로터리 클럽 대표들에게 한 연설을 다음과 같은 방식으로 마쳤다.

여러분 중 몇 분은 집에 돌아가면 저에게 엽서를 보내주십시오. 엽서를 보내지 않으시면 제가 보내드리겠습니다. 우표가 없을 테니 제가 보냈는지 쉽게 아실 것입니다. (웃음) 하지만 그 엽시에 다음과 같은 글을 적어두겠습니다.

계절은 오고 간다.
모든 것은 때가 되면 시들지만
이슬처럼 싱싱하게 피어나는 것이 하나 있으니,
바로 당신을 향한 나의 사랑과 애정이다.

이 짧은 시는 해리 로더의 성격에 잘 맞았고, 연설 흐름 전체와도 잘 어울렸다. 훌륭한 결말이었다. 격식을 차리고 절제된 성향의 로터리 클럽 회원이 엄숙한 연설의 끝머리에 이 구절을 사용했다면, 우스꽝스러울 정도로 핵심에서 벗어났을지 모른다. 대중 연설을 더 오래 가르칠수록 모든 경우에 적용될 수 있는 일반적인 규칙을 제시하는 건 불가능하다는 것을 점점 더 분명하고 확실하게 느낀다. 주제와 시간, 장소와 사람에 따라 너무 많은 것이 달라진다. 성 바울이 말했듯, 사람은 각자 '자신의 구원을 위해 노력'해야 한다.

최근 뉴욕에서 어떤 전문직 남자가 은퇴하는 것을 기념하기 위해 열린 송별 만찬에 초대받은 적이 있다. 열두 명의 연설가가 차례로 일어나서 은퇴하는 친구를 추모하고 새로운 분야에서의 성공을 기원했다. 열두 번의 발표 중 단 한 번의 발표만이 잊을 수 없는 방식으로 끝을 맺었다. 아래의 시를 인용하며 마무리한 발표였다. 연설가는 깊은 감정이 담긴 목소리로 떠나는 친구를 바라보며 외쳤다.

"자, 이제 안녕. 행운을 빕니다. 세상의 모든 행운이 당신과 함께하기를!"

그러고는 시로 끝맺음했다.

동양인처럼 가슴에 손을 모아 기도합니다.
알라신의 평화가 당신과 함께하기를.
당신이 어디에서 오든, 어디로 가든.
알라신의 아름다운 돌봄이 미치기를.
낮의 노동과 밤의 휴식을 통해,
알라신의 사랑이 당신을 축복하길.
동양인처럼 가슴에 손을 모아 기도합니다.
알라신의 평화가 당신과 함께하기를.

브루클린의 L. A. D. 모터스 코퍼레이션의 부사장 J. A. 애벗

J. A. Abbott은 충성심과 협력이라는 주제로 직원들에게 연설했다. 그리고 키플링의 《정글북The Jungle Book》에 나오는 다음 구절로 연설을 마쳤다.

자, 이것이 정글의 법칙이다. 하늘만큼이나 오래되고 진실한.
이 법칙을 지키는 늑대는 번영하고, 이를 어기는 늑대는 죽을 것이다.
나무줄기를 휘감은 덩굴식물처럼, 이 법칙도 정글을 휘감고 지배하리니.
무리가 곧 늑대의 힘이고, 늑대의 힘이 곧 무리일지니.

마을의 공공 도서관에 가서 사서에게 특정 주제에 대한 발표를 준비하고 있으며 이런저런 아이디어를 표현하기 위해 시적인 인용문이 필요하다고 말하면 사서가 바틀렛의 《유명 인용문 모음집Bartlett's Familiar Quotations》과 같은 참고 도서에서 적절한 부분을 찾을 수 있도록 도와줄 것이다.

성경 인용의 힘

연설을 뒷받침하기 위해 성경의 한 구절을 인용할 수 있다면 운이 좋은 것이다. 성경 구절을 잘 선택하면 연설에 놀라운 영향을 미칠 수 있기 때문이다. 유명한 금융가 프랭크 밴더리프Frank

Vanderlip는 연합국의 대미 부채에 대한 연설을 끝낼 때 이 방법을 사용했다.

우리의 부채를 숫자 하나하나 고집한다면 우리의 요구는 절대 실현되지 않을 것입니다. 이기적으로 우리 입장만을 고집한다면, 현금 대신 증오만 얻을 겁니다. 현명하고 관대한 태도를 취한다면 모든 청구 금액을 받게 될 겁니다. 우리가 베푸는 아량은 놓칠 수도 있는 그 어떤 것보다 물질적으로 더 큰 의미가 될 것입니다.

'누구든지 제 목숨을 구원코자 하면 잃을 것이요, 누구든지 나와 복음을 위하여 제 목숨을 잃고자 하면 구원을 받을 것이니.'

클라이맥스

클라이맥스는 인기 있는 결말 방식이다. 종종 다루기 어려우며 모든 연설가나 모든 주제에 어울리는 결말은 아니다. 그러나 잘만 하면 탁월한 효과를 얻는다. 클라이맥스는 문장마다 점점 더 강해지면서 절정으로, 정점까지 올라간다. 클라이맥스에 대한 좋은 예는 3장의 필라델피아 연설의 마지막 부분에서 찾을 수 있다.

링컨은 나이아가라폭포에 대한 강연을 준비할 때 클라이맥스를 사용했다. 각 비유가 앞의 비유보다 어떻게 더 강해지는지, 콜럼버스와 그리스도, 모세와 아담 등과 비교하며 어떻게 점층적인 효과를 얻는지에 주목하라.

이 폭포를 보고 있으니 머나먼 과거가 떠오릅니다. 콜럼버스가 처음 이 '대륙'을 찾았을 때, 예수님이 십자가에서 고난을 겪으셨을 때, 모세가 이스라엘 백성들을 이끌고 홍해를 건넜을 때, 아니, 아담이 조물주의 손에서 처음 빚어졌을 때, 지금처럼 나이아가라가 이 자리에서 포효하고 있었습니다. 미국 땅을 가득 메운 뼈만 남은 멸종한 거인족의 눈이 지금 우리의 눈처럼 나이아가라를 바라보고 있었습니다. 최초의 인간 종족과 동시대를 살았고 최초의 인간보다 더 오래된 나이아가라는 수만 년 전과 마찬가지로 오늘날에도 강하고 새롭습니다. 너무 오래전에 죽어서 거대한 화석 조각만이 남은 매머드와 마스토돈도 이 폭포를 보았을 겁니다. 그 오랜 시간 동안 나이아가라는 잠시도 가만히 있지 않고, 마르지도 않고, 얼지도 않고, 잠을 자지도, 쉬지도 않았습니다.

미국 변호사 웬들 필립스Wendell Phillips는 아이티의 독립투사 투생 루베르튀르Toussaint Louverture에 대한 연설에서 링컨과 동일한 기법을 사용했다. 연설의 마지막 부분이 아래 인용되어 있다. 아래 인용문은 대중 연설에 관한 책에서 자주 인용되며, 활력과 생기가 넘친다. 지금처럼 실용중심주의 시대에는 다소 화려해 보이지만 그래도 여전히 흥미롭다. 이 연설문은 반세기 전에 작성되었다. '그로부터 50년 후 진실이 심판받게 될 때' 존 브라운과 투생 루베르튀르의 역사적 중요성에 관한 웬들 필립스의 예측이 얼마나 틀렸는지 살펴보는 것도 재미있지 않은가? 내년 주식 시장이나 돼지기름 가격을 예측하는 것만큼이나 역사를 추측하는 일도 분명 어렵다.

저는 투생 루베르튀르를 나폴레옹이라고 부를 겁니다. 하지만 나폴레옹은 맹세를 어기고 황제가 되어 피바람을 불러일으켰죠. 이 사람은 결코 자신의 말을 저버린 적이 없습니다. '보복은 없다'는 그의 위대한 좌우명이자 삶의 원칙이었습니다. 프랑스에서 아들에게 마지막으로 남긴 말은 다음과 같습니다.

'아들아, 너는 언젠가 산토도밍고로 돌아가게 될 것이다. 프랑스가 네 아버지를 살해했다는 사실은 잊어라.'

저는 루베르튀르를 크롬웰이라고 부를 겁니다. 하지만 크롬웰은 군인이었을 뿐입니다. 그가 세운 국가는 그와 함께 사라졌고요. 저는 그를 워싱턴이라고 부르겠습니다. 하지만 그 위대한 버지니아인은 줄곧 노예를 거느렸지요. 이 사람은 자신의 영토 중 가장 미천한 마을에서 노예무역을 허용하기보다 영토 전체를 위험에 걸 사람이었습니다.

여러분은 오늘 밤 제가 광신자라고 생각하겠지만 그건 여러분의 눈이 아니라 편견으로 역사를 읽기 때문입니다. 그러나 50년 후, 진실이 심판받게 되면 역사의 여신은 그리스인을 위해서는 포키온 Phocion(그리스의 정치가)을, 로마인에게는 브루투스를, 영국인에게는 햄던John Hampden(영국 정치가)을, 프랑스인에게는 라파예트Marquis de

La Fayette(프랑스의 사상가)를 택할 것입니다. 미국인을 위해서는 초기 문명의 밝고 완전한 꽃으로 워싱턴을, 정오의 무르익은 열매로 존 브라운을 선택할 겁니다. 그런 다음 햇빛에 펜을 담그고 이 모든 사람의 이름 위에 위대한 군인이자 정치가, 순교자 투생 로베르튀르의 이름을 맑고 푸른 글씨로 쓸 겁니다.

발끝이 땅에 닿으면

좋은 결말과 좋은 도입부를 얻을 때까지 사냥하고, 찾고, 실험하라. 그런 다음 서로 가까이 붙여라.

분주하고 급박한 시대에 자신의 이야기를 가다듬지 않는 연설가는 환영받지 못할뿐더러 때로는 미움을 사기도 할 것이다.

사도 바울도 이런 면에서는 잘못을 저질렀다. 그는 청중 중 한 사람인 '유두고'라는 청년이 잠이 들었다가 창문에서 떨어져 목이 부러질 지경이 될 때까지 계속 연설했다. 그 후에도 그는 말을 멈추지 않았을 것이다. 누가 알겠는가?

브루클린의 유니버시티 클럽에서 어느 날 밤 의사인 한 연설가가 자리에서 일어섰던 기억이 떠오른다. 긴 연회였다. 많은 연설가가 이미 연설을 끝낸 후였다. 그의 차례가 된 것은 새벽 두 시였다. 만약 그에게 재치와 예리한 감각, 신중함이 있었다면, 대여섯 문장만 말하고 우리를 집으로 돌려보냈을 것이다. 하지만 그렇게 했을까? 아니, 그렇지 않았다. 그는 45분 동안 생체 해부에 반대하는 열변을 토했다. 그가 절반을 넘기기 한참 전부터 청중은 그가 유두고처럼 창문에서 떨어져서 어디라도 부러지길 바랐다.

〈새터데이 이브닝 포스트〉의 편집자인 로리머는 내게 신문에 연재되는 기사의 인기가 절정에 달하고 사람들이 더 많은 기사를 요구할 때마다 기사를 중단했다고 밝혔다. 왜 그때 중단했을까? 왜 그때마다 그랬을까? 로리머가 설명했다.

"인기의 정점을 지나면 사람들은 이내 싫증을 내기 때문이죠."

연설에도 같은 지혜가 적용될 것이며, 또 적용되어야 한다. 청중이 여전히 계속하기를 열망할 때 멈추어야 한다.

예수의 말씀 중 가장 위대한 가르침인 산상수훈은 5분 안에 다 읽을 수 있다. 링컨의 게티즈버그 연설은 단 열 개의 문장으로 이루어져 있다. 창세기의 창조 설화 전체를 조간신문의 살인 사건 기사를 읽는 것보다 짧은 시간에 읽을 수 있다. 간결하게 해야 한다! 간결하게!

아프리카 니아사 지역의 대주교인 존슨 박사는 아프리카의 원시인들에 관한 책을 썼다. 그는 49년 동안 원주민들과 살면서 그들을 관찰했다. 그리고 마을 모임에서 연설가가 너무 오래 이야기하면 청중이 "이메토샤!"라고 외치며 그를 침묵시킨다고 말했다. '그만'이라는 의미다.

또 다른 부족은 연설가가 한 발로 설 수 있는 시간 동안만 발언을 허용한다고 한다. 들어 올린 발의 발끝이 땅에 닿으면 시간이 다 된 것이다. 그때는 연설을 끝내야 한다.

그리고 백인 청중은 일반적으로 더 예의 바르고 절제력이 강하지만, 아프리카 부족민 못지않게 긴 연설을 싫어한다.

그렇게 하지 않을 것을 알지만

부디 이들을 거울로 삼아라.

이들에게서 연설에 대해 배워라.

연설을 마무리하는 방법

1. 연설의 마지막은 실제로 가장 전략적인 요소다. 마지막으로 한 말이 가장 오래 기억에 남는다.

2. "할 말을 다 한 것 같습니다. 그럼, 이제 그만하겠습니다" 하고 끝내지 마라. 멈추되, 멈추는 것에 대해 이야기하지 마라.

3. 웹스터와 브라이트, 글래드스턴이 그랬듯이 결말을 미리 신중하게 계획하라. 연습하라. 어떻게 마무리할지 단어 하나하나까지 파악하라. 연설을 매끄럽게 끝내라. 울퉁불퉁한 바위처럼 거칠고 모난 부분이 있는 채로 두지 마라.

4. 마무리하기에 좋은 일곱 가지 제안

   ① 요약하고, 다시 말하고, 연설에서 다룬 주요 요점을 간략하게 요약한다.

   ② 행동을 촉구한다.

   ③ 청중을 진심으로 칭찬한다.

   ④ 웃음을 자아내게 한다.

   ⑤ 적절한 시 구절을 인용한다.

   ⑥ 성경 인용문을 사용한다.

   ⑦ 클라이맥스를 구축한다.

5. 좋은 결말과 좋은 도입부를 만들고 서로 가깝게 연결하라. 항상 청중이 원하기 전에 멈추어라.

   "인기의 정점을 지나면 사람들은 이내 싫증을 낸다."

공명 개발하기

좋은 톤을 만들기 위한 세 가지 기본 원칙은 올바른 호흡 조절과 이완, 그리고 공명이다. 이미 처음 두 가지 원칙을 다루었다. 이제 세 번째 원칙인 공명에 관해 설명할 차례다. 라디오 또는 축음기의 톤을 크고 아름답게 하는 것은 무엇일까? 소리의 진동을 더 크게 해주는 공명판이다.

바이올린이나 피아노의 몸체가 연주자가 만들어내는 음색을 증폭하고 아름답게 만드는 원리와 마찬가지로 우리 몸은 목소리의 공명판 역할을 한다. 처음의 음색은 성대에서 나오지만 차차 가슴과 치아, 입천장과 구강 및 얼굴의 다른 부분을 비롯해 단단한 구조물로 흩어져 울려 퍼진다. 이 울림은 목소리에 가장 중요한 특성을 부여한다. 횡격막에서 이완된 목으로 로켓처럼 솟아오른 목소리가 콧구멍과 머리의 다른 뼈 부분에 부딪히며 소나기처럼 쏟아진다고 상상해보라.

우리의 문제는 공명을 충분히 쓰며 말하지 않는다는 것이다. 사실 우리는 평생 공명을 쓰며 말해왔다. 공명 없이는 3미터 밖에서도 소리가 들리지 않을 것이다. 우리의 임무는 공명을 강화하는 것이다. 어떻게 해야 할까? 음악평론가 살바토레 푸치토 Salvatore Fucito와 바넷 베이어Barnet Beyer가 쓴 《카루소와 노래의 기교Caruso and the Art of Singing》라는 책에 나오는 흥미로운 구절을 인용하겠다.

목소리 연습으로서의 허밍의 가치에 대해서는 많은 이야기가
있다. 허밍을 올바르게 연습하면 목소리의 공명을 개발할 수 있다.
대부분 사람이 하는 허밍은 턱과 입술, 혀 및 성대가 모두 고통스
러울 정도로 경직되어 있기에 으르렁거리는 소리처럼 들린다. 허밍
할 때의 안면 근육과 턱, 혀는 좋은 음색을 낼 때와 같은 위치에 있
어야 한다. 휴식을 취할 때나 잠든 상태처럼 완전히 이완되어야 하
며 입은 가볍게 다문다. 그래서 소리의 떨림이 근육 때문에 약해지
거나 긴장 때문에 코에서 억지로 나오지 않게 해야 한다. 그 대신
비강에서 공명하여 음을 둥글고 아름답게 만들어야 한다.

이제 이완된 혀와 목, 입과 턱으로 자신에게 익숙한 노래를 허
밍으로 불러보자. 허밍을 시작할 때 정수리에 손바닥을 대고 진
동을 느껴보라.

공명 개발에서 이 부분이 가장 중요하다. 공명을 위한 연습을
할 때 첫 단계로 횡격막으로 숨을 깊게 들이마시고 가슴을 이완
하며 호흡에 따라 가슴이 움직이는 것을 느껴야 한다. 숨을 들
이마실 때 얼굴과 코, 머리에 상쾌한 느낌을 느껴보라. 허밍하면
서 숨을 내쉬기 시작할 때는 숨을 내쉰다는 생각은 전혀 하지
마라. 오히려 숨을 들이마시면서 상쾌한 느낌을 유지하고 있다
고 상상해보라. 이렇게 하면 비강이 계속 열려 있어 공명을 강화

하고 증폭하게 된다. 모든 연설을 할 때 이 숨을 들이마시는 감각을 유지하려 애써라.

이제 같은 노래를 한 번 더 허밍으로 불러보라. 이번에는 손을 머리 뒤에 대고 진동을 느껴보라.

세 번째로 코에서 나오는 음에 집중하라. 숨을 들이마실 때와 같은 느낌으로 코에서 흘러나오고 코로 흘러 들어가는 소리를 느껴보라. 눈 바로 아래 콧대의 윗부분을 엄지와 검지로 잡아라. 그리고 허밍을 하면서 진동을 느껴보라.

다양성을 위해 이번에는 자신이 알고 있는 다른 노래를 허밍으로 불러보자.

이번에는 허밍을 하면서 소리가 입에서 나온다고 생각해보라. 검지를 입술에 대고 진동을 느껴보라. 손가락이 간질간질할 만큼 진동해야 한다.

이제 가능한 한 작은 목소리로 노래하면서 손바닥을 펴서 가슴에 대고 진동을 느껴보라.

오른쪽 손바닥을 가슴에 대고 왼쪽 손바닥으로 머리와 얼굴의 여러 부위를 짚으면서 다시 한번 허밍을 한다. 온몸이 진동하여 공명을 일으키는 것을 느껴보라. 나는 허밍을 할 때 손가락과 발가락에서도 진동을 느끼는 가수를 알고 있다.

노래는 그 자체로 훌륭한 목소리 연습이다. 따라서 이 수업에서 논의한 모든 목소리 생성 원칙을 사용하여 조금 전 흥얼거렸던 두 곡을 다시 한번 불러보자.

12장

의미를 명확하게
전달하는 방법

명확하게 말하기만 해도 열 명 중 아홉 명이 진실로 받아들인다.

_《브리태니커 대백과사전Encyclopedia Britannica》

할 말을 면밀히 연구하고 글로 옮겨보거나 말하듯 소리 내어 표현
하라. 요점을 순서대로 배치하라. 순서를 잘 지켜라. 요점의 중요
도에 따라 시간을 분배하라. 할 이야기가 끝났을 때 멈춰라.

_에드워드 에버렛 헤일

기업인들 앞에서 솔로몬에 관해 이야기할 경우 그를 이 시대의 J.
P. 모건이라고 불러라. 야구팬에게 삼손에 관해 이야기할 때는 그
를 이 시대의 베이브 루스Babe Ruth라고 불러라. 프랭크 시몬즈Frank
Simonds는 힌덴부르크 방어선을 무너뜨린 포슈 제독의 전략을 설
명할 때 대문의 두 경첩을 부순 것에 비유했다. 비슷한 방식으로
빅토르 위고도 워털루 전투를 묘사하기 위해 대문자 A를 사용했
고, 미국사를 쓴 헨리 엘슨Henry W. Elson은 게티즈버그 전투를 설명
하기 위해 말굽을 예로 들었다. 모두가 전쟁을 겪은 것은 아니지
만 모든 사람이 경첩과 말굽, 알파벳은 잘 안다.

_ 글렌 클라크Glenn Clark
(《즉흥 연설에서의 자기계발Self-Cultivation in Extemporaneous Speaking》의 저자)

백문이 불여일견이다.   _중국 속담

아버지는 지적 에너지가 대단한 분이셨어요. 아버지께 최고의 훈
련을 받았지요. 아버지는 모호한 걸 참지 못하셨어요. 그래서 글을
쓰기 시작했을 때부터 1993년, 여든한 살 나이로 돌아가실 때까지
제가 쓴 모든 글을 아버지께 드려야 했어요. 아버지는 제게 글을
큰 소리로 읽게 하셨는데, 늘 괴로운 일이었죠. 종종 아버지는 제
말을 막고는 "그게 무슨 소리냐?"라고 물으셨죠. 저는 그 뜻을 설명
했고, 물론 쓴 것보다 더 간결히 말했죠. 그러면 아버지는 "왜 진작
그렇게 쓰지 않았지? 새총으로 여기저기 쏘려 하지 마라. 말해야
할 내용을 정확히 겨눠서 쏴야 해"라고 말씀했죠.

_ 우드로 윌슨

전쟁 중 영국의 유명한 주교가 롱아일랜드의 업턴 캠프에서 글을 모르는 흑인 병사들과 이야기를 나눴다. 이들은 참호로 가는 중이었지만, 극소수만이 왜 가야 하는지 알고 있었다. 나는 알고 있었다. 그들에게 물어보았기 때문이다. 그런데 주교는 이들에게 '국제적 우호'와 '세르비아가 존재해야 할 권리'에 대해 이야기했다. 이들 중 절반은 세르비아가 도시인지 질병인지도 몰랐다. 결과만 놓고 보면, 태양계가 성운 물질에서 생겨났다고 주장하는 성운설에 주교가 웅장한 찬사를 보냈어도 별 차이가 없었을 것이다. 그러나 그가 연설하는 동안 단 한 명의 군인도 강당을 떠나지 않았다. 권총을 든 헌병들이 출구마다 서서 지키고 있었기 때문이다.

나는 주교를 비난하고 싶지 않다. 그는 모든 면에서 뛰어난 학자였다. 교양 있는 사람들 앞에서는 아마도 훌륭한 설교였을 것이다. 그러나 그는 이 흑인들에게는 실패했고, 그것도 완전히 실패했다. 청중을 파악하지 못했고, 연설의 정확한 목적도, 목적을 달성하는 방법도 제대로 알지 못했다.

연설의 목적이란 무엇일까? 단지 이것뿐이다. 연설가가 인식하든 인식하지 못하든 모든 연설에는 네 가지 주요 목표 중 하나가 있다. 어떤 목표인가?

1. 명확하게 이해시킨다.

2. 감동을 주고 설득한다.

3. 행동을 취하게 한다.

4. 즐거움을 준다.

구체적인 예를 통해 이를 좀 더 자세히 다뤄보자.

항상 기계에 관심이 많았던 링컨은 좌초된 배를 모래톱이나 다른 방해물에서 들어 올리는 장치를 발명하여 특허를 신청한 적이 있다. 그는 법률 사무소 근처의 정비소에서 일하면서 이 장치의 모형을 제작했다. 실패에 그쳤지만 그는 가능성을 보고 열광했다. 친구들이 사무실을 찾아와 장치를 보겠다고 하면 만사를 제치고 장치에 대해 설명했다. 설명의 주요 목적은 명확하게 이해시키는 것이었다.

게티즈버그에서 불후의 명연설을 할 때, 첫 번째와 두 번째 취임 연설을 할 때, 미국 외무장관 헨리 클레이Henry Clay가 사망하고 추도사를 했을 때, 이 모든 행사에서 링컨의 주요 목적은 깊은 감동을 주고 설득하는 것이었다. 물론 설득력 있는 연설을 하려면 명확하게 설명해야 하지만, 이 경우 명확성은 링컨의 주요 고려 사항이 아니었다.

배심원들 앞에서 하는 연설에서는 유리한 판결을 이끌어내기 위해 노력했다. 정치적 연설에서는 표를 얻기 위해 노력했다. 당시 그의 목적은 사람들이 행동하게 하는 것이었다.

링컨은 대통령에 당선되기 2년 전에 발명품에 관한 연설을 준비했다. 이때 그의 목적은 즐거움을 주는 것이었다. 적어도 그것이 목표여야 했다. 그러나 그는 이 목표를 달성하지 못했다. 인기 연설가로서의 그의 경력은 분명 실망스러웠다. 어떤 도시에서는 연설을 들으러 오는 사람이 한 명도 없었다.

그러나 그는 앞서 언급했던 여러 연설에서는 대단한 성공을 거두었다. 그 이유는 무엇일까? 목적을 알고 있고, 목적을 달성하는 방법도 알고 있었기 때문이다. 자신이 가고 싶은 곳과 그곳에 도달하는 방법을 알고 있었다. 많은 연설가가 이 점을 알지 못해서 갈팡질팡하다가 실패를 맛본다.

예컨대 나는 한 미국 의원이 뉴욕의 히포드롬 무대에서 비웃음과 야유를 받으며 억지로 퇴장당하는 것을 본 적이 있다. 무의식적이겠지만 그 의원이 어리석게도 연설의 목적을 명확하게 이해시키는 것으로 택했기 때문이다. 제1차 세계대전이 한창일 때였다. 그는 청중에게 미국이 어떻게 전쟁을 준비하고 있는지에 대해 이야기했다. 하지만 청중은 가르침을 원하지 않았다. 재미있기를 원했다. 청중은 연설이 빨리 끝나기를 바라며 10분, 30분, 한 시간 동안 인내심을 갖고 정중하게 그의 이야기를 들었다. 하지만 끝나지 않았다. 그는 계속 떠들었고, 인내심은 꺾였고, 청중은 더 이상 참지 못했다. 공교롭게도 누군가 환호하기 시작했다. 다른 사람들도 따라 했다. 순식간에 수천 명의 사람이 휘파람을 불고 소리를 질렀다. 청중의 의도를 감지하지 못한 무딘 연설가는 안타깝게도 이야기를 계속했다. 이 행동이 청중을 자극했다. 전투가 시작되었다. 청중의 조바심은 분노로 치달았다. 그들은 연설가를 침묵시키기로 작정했다. 항의는 점점 더 거세졌다. 마침내 포효가 터져 나왔다. 청중의 고함과 분노에 휩싸인 그의 말은 5미터 밖에서도 들리지 않을 정도였다. 그래서 그는 결국 포기하고 패배를 인정한 채 굴욕적으로 퇴장해야 했다.

그의 사례를 보고 배워라. 자신이 하는 연설의 목적을 알아야 한다. 연설 준비를 시작하기 전에 목적을 현명하게 선택하라. 목적을 달성하는 방법을 알아두어라. 그런 다음 능숙하고 과학적으로 실행하라.

이 모든 과정에는 지식과 특별하고 기술적인 교육이 필요하다. 연설의 구성 단계는 매우 중요하기 때문에 네 개의 장에서 이에 대해 다룰 것이다. 이번 장의 나머지 부분에서는 명확하게 연설하는 방법을 설명할 것이다. 13장에서는 인상적이고 설득력 있게 연설하는 방법을 다룰 것이다. 14장에서는 흥미롭게 연설하는 방법을 이야기할 것이다. 15장에서는 청중의 행동을 끌어내는 과학적인 방법을 보여줄 것이다.

비교를 사용하여 명확성을 높여라

명확성의 중요성이나 어려움을 과소평가하지 마라. 최근에 어떤 아일랜드 시인이 저녁에 자신의 시를 낭독하는 것을 들었다. 청중의 10%, 아니 절반도 그가 무슨 말을 하는지 알아듣지 못했다. 공적인 자리에서든 사적인 자리에서든 많은 연설가가 이런 실수를 저지른다.

40년 동안 대학 강의와 대중 강연을 해온 올리버 로지 경과 대중 연설의 필수 요소에 대해 논의한 적이 있다. 그는 첫째로 지식과 준비가, 둘째로 '명확하게 말하기 위해 노력하는 것'이 무엇보다 중요하다고 강조했다.

프랑코-프러시아 전쟁Franco-Prussian War이 발발했을 때 독일의 육군 원수 폰 몰프케Von Moltke 장군은 장교들에게 이렇게 말했다.

"기억하게. 오해의 소지가 있는 명령은 반드시 오해를 산다네."

나폴레옹도 똑같은 위험을 인식했다. 그가 비서들에게 가장 강조하고 자주 반복한 명령은 다음과 같았다.

"명확하게 해. 명확하게!"

제자들이 예수에게 왜 비유로 대중을 가르치는지 묻자 예수는 "그들은 보고도 보지 못하고, 듣고도 듣지 못하며, 깨닫지도 못하기 때문이다"라고 답했다.

청중에게 낯선 주제에 관해 이야기할 때, 제자들이 예수를 이해하려 한 것보다 청중이 내 말을 더 잘 이해하려고 노력하기를 기대할 수 있을까?

그럴 수는 없을 것이다. 그렇다면 어떻게 해야 할까? 예수는 비슷한 상황에 처했을 때 어떻게 했는가? 예수는 상상할 수 있는 가장 간단하고 자연스러운 방식으로 해결했다. 사람들이 모르는 것을 그들이 아는 것에 비유하여 설명했다. 천국은 어떤 모습일까? 교육받지 못한 팔레스타인의 농민들이 어떻게 알겠는가? 그래서 예수는 그들에게 이미 익숙한 사물과 행동의 관점에서 천국을 묘사했다.

천국은 누룩과 같으니, 마치 한 여자가 서 말의 밀가루에 감추어 두었다가 온통 부풀게 한 누룩과 같다.
다시 말하지만, 천국은 좋은 진주를 찾는 상인과 같다.
다시 말하노니 천국은 마치 바다에 던져진 그물과 같으니…….

예수의 비유는 명쾌했다. 팔레스타인 농민들도 이해할 수 있었다. 청중 가운데 주부들은 매주 누룩을 사용했고, 어부들은 매일 바다에 그물을 던졌으며, 상인들은 진주를 사고팔았다.
다윗은 어떻게 여호와의 보살핌과 사랑의 마음을 분명히 전달했을까?

여호와는 나의 목자시니 내게 부족함이 없으리다. 그분은 나를 푸른 초원에 누이시며 잔잔한 물가로 나를 인도하시도다.

황폐하다시피 한 땅에 푸른 초원. 양들이 마실 수 있는 깨끗한 물. 양을 치던 사람들은 충분히 이해할 수 있는 말이다.

이 원칙을 활용한 다소 놀랍고 흥미로운 사례가 있다. 몇몇 선교사가 아프리카 적도 부근에 사는 부족의 방언으로 성경을 번역하고 있었다. 번역하던 중 이런 구절이 나왔다.

'너희 죄가 선홍빛이어도 눈과 같이 희어질 것이오.'

어떻게 번역해야 할까? 문자 그대로? 그렇게 하면 의미를 제대로 전달할 수 없다. 그저 쓸모없는 말에 그칠 수도 있다. 원주민들은 한 번도 눈을 본 적이 없기 때문이다. 그들의 언어에 눈이라는 단어가 존재하지도 않았다. 이들은 눈과 석탄의 차이를 구별할 수도 없을 것이다. 하지만 코코넛 나무에 수없이 올라갔고 점심으로 코코넛 몇 알을 먹곤 했다. 선교사들은 원주민들이 이해하기 쉽도록 모르는 단어를 알고 있는 단어로 바꾸고자 했다.

'너희 죄가 선홍빛이어도 코코넛 속살같이 희어질 것이오.'

이런 상황에서 더 좋은 표현을 찾기란 어려울 것 같지 않은가?

어느 사범대학에서 알래스카 출신인 한 강사의 강의를 들은 적이 있는데, 이 강사는 여러 면에서 실패했다. 아프리카 선교사들과 달리 청중이 알고 있는 관점에서 이야기하는 것을 소홀히 했기 때문에 그의 강의에는 불분명하거나 지루한 부분이 많았다. 예를 들어 그는 알래스카의 총면적이 153만 제곱킬로미터이고 인구는 64,356명이라고 말했다.

153만 제곱킬로미터가 일반인에게 어떤 의미일까? 아무 의미가 없다. 평범한 사람들은 제곱킬로미터를 기준으로 면적을 생각하는 데 익숙하지 않다. 153만 제곱킬로미터가 메인주나 텍사스주 정도 크기라는 사실도 모를 것이다. 이런 표현으로는 청중의 마음속에 어떤 그림도 떠올리게 하지 못한다. 연설가가 알래스카와 그 섬들을 합친 해안이 지구를 한 바퀴 도는 거리보다 길고, 그 면적이 버몬트와 뉴햄프셔, 메인과 매사추세츠, 로드아일랜드와 코네티컷, 뉴욕과 뉴저지, 펜실베이니아와 델라웨어, 메릴랜드와 웨스트버지니아, 노스캐롤라이나와 사우스캐롤라이나, 조지아와 플로리다, 미시시피와 테네시주를 합친 크기보다 넓다고 말했다면 어땠을까? 대부분 명확하게 알래스카의 면적에 대해 이해하지 않았을까?

그는 인구가 64,356명이라고 말했다. 열 명 중 한 명도 그 인구조사 수치를 5분, 아니 1분도 기억하지 못했을 가능성이 크다. 왜 그럴까? '64,356명'이라고 빠르게 말해서는 명확한 인상을 남기지 못하기 때문이다. 마치 해변의 모래 위에 쓴 단어처럼 일시적이고 불안정한 인상만 남길 뿐이다. 다음 파도가 밀려오면 그 인상마저 완전히 지워진다. 인구조사 결과를 매우 익숙한 무언가로 표현하는 방법이 더 낫지 않았을까? 그곳에 있던 많은 사람이 세인트조지프에 가보았을 것이고, 알래스카는 당시 세인트조지프보다 10,000명 정도 인구가 적었다. 아니면 차라리 연설했던 도시와 알래스카 인구를 직접 비교하면 어땠을까?

"알래스카는 미주리보다 8배는 더 큽니다. 하지만 인구는 여기 워렌스버그에 사는 주민의 13배 정도에 지나지 않습니다."

다음 묘사 중 어느 쪽이 더 명확한가? 1인가, 2인가?

1. 우리에게 가장 가까운 별은 40조 킬로미터가량 떨어져 있다.

2. 1분에 100킬로미터의 속도로 달리는 기차는 4,800만 년이 지나야 가장 가까운 행성에 도달할 것이다. 누가 노래를 불러서 소리가 여기까지 전달된다면 우리가 그 노래를 듣기까지는 380만 년이 걸릴 것이다. 거미줄을 그곳까지 연결한다면 그 무게는 500톤에 달할 것이다.

1. 세계에서 가장 큰 교회인 성 베드로 성당은 길이가 212미터이고 너비는 110미터다.

2. 성베드로 성당은 워싱턴 국회의사당 위에 똑같은 건물을 얹어놓은 것과 같은 크기다.

올리버 로지 경은 대중에게 원자의 크기와 성질을 설명할 때 이 방법을 즐겨 사용했다. 나는 그가 유럽 청중에게 물 한 방울에 들어 있는 원자 수가 지중해의 물방울 전부를 합친 것보다 많다고 하는 것을 들었다. 그날 청중 중에는 일주일 넘게 지브롤터해협에서 수에즈운하까지 항해한 경험이 있는 사람도 있었다. 좀 더 명확하게 청중을 이해시키기 위해 그는 물 한 방울에 온 지구상의 풀잎 수만큼이나 많은 원자가 있다고 말했다.

미국 저널리스트 리처드 하딩스 데이빙스Richard Hardings

Davings는 뉴욕의 한 청중에게 성 소피아 성당이 "뒤에서 보면 마치 롱 아일랜드 같다"라고 말했다.

앞으로 이 원리를 사용하여 거대한 피라미드를 설명할 때 먼저 137미터라고 말한 다음, 청중이 매일 보는 건물에 빗대어 그 높이가 얼마나 되는지 말하라. 면적을 설명할 때는 도시의 몇 블록을 차지하는지 말하라. 액체의 양을 설명할 때는 몇 리터나 몇 파운드인지 말하지 말고 지금 연설하고 있는 방 몇 개에 액체를 채울 수 있는지 설명하라. 높이가 6미터라고 하는 대신 이 천장의 1.5배 높이라고 말하는 것이 어떻겠는가? 몇 미터나 몇 킬로미터로 거리를 설명하는 대신 여기에서 어떤 역까지, 혹은 몇 번가까지의 거리라고 말하는 것이 더 명확하지 않겠는가?

전문 용어를 피하라

변호사, 의사, 엔지니어 또는 고도로 전문화된 사업 분야에 종사하는 등 전문 기술을 요하는 분야에서 일한다면 외부인과 대화할 때 평범한 용어로 자신을 표현하고 필수적인 세부 정보를 설명하는 데 두 배로 더 신경 써야 한다.

두 배로 더 신경 쓰라고 말하는 이유는 대중 연설 전문 강사라는 나의 직업상 이런 면에서 안타깝게 실패한 연설을 무수히 접했기 때문이다. 연설가는 자신의 특정 전문 분야에 대해 일반 대중의 지식이 얼마나 부족한지 의식하지 못하는 경우가 많다.

그래서 어떤 일이 생기는가? 자신의 경험을 기준으로 생각을 늘어놓는다. 자기는 즉시 그것도 끊임없이 의미를 이해하겠지만, 독자들에게 그 의미는 비가 내리고 난 후의 강물처럼 뿌옇기만 할 것이다.

그렇다면 연설가는 어떻게 해야 할까? 인디애나주 전 상원의원 비버리지가 한 다음의 충고를 읽고 머리에 새겨야 한다.

청중 가운데 가장 똑똑해 보이지 않는 사람을 골라 그 사람이 자신의 주장에 관심을 보이게 연설하는 것도 좋은 연습이 됩니다. 이 연습은 명쾌하게 사실을 진술하고 명확하게 추론할 때만 가능합니다. 더 좋은 방법은 부모와 함께 온 어린 소년이나 소녀가 알아들을 수 있게 이야기하는 겁니다. 자신에게, 원한다면 청중에게 말해보세요. 아주 쉽게 말해서 어린아이도 당신의 설명을 이해하고 기억하게 하겠다고요. 연설을 마친 후에도 아이가 여러분의 말을 그대로 따라 할 수 있게 하겠다고요.

내 강좌를 들은 한 의사가 발표 도중 "횡격막 호흡은 내장기관의 연동 작용을 돕고 건강에 큰 도움이 됩니다"라고 말한 것을 들은 기억이 난다. 그는 이 한 문장으로 발표를 끝내고 다른 주제로 넘어가려고 했다. 나는 그를 막고 횡격막 호흡이 다른 호흡과 어떻게 다른지, 왜 횡격막 호흡이 신체 건강에 특히 유익한지, 연동 작용이 무엇인지에 대해 확실히 이해한 학생은 손을 들어달라고 했다. 의사는 그 결과를 보고 깜짝 놀랐다. 그래서 그는 다시 이야기로 돌아가 더욱 자세히 설명했다.

횡격막은 가슴 밑바닥을 이루는 얇은 근육으로 폐의 바닥과 복강 지붕 사이에 있습니다. 복식 호흡을 하면 숨을 쉴 때마다 이 아치형 근육이 아래로 내려가 평평해지고 복부 근육이 벨트를 누르는 것 같은 느낌이 늘 겁니다. 이렇게 횡격막이 아래에 주는 압력은 복강 위쪽의 장기인 위와 간, 췌장과 비장, 명치를 마사지하고 자극합니다.
다시 숨을 내쉬면 위장과 내장이 횡격막에 밀착되어 한 번 더 마사지를 받습니다. 이 마사지는 배설 작용을 돕습니다.
대부분의 건강 문제는 내장기관에서 시작됩니다. 깊은 횡격막 호흡을 통해 위와 내장을 적절히 운동시키면 대부분의 소화불량, 변비, 자가 중독 등의 문제가 사라질 것입니다.

링컨이 명확하게 연설한 비결

링컨은 모든 사람이 즉시 이해하도록 주장을 제시하는 데 깊고 한결같은 애정을 품었다. 그는 의회에 보낸 첫 번째 메시지에 '사탕발림'이라는 표현을 사용했다. 링컨의 친구이자 공공 인쇄업자 데프리스는 이 표현이 일리노이주에서 연설할 때는 괜찮을지 몰라도 중요한 주 정부 기관 문서에서 사용하기에는 품위가 떨어진다고 링컨에게 의견을 밝혔다. 링컨은 이렇게 대답했다.

"글쎄, 데프리스. 사람들이 '사탕발림'이 무슨 뜻인지 이해하지 못할 때가 온다면 바꾸겠지만, 그렇지 않다면 그냥 놔두겠네."

링컨은 녹스대학의 총장 걸리버 박사에게 쉬운 언어에 대한 자신의 '열정'을 어떻게 발전시켰는지 다음과 같이 설명한 적이 있다.

아주 어렸을 때 누군가 이해할 수 없는 방식으로 말을 하면 짜증 나던 기억이 떠오릅니다. 제 인생에서 다른 일로 그렇게까지 화가 난 적은 없었던 것 같아요. 하지만 이해할 수 없는 말은 항상 저를 화나게 했고, 그 이후로 계속되었습니다. 아버지와 함께 저녁을 보낸 후 이웃 사람들의 이야기를 듣고 나서 작은 침실로 가서 밤새도록 이리저리 걸어 다니며 제가 이해할 수 없는 말의 의미를 알아내려고 애썼던 기억도 납니다. 이런 생각에 빠지면 의미를 알게 될 때까지는 잠자려고 해도 잘 수 없었어요. 이해했다고 하더라도 계속 되풀이하여 어린아이라도 이해할 수 있을 정도로 쉽게 풀어내기 전까지는 직성이 안 풀렸죠. 이런 것이 제 열정의 대상이었고, 지금까지 그 열정에 계속 사로잡혀 있습니다.

열정이라고? 그렇다. 열정이라 하기에 충분했을 것이다. 뉴 세일럼 학교 교장이었던 멘토 그레이엄Mentor Graham은 "나는 링컨이 아이디어를 표현하기에 가장 좋은 세 가지 방법을 몇 시간 동안 연구한 것을 알고 있다"라고 말했을 정도다.

사람들이 이해하기 어려운 가장 흔한 이유는 연설가가 표현하고자 하는 것이 자신에게도 명확하지 않기 때문이다. 흐릿한 인상! 불분명하고 모호한 아이디어! 안개 속 카메라로 포착한 장면이 뿌연 만큼 정신적 안개에 잠긴 그들의 생각도 뿌옇기만 하다. 그들은 링컨처럼 모호성과 애매성 때문에 고민해야 한다. 링컨의 방법을 사용해야 한다.

시각에 호소하기

4장에서 살펴본 바처럼 눈에서 뇌로 이어지는 신경은 귀에서 뇌로 이어지는 신경보다 몇 배나 더 많다. 과학적인 근거에 따르면 우리는 귀에서 오는 정보보다 눈으로 오는 정보에 25배 더 많은 주의를 기울인다고 한다.

'백문이 불여일견이다'라는 중국 속담도 있다. 따라서 요점을 명확하게 전달하고 싶다면 아이디어를 시각화해야 한다. 이것이 그 유명한 전미 금전 등록기 회사 사장 고故 존 H. 패터슨의 계획이었다. 그는 〈시스템 매거진System Magazine〉에 기고한 글에서 직원들에게 연설할 때 쓴 방법을 설명했다.

나는 말만으로는 다른 사람을 이해시키거나 주의를 끌고 계속 유지할 수 없다고 생각한다. 극적인 보완이 필요하다. 가능하면 옳고 그른 방법을 보여주는 그림으로 보완하는 것이 좋으며, 단순한 말보다는 도표가, 도표보다는 그림이 더 설득력이 있다. 이상적인 방법은, 세부 사항은 모두 그림으로 표현하고 언어는 그 사이를 연결하는 데만 사용하는 것이다. 나는 일찍이 사람들과 이야기할 때 그림이 내가 할 수 있는 그 어떤 말보다 더 가치가 있다는 사실을 깨달았다.

작고 괴상한 그림은 놀라울 정도로 효과적이다. 나에게는 만화 또는 '도표 언어'라는 시스템이 있다. 달러 표시만 있는 원은 적은 돈을 의미하고, 달러가 표시된 가방은 많은 돈을 의미한다. 둥근 얼굴로도 수많은 좋은 효과를 얻을 수 있다. 원을 그리고 눈, 코, 입, 귀에 몇 개의 표시만 하면 된다. 이 선을 비틀면 표정이 생긴다. 시대에 뒤떨어진 사람은 입꼬리가 아래로 내려가고, 최신 유행을 따르는 친구는 입꼬리를 위로 올린다. 평범한 그림이지만 가장 유능한 만화가는 가장 예쁜 그림을 그리는 사람이 아니다. 아이디어와 대조를 명확하게 표현하는 것이 중요하다.

돈이 그려진 큰 가방과 작은 가방을 나란히 놓으면 옳은 길과 잘못된 길을 보여주는 자연스러운 비유가 된다. 하나는 큰돈을 뜻하고, 다른 하나는 적은 돈을 뜻한다. 말하면서 이런 내용을 빠르게 스케치하면 사람들이 주의가 산만해질 염려가 없다. 당신의 그림을 볼 수밖에 없으므로 전달하고 싶은 요점 또한 계속 주시하게 될 것이다. 그리고 재미있는 그림은 사람들을 유쾌하게 만든다.

나는 화가 한 명을 고용하고 함께 매장을 돌아다니며 잘못된 부분을 스케치하게 했다. 그런 다음 스케치를 그림으로 만들고 직원들을 불러서 그들이 뭘 잘못하고 있는지 정확하게 보여줬다. 환등기라는 것이 있다는 말을 듣자마자 바로 구매해서 스크린에 그림을 투사했다. 종이에 그린 것보다 훨씬 더 효과적이었다. 그런 다음 영화가 나왔다. 내가 소지한 영사기가 아마 최초의 영사기 중 하나였을 것이다. 우리 회사에는 수많은 필름과 60,000개 이상의 컬러 슬라이드를 갖춘 부서가 따로 있다.

물론 모든 주제나 상황이 그림에 적합한 것은 아니다. 하지만 가능한 경우 이 방법을 활용해보자. 주의를 끌고 흥미를 자극하며 종종 의미를 두 배로 명확하게 만들어준다.

동전을 쓸어버리는 록펠러

그런가 하면 록펠러는 〈시스템 매거진〉의 칼럼을 통해 콜로라도 채광 회사의 재정 상황을 명확히 알리기 위해 시각에 호소하는 방법을 설명했다.

나는 그들(콜로라도 연료 및 철강 회사의 직원들)이 록펠러 부자가 콜로라도에 대한 지분으로 막대한 이익을 얻고 있다고 상상한다는 것을 알게 되었다. 수많은 사람이 그들에게 그렇게 말했다. 그들에게 정확한 상황을 설명해야 했다. 우리가 콜로라도 채광 회사와 관계를 맺은 14년 동안 콜로라도 채광 회사가 주식에 대해 단 한 푼도 배당금을 지급한 적이 없다는 사실을 그들에게 증명했다.

한 회의에서 나는 회사의 재정에 대한 실사례를 들었다. 테이블 위에 동전을 쌓아두고 회사가 처음으로 돈을 지급해야 할 부분은 급여 명세서이기 때문에 먼저 노동자의 임금을 나타내는 부분부터 쓸어버렸다. 그런 다음 간부들의 임금을 나타내기 위해 더 많은 동전을 쓸어냈고 남은 동전을 감독자들의 수수료를 나타내는 데 썼다. 주주들에게 돌아갈 동전은 하나도 없었다. 그래서 나는 물었다.

"여러분, 우리 모두 파트너인 이 회사에서 파트너 중 세 파트너가 모든 수익을 가져가고 네 번째 파트너는 아무것도 가져가지 않는 것이 공평할까요?"

설명이 끝난 후 한 사람이 임금이 인상되어야 한다는 취지의 연설을 했다. 나는 그에게 "파트너 중 한 명이 한 푼도 받지 못하는데 여러분이 더 많은 임금을 원하는 것이 공정한가요?"라고 물었고, 그는 공정하지 않다고 인정했다. 그 후로는 임금 인상에 관한 이야기가 사라졌다.

시각에 호소할 때는 명확하고 구체적으로 해야 한다. 석양에 비친 사슴뿔 실루엣처럼 선명하고 또렷하게 눈에 띄는 그림을 마음속으로 그려보라. 예컨대 '개'라는 단어는 코커스패니얼, 스코치테리어, 세인트버나드 또는 포메라니안과 같은 동물을 떠올리게 한다. 하지만 '불도그'라고 하면 훨씬 더 뚜렷한 이미지가 떠오른다. 이 용어는 덜 포괄적이다. '프렌치 불도그'라고 하면 더 분명한 이미지가 떠오르지 않는가? 그냥 '말'이라고 하기보다

'검은색 셰틀랜드'라고 말하는 것이 더 생생하지 않은가? '다리 하나가 부러진 흰 밴텀 수탉'이 단순히 '새'라는 단어보다 훨씬 더 명확하고 선명한 그림을 제공하지 않는가?

중요한 아이디어를 다른 단어로 다시 말하기

나폴레옹은 빈복이 수사학의 유일한 원칙이라고 선언했다. 나폴레옹은 어떤 아이디어가 자신에게 명확하다고 해서 다른 사람이 즉시 그 아이디어를 이해한다는 뜻이 아니라는 것을 알고 있었다. 새로운 아이디어를 이해하는 데는 시간이 걸리며, 그 아이디어에 계속 정신을 집중해야 한다는 것도 알고 있었다. 요컨대 그는 아이디어를 반복해야 한다는 사실을 알았다. 정확히 같은 말을 반복하라는 뜻이 아니다. 사람들은 같은 말을 반복하면 지루해한다. 당연히 그럴 만하다. 그러나 신선한 문구를 사용해 반복하고 표현이 다양하다면 청중은 전혀 반복으로 느끼지 않을 것이다.

구체적인 예를 들어보자. 고인이 된 브라이언은 이렇게 말했다.

자신이 주제를 이해하지 못하면서 사람들을 이해시킬 수는 없다. 주제를 명확하게 알고 있을수록 다른 사람의 마음속에 그 주제를 더 명확하게 제시할 수 있다.

여기서 마지막 문장은 첫 번째 문장에 포함된 아이디어를 되풀이한 데 불과하지만, 이 문장을 말할 때 사람들의 마음은 그것이 반복임을 알아차릴 여유가 없다. 단지 주제가 더 명확해졌다고 느낄 뿐이다.

나는 대중 연설 강좌에서 발표를 들을 때마다 연설가가 반복의 원칙을 사용했다면 더 명확하고 인상적이었을 거라는 느낌을 받곤 한다. 초보자는 반복의 원칙을 완전히 무시한다. 얼마나 안타까운 일인가!

일반적인 예시와 구체적인 사례를 사용하라

요점을 명확하게 전달하는 가장 확실하고 쉬운 방법 중 하나는 일반적인 예시와 구체적인 사례를 소개하는 것이다. 이 둘의 차이점은 무엇일까? 용어에서 알 수 있듯, 하나는 일반적이고 다른 하나는 구체적이다.

구체적인 사례를 들어 두 가지 방법의 차이점과 각 쓰임새를 설명하겠다. '놀랍도록 수익이 많은 전문직 남성과 여성이 있다'라는 문장이 있다고 해보자.

이 진술이 명확한가? 연설가가 실제로 무엇을 의미하는지 명확하게 알 수 있는가? 그렇지 않다. 연설가 본인도 이 주장이 다른 사람의 마음속에 어떤 생각을 불러일으킬지 확신할 수 없다. 오자크산의 시골 의사는 소득이 5,000달러인 소도시의 가정의

학과 의사를 떠올릴 수 있다. 성공한 광산 기술자는 연간 10만 달러를 버는 같은 직업의 남성을 떠올릴 수 있다. 위의 진술은 지나치게 모호하고 허술하다. 문장의 의미를 좀 더 구체적으로 진술해야 한다. 화자가 말하는 직업이 무엇인지, '놀랍도록 많은' 이라는 말이 무엇을 의미하는지 알 수 있도록 몇 가지 뚜렷한 세부 정보를 제공해야 한다.

미국 대통령보다 더 많은 돈을 버는 변호사와 권투 선수, 작곡가와 소설가, 극작가와 화가, 배우와 가수가 있다.

이제 연설가가 무슨 말을 하는지 좀 더 명확하게 알 수 있지 않나? 그러나 이 연설가는 개별적인 언급을 하지 않았다. 구체적인 사례가 아니라 일반적인 예시를 사용했다. 로사 폰셀Rosa Ponselle, 키르스텐 플라그스타Kristen Flagstad, 릴리 퐁스Lily Pons가 아니라 그냥 '가수'라고 말했다. 따라서 진술은 여전히 지나치게 모호하고 허술하다. 구체적인 사례가 필요하다. 연설가가 직접 설명해야 하지 않을까? 다음 단락에서처럼 구체적인 사례를 사용한다면 의미가 좀 더 뚜렷하지 않을까?

위대한 재판 변호사 사무엘 운터마이어Samuel Untermyer와 맥스 스튜어Max Steuer는 연간 100만 달러의 수입을 거두었습니다. 권투 선수 잭 뎀시Jack Dempsey의 연간 수입은 50만 달러에 달하는 것으로

알려져 있습니다. 교육받지 못한 젊은 흑인 투우사 조 루이스Joe Louis
는 20대에 불과했지만, 50만 달러 이상의 수입을 올렸습니다. 어빙 벌
린Irving Berlin은 래그타임 음악으로 연간 50만 달러를 벌어들인 것
으로 알려졌습니다. 시드니 킹즐리Sydney Kingsley는 연극 대본으로
주당 10,000달러의 인세를 받았습니다. H. G. 웰스Wells는 자서전에
서 책으로 300만 달러를 벌었다고 고백했습니다. 디에고 리베라Diego
Rivera는 그림을 그려 1년에 50만 달러 이상의 수입을 거두었지요. 캐
서린 코넬Katharine Cornell은 주당 5,000달러나 되는 영화 출연료를
거부했고요. 오페라 가수 로렌스 티벳Lawernce Tibbet과 그레이스 무
어Grace Moore는 연간 수입이 25만 달러에 달한다고 합니다.

이제 연설가가 전달하고자 하는 바를 매우 명확하고 생생하
게 파악할 수 있지 않은가?

구체적이어야 하다. 명확하게 하라. 분명하게 표현하라. 청중
에게 선명한 인상을 줄 뿐 아니라 확신을 주고 흥미를 유발할 수
있다.

야생 염소를 따라 하지 마라

윌리엄 제임스 교수는 교사들을 상대로 한 발표에서 한 번의
강의에서는 한 가지 요점만 강조할 수 있다고 말했다. 이때 그
가 언급한 강의에 주어진 시간은 한 시간이었다. 그런데 나는 최

근 시간이 3분으로 제한된 강의에서 열한 가지 요점에 대해 주의를 환기하고 싶다고 말하며 서두를 시작하는 사람을 보았다. 그렇다면 열한 가지 주제의 각 단계에 16.5초씩 할애해야 한다는 뜻이다. 멀쩡한 사람이 그렇게 터무니없는 시도를 한다는 것이 믿기지 않을 정도였다. 그렇지 않은가? 내가 극단적인 경우를 인용한 것은 사실이다. 그러나 그 정도까지는 아니더라도 이와 같은 실수는 초보자에게 큰 걸림돌이 된다. 이처럼 무모한 시도를 하는 연설가는 하루 만에 관광객에게 파리의 모든 관광지를 보여주려는 가이드와도 같다. 미국 자연사 박물관을 30분 안에 돌아보려는 시도와도 같다. 물론 가능은 하다. 하지만 그렇게 해서는 명쾌함도 즐거움도 얻지 못한다. 많은 발표가 명료하지 못한 이유는 연설가가 정해진 시간 내에 세계 신기록을 세우겠다는 욕심을 부리기 때문이다. 그는 야생 염소처럼 재빠르고 민첩하게 한 주제에서 다른 주제로 넘어가려 한다.

이 강좌에서 하는 발표는 시간 관계상 짧게 진행해야 하므로 준비한 내용을 적절히 줄여 준비해야 한다. 예컨대 노조에 관해 이야기할 경우, 노조가 생긴 이유와 적용한 방법, 그들이 쌓아온 선과 악, 노사분쟁을 해결하는 방법 등을 3분 또는 6분 안에 말하려 하지 마라. 그러면 안 된다. 그렇게 하려 애쓴다면 아무도 당신이 한 말을 제대로 알아듣지 못한다. 모든 내용이 혼란스럽고, 흐릿하고, 극도로 불충분해 단순한 윤곽만 전달하는 데 그친다.

노동조합의 한 가지 문제만 선택해 충분히 다루고 나서, 그다음 문제에 대해 말하는 것이 현명하지 않을까? 그런 연설은 하나의 인상을 남긴다. 명료하고, 듣기 쉽고, 기억하기 쉽다.

그러나 주제의 여러 단계를 다뤄야 할 경우에는 마지막에 간략하게 요약하는 것이 좋다. 이 제안이 어떻게 활용되는지 살펴보자. 이 책의 다음 순서로 이번 장의 요약문이 실려 있다. 요약문을 읽으면 전달하고자 하는 메시지가 더 명료하고 이해하기 쉬워지지 않는가?

의미를 명확하게 전달하는 방법

1. 명확히 하는 것은 대단히 중요하면서도 매우 어렵다. 예수는 비유를 들어 가르쳤다.
   "그들(듣는 사람들)은 보아도 보지 못하고 들어도 듣지 못하며 깨닫지도 못한다."

2. 예수는 알려지지 않은 것을 알려진 것에 비유하여 말함으로써 알려지지 않은 것을 분명히 설명했다. 천국을 누룩과 바다에 던져진 그물, 진주를 사는 상인에 비유했다.
   "너도 가서 그리하라."
   알래스카의 면적을 설명하고 싶다면 그 면적을 제곱킬로미터 단위로 말하지 마라. 그 대신 알래스카에 들어갈 주가 몇 개인지 말하라. 지금 연설하고 있는 도시를 기준으로 알래스카의 인구를 열거하라.

3. 일반 청중에게 연설할 때는 전문 용어를 피하라. 링컨의 계획을 따라 어떤 아이라도 이해할 수 있을 만큼 쉬운 언어로 생각을 표현하라.

4. 연설하려는 주제가 먼저 자신의 머릿속에서 한낮의 햇살처럼 선명하게 떠오르는지 확인하라.

5. 시각에 호소하라. 가능한 한 볼거리와 사진, 삽화를 사용하라. 구체적으로 말하라. '오른쪽 눈 위에 검은 반점이 있는 폭스테리어'를 가리킬 때는 '개'라고 말하지 마라.

6. 중요한 아이디어를 다시 말하되, 같은 표현을 반복하거나 두 번 사용하지 마라. 표현을 다양하게 바꾸면서 듣는 사람이 알아차리지 못하도록 아이디어를 반복하라.

7. 추상적인 설명을 한 뒤에 일반적인 예시를 제시하라. 특정 사례와 구체적인 일화를 제시하면 더 좋다.

8. 너무 많은 요점을 다루려 애쓰지 마라. 짧은 연설에서는 큰 주제의 한두 단계 이상을 적절하게 다루기를 기대할 수 없다.

9. 요점을 간단히 말하며 마무리한다.

공명 개발하기

공명에 대한 다음 논의와 공명 발달 연습은 R. J. 휴즈Hughes
교수가 이 강좌를 위해 특별히 작성한 것이다.

어렸을 때 반쯤 비어 있는 빗물 통에 머리를 집어넣고 소리를 내
면 귀가 울릴 정도로 놀라운 효과가 나타났던 것을 기억하는가?
이 효과는 공명 또는 교감 진동 때문에 생긴다. 그때 나온 소리는
통의 윗부분에 둘러싸인 공기에 전달되어 몇 배로 증폭되었다. 통
모양의 드럼, 관이 있는 나팔, 공명이 있는 피아노, 나무로 만든 바
이올린 등 모든 악기는 공기든 나무든 금속이든 적절한 탄력성의
매개체와 전해지면서 약했던 소리가 강화되고 힘을 더하는 원리
를 기반으로 만들었다. 사람의 목소리 역시 그런 악기다. 성대에
서 미약하게 윙윙거리는 초기 소리는 가슴과 후두, 입과 코의 부분
적으로 열린 공기구멍을 진동시키며, 이 공기구멍에서 소리가 놀
랍도록 강화되어 강하고 웅장해진다. 처음에 성대에서 윙윙거리
는 소리만 나오는 경우 목소리는 불과 몇 미터 떨어진 곳에서만 들
리며, 우리가 사람의 말과 연관 짓는 특징이 전혀 없다. 가슴의 공
명은 대부분 저절로 일어나지만, 두강head cavity은 의지대로 통제
할 수 있으며 능숙하게 사용하면 아름답고 강력한 효과를 낼 수
있다. 내가 아는 어떤 연설가는 톤이 밋밋하고 목소리가 공허했지

만 신중한 연구와 충실한 연습으로 두강을 최대한 활용하게 되었고, 이제는 몇 년째 울림이 깊은 목소리로 대형 강당을 손쉽게 채우며 사람들의 주목을 받고 있다. 공명 기관, 특히 입과 코의 올바른 사용법을 제대로 익히는 것은 대중 연설가의 교육에서 중요한 부분임이 틀림없다.

진동하는 공기는 후두나 성대를 지나 열린 목을 통해 입천장 뒤쪽의 부드러운 부분에 도달한다. 입천장의 아치 아래에서 숨의 일부는 입으로 들어가고, 다른 일부는 입천장 뒤쪽의 막 뒤에 있는 통로를 통해 코로 들어간다.

비강은 구강보다 더 크고 바위 동굴의 내부처럼 표면이 불규칙하고 다양하다. 동굴에서 큰 소리로 말하거나 환호성을 지른 적이 있는가? 그렇다면 전에는 들어본 적 없는 울림에 놀랐을 것이다. 마찬가지로 코와 머리의 기묘한 동굴처럼 생긴 공간에서 목소리에 화려하고 풍부한 특성이 더해진다. 이를 '두성'이라고 한다. 동시에 입천장 아치 아래에서 입으로 들어간 다른 흐름은 완전히 다른 변화를 겪는다. 입천장 뒤로 비강에 들어갔던 흐름과 마찬가지로 양이 커질 뿐 아니라 유연한 혀와 움직이는 입술에 의해 흐름이 바뀐다. 이렇게 나온 소리를 모음이라고 한다. 따라서 모음은 입의 공명일 뿐, 성대로 만들어지지 않는다는 것을 알 수 있다. 주로 혀에 의해 입안에 일시적으로 생기는 틀에 따라 어떤 모음이 나올지 결정된다. 입은 자음의 간섭이 이루어지는 모음의 방인 셈이다. 이제 세 개의 공명 구멍을 가장 효과적으로 사용하는 방법을 설명하겠다.

흉강은 5장에서 배운 것처럼 호흡을 조절하여 음색을 단단히 지
탱하면 저절로 공명을 일으키며, 가슴 위쪽에 손을 얹으면 이 공명
을 느낄 수 있다. 저음의 깊은 음색에서 더 강해지며, 성인 남자의
목소리에서 주로 나타난다. 말을 할 때마다 심호흡으로 목소리를
받쳐주면 가슴 공명을 충분히 활용할 수 있다.

코의 공명은 특별한 훈련을 통해서만 그 귀중한 도움을 얻을 수
있다. 처음에는 코의 공명과 '비음'의 차이점을 알아야 한다. '비음'
은 소리가 코를 자유롭게 통과하지 못할 때 나온다. 엄지와 검지
로 양쪽 콧구멍을 좁혀라. 이제 "달이 빛나고 있습니다"라고 말해
보라. 그때 나오는 불쾌한 비음에 주목하라. 장애물을 제거하면 목
소리가 코를 통과하는 것을 자발적으로 예방하며 이 효과를 따라
할 수 있다. 이제 목소리가 코를 통해 자유롭게 흐르게 하며 문장
을 말해보라. 불쾌한 느낌이 사라진다. 입 '앞쪽에서' 발음한 단어
로 말해야 하지만 동시에 소리가 코를 자유롭게 통과해야 한다. 다
음은 공명을 개발하는 데 도움 되는 연습이다.

연습 1. 숨을 깊이 들이마신다. 부드럽게 숨이 빠져나가는 소리와
더불어 조금씩 숨을 내쉬어라. 반복하라. 숨이 빠져나갈 때 갑자기
입술을 닫고 코를 통과하는 꾸준한 호흡의 흐름을 유지하라. 그러
면 허밍으로 자음 '므m' 소리가 난다.

연습 2. 깊이 숨을 들이마신다. 허밍으로 '므' 소리를 낸다. 허밍

을 멈추지 않고 입술을 열고 혀끝을 입천장으로 들어 올려 허밍을 '느n'로 바꾼다. '므'와 '느'를 번갈아 교차시키고 '미~님minim'에 가까운 소리가 나게 하라. 공기의 연속적인 흐름을 유지하면서 계속 반복한다. 공기가 진동하는 느낌이 어디에서 느껴지는지 주목한다.

연습 3. 연습 2를 변형하여 허밍 '느'와 '므' 사이에 모음 '이ee'를 넣고 '미니미니menemene'와 같은 소리를 만든다. 허밍이 코에서 계속 나오는 동안 입안에서 선명한 공명이 느껴지는 것을 확인하라. 모음을 발음하는 동안의 허밍 소리가 중요하다. 듣는 것뿐 아니라, 느껴보아라.

연습 4. 연습 3을 반복한 다음 공명의 흐름을 멈추지 않고 '이'를 '아ah'로 바꾸어 '미니~아'처럼 들리게 한다. 이때 앞니 바로 뒤에서 선명하게 울리는 '아' 소리와 두강에서 나오는 허밍 소리가 동시에 들려야 한다.

연습 5. 비강에서 공명의 흐름을 멈추지 않고 천천히 '민mean, 마인mine'을 여러 번 반복한다.

13장

인상적이고 설득력 있게
말하는 방법

성공 비결은 다른 사람의 마음을 바꾸는 방법을 아는 데 있다. 성공한 변호사, 상인, 정치인 또는 설교자를 만드는 것은 바로 이 능력이다.

_ 프랭크 크레인Frank Crane (영화감독)

말로 사람을 움직이는 힘이 지금보다 더 중요하고, 유용하고, 인정받는 때는 한 번도 없었다.

_ 조지 커즌George Nathaniel Curzon (옥스퍼드대학교 명예총장)

자신의 의견과 자신의 지식에 만족하면 영원히 무지해진다.

_ 앨버트 허버드Elbert Hubbard (작가)

대중 연설가는 다른 사람이 단조롭게 생기 없이 표현하는 주제를 힘차고 매력적으로 제시해야 한다.

_ 키케로Marcus Tullius Cicero (고대 로마 정치가)

청중 앞에서 연설하며 끊임없이 노력하는 것만큼 사람의 잠재력을 빠르고 효과적으로 끌어낼 방법은 없다. 대중 앞에서 갑자기 자기 생각을 이야기해야 할 때는 그 사람의 능력과 기술이 혹독한 시험대에 오른다.

대중 연설 연습, 즉 논리적이고 강력한 방식으로 사람의 힘을 총동원하고 집중하려는 노력은 잠재력을 일깨운다. 주목받고, 감정을 자극하고, 청중의 이성을 설득하는 데서 비롯되는 힘의 감각은 자신감과 확신, 자존감을 불러일으키고 모든 면에서 더 효과적인 사람이 되게 한다.

자신을 표현하려는 과정 속에 판단과 교육, 인간성과 성격, 정체성, 지금까지 한 사람을 만들어온 모든 것이 파노라마처럼 펼쳐진다. 정신적 능력이 빨라지고 모든 생각과 표현의 힘이 자극받는다.

_ 오리슨 스웻 마튼Orison Swett Marden (작가)

노스웨스턴대학교 총장 월터 딜 스콧Walter Dill Scott은 이렇게 말한다.

"마음속에 들어오는 아이디어와 개념 또는 결론은 이에 상충하는 생각으로 반박받지 않는 한 진실로 간주된다. 우리가 어떤 사람에게 어떤 종류의 아이디어를 주고 그의 마음속에 상충하는 아이디어가 떠오르지 않게 한다면 굳이 그 아이디어가 진실이라고 설득할 필요가 없다. 내가 여러분에게 '공기 빠진 타이어는 좋은 타이어다'라는 문장을 읽게 하고 여러분의 머릿속에 모순되는 아이디어가 머릿속에 떠오르지 않는다면 여러분은 아무 증거 없이도 공기 빠진 타이어가 좋은 타이어라고 믿을 것이다."

스콧 박사는 여기서 대중 연설가 또는 개인 연설가가 활용할 수 있는 가장 강력한 영향력 중 하나인 암시에 관해 이야기하고 있다.

동방박사들이 첫 크리스마스에 베들레헴의 별을 따라 동방으로 오기 300년 전, 아리스토텔레스는 인간은 추론하는 동물이며 논리에 따라 움직이는 이성적인 동물이라고 가르쳤다. 인간을 치켜세운 말이다. 인간이 순수하게 자신의 이성에 따라 행동하는 일은 아침 식사 전에 낭만적인 생각을 하는 것만큼이나 드물다. 우리의 행동 대부분은 암시의 결과다.

암시는 증거나 예시 없어도 우리의 마음을 움직여 아이디어를 받아들이게 한다. "로열 베이킹파우더는 절대적으로 순수합니다"라고 말하고 이 말을 증명하려 하지 않는다면, 암시를 활용하는 것이다. 제품에 대한 분석과 이에 관련된 유명 셰프의 증언을 제시한다면 내 주장을 증명하려 하는 것이다.

다른 사람을 다루는 데 가장 능수능란한 사람은 주장보다 암시에 더 많이 의존한다. 오늘날의 판촉 활동과 현대 광고는 주로 암시에 기반을 두고 있다.

믿기는 쉽다. 오히려 의심하기가 더 어렵다. 현명하게 의심하고 질문하기 위해서는 경험과 지식, 사고가 필요하다. 아이에게 산타클로스가 굴뚝에서 내려온다고 말하거나 미개인에게 천둥은 신의 분노라고 말하면 아이와 미개인은 반박할 수 있을 정도의 충분한 지식을 습득할 때까지 그 말을 받아들일 것이다. 인도의 수많은 사람은 갠지스강이 신성하고 뱀은 변장한 신이며 소를 죽이는 것은 사람을 죽이는 것만큼이나 잘못된 일이고 구운 소고기를 먹는 것은 식인 행위에 지나지 않는다고 열렬하게 믿었다. 이들은 이러한 부조리가 증명되었기 때문이 아니라 암시가 마음속 깊이 박혀 있고, 의문을 제기하는 데 필요한 지능과 지식, 경험이 없기에 이 부조리를 받아들였다.

우리는 이들을 비웃는다. 불쌍하고 가련한 생명체들! 그러나 면밀하게 따져보면, 우리가 가장 소중히 여기는 의견과 신념, 신조, 우리 삶의 기반이 되는 행동 원칙의 대부분이 추론이 아니라 암시의 결과임을 알게 될 것이다. 사업 분야에서 구체적인 예를 들어보겠다. 우리는 애로우 칼라를 중요시한다. 로열 베이킹 파우더와 하인즈 피클, 골드메달 밀가루, 아이보리 비누는 최고는 아니더라도 동종 업계 최고의 제품 중 하나다. 왜 그럴까? 이러한 판단에 충분한 근거가 있을까? 근거라고? 우리 대부분에게는 전혀 없다. 왜냐고? 우리가 이러한 브랜드의 가치와 경쟁 기업의 생산량을 꼼꼼하게 비교했는가? 그렇지 않다! 우리는 증거가 제시되지 않은 것을 믿게 되었다. 논리가 아닌 편견과 편향, 거듭된 암시가 우리의 믿음을 형성해왔다.

우리는 암시의 피조물이나 다름없다. 부정할 수 없는 사실이다. 여러분과 내가 생후 6개월에 요람에서 끌려 나와 거대한 인도 브라마푸트라강 유역의 힌두교 가정에서 자랐다면, 어릴 때부터 소가 신성하다고 배웠을 것이다. 베나레 거리에서 소를 만나면 입맞춤하고, 소고기를 먹는 '기독교의 야만인'을 공포의 눈으로 바라보고, 원숭이 신과 코끼리 신, 나무와 돌의 신에게 절을 하고 있었을 것이다. 그러므로 우리의 믿음은 이성적인 추론으로만 형성되지 않는다. 대부분 암시와 지리적 환경의 영향을 받는다.

우리 대부분이 매일 암시로 어떤 영향을 받는지 보여주는 일상적인 예를 들어보겠다. 커피가 해롭다는 말을 여러 번 들었을 것이다. 그래서 커피를 마시지 않으려 한다고 가정해보자. 저녁 식사를 하러 좋아하는 레스토랑에 들어간다. 영업 수완이 뛰어나지 않은 종업인인 경우, "커피 드시겠습니까?"라고 물어볼 수 있다. 그렇게 물어본다면 당신은 순간적으로 커피를 마실까 말까 하고 갈등할 수 있으며, 아마 자제력이 승리할 것이다. 즉각적인 미각의 만족보다 소화가 잘되기를 더 원하기 때문이다. 하지만 "커피는 안 드실 거죠?"라고 부정적으로 묻는다면 "안 마셔요"라고 말하는 쪽이 더 간단하다는 걸 알게 될 것이다. 종업원의 질문에 거절해야겠나는 생각이 행농으로 나온 것이다. 교육받지 못하고 분별력 없는 영업 사원이 잠재 고객에게 이런 부정적인 제안을 하는 것을 보지 않았는가? 하지만 종업원이 "커피를 지금 드실 건가요, 아니면 나중에 드실 건가요?"라고 묻는다고 가정해보자. 어떤 일이 일어날까? 종업원은 당신이 커피를 원한다는 점에 의문의 여지가 없다고 교묘하게 가정한다. 언제 커피를 원하느냐에 주의를 집중시킨다. 마음속에서 다른 고려 사항을 배제하게 되고, 이에 상충하는 아이디어가 떠오르지 않으며 커피를 주문하겠다는 생각을 행동에 옮긴다. 결과는? 커피를 주문할 생각이 전혀 없었는데도 "지금 주세요"라고 말하게 된다. 나에게도 이런 일이 있었다. 이 글을 읽는 사람에게도 비슷한 경험이 있었을 것이다. 그리고 이와 같은 일이 매일 수천 건씩 일어나고 있다. 백화점에서는 판매원에게 "보내드릴까요?"라고 물으면 배송비가 즉시 증가한다는 사실을 알고 있기에 "가져가시겠습니까?"라고 질문하도록 교육한다.

머릿속에 들어오는 모든 생각은 사실로 받아들여지는 경향이 있다. 그뿐만 아니라 이런 생각이 행동으로도 옮겨지는 경향이 있다는 것은 심리학적으로 잘 알려진 사실이다. 예를 들어, 알파벳을 발음할 때 사용되는 근육을 조금도 움직이지 않고는 알파벳을 생각할 수 없다. 침을 삼킬 때도 그 행동에 사용되는 근육을 조금도 움직이지 않고는 침을 삼키는 것을 생각할 수 없다. 움직임을 느끼지 못할 수도 있지만 근육 반응을 기록할 수 있는 섬세한 장치가 있으면 움직임을 감지할 수 있을 것이다. 우리가 생각하는 모든 것을 하지 않는 유일한 이유는 또 다른 생각이 일어나 충동을 가로막기 때문이다. 우리의 그런 생각이 쓸모없고, 대가를 치러야 하며, 문제가 생길 수도 있고, 어리석으며, 위험하다고 여기는 것이다.

우리의 주요 문제

따라서 마지막 분석에서 사람들에게 우리의 믿음을 받아들이게 하거나 그들이 우리의 암시에 따라 행동하도록 하는 데 문제는 오직 이것뿐이다. 사람들의 마음속에 아이디어를 심은 후, 이에 상충하는 아이디어가 생기지 않게 하는 것이다. 이렇게 하는 데 뛰어난 사람은 연설에서 유리할 뿐 아니라 사업에서도 성공할 수 있다.

심리학에서 제공하는 도움

이와 관련하여 심리학에서 도움 될 만한 암시 방법이 있을까? 단언컨대 그렇다. 어떤 방법이 있는지 살펴보겠다. 첫째, 주요 아이디어를 강렬하게, 전염성 있는 열정을 담아 암시할 때 이에 반대되는 아이디어가 머릿속에 떠오를 가능성이 훨씬 작다는 사실을 알고 있는가? '전염성'이라고 하는 이유는 실제로 열정에 전염성이 있기 때문이다. 열정은 비판적 기능을 완화한다. 모든 반대 의견과 부정적이고 반대하는 아이디어를 내쫓는 진정 '사나운 쥐'다. 강한 인상을 남기는 것이 목표라면 생각을 불러일으키는 것보다 감정을 자극하는 것이 더 효과적이라는 점을 기억하라. 감정은 차가운 생각보다 더 강력하다. 감정에 호소하려면 열정적이고 진지해야 한다. 불성실한 태도는 연설을 전달하는 데 생기를 앗아간다. 어떤 멋진 문구를 만들어내든, 어떤 삽화를 동원하든, 목소리가 얼마나 조화롭고 제스처가 얼마나 우아하든 진심을 담지 않으면 공허하게 빛나는 장식이 될 뿐이다. 청중에게 감동을 주고 싶다면 스스로 감명을 받아야 한다. 자기 눈을 통해 빛나고, 목소리를 통해 발산되며, 태도를 통해 자신을 선포하는 정신은 청중에게 저절로 전달될 것이다.

당신의 생각을 사람들이 이미 믿고 있는 것에 비유하라

한 무신론자가 성공회 신부 윌리엄 페일리William Paley에게 신은 존재하지 않는다고 선언하고는 자신의 주장에 반박해보라고 했다. 페일리는 조용히 시계를 꺼내 상자를 연 다음 불신자에게 내부 장치를 보여주며 이렇게 말했다.

저 레버와 바퀴, 스프링이 스스로 만들어지고 서로 맞물려 혼자 작동하기 시작했다고 말한다면 제 지능을 의심하지 않으시겠습니까? 물론 그러시겠죠. 하지만 별을 올려다보세요. 태양 주위를 도는 지구와 행성들, 그리고 하루에 160만 킬로미터가 넘는 속도로 공전하는 성운 전체까지, 별들에는 모두 완벽하게 정해진 경로와 움직임이 있습니다. 별 하나하나 자기만의 태양계가 있으며, 그 태양계는 우주를 향해 돌진합니다. 하지만 아무런 충돌도, 교란도, 혼란도 없습니다. 모두 조용하고 효율적으로 움직이며 저절로 통제됩니다. 이 현상이 그냥 일어난 일이라고 믿는 쪽이 더 쉬울까요, 아니면 누군가가 그렇게 만들었다고 믿는 쪽이 더 쉬울까요?

제법 인상적이지 않은가? 페일리는 어떤 기술을 사용했는가? 한번 살펴보자. 그는 10장에서 조언한 대로 공통의 근거에서 시작하여 상대방이 처음에 "예"라고 말해 동의하게 한 다음, 신을 향한 믿음은 시계 제작자에 대한 믿음만큼 단순하고 필연적이라는 사실을 보여주었다.

그가 처음부터 그에게 반기를 든 사람에게 다음과 같이 반박했다고 가정해보라.

"신이 없다고요? 바보 같은 소리 하지 마세요. 지금 무슨 말을 하는지도 모르고 있잖아요."

어떻게 됐을까? 분명 말다툼이 벌어졌을 테고, 그 말다툼은 티고 남은 재처럼 헛뇌었을 것이다. 무신론자는 자신의 신념을 관철하기 위해 키플링의 시 '퍼지 워지Fuzzy Wuzzy(수단의 토민병. 속어로는 원주민, 흑인을 말한다)'에서처럼 격렬하게 분노하며 반박하는 데 무모한 열정을 쏟아부었을 것이다. 왜 그럴까? 로빈슨 교수가 지적했듯, 자신의 소중한 의견이 무시당하고 소중한 자존감이 위협받았기 때문이다. 그의 자존심 또한 상처받았을 것이다.

자존심은 인간 본성에서 근본적으로 폭발적인 특성이므로 상대의 자존심을 거스르기보다 세워주는 편이 더 지혜롭지 않을까? 어떻게 하면 될까? 페일리가 그랬듯, 우리가 암시하는 주장이 상대가 이미 믿고 있는 것과 매우 유사하다는 사실을 보여주면 된다. 그러면 상대방이 우리의 암시를 거부하기보다 받아들이기 더 수월해진다. 그렇게 하면 상대의 머릿속에 우리가 말한 내용에 상충하는 생각이 떠오르는 것을 막을 수 있다.

페일리는 인간의 마음이 어떻게 작동하는지를 잘 이해하고 있었다. 그러나 사람 대부분은 타인의 믿음이라는 신념의 성채에 들어갈 수 있는 미묘한 기술이 부족하다. 그들은 성채를 점령하기 위해 성채에 급습하여 공격을 퍼부어야 한다고 착각한다. 그러면 어떻게 될까? 적대적인 행위가 시작되는 순간, 도개교가 들어 올려지고 큰 문이 쾅 닫힌 후 걸쇠가 채워지고 쇠사슬 갑옷을 입은 궁수들이 긴 활을 뽑으며 전투가 시작된다. 이러한 싸움은 항상 무승부로 끝난다. 어느 쪽도 상대방을 설득하지 못한다.

성 바울의 현명함

우리가 옹호하는 이 합리적인 방법은 새로운 방법이 아니다. 성 바울이 오래전 사용했던 방법이다. 그는 마스 힐에서 아테네 시민들을 상대로 한 유명한 연설에서 오랜 세월에 걸쳐 우리의 감탄을 자아낼 만큼 능숙하고 세련되게 이 방법을 사용했다. 그는 배울 만큼 배웠다. 그리고 기독교로 개종한 후 유창한 화술로 기독교의 대표적인 옹호자가 되었다. 어느 날 그는 페리클레스 이후의 아테네, 즉 영광의 정점을 지나 쇠락의 길로 접어든 아테네에 도착했다. 성경에서는 이 시기에 대해 이렇게 말한다.

모든 아테네 사람과 그곳에 살던 이방인은 새로운 것을 말하거나 듣는 데만 시간을 바쳤다.

라디오도 없고, 케이블도 없고, 통신사도 없었다. 당시 아테네 사람들은 매일 새로운 소식을 접하기 위해 애썼을 것이다. 그때 바울이 나타났다. 새로운 무언가가 나타난 것이다. 그들은 즐거워하고, 호기심과 관심을 드러내며 바울 주위로 몰려들었다. 바울을 아레이오스 파고스로 데려가면서 이렇게 말했다.

당신이 말하는 새로운 교리가 무엇인지 알려주길 바라오.
당신이 우리 귀에 생소한 것을 들려주었소. 그것이 무슨 뜻인지 알고 싶소.

다시 말해 그들은 바울에게 연설을 요청했다. 바울은 아무 거리낌 없이 동의했다. 사실, 그것이 그가 아테네에 온 이유였다. 그는 아마 나무 그루터기나 돌 위에 올라섰을 것이고, 훌륭한 연설가가 으레 그렇듯 약간 긴장한 나머지 시작하기 전에 양손을 문지르고 목을 가다듬었을 것이다.

그러나 그는 그들이 요청을 표현한 방식에 전혀 동의하지 않았다. 새로운 교리, 생소한 것. 그런 생각은 독약이었다. 그는 사람들의 이런 생각을 뿌리 뽑고 싶었다. 그들이 하는 말처럼 자신의 신앙을 생소하고 이질적인 것으로 내세우고 싶지 않았다. 모순적이고 충돌하는 의견이 퍼질 수 있는 비옥한 토양이었기 때문이다. 자신의 믿음을 사람들이 이미 믿고 있는 것과 연결하고 비유하고 싶었다. 그렇게 하면 반대 의견을 사라지게 할 수 있을 터였다. 그런데 어떻게? 그는 잠시 생각하다가 기발한 계획을 떠올렸다. 그리고 길이 남을 명연설을 시작했다.

아테네 시민 여러분, 저는 여러분이 모든 면에서 매우 신앙심이 강하다는 사실을 알고 있습니다.

어떤 번역본에는 "여러분이 매우 종교적이다"라고 나온다. 하지만 나는 위의 표현이 더 낫고 더 정확하다고 생각한다. 아테네 사람들은 많은 신을 숭배했다. 매우 종교적이었다. 그리고 이 점을 자랑스러워했다. 그는 사람들을 칭찬하고 기쁘게 했다. 그들은 그를 우호적으로 바라보기 시작했다. 대중 연설 기술의 규칙 중 하나는 사례로 진술을 뒷받침하는 것이다. 그는 바로 이 방법을 썼다.

저는 여러분이 기도를 바치는 대상을 살펴보다가 '알지 못하는 신에게'라는 문구가 새겨진 제단도 발견했죠.

알다시피 위의 구절은 아테네 사람들이 매우 종교적이었다는 사실을 증명한다. 이들은 신 중 하나를 무시하는 죄를 지을까 봐 두려운 나머지 무의식적인 실수와 의도치 않은 무례함에 대비하기 위해 일종의 포괄적인 정책으로 미지의 신을 향한 제단을 세웠다. 바울은 이 특정한 제단을 언급하여 자신이 아첨하는

것이 아니라 관찰에서 우러나온 진정한 이해를 표현한 것임을
증명했다.

이제 도입부의 정점에 이른다.

여러분이 알지 못한 채 숭배하는 분이 누구신지 알려드리겠습니다.

새로운 교리, 생소한 것? 전혀 그렇지 않다. 그는 단지 그들이
의식하지 못한 채 이미 숭배하고 있던 하나님에 대한 몇 가지 진
리를 설명하기 위해 그 자리에 있었을 뿐이다. 그들이 믿지 않는
걸 이미 열정적으로 받아들이고 있는 것에 비유하는 방법이 그
의 탁월한 솜씨였다.

그는 구원과 부활에 대한 교리를 선포하고 그리스 시인 중 한
사람의 시 몇 편을 인용한 후 연설을 끝냈다. 연설은 2분도 채 걸
리지 않았다. 그의 연설을 들은 청중 일부는 조롱했지만 다른
청중은 이렇게 말했다.

이 문제에 대해 다시 당신의 말을 듣고 싶소.

간단히 짚고 넘어가자면 2분 연설의 한 가지 장점은 바울처럼
다시 연설을 요청받을 수 있다는 것이다. 필라델피아의 한 정치
인은 연설할 때 기억해야 할 주요 규칙은 짧고 간결하게 하는 것
이라고 말했다. 성 바울은 이 연설에서 두 가지 모두를 해냈다.

바울이 아테네에서 사용한 이 기법을 오늘날 분별력 있는 사업가들이 영업과 광고에 사용하고 있다. 최근 내 책상에 도착한 영업 서한에서 발췌한 문구를 소개한다.

올드 햄프셔 본드의 종이는 시중에서 가장 저렴한 종이보다 편지 한 장당 0.5센트밖에 비싸지 않습니다. 올드 햄프셔 종이로 고객이나 잠재 고객에게 1년에 10통의 편지를 쓴다 해도 한 번의 차비만큼도 안 됩니다. 5년에 한 번 고객에게 좋은 시가를 선물하는 것보다도 적은 비용입니다.

1년에 한 번 고객에게 차비를 지불하거나 10년에 두 번 하바나 시가를 제공하는 데 마다할 사람이 있을까? 물론 아무도 없을 것이다. 올드 햄프셔 본드의 종이를 사용하면 차비나 시가 이상의 추가 비용도 들지 않는다고? 이렇게 설명한다면 엄청난 비용이라는 부정적인 생각을 버리게 할 수 있지 않을까?

적은 것은 많아 보이게, 많은 것은 적어 보이게 만들기

위의 경우와 상당히 유사하게, 큰 금액을 장기간에 걸쳐 분산하거나 매일 하는 사소한 지출과 비교함으로써 적어 보이게 할 수 있다. 일례로, 한 보험 회사 사장은 회사의 판매 부서를 대상으로 다음과 같은 방식으로 저렴한 보험료를 강조하며 판매 사원들에게 깊은 인상을 남겼다.

서른 살 미만의 남자가 구두를 직접 닦으며 매일 5센트씩 절약해 모은 돈을 보험에 투자하면 사망 시 가족에게 1,000달러를 남길 수 있습니다. 서른네 살의 흡연자가 매일 25센트 상당의 시가를 절약해 그 돈을 보험에 투자한다면 가족과 더 오래 함께할 수 있고, 3,000달러 이상의 유산을 남겨줄 수 있습니다.

반면 적은 금액은 이 과정을 역이용하여 그 수를 더하면 큰 금액처럼 보이게 만들 수 있다. 한 전화 회사의 임원은 뉴욕 시민이 전화를 즉시 받지 않아 얼마나 많은 시간을 낭비하고 있는지를 증명하고 청중에게 깊은 인상을 주고자 사소한 몇 분의 시간을 모두 더하는 방법을 사용했다.

전화 연결 100건 중 7건은 상대방이 전화를 받기까지 1분 이상 지연됩니다. 이런 식으로 매일 28만 분이 허비되고 있습니다. 6개월 동안 뉴욕의 전화 대기 시간을 합하면 콜럼버스가 아메리카대륙을 발견한 이후 모든 영업일을 합한 것과 같습니다.

수치를 인상적으로 만드는 방법

단순한 숫자와 금액만으로는 그다지 인상적이지 않다. 가능한 한 우리의 경험, 특히 최근 경험과 느낌의 관점에서 수치를 설명해야 한다. 일례로, 시의원 앨더만 램버스Alderman Lambeth는 런던 자치구 참사회에서 근로 조건에 대해 연설할 때 이 기법을 사용했다. 그는 연설 도중 갑자기 멈추고 시계를 꺼내더니 1분 12초 동안 청중을 멍하니 바라보았다. 자치구 의회의 의원들은 불안하게 자리에서 몸을 비틀며 연설가와 서로를 미심쩍은 듯이 바라보았다. 무엇이 잘못된 걸까? 램버스 의원이 갑자기 정신을 잃은 걸까? 그는 연설을 다시 시작하면서 이렇게 선언했다.

"여러분은 72초라는 시간도 안절부절못하시는군요. 72초는 일반 노동자가 벽돌 한 장을 쌓는 데 걸리는 시간입니다."

이 방법이 효과적이었을까? 매우 효과적이어서 영국의 모든 지역에 일순간 퍼져나갔고, 신문에 인쇄되어 해외로도 알려졌다. 영국의 건축노동자 노동조합은 '존엄성에 대한 모욕에 항의하며' 즉시 파업을 선언하기까지 했다.

다음 중 어느 문장이 더 요점을 명확하게 전달하고 있는가?

1. 바티칸에는 15,000개의 방이 있다.
2. 바티칸에는 방이 너무 많아서 40년을 묵어도 매일 다른 방에 거주할 수 있다.

다음 중 영국이 제1차 세계대전 동안 지출한 엄청난 금액에 대해 더 인상적인 개념을 제공하는 방법은 무엇일까?

1. 영국은 전시 동안 약 70억 파운드, 즉 약 344억 달러를 지출했다.

2. 필그림 파더즈(1620년 메이플라워호를 타고 미국에 건너온 영국인들)가 플리머스 바위에 상륙한 이후 영국이 밤낮으로 1분당 34달러에 해당하는 금액을 제1차 세계대전 중인 4년 반 동안 지출했다는 사실이 놀랍지 않은가? 놀랍게도 실제 금액은 이보다 훨씬 더 크다. 영국은 1492년 콜럼버스가 아메리카대륙을 발견한 이후 밤낮으로 1분당 34달러씩 세계대전에 지출했다. 아니, 실제 금액은 그보다 훨씬 더 크다. 영국은 1066년 노르망디 공작 윌리엄이 영국을 정복한 이후 밤낮으로 1분당 34달러를 세계대전에 지출했다. 아니, 실제 금액은 그보다 더 엄청나다. 영국은 예수가 탄생한 이래 밤낮으로 1분당 34달러를 세계대전에 지출했다. 즉, 영국은 무려 344억 달러를 지출했으며, 이는 예수가 탄생한 후로 약 10억 분의 시간이 지났다는 의미다.

재진술의 효과

재진술은 우리의 주장에 의문을 제기하며 상충하는 아이디어가 발생하는 것을 방지하기 위해 사용할 수 있는 또 다른 수단이다. 아일랜드의 유명한 연설가인 다니엘 오코넬Daniel O' Connell은 이렇게 선언했다.

"대중이 정치적 진실을 받아들이는 것은 한두 번, 심지어 열 번 제시한다고 되는 일이 아닙니다."

오코넬은 청중과 대중을 접한 경험이 상당히 많다. 그러므로 그의 증언은 충분히 고려할 가치가 있다. 그는 설명을 이어갔다.

정치적 진실을 청중의 마음에 각인시키기 위해서는 끊임없는 반복이 필요합니다. 사람들은 계속 같은 말을 들음으로써 무의식적으로 그 말을 진실과 연관시키기 때문이죠. 마침내 마음 한구석에 사실이 조용히 자리 잡으면 종교적 신념의 일부가 된 것처럼 더는 의심할 생각을 하지 않습니다.

전 캘리포니아 주지사 하이럼 존슨Hiram Johnson은 오코넬이 표현한 진실을 믿었다. 그래서 7개월 동안 캘리포니아주를 오가며 모든 연설을 다음과 같은 발언으로 끝맺었다.

여러분, 이 사실만 기억해주십시오. 저는 차기 캘리포니아 주지사가 될 것입니다. 그렇게 되면 이 정부에서 윌리엄 헤린William. F. Herrin과 남태평양 철도를 반드시 몰아낼 것입니다. 그럼 좋은 밤 되세요.

존 웨슬리의 어머니 역시 오코넬이 표현한 진리를 알고 있었다. 그래서 그녀의 남편이 왜 같은 진리를 아들에게 20번이나 반복하느냐고 물었을 때, "19번 반복해도 아들이 그 교훈을 깨우치지 못했기 때문이에요"라고 대답했다.

우드로 윌슨도 오코넬이 표현한 진실을 알고 있었다. 그래서 그는 연설에서 이 진리를 활용했다. 첫 번째 문장에서 말한 아이디어를 마지막 두 문장에서 반복하면서 단지 표현만 다르게 했다는 점에 주목하라.

여러분도 아시겠지만 지난 수십 년간 대학생들은 제대로 교육받지 못했습니다. 아무리 가르쳐봐도 아무도 배우지 못한다는 사실을 아실 겁니다. 아무리 가르침을 줘봐도 아무도 교육하지 못합니다.

재진술의 원칙은 얼마든지 칭찬할 만하지만, 비전문적인 연설가의 집단에서는 위험한 도구가 될 수 있다는 점에 주의해야 한다. 풍부한 어법을 구사하지 않는 한, 재진술은 꾸밈없고 너무 뻔한 반복으로 변질될 수 있다. 이는 치명적인 실수다. 청중이 이 사실을 눈치채면 시계를 보며 자리에서 몸을 비틀기 시작할 것이다.

일반적인 예시와 구체적인 사례

그러나 일반적인 예시와 구체적인 사례를 사용하면 사람들이 지루해할 위험이 없다. 흥미롭고 집중하기도 쉽고, 발표의 목적이 감동과 설득에 있을 때는 특히 더 유용하다. 청중이 연설에 상충하는 아이디어를 떠올리지 못하게 막는 데도 도움 된다.

예컨대 뉴웰 드와이트 힐리스Newell Dwight Hills 박사는 한 연설에서 이렇게 선언했다.

"순종하지 않으면 노예가 됩니다. 순종하면 자유롭습니다."

그는 이 진술이 예시를 들어 설명하지 않으면 명확하거나 인상적이지 않으리라 생각하고 이렇게 덧붙였다.

"불이나 물 또는 산의 법칙에 순종하지 않으면 죽습니다. 색의 법칙에 순종하면 예술가에게는 기술이 주어집니다. 웅변의 법칙에 순종하면 웅변가에게는 힘이 생깁니다. 철의 법칙에 순종하면 발명가는 도구를 얻습니다."

이 예시는 힐리스 박사의 주장을 이해하는 데 도움 된다. 그리고 뚜렷한 인상을 남긴다. 그렇지 않은가? 구체적인 사례를 인용하여 그의 말에 더 많은 생명력과 활력을 불어넣을 수는 없을까? 한번 시도해보자.

"색의 법칙에 순종하여 레오나르도 다 빈치는 최후의 만찬을 그렸고, 웅변의 법칙에 순종하여 헨리 워드 비처는 리버풀 연설을 할 수 있었으며, 철의 법칙에 순종하여 사이러스 매코믹Cyrus Mccormick은 수확기를 만들 수 있었습니다."

더 낫지 않나? 사람들은 연설가가 이름과 날짜를 알려주는 것을 좋아한다. 원한다면 스스로 검토할 수 있기 때문이다. 그런 절차는 솔직하고 정직하다. 신뢰를 얻는다. 감동을 준다.

예를 들어 "많은 부자는 매우 단순한 삶을 살고 있습니다"라고 말한다고 가정해보자. 나는 이 말에 아무런 감흥을 느끼지 못한다. 너무 모호하지 않은가? 생각이 종이에서 튀어나와 미간을 강타하지도 않는다. 곧 머릿속에서 사라질 것이다. 명확하지도 흥미롭지도 않고, 설득력도 없다. 이 주장에 반대되는 신문 기사가 떠오르면서 의구심을 품게 될 것이다.

많은 부자가 단순한 삶을 산다고 믿는다면 어떻게 해서 그런 결론에 도달했을까? 몇 가지 구체적인 사례를 관찰했기 때문일 것이다. 따라서 다른 사람이 나처럼 이 결론을 믿게 만드는 가장 좋은 방법은 구체적인 사례를 제시하는 것이다. 내가 본 걸 다른 이들에게 보여줄 수 있다면 그들도 나와 같은 결론에 도달할 수 있으며, 강요하지 않아도 그렇게 될 것이다.

구체적인 사례와 증거를 제공해 다른 사람이 직접 내리게 하는 결론에는 연설가가 미리 결론을 내린 다음 설명하는 결론의 2배, 3배, 5배의 힘이 있다. 예를 들어보겠다.

- 존 록펠러는 매일 정오 브로드웨이 26번지의 사무실에 있는 가죽 소파에서 낮잠을 잤다.
- 고故 오그던 아머Ogden Armour는 매일 밤 9시에 퇴근하고 6시에 일어나곤 했다.
- 한때 그 누구보다 많은 기업을 경영했던 조지 F. 베이커George F. Baker는 칵테일을 한 번도 마셔본 적이 없다. 죽기 몇 년 전에야 담배를 피우기 시작했다.
- 전미 현금 등록기 회사 사장이었던 고故 존 패터슨John H. Patterson은 술을 마시지도, 담배를 피우지도 않았다.
- 한때 미국 최대 은행의 은행장이던 프랭크 밴더리프는 하루에 두

끼만 먹었다.

- 미국 임상학자 루이스 버질 하만Louis Virgil Harriman의 점심 식
  사는 우유 한 잔과 옛날식 생강 웨이퍼였다.
- 은행가 제이컵 시프Jacob H. Schiff는 점심으로 우유 한 잔을 마
  셨다.
- 앤드루 카네기가 즐겨 먹던 음식은 크림을 끼얹은 오트밀이었다.
- 〈새터데이 이브닝 포스트〉와 〈레이디스 홈 저널Ladies Home
  Journal〉의 소유주인 사이러스 H. 커티스Cyrus H. Curtis는 그 어
  떤 음식보다 구운 콩을 더 좋아했다.

이러한 구체적인 사례가 여러분의 마음에 어떤 영향을 미치
는가? 부자들은 종종 단순한 삶을 산다는 말을 극적으로 표현
해주는가? 그 말이 사실이라는 느낌을 주는가? 이런 이야기를
들으면서 반박하겠다는 생각이 떠오를 가능성은 적지 않은가?

축적의 원리

한 개 또는 두 개의 특정 사례를 서둘러 언급한다고 해서 원
하는 효과가 생길 거라고 기대하지는 마라. 필립스 교수는《효과
적인 연설》에서 이렇게 말한다.

첫 번째 사례를 강조하기 위한 인상이 계속되어야 한다. 정신이 계

속해서 그 생각에 집중해야 한다. 생각의 무게가 두뇌 깊숙이 자리잡을 때까지 인상에 인상을 쌓아야 한다. 그러면 생각이 그의 일부가 되어 시간이나 사건으로도 생각을 지울 수 없게 된다. 이를 가능케 하는 작동 원리가 바로 축적이다.

앞서 부자들이 단순한 삶을 산다는 것을 증명하기 위해 여러 구체적인 사례를 정리하는 데 이 축적의 원리가 어떻게 사용되었는지 주의해서 살펴보라. 이 책의 3장에서 필라델피아가 세계 최고의 일터라는 점을 증명하기 위해 이 원리를 어떻게 사용했는지 살펴보라. 다음 단락에서 상원의원 패리 서스턴Perry Thurston이 인류가 오직 무력을 통해서만 불의와 억압이라는 잘못을 바로잡을 수 있었다는 사실을 증명하기 위해 이 원리를 어떻게 사용하는지 주목하라. 이 구체적인 언급의 3분의 2를 생략했다면 어떤 결과가 나왔을까?

인류와 자유를 위한 싸움에서 무력이 아닌 다른 방법으로 승리한 적이 있었습니까? 무력을 쓰지 않고 거짓과 불의, 억압의 단단한 장벽을 무너뜨린 적이 있었습니까?

무력은 위대한 마그나카르타Magna Carta에 귀족들이 서명하게 했습니다. 독립 선언서에 생명을 불어넣고 해방 선언을 발효시켰습니다. 바스티유의 쇠창살을 맨손으로 두들겨 수 세기에 걸친 왕족의 범죄를 단 한 시간 만에 보복하게 했습니다. 무력은 벙커힐 위에 혁명의 깃

발을 흔들고 눈 덮인 포지 계곡에 피로 물들인 발자국을 남기게 했습니다. 남북전쟁의 격전지 채터누가의 화염에 휩싸인 언덕을 오르게 했으며 구름 덮인 룩아웃산을 습격하게 했습니다. 또한 무력은 셔먼 장군이 바다로 행군하게 했으며 셰넌도어계곡 전투에서 쉐리든 장군이 기병대를 지휘하게 했고, 그랜트 장군에게 애퍼매톡스의 승리를 안겨주었습니다. 연방을 구하고 성조기의 별을 지켰으며 '검둥이'가 인간이 되게 했습니다.

그림으로 하는 비교

수년 전, 브루클린 YMCA에서 이 강좌를 수강하던 한 학생은 연설에서 지난 한 해 동안 화재로 소실된 주택 수를 언급했다. 그는 만약 불에 탄 건물을 나란히 놓는다면 뉴욕에서 시카고까지 줄이 이어질 것이고, 화재로 사망한 사람들을 1킬로미터 간격을 두고 한 줄로 세운다면 그 끔찍한 줄은 다시 시카고에서 브루클린까지 이어졌을 것이라고 말했다.

나는 그가 알려준 수치는 곧장 잊어버렸다. 하지만 10년이 지난 지금까지도 맨해튼섬에서 일리노이주 쿡 카운티까지 늘어선 불타는 건물의 모습이 눈에 선하다.

왜 그럴까? 귀로 들은 인상은 오래 기억하기 어렵기 때문이다. 너도밤나무의 매끄러운 껍질에 부딪히는 진눈깨비처럼 굴러떨어지기 때문이다. 하지만 눈으로 보는 인상은 어떤가? 몇 년 전 다뉴브의 강둑에 서 있는 오래된 집에 나폴레옹 포병대가 울름 전투에서 쏜 포탄이 박혀 있는 걸 본 적이 있다. 시각적 인상은 마치 그 포탄과 같다. 우리에게 강렬한 충격을 준다. 우리의 기억에 바짝 달라붙는다. 나폴레옹이 오스트리아군을 몰아냈듯 반대 의견을 모조리 몰아낸다.

무신론자에 대한 윌리엄 페일리의 답변이 강력한 힘을 발휘한 이유는 그 답변이 시각적이라는 사실에 기인한 바가 적지 않다. 버크는 미국 식민지에 대한 과세를 비난할 때 이 기법을 사용하여 "우리는 양이 아니라 늑대의 털을 깎고 있습니다"라고 예언자적 시각으로 선언한 바 있다.

주장을 뒷받침할 전문가를 동원하라

중서부에서 살던 어린 시절, 나는 막대기를 양들이 지나가는 입구에 걸쳐놓고 멀리서 지켜보는 놀이를 즐기곤 했다. 처음 몇 마리의 양이 막대기를 뛰어넘고 나면 막대기를 치웠지만, 다른 양들 모두 눈에 보이지 않는 장벽을 넘어 입구를 통과했다. 양들이 뛰어넘은 유일한 이유는 앞에 있던 양들이 뛰어넘었기 때문이다. 양만이 그런 성향이 있는 것은 아니다. 거의 모든 사람이 남들이 하는 대로 하고, 남들이 믿는 대로 믿고, 저명한 사람의 증언을 의심 없이 받아들이는 경향이 있다.

미국 은행협회 뉴욕 지부의 학생은 절약에 대한 발표를 이와 같은 방식으로 시작해 뚜렷한 효과를 거두었다.

제임스 J. 힐James J. Hill은 다음과 같이 말했습니다.

"성공 여부를 알고 싶다면 간단하게 테스트할 수 있습니다. 간단합
니다. 저축할 수 있습니까? 그렇지 않다면 포기하십시오. 반드시 실패
할 겁니다. 실패할 가능성은 지금 여러분이 살아 있다는 사실만큼이
나 확실할 테니까요."

이 방법은 제임스 J. 힐이 그 자리에 직접 참석하는 것 다음으
로 좋은 방법이었다. 그의 말은 깊은 인상을 남겼다. 반대 의견이
생기지 못하게 했다.

그러나 권위자의 말을 인용할 때는 다음 네 가지 사항을 염
두에 두어야 한다.

첫째, 명확하게 하라. 다음 중 더 인상적이고 설득력 있는 진술
은 무엇인가?

1. 통계에 따르면 시애틀은 세계에서 가장 건강한 도시이다.
2. 공식적인 연방 사망률 통계에 따르면 지난 15년간 시애틀의 연간
사망률은 1,000명당 9.78명, 시카고는 14.65명, 뉴욕은 15.83명, 뉴올
리언스는 21.02명이다.

'통계에 따르면'이라는 말로 시작하는 도입부에 주의하라. 어

떤 통계인가? 누가 왜 수집했는가? 조심하라! 수치는 거짓말을 하지 않는다. 그러나 거짓말쟁이는 숫자를 조작한다!

'여러 당국이 선언하기를'이라는 일반적인 문구는 터무니없이 모호하다. 당국이 누구인가? 한두 명만 언급해보라. 누구인지도 모르는데 어떻게 그들이 한 말을 확신할 수 있겠는가?

명확하게 하라. 그러면 자신감이 생긴다. 청중에게 자신이 말하는 근거를 알고 있다는 사실을 증명할 수 있다. 시어도어 루스벨트도 연설할 때 모호한 표현을 쓰지 않았다. 우드로 윌슨 대통령 시절, 켄터키주 루이빌에서 한 연설에서 그는 이렇게 말했다.

선거 전 윌슨 대통령이 연설에서 한 약속과 강연에서 한 약속이 모두 잘 지켜지지 않아서 친구들 사이에서도 그분이 약속을 어기는 게 농담의 주제가 될 정도라고 합니다. 의회에서 윌슨의 저명한 민주당 지지자 중 한 명은 윌슨의 선거 전 공약과 그를 대변하여 만든 공약에 대한 정확한 진실을 솔직하게 밝혔습니다. 윌슨 씨가 일관성이 없다는 비난에 대한 답변으로 "우리의 정책은 선거에서 승리하기 위해 만들었고 우리는 승리했습니다"라고 한 것입니다.

둘째, 인기 있는 사람의 말을 인용하라. 우리의 호불호는 우리가 인정하고 싶은 것 이상으로 우리의 신념과 더 큰 관련이 있다. 변호사 새무엘 운터마이어Samuel Untermyer가 뉴욕 카네기 홀에서 사회주의 토론에 참여하던 중 야유를 받는 걸 본 적이 있다. 그는 예의를 갖춰 말했다. 내가 보기엔 모두 사실이었고 아무런 해도 끼치지 않았으며 충분히 침착했다. 하지만 그날 청중의 대부분은 사회주의자였다. 그들은 그를 경멸했다. 그가 구구단을 인용했다면 구구단의 진실성에 의문을 제기했을지도 모른다.

반면 앞서 언급한 제임스 J. 힐의 인용문은 미국 은행학회의 특정 시기를 앞두고 수염을 기른 철도 건설업자가 은행가들과 잘 어울렸다는 점에서 특히 적절했다.

셋째, 지역 유력 인사의 말을 인용하라. 디트로이트에서 연설하는 경우 디트로이트 사람의 말을 인용하라. 청중이 그를 찾아보고 문제를 조사할 수 있다. 청중은 스포캔이나 샌안토니오에 사는 잘 모르는 누군가의 말보다 그의 증언에 더 깊은 인상을 받을 것이다.

넷째, 자격을 갖춘 사람의 말을 인용하라. 다음과 같은 질문을 스스로 던져보라. 이 사람이 일반적으로 이 주제에 관한 권위자로 인정받는가? 그 이유는 무엇인가? 편견이 있는 증인인가? 이기적인 목적이 있는 사람은 아닌가?

앤드루 카네기의 다음 인용문으로 전문화에 대한 발표를 시작한 브루클린 상공회의소 학생은 현명한 선택을 한 것이다. 어째서일까? 청중인 사업가들이 위대한 철강 거물에게 존경심을 품고 있었기 때문이다. 게다가 카네기를 인용한 구절은 사업 성공에 관련된 내용이었는데, 이 주제에 대해서 그는 평생의 경험과 관찰을 통해 연설할 자격을 갖추었다.

저는 어떤 분야에서든 탁월한 성공을 거두는 진정한 길은 그 분야에서 최고가 되는 것이라고 믿습니다. 한 사람의 자원을 분산시키는 정책은 믿지 않으며, 제 경험상 돈 버는 일에 탁월한 사람 중에서 관심사가 다양한 인물은 만나본 적이 없습니다. 제조업에 관심이 있는 사람은 분명 한 명노 없었지요. 성공하는 사람은 한 가지 분야를 선택하고 그 분야에 집중하는 인물입니다.

인상적이고 설득력 있게 말하는 방법

"마음에 들어오는 아이디어와 개념 또는 결론은 이를 상충하는 생각으로 방해받지 않는 한 진실로 유지된다."

따라서 발표의 목적이 인상을 남기고 확신을 얻는 것일 때의 문제는 두 가지다. 첫째, 자신의 아이디어를 제시하는 것이다. 둘째, 상충하는 아이디어가 떠올라 나의 아이디어를 무효로 만드는 일을 막는 것이다. 다음은 이 목적을 달성하는 데 도움 되는 여덟 가지 제안이다.

1. 다른 사람을 설득하기 전에 먼저 자신을 설득하라. 전염성이 있는 열정으로 말하라.
2. 사람들이 받아들이길 원하는 게 그들이 이미 믿고 있는 것과 매우 유사하다는 사실을 증명하라. (사례: 페일리와 무신론자, 아테네의 세인트 폴, 올드 햄프셔 본드)
3. 생각을 재진술하라. (사례: 히람 존슨, "저는 차기 캘리포니아 주지사가 될 것입니다.", 우드로 윌슨, "우리는 아무도 교육하지 않습니다.") 수치를 설명할 때는 사례를 활용하라. 예컨대 영국은 제1차 세계대전 시기에 340억 달러를 지출했으며, 이는 예수가 태어난 이래, 분당 34달러에 해당하는 금액이다.
4. 일반적인 사례를 활용하라. (사례: 힐리스 박사, "색의 법칙에 복종하면 예술가에게 그의 기술이 제공됩니다.")
5. 구체적인 일화를 인용하여 특정 예시를 사용하라. (사례: "많은 부유한 남성들은 매우 단순한 삶을 산다…… 프랭크 밴더리프는 하루에 두 끼만 먹는다.")
6. 축적의 원리를 활용하라. 두뇌 깊숙이 생각이 박힐 때까지 인상에 인상을 쌓아야 한다. (사례: "무력은 위대한 마그나카르타에 귀족들이 서명하게 했습니다.")

7. 그림으로 하는 비교를 활용한다. 귀로 들은 인상은 쉽게 지워진다. 눈에 남기는 인상은 박힌 포탄처럼 달라붙는다. (사례: 브루클린에서 시카고까지 늘어선 불타는 건물들)

8. 편견 없는 권위로 주장을 뒷받침하라. 루스벨트가 인용한 것처럼 명확하게 말하라. 유명한 사람의 말을 인용하라. 현지인의 말을 인용하라. 연설할 자격이 있는 사람의 말을 인용하라.

비강 공명

시어도어 루스벨트는 첫 번째 정치 캠페인에서 치열한 유세를 시작한 지 얼마 지나지 않아 목소리가 점점 쉬어간다는 사실을 알게 되었다. 루스벨트는 기차에서 함께 여행할 목소리 훈련 강사를 구했고, 역마다 '웅ng' 소리를 강조하는 '딩동, 싱송, 홍콩'을 연습하고 소리가 코를 울리게 해 비강 공명을 발달시켰다. 비강 공명은 밝은 소리로 멀리까지 전달하게 한다. 그래서 청중과 먼 거리에서 말할 때 매우 바람직하다.

루스벨트가 사용했던 연습을 해보라. 다음과 같은 효과를 거둘 수 있다.

1. 비강 공명을 위해 연습하라. 종이 울리는 것 같은 소리가 비강을 통해, 실제로는 머리의 모든 구멍을 통해 울리게 하라. 앞서 지적했듯 숨을 깊이 들이마시면서 겪었던 열린 느낌을 책을 읽고 호흡하는 동안 느끼도록 노력하라.
2. 혀끝의 힘과 민첩성을 기르기 위한 연습으로 글을 읽어라. 이 연습을 다시 한번 되새기려면 6장의 목소리 연습을 참고하라.
3. 밝은 공명이 풍부한 소리를 낼 수 있다.
4. 팔세토 기법을 연습하면 어조 또한 밝아진다. (7장 참고)

14장

청중의 관심을
끄는 방법

글로 하든 말로 하든 의사소통에는 관심의 한계가 있다. 이 한계를 넘는다면 잠시나마 세상과 함께할 수 있다. 선을 넘지 못한다면 차라리 물러서는 편이 낫다. 아무도 우리에게 관심을 보이지 않을 것이기 때문이다.

_ 해리 오버스트리트Harry Overstreet
(《인간 행동에 영향을 미치는 법Influencing Human Behavior》의 저자)

항상 할 말이 있어야 한다. 사람들은 할 말이 있고 할 말이 없으면 절대 말하지 않는다고 알려진 사람의 말에 귀를 기울인다. 무슨 말을 할 것인지 항상 미리 생각해두라. 말하는 사람의 마음이 혼란스러우면 듣는 사람의 마음은 더 혼란스러워진다. 항상 어떤 순서로든 생각을 정리하라. 아무리 짧더라도 시작과 중간, 끝이 있는 것이 더 좋다. 어떤 어려움을 무릅쓰고라도 명확하게 말하라. 청중이 이해할 수 있도록 의미를 분명하게 전달하라. 논쟁의 여지가 있는 연설에서는 상대 주장을 예상하라. 상대의 농담에는 진지하게, 진지함에는 농담으로 답하라. 항상 어떤 청중을 상대할지 미리 생각하라. 그럴 수만 있다면 절대 청중을 지루하게 하지 마라.

_ 제임스 브라이스James Bryce (정치가)

중국 특정 지역에 있는 부자의 집에 식사 초대를 받으면 어깨 너머로 닭 뼈와 올리브 씨를 던져버리는 것이 예의다. 그렇게 하면 주인에게 경의를 표하는 것이다. 주인이 부유하고 식사 후 정리할 하인이 많다는 것을 알고 있음을 보여주어야 한다. 그러면 주인이 좋아할 것이다.

부자의 집에서는 푸짐하게 식사하고 남은 음식을 함부로 버릴 수 있지만, 중국의 일부 지역에서 가난한 사람들은 목욕물조차 아껴 써야 한다. 물을 데우는 데 비용이 너무 많이 들기 때문에 가게에서 뜨거운 물을 사야 할 정도다. 목욕을 마친 후에는 물을 가져가서 샀던 가게에 되팔 수 있다. 두 번째 손님이 물을 더럽히더라도 가격은 약간 낮아질지언정 그 물은 여전히 시장 가치를 유지한다.

중국인의 생활에 대한 이런 사실이 흥미로운가? 흥미로웠다면 그 이유를 아는가? 매우 평범한 일상의 매우 특이한 측면이기 때문이다. 외식이나 목욕과 같은 일상적인 사건에 대한 낯선 행위가 숨어 있기 때문이다. 우리는 바로 이런 데 흥미를 느낀다. 오래된 것에서 새로운 걸 발견하는 일에서 말이다.

다른 예를 들어보겠다. 지금 여러분이 읽고 있는 이 페이지, 여러분이 보고 있는 이 종이는 매우 평범하다. 그렇지 않은가?

이런 종이는 수없이 많이 봤을 것이다. 지금은 그저 지루하고 무미건조해 보인다. 그러나 내가 이 종이에 대한 신기한 사실을 말하면 여러분은 관심을 보일 것이 틀림없다. 한번 해보겠다. 이 종이는 언뜻 보면 단단한 고체 같다. 그러나 실제로는 고체로 된 물질이라기보다는 거미줄에 가깝다. 물리학자는 종이가 원자로 구성되어 있다는 사실을 알고 있다. 그렇다면 원자는 얼마나 작을까? 12장에서 한 방울의 물에는 지중해의 물방울 수만큼 많은 원자가 있고, 한 방울의 물에는 온 세상의 풀잎 수만큼 많은 원자가 있다는 것을 배웠다. 그렇다면 종이를 만드는 원자는 무엇으로 구성되어 있을까? 전자와 양성자라는 훨씬 더 작은 물질로 구성되어 있다. 이 전자는 모두 원자핵 주위를 돌고 있는데, 둘 사이의 거리는 비율로 따지면 지구와 달 사이의 거리만큼 멀다. 그리고 전자는 초당 약 16,000킬로미터라는 상상할 수 없는 속도로 달리고 있다. 따라서 여러분이 지금 들고 있는 이 종이를 구성하는 전자는 바로 이 문장을 읽기 시작한 순간부터 지금까지 대략 뉴욕과 도쿄 사이의 거리만큼 움직였다.

불과 2분 전만 해도 여러분은 이 종잇조각이 가만히 있고 무미건조하고 죽어 있다고 생각했을지 모른다. 그러나 실제로 종이는 하나님의 신비 중 하나다. 폭풍 같은 에너지의 집합체다.

지금 이 내용에 관심이 생겼다면 그 이유는 종이에 관한 새롭고 이상한 사실을 배웠기 때문이다. 흥미로운 사람이 되는 하나의 비결이 있다. 중요한 진실이며, 일상적인 소통에서 도움 되는 진실이기도 하다. 완전히 새로운 것은 흥미롭지 않다. 완전히 오래된 것은 우리에게 아무런 매력이 없다. 우리는 오래된 것에 대한 새로운 이야기를 듣고 싶어 한다. 예를 들어, 부르주 대성당이나 모나리자에 대한 설명으로는 일리노이주 농부의 관심을 끌 수는 없다. 농부에게 너무 생소한 이야기이기 때문이다. 그의 오래된 관심사와 아무 관련이 없다. 하지만 네덜란드 농부가 해수면 아래 농지를 만들어 경작하고 도랑을 파서 울타리로 삼으며 다리를 놓아 문 역할을 하게 한다는 사실을 이야기함으로써 관심을 끌 수 있다. 일리노이주 농부는 네덜란드 농부가 겨울 동안 가족과 같은 지붕 아래에서 키우며 눈이 내릴 때 소가 레이스 커튼 너머로 휘몰아치는 눈을 내다본다고 말하면 입을 크게 벌리고 귀를 기울일 것이다. 그들은 소와 울타리에 대해 잘 알고 있다. 일상적인 것에 대한 새로운 사실인 거다.

"레이스 커튼이라고! 소한테! 깜짝 놀랐는걸!"

그들은 이렇게 외칠 것이다. 그리고 그 이야기를 친구들에게 들려줄 것이다.

다음은 뉴욕에서 진행한 이 강좌의 수강생이 한 연설이다. 읽어보면서 흥미가 생기는지 확인해보라. 흥미롭다면 그 이유가 무엇인지 아는가?

황산이 우리에게 미치는 영향

　액체는 대부분 파인트와 쿼트, 갤런 또는 배럴 단위로 측정됩니다. 보통 와인은 쿼트로, 우유는 갤런으로, 당밀은 배럴로 말합니다. 새로운 유정이 발견되면 그 생산량을 하루에 몇 배럴이라고 말합니다. 그러나 측정 단위가 톤일 정도로 대량으로 제조되고 소비되는 액체가 하나 있습니다. 바로 황산입니다.

　황산은 일상생활에서 여러 방식으로 우리에게 영향을 미칩니다. 등유와 휘발유를 정유하는 데 광범위하게 사용되기 때문에 황산이 없었다면 자동차가 멈추고 우리는 말이나 마차를 탈 수밖에 없습니다. 사무실을 밝히고, 저녁 식탁을 비추고, 밤에 잠자리로 우리를 이끄는 전등도 황산 없이는 존재할 수 없습니다.

　아침에 일어나서 샤워할 때 우리는 니켈 도금 수도꼭지를 사용하는데, 이 수도꼭지를 제조할 때 황산이 필요합니다. 에나멜 욕조를 마감할 때도 황산이 필요합니다. 우리가 사용하는 비누는 황산으로 처리된 그리스나 기름으로 만들어졌을 겁니다. 수건은 우리가 쓰기 전에 먼저 황산을 거칩니다. 머리빗의 모에도 황산이 필요하고, 셀룰로이드 빗 역시 황산 없이는 생산될 수 없습니다. 면도기 역시 의심할 여지없이 단련시킨 후 황산 용액으로 씻어냈겠지요.

　속옷을 입고 겉옷 단추를 채웁니다, 표백업자, 염료 제조업자 및 염색업자는 분명 황산을 사용했을 겁니다. 단추 제조업자에게는 단추를 완성하는 데 황산이 필요했을 거고요. 무두질하는 사람은 신발 가죽을 만들 때 황산을 사용하고, 신발을 닦을 때 다시 사용합니다.

아침 식사를 하러 내려갑니다. 컵과 접시는 평범한 흰색이 아니라면 황산 없이 탄생할 수 없었을 겁니다. 황산은 금박과 기타 장식용 색소를 만드는 데도 사용됩니다. 숟가락과 나이프, 포크는 은도금이 된 제품이라면 황산을 사용한 것입니다.

빵의 원료인 밀은 인산 비료를 사용하여 재배하는데, 인산 비료의 제조 역시 황산을 기반으로 합니다. 메밀 케이크와 시럽을 먹는다면 시럽에도 황산이 필요합니다.

하루 종일 황산의 효과는 어디서나 우리에게 영향을 미칩니다. 어디를 가든지 그 영향에서 벗어날 수 없습니다. 황산 없이는 전쟁터에 나갈 수도 없고 평화롭게 살 수도 없습니다. 인류에게 이처럼 필수적인데, 우리에게는 낯설다는 것이 신기할 정도입니다. 하지만 실제로는 그렇습니다.

세상에서 가장 흥미로운 세 가지 일

세상에서 가장 흥미로운 세 가지 주제는 무엇이라고 생각하는가? 바로 섹스와 재산, 종교다. 첫 번째는 생명을 창조하고, 두 번째는 생명을 유지하게 하며, 세 번째는 다가올 세상에서도 생명이 계속되기를 희망하게 한다.

그러나 우리가 관심이 있는 것은 우리 자신의 섹스와 재산, 종교다. 우리의 관심사는 온통 나를 중심으로 돌아간다.

우리는 페루 사람이 유언장을 작성하는 방법에 대한 연설에는 관심이 없다. 하지만 '내 유언장을 작성하는 법'이라는 제목의 연설에는 관심을 보인다. 호기심에서 비롯된 경우를 제외하고는 '힌두교'라는 종교에 관심이 없지만, 내세에서 끝없는 행복을 보장하는 종교에는 관심이 많다.

고故 노스클리프 경은 사람들의 관심사가 무엇이냐는 질문에 한 단어로 대답했다. 그 단어는 바로 '자기 자신'이었다. 노스클리프 경은 영국에서 가장 부유한 신문사 소유주로 유명했기 때문에 이 질문에 대답하기 어렵지 않았을 것이다.

자신이 어떤 사람인지 알고 싶은가? 아, 이제야 흥미로운 주제가 나왔다. 당신에 관한 이야기이기 때문이다. 다음은 자신의 진정한 자아를 거울처럼 비춰 있는 그대로 보게 하는 방법이다. 자신의 공상을 바라보는 것이다. 공상이란 무엇일까? 제임스 하비 로빈슨 교수의 답변을 들어보기로 하자.《정신의 발달 과정 The Mind in the Making》에서 인용한 내용이다.

우리는 깨어 있는 시간 내내 생각하는 것처럼 보이며, 대부분은 잠자는 동안에도 계속 생각한다. 그리고 어떤 실제적인 문제에 의해 방해받지 않는 한 공상이라고 알려진 것에 빠진다. 공상은 저절로 하는, 가장 좋아하는 종류의 생각이다. 우리는 생각이 제 길을 가도록 허용하는데, 이 길은 우리의 희망과 두려움, 자발적인 욕망, 성취 또는 좌절, 호불호, 사랑과 미움, 원한으로 결정된다. 우리에게 우리 자신만큼 흥미로운 존재는 없다. 통제되고 조정되지 않은 모든 생각은 필연적으로 이 사랑스러운 자아를 중심으로 돌아간다. 우리 자신과 다른 사람에게서 이러한 경향을 관찰하는 것은 재미있으면서도 안타깝다. 우리는 이 진리를 정중하고 관대하게 간과하라고 배우지만, 과감하게 빠져들 때 공상은 정오의 태양처럼 타오른다.

우리의 공상은 우리의 근본적인 성격의 주요 지표를 형성한다. 종종 숨겨지고 잊힌 경험에 따라 변형된 본성을 투영하기도 한다. 공상은 그 주요한 집착인 자기 확대와 자기 합리화라는 끊임없는 경향으로 우리의 생각에 영향을 미친다.

따라서 청중은 사업상 문제에 몰두하지 않는 시간 대부분을 자신을 생각하고 정당화하고 미화하는 데 쓴다는 점을 기억하라. 보통 사람은 이탈리아가 미국에 빚을 갚는 문제보다 자주 가는 식당의 요리사가 그만둔다는 데 더 신경을 쓴다는 점을 기억하라. 사람들은 남미 혁명보다 무딘 면도날에 더 신경 쓸 것이다. 아시아에서 50만 명의 생명을 앗아간 지진보다 자신의 치통이 더 괴롭다. 역사상 가장 위대한 인물 10인에 관한 이야기를 듣기보다 자신에 대한 칭찬을 듣길 더 좋아한다.

좋은 대화 상대가 되는 방법

많은 사람이 대화를 잘 못 하는 이유는 자신의 관심사만 이야기하기 때문이다. 그렇게 하면 다른 사람에게는 치명적으로 지루할 수 있다. 반대로 해보라. 상대방이 자신의 관심사와 사업, 골프 점수와 성공, 또는 어머니라면 아이에 대해 이야기하도록 유도하라. 그런 다음 열심히 경청하면 상대에게 즐거움을 줄 수 있으며, 실제로 말을 거의 하지 않아도 대화를 잘하는 사람으로 보일 것이다.

미국의 정치학자 해롤드 드와이트 라스웰Harold Dwight Lassewell은 최근 대중 연설 강좌 종강 파티에서 매우 성공적인 연설을 했다. 그는 테이블 전체를 돌며 한 사람 한 사람에 대해 차례로 이야기하고, 강좌가 시작되었을 때 자신이 어떻게 연설했는지, 또 어떻게 발전했는지 이야기했다. 여러 수강생이 했던 연설과 그들이 논의했던 주제를 언급했다. 수강생 몇몇을 흉내 내고 특징을 과장하여 모두를 웃게 하고 즐겁게 했다. 이런 내용으로는 실패할 수가 없다. 그야말로 이상적이었다. 하늘 아래 다른 어떤 주제도 이 집단에서 그렇게 큰 관심을 끌지 못했을 것이다. 라스웰은 인간의 본성을 다루는 방법을 알고 있었다.

200만 독자를 확보한 아이디어

몇 년 전 〈아메리칸 매거진〉은 놀라운 성장을 이루었다. 〈아메리칸 매거진〉의 발행 부수가 갑작스럽게 증가한 현상은 출판계에 돌풍을 일으켰다. 비결은 무엇일까? 바로 세상을 떠난 존 M.

시달John M. Siddall과 그의 아이디어였다. 시달을 처음 만났을 때 그는 〈아메리칸 매거진〉에서 '흥미로운 사람들'이라는 부서를 담당하고 있었다. 나는 그를 위해 몇 편의 기사를 썼다. 어느 날은 그가 자리에 앉더니 내게 오랫동안 이야기를 했다. 그는 이렇게 말했다.

사람들은 이기적입니다. 주로 자기에게만 관심이 있습니다. 정부가 철도를 국유화해야 한다는 것에는 관심이 없지만 경쟁에서 이기는 방법, 월급을 더 많이 받는 방법, 건강을 유지하는 방법은 알고 싶어 합니다. 제가 이 잡지의 편집장이라면 치아를 관리하는 방법, 목욕하는 방법, 여름에 시원하게 지내는 방법, 원하는 자리에 오르는 방법, 직원을 다루는 방법, 집을 사는 방법, 기억하는 방법, 맞춤법을 틀리지 않고 말하는 방법 등을 알려줄 것입니다. 사람들은 항상 사람 사는 이야기에 관심이 많으므로 어떤 부자가 어떻게 부동산으로 100만 달러를 벌었는지 이야기하게 할 것입니다. 저명한 은행가나 여러 기업 사장이 어떻게 신분 상승을 통해 권력과 부를 쌓았는지에 대한 이야기를 들려주도록 할 거고요.

얼마 지나지 않아 시달은 편집장이 되었다. 당시 이 잡지는 발행 부수가 적었고, 실패작에 가까웠다. 시달은 자신이 하겠다고 말한 대로 했다. 반응은 어땠을까? 압도적이었다. 발행 부수는 20만 부, 30만 부, 40만 부, 50만 부까지 올라갔다. 대중이 원하는 주제를 다루었기 때문이다. 곧 한 달에 100만 명이 〈아메리칸 매거진〉을 구매하고 150만 명, 마침내 200만 명이 구매하기에 이르렀다. 잡지는 거기서 멈추지 않고 수년 동안 계속 성장했다. 시달은 독자들의 이기적인 관심사에 호소해 성공을 거두었다.

콘웰 박사가 수백만 청중의 관심을 끈 비결

세계에서 가장 인기 있는 연설인 '내 인생의 다이아몬드'의 성공 비결은 무엇일까? 바로 우리가 이야기하던 것이다. 방금 언급한 대화에서 존 M. 시달이 이 강연에 대해 언급했는데, 나는 이 강연의 엄청난 성공이 잡지의 정책 결정과 관련이 있다고 생각한다.

이 강의는 사람들에게 어떻게 경쟁에서 앞서갈 수 있는지, 현재 환경에서 어떻게 더 많은 것을 얻을 수 있는지 알려준다.

그리고 절대로 지루한 강의가 아니었다. 콘웰 박사는 각 도시에 맞춤화된 강의를 했다. 매우 중요한 일이다. 지역적 배경을 고려한 덕분에 강의는 매번 신선하고 새로웠다. 청중은 자신의 마을과 자기 자신이 중요하다는 느낌을 받았다. 다음은 어떻게 이런 강의를 준비했는지 콘웰이 직접 들려준 이야기다.

저는 한 마을이나 도시를 방문할 때 우체국장과 이발사, 호텔 관리인과 학교 교장, 일부 교회 목사들을 만날 수 있을 만큼 일찍 도착한

다음 공장과 상점에 들어가 사람들과 이야기를 나누었습니다. 그 마을이나 도시의 지역적 상황에 공감하고 마을의 역사가 어떠했는지, 어떤 기회가 있었고 어떤 일을 하지 못했는지(모든 마을은 무언가를 하지 못합니다) 파악한 다음 강연장에 가서 해당 지역에 맞는 주제에 대해 사람들에게 이야기합니다. 물론 '내 인생의 다이아몬드'라는 주제는 계속 똑같았습니다. 그 주제는 바로 주어진 환경에서 모든 사람이 자신의 기술과 에너지, 친구들과 더불어 더 많은 것을 이룰 기회가 있다는 겁니다.

항상 주의를 끄는 연설 재료

사물과 아이디어에 관해 이야기하면 사람들이 지루해할 수도 있지만, 사람에 대해 이야기하면 관심을 끌 수밖에 없다. 내일이면 미국의 뒷마당 울타리 너머, 찻잔 사이로, 저녁 식사 자리에서 셀 수도 없는 대화가 떠돌아다닐 텐데, 가장 중심이 되는 주제는 무엇일까? 바로 사람이다. 누군가 이렇게 말했다, 아무개여사가 이렇게 했다, 누가 다른 일을 하는 것을 보았다, 그가 돈을 벌었는데 그래서…… 등등.

나는 학생들이 모이는 수많은 자리에서 연설했으며, 경험을 통해 아이들의 관심을 끌기 위해서는 사람에 관한 이야기를 들려주어야 한다는 것을 알게 되었다. 내가 일반적인 설명을 하고 추상적인 아이디어를 다루기 무섭게 조니는 안절부절못하며 자리에서 꿈지럭거리고 토미는 누군가에게 얼굴을 찡그려 보였으며 빌리는 통로를 가로질러 무언가를 던졌다.

물론 이 연설의 청중은 어린이들이 맞다. 하지만 전쟁 중 군대에서 실시한 지능검사 결과 미국 국민 49%의 정신 연령이 약 열세 살이라는 놀라운 사실이 밝혀졌다. 따라서 인간의 흥미를 자극하는 이야기를 십분 활용한 연설은 실패할 일이 없다. 수백만 명이 읽는 잡지 〈더 아메리칸The American〉, 〈코스모폴리탄 Cosmopolitan〉, 〈새터데이 이브닝 포스트〉에도 그런 이야기로 가득하다.

나는 파리에서 미국의 사업가 그룹을 대상으로 성공 비결에 관해 이야기해달라고 요청한 적이 있다. 대부분은 가정의 미덕을 찬양하고 설교하고 이에 관한 강의를 하여 청중을 지루하게 만들었다(마침 우연히 이 시기에 미국에서 가장 저명한 사업가 중 한 명이 같은 주제에 대한 라디오 강연에서 똑같은 실수를 하는 것을 들었다). 나는 강의를 중단하고 다음과 같이 말했다.

우리는 강의를 듣고 싶지 않습니다. 아무도 그런 걸 좋아하지 않아요. 우리는 여러분이 재미있게 말하지 않으면 여러분의 말에 전혀 관심을 기울이지 않습니다. 또한 세상에서 가장 흥미로운 것 중 하나는 미화된 형태의 후일담이라는 사실을 기억하세요. 여러분이 잘 아는 두 남자의 이야기를 들려주세요. 한 사람은 성공하고 다른 한 사람은 실패한 이유를 알려주세요. 그러면 청중은 기꺼이 들을 겁니다. 이 말을 기억해두고 활용해보세요. 더군다나 이런 이야기는 장황하고 추상적인 설교보다 훨씬 더 쉽게 말할 수 있습니다.

그 강좌에서 매번 자기 자신이나 청중 모두의 흥미를 끌기 어려웠던 한 수강생이 있었다. 하지만 이날 밤, 그는 사람에 관한 이야기를 하라는 제안을 받아들였다. 그리고 우리에게 대학 시절의 두 명의 동급생에 관해 이야기했다. 한 명은 너무 보수적이어서 시내의 여러 상점에서 셔츠를 샀으며, 세탁이 가장 잘되고 가장 오래 입을 수 있으며 투자한 달러당 가장 많은 서비스를 제공하는 셔츠 관련 도표를 만들기도 했다. 그의 관심사는 항상 돈이었다. 하지만 그는 졸업할 당시(공과대학이었다) 자만심에 취해 다른 졸업생이 그랬던 것처럼 밑바닥에서 시작해 위로 올라가려 하지 않았다. 세 번째 동창회가 열렸을 때도 그는 여전히 셔츠 세탁 도표를 만들며 자신에게 좋은 일이 찾아오기를 기다렸지만, 그런 일은 생기지 않았다. 그로부터 25년이 지났어도 불만과 상처로 뒤덮인 이 남자는 여전히 보잘것없는 일이나 하고 있다.

그런 다음 연설가는 이 실패담을 모두의 예상을 뛰어넘어 큰 성과를 거둔 동급생 중 한 명의 이야기와 비교했다. 이 친구는 좋은 친구였다. 훗날 큰일을 도모하겠다는 야망이 있었지만 그는 제도공으로 시작했다. 하지만 항상 기회를 엿보고 있었다. 당시 버펄로에서 전 미국 스포츠 박람회가 열릴 계획이 세워지고 있었는데, 그는 그곳에 공학 분야의 인재가 필요하다는 사실을 알았다. 그래서 필라델피아에서 하던 일을 그만두고 버펄로로 옮겼다. 유쾌한 성격 덕분에 그는 곧 버펄로에서 정치적 영향력이 큰 한 남자와 우정을 쌓게 되었다. 두 사람은 동업을 결성하고 곧바로 계약 사업에 뛰어들었다. 특히 한 전화 회사에서 많은 일을 했는데, 마침내 그 회사는 많은 돈을 주고 그를 스카우트했다. 그는 백만장자이자 금융 회사 웨스턴 유니온의 대주주가 되었다.

이 자리에서는 그 연설가가 말한 내용의 대략적인 윤곽만 기록했다. 그는 구체적인 이야기로 자신의 발표를 흥미진진하고 매력적으로 만들었다. 평소에는 3분짜리 연설도 소재를 찾지 못하던 그는 이야기를 계속해 나아갔다. 연설이 끝나고 나서 자신이 그날 30분 동안 연단을 지켰다는 사실을 알고는 말로 표현할 수 없을 정도로 놀랐다. 연설이 너무 흥미로워서 모든 사람에게 짧게 느껴졌다. 이 학생의 진정한 첫 승리였다.

모든 학생이 이 일화에서 배울 점이 있다. 평범한 연설은 인간적인 관심사가 풍부하게 담겨 있을 때 훨씬 더 매력적으로 들린다. 연설가는 몇 가지 요점만 강조하고 구체적인 사례를 들어 설명하려고 노력해야 한다. 이렇게 연설을 준비하면 청중의 관심을 끌고 유지할 수 있다.

가능한 한 투쟁에 관한 이야기를, 싸워서 얻은 승리에 관한 이야기를 다루는 것이 좋다. 우리 모두 싸움과 다툼에 관한 관심이 크다. 온 세상이 연인을 사랑한다는 옛말이 있다. 그렇지 않다. 온 세상이 사랑하는 것은 갈등이다. 세상은 한 여자의 손을 잡기 위해 고군분투하는 두 남자를 보고 싶어 한다. 이 사실에 대한 증거를 찾고 싶은 사람은 소설과 잡지에서 이야기를 찾아 읽거나 영화나 드라마를 보러 가면 된다. 모든 장애물이 제거되고 평판이 좋은 영웅이 여주인공을 품에 안으면 청중은 모자와 외투에 손을 뻗기 시작한다. 5분 후에는 청소부들만 남아서 빗자루 손잡이에 대한 수다를 떨 것이다.

모든 잡지나 소설이 이 공식을 기반으로 한다고 해도 과언이 아니다. 독자가 주인공이나 여주인공을 좋아하게 만들어라. 그 또는 그녀가 무언가를 열렬하게 갈망하게 만들어라. 그리고 얻기 불가능하게 만들어라. 주인공이나 여주인공이 어떻게 싸워서 그것을 얻는지 보여주어라.

사업이나 직업에서 불리한 조건에 맞서 싸워서 승리한 이야기는 언제나 영감을 주고 흥미를 끈다. 한 잡지 편집자는 어떤 사람의 진실한 내면 이야기가 재미있다고 말한 적이 있다. 고군분투하고 싸워본 사람(누군들 이런 경험이 없겠는가?)에게 그 이야기가 제대로 전달된다면 매력적으로 들릴 것이다. 의심할 여지가 없다.

구체적으로 말하라

나는 30년 전 영국 해군에서 젊은 시절을 보낸 철학 박사, 그리고 거칠고 투박한 동료와 같은 대중 연설 강좌를 수강한 적이 있다. 세련된 학자는 대학교수였고, 7대양을 항해한 그의 동급생은 작은 이삿짐센터를 운영하는 주인이었다. 그런데 이상하게도 이삿짐센터 사장의 발표가 대학교수의 발표보다 훨씬 더 많은 청중을 사로잡았다. 왜 그랬을까? 대학교수는 교양과 세련미를 갖추고 있었고 논리적이고 명료한 태도로 아름다운 영어를 구사했지만, 그의 연설에는 한 가지 필수 요소인 구체성이 빠져 있었다. 너무 모호하고 너무 일반적이었다. 반면 이삿짐센터 주인은 일반화할 수 있을 만큼의 두뇌 능력이 거의 없었다. 말을 시작하면 바로 본론으로 들어갔다. 명확했고 구체적이었다. 이러한 특징은 그의 생기, 그리고 신선한 표현과 결합되어 연설을 매우 재미있게 만들었다.

내가 이 사례를 인용한 이유는 이것이 대학교수나 이삿짐센터 주인의 전형적인 모습이기 때문이 아니다. 위의 사례가 교육 수준이랑 상관없이 말을 구체적이고 명확하게 하는 사람이 청중의 관심을 끈다는 사실을 보여주기 때문이다.

이 원칙은 매우 중요하므로 몇 가지 예시를 설명하며 여러분의 마음속에 확고히 자리잡을 수 있게 노력할 것이다. 이 원칙을 절대 잊지 말고 절대 소홀히 하지 않길 바란다. 예를 들어, 마르틴 루터가 어렸을 때 "완고하고 고집불통이었다"라고 말하는 쪽이 더 흥미로울까, 아니면 선생님들로부터 "오전에 열다섯 번이나 채찍질을 당했다"라고 그가 털어놓았다고 이야기하는 쪽이 더 나을까? '완고하고 고집불통이었다' 같은 말은 주목할 가치가 없다. 채찍질 횟수를 듣는 편이 더 이해하기 쉽지 않은가?

전기를 쓰는 고전적인 방법은 아리스토텔레스가 '나약한 정신의 피난처'라고 불렀던 보편적인 이야기를 상당 부분 언급하는 것이었다. 새로운 방법은 자기 자신을 설명하는 구체적인 사실을 다루는 것이다. 구식 전기 작가는 존 도가 '가난하지만 정직한 부모'의 자녀라고 말한다. 새로운 방법에서는 존 도의 아버지가 덧신 한 켤레를 살 돈이 없어서 눈이 오면 신발에 마대를 묶어 발을 건조하고 따뜻하게 유지해야 했다고 말한다. 가난하지만 우유에 물을 섞지 않았으며 절대로 건강한 동물을 병든 말과 바꾸지 않았다고 할 것이다. 이런 사례는 존 도의 부모가 '가난하지만 정직했다'는 사실을 보여준다. 그리고 '가난하지만 정직한'이라고 말하는 방법보다 훨씬 더 흥미로운 방식으로 이를 보여주지 않는가?

이 방법이 현대의 전기 작가들에게 효과가 있다면 현대 연설가들에게도 효과가 있을 것이다.

한 가지 예를 더 들어보겠다. 나이아가라에서 매일 낭비되는 동력이 끔찍할 정도라고 주장하고 싶다고 해보자. 그렇게 말한 다음, 낭비되는 동력을 활용해서 얻은 이익으로 생필품을 구매하면 대중에게 옷을 입히고 먹일 수 있다고 덧붙인다고 가정해보자. 이런 방식이 청중에게 흥미롭고 재미있게 다가갈까? 그렇지 않다. 다음과 같은 방법이 훨씬 더 낫지 않을까? 〈데일리 사이언스 뉴스 게시판Daily Science News Bulletin〉에 실린 에드윈 E. 슬로슨Edwon E. Slosson의 글을 인용해보겠다.

이 나라에는 수백만 명의 빈곤층과 영양 부족에 시달리는 사람들이 있다. 그런데 여기 나이아가라에서는 한 시간에 25만 개의 빵이 버려지고 있다. 매시간 60만 개의 신선한 달걀이 절벽 아래로 떨어져 소용돌이 속에 거대한 오믈렛이 되는 것을 상상할 수 있을 것이다. 나이아가라강처럼 그 폭이 1,200미터나 되는 옥양목을 베틀에서 짠 다음 계속 쏟아버린다면 엄청난 재산을 낭비하는 셈이다. 저 폭포수가 책이라면 한두 시간 만에 카네기 도서관이 책으로 가득 찰 것이다. 대형 백화점이 이리호에서 매일 떠 내려와 50미터 아래로 떨어지며 백화점의 다양한 물건이 산산조각이 난다고 상상해보라. 누군가에게는 매우 흥미롭고 진귀하며 돈도 들지 않는 볼거리가 될 것이다. 그러나 다른 누군가는 백화점 물건을 떨어뜨린다는 생각이 사치스럽다는 이유로 떨어지는 물의 힘을 이용하는 것에 반대할 거다.

그림을 그리게 하는 단어

청중의 관심을 끄는 과정에서 가장 중요한 한 가지 보조 수단이자 기술이 있는데도 많은 사람이 간과하고 있다. 평범한 연설가는 그 존재를 알지도 못하는 것 같다. 아마 굳이 생각해본 적이 없을 것이다. 지금 나는 그림을 그리게 하는 단어를 사용하는 과정을 설명하는 것이다. 알아듣기 쉬운 연설을 하는 연설가는 눈앞에 떠오르는 이미지를 만들어내는 사람이다. 흐릿하고 평범하며 단조로운 기호를 사용하는 사람은 청중이 그냥 고개를 끄덕이게만 한다.

그림, 그림, 그림. 그림은 우리가 숨 쉬는 공기만큼이나 자유롭다. 연설과 대화에 그림을 흩뿌려보라. 그러면 더 재미있고 영향력 있는 사람이 될 것이다. 예를 들어, 방금 나이아가라에 관한 〈데일리 사이언스 뉴스 게시판〉에서 발췌한 내용을 살펴보기로 하자. 그림을 떠올리는 단어에 주의하며 읽어보라.

'25만 개의 빵, 절벽 아래로 떨어지는 60만 개의 달걀, 소용돌이 속 거대한 오믈렛, 1200미터의 옥양목, 카네기 도서관, 책들, 둥둥 떠내려오는 대형 백화점, 산산조각이 나는 물건, 바위, 폭포' 등 문장 하나하나에서 그림이 호주의 토끼 떼처럼 힘차게 뛰어올랐다가 이리저리 흩어진다.

영화관의 스크린에서 펼쳐지는 영화 장면에서 눈을 떼지 못하듯이 생생하게 그림이 펼쳐지는 발표나 기사를 무시하기는 어려울 것이다.

허버트 스펜서는 스타일 철학에 대한 그의 유명한 소논문 〈글쓰기의 철학Philosophy of Style〉에서 생생한 그림을 떠올리게 하는 용어가 우월하다고 오래전에 지적한 바 있다.

우리는 일반적으로 생각하지 않고 구체적으로 생각한다. 다음과 같은 문장을 피해야 한다.

'한 국가의 풍속과 관습 및 오락이 잔인하고 야만적이면 법적 처벌도 그만큼 엄격해질 것이다.'

그 대신 다음과 같이 써야 한다.

'전투와 투우, 검투사의 싸움을 즐기는 사람들이 벌을 받는다면 교수형과 화형, 교수대로 처벌받을 것이다.'

성경과 셰익스피어 작품 속에는 사과주스 옆에 벌 떼가 모이듯 그림을 그리는 문구가 넘쳐난다. 예컨대 평범한 작가라면 '완벽한 것을 개선하려고 노력하는 행위처럼 부질없는 짓'이라고 썼을 것이다. 셰익스피어는 같은 생각을 어떻게 표현했을까? 그림을 떠올리게 하며 영원히 잊지 못할 문구를 썼다. '금에 금박을 입히고, 백합에 덧칠하고, 제비꽃에 향수를 뿌린다'라고 표현한 것이다.

대대로 전해 내려오는 속담이 대부분 시각적인 말이라는 사실을 알고 있는가? '손안의 새는 수풀 속의 두 마리보다 낫다', '쏟아지지 않고는 비가 오지 않는다', '말을 물가로 데려갈 수는 있지만 말이 물을 마시게 할 수는 없다' 등등. 수백 년 동안 살아남았고 너무 많이 사용해서 지겨워진 비유에서도 이와 같은 그림 요소를 찾을 수 있다. '여우처럼 교활하다', '문에 박힌 못처럼 꿈쩍 않는다', '팬케이크처럼 평평하다', '바위처럼 단단하다' 등에서 말이다.

링컨은 끊임없이 시각적 용어를 사용했다. 백악관 책상으로 날아오는 길고 복잡한 보고서에 짜증이 났을 때, 그는 무미건조하고 딱딱한 문구가 아니라 잊을 수 없는 그림 문구로 이의를 제기했다. 그가 말했다.

"말을 사러 사람을 보낼 때 말꼬리에 털이 몇 개나 있는지는 듣고 싶지 않습니다. 말의 특징을 알고 싶을 뿐입니다."

대조로 흥미를 끄는 법

영국의 역사가 토머스 매콜리가 찰스 1세를 비난한 다음 내용을 읽어보라. 그림을 사용할 뿐 아니라 균형 잡힌 문장을 사용한다는 점에 유의하라. 강렬한 대조는 항상 우리의 관심을 끌며, 치명적인 대조는 아래 단락의 핵심이기도 하다.

우리는 찰스 1세가 대관식에서 한 맹세를 어겼다는 이유로 그를 비난했다. 그러자 그는 결혼 서약을 지켰을 뿐이라고 답했다! 그가 가장 성급한 성직자들의 무자비한 가해에 백성을 내맡겼다는 이유로 비난했다. 그는 어린 아들을 무릎에 앉히고 아들에게 입을 맞추었을 뿐이라고 했다! 그가 권리청원을 지키겠다고 약속한 후 조항을 위반했다고 비난했다. 그랬더니 그는 아침 6시에 기도를 듣는 데 익숙해졌을 뿐이라고 대꾸했다! 우리는 그가 반다이크풍 옷차림과 잘생긴 얼굴, 뾰족한 수염과 이런 태도 때문에 전 세대에 인기를 끌고 있다고 우리는 진심으로 믿고 있다.

관심에는 전염성이 있다

지금까지 청중의 관심을 끄는 소재의 종류에 대해 논의했다. 그러나 여기서 제시된 제안을 기계적으로 따르고 규칙과 절차를 모두 지킨다 해도 여전히 진부하고 지루할 수 있다. 사람들의 관심을 얻고 붙잡는 것은 미묘한 문제이며, 느낌과 정신의 문제이기도 하다. 증기 기관을 운전하는 것과는 다르다. 정확한 규칙을 제시할 수 있는 책도 없다.

관심에는 전염성이 있다는 사실을 기억해야 한다. 당신이 흥미를 잃으면 청중도 흥미를 잃는다. 얼마 전 볼티모어에서 열린 강좌에서 한 신사가 일어나 체서피크만에서 계속 지금과 같은 방식으로 쏨뱅이를 잡는다면 쏨뱅이가 멸종할 것이라고 청중에게 경고했다. 그것도 단 몇 년 만이라고 했다! 그는 자신의 주제에 진심으로 몰두했다. 이 점이 중요하다. 자신이 말하는 주제에 진심을 쏟았다. 그의 주제와 태도에 관한 모든 것이 이 점을 여실히 증명했다. 그가 연설하기 위해 일어났을 때만 해도 나는 체서피크만에 쏨뱅이 같은 물고기가 있는 줄도 몰랐다. 청중 대부분이 나처럼 쏨뱅이를 모르고, 관심도 없었을 것이다. 하지만 연설가가 연설을 마치기 전에 우리는 그의 관심사에 빠져들었다. 아마 모두 국회에 청원서를 제출해 쏨뱅이를 법적으로 보호해야 한다고 생각했을 것이다.

나는 당시 이탈리아 주재 미국 대사였던 리처드 워시번 차일드Richard Washburn Child에게 작가로 성공한 비결을 물어본 적이 있다. 그는 이렇게 대답했다.

"저는 사는 게 너무 재미있어서 가만히 있을 수가 없습니다. 사람들에게 이야기해야만 하죠."

이런 연설가나 작가에게 매료되지 않을 리가 없다.

최근 런던에 한 연설가의 연설을 들으러 간 적이 있다. 연설이 끝난 후 일행 중 한 명인 영국의 유명 소설가 E. F. 벤슨E. F. Benson이 연설의 첫 번째 부분보다 마지막 부분이 훨씬 더 재미있었다고 말했다. 이유를 묻자 그는 이렇게 대답했다.

"연설가 본인이 마지막 부분에 더 관심이 있어 보였거든요. 연설가의 열정과 흥미는 항상 청중에게 전염되지요."

누구나 그렇다. 반드시 기억하라.

청중의 관심을 끄는 방법

1. 우리는 평범한 것들에 대한 특별한 사실에 관심이 있다.

2. 우리의 가장 큰 관심사는 우리 자신이다.

3. 다른 사람들이 자신과 자신의 관심사에 관해 이야기하게 이끌고 열심히 경청하는 사람은 말을 거의 하지 않더라도 대체로 대화를 잘하는 사람으로 간주된다.

4. 미화된 후일담이나 사람들의 이야기는 항상 효과가 있고 관심을 끈다. 연설가는 몇 가지 요점만 말하고 인간적인 관심사를 다룬 이야기로 이를 뒷받침해야 한다.

5. 구체적이고 명확해야 한다. '가난하지만 정직한'으로 표현하는 연설가가 되지 마라. 마르틴 루터가 어렸을 때 '고집이 세고 완고했다'로 표현하고 넘어가지 마라. 어떻게 그랬는지 구체적으로 설명해야 한다. 선생님들이 그를 '오전에 열다섯 번이나' 채찍질했다는 설명을 덧붙여라. 그렇게 하면 일반적인 주장이 더 명확하고 인상적이며 흥미로워진다.

6. 눈앞에 이미지를 떠올리게 하는 단어와 함께 그림을 만드는 문구를 연설에 사용하라.

7. 가능한 한 균형 잡힌 문장을 쓰고 생각을 대조하라.

8. 관심에는 전염성이 있다. 연설가가 기분이 좋지 않으면 그 기분은 청중에게도 전달된다. 단순한 규칙을 기계적으로 준수하기만 해서는 청중의 관심을 끌 수 없다.

멀리서도 잘 들리게 하는 방법

큰 강당이나 음향이 고장 난 곳에서 자신의 말을 전달하기 위해 목청을 높이고 소리를 지를 필요가 없다. 목소리를 올바르게 사용하기만 하면 된다. 올바른 어조로 강화하기만 한다면 속삭이는 소리도 가장 큰 극장의 가장 먼 구석까지 잘 들릴 수 있다.

다음은 목소리가 잘 들리게 하는 데 도움 되는 몇 가지 제안 사항이다.

1. 바닥을 내려다보지 마라. 초보자나 하는 행동이다. 청중에게 거슬린다. 청중과 연설가 사이의 소통과 주고받는다는 느낌을 해친다. 고개를 숙이면 목소리가 바닥으로 향하게 되어 청중 위로 뻗어나가지 못한다.

2. 슈만하잉크는 이렇게 말했다.

"호흡은 목소리의 원동력이에요. 지능적으로 통제하지 않으면 아무것도 성취할 수 없지요. 호흡하지 않고 노래한다면 휘발유 없이 자동차를 운전하는 것이나 다름없답니다."

그렇다. 그리고 호흡 없이 말하는 것도 마찬가지다. 호흡은 말의 총알 뒤에 숨어 있는 화약이다. 말을 튕겨 보낼 도약판 역할을 할 수 있도록 항상 가슴에 숨을 남겨두어야 한다. 상점이나 사격 연습장에 가면 아래에서 쏘는 물줄기를 따라 오르락내리락하는 작은 공들을 본 적 있을 것이다. 말은 그 공처럼 오르락내리락해야 한다. 연처럼 바람을 타고 하늘을 날아다녀야 한다. 그러므로 심호흡을 하며 폐의 아랫부분이 갈비뼈 쪽으로 팽창해서 호흡이 아치형 횡격막을 내리누르고 평평하게 쭉 펴게 하는지 느껴보라. 말을 시작할 때 한 번에 숨을 다 쓰지 마라. 가능한 한 적게 사용하라. 5장의 지침에 따라 조절하라.

3. 목과 입술, 턱에서 힘을 빼라. 수축한 음색은 진동이 거의 없어 널리 퍼지지 못한다. (4장, 9장, 10장 참고)

4. 사람이 쇠를 망치로 두드리면 가까이에서 귀가 먹먹할 정도의 불쾌한 소리가 난다. 멀리 전달되지도 않는다. 그러나 오케스트라나 밴드의 음악은 소동과 소란의 와중에도 먼 거리에서 연주하는 것을 들을 수 있다. 왜 이런 차이가 생길까? 밴드의 악기는 순수하고 조화로운 소리, 공명하는 소리를 내지만 철을 두드리는 망치는 공명 없이 둔하고 거친 울림만 만들기 때문이다. 불과 며칠 전, 나는 나팔 부는 나팔수 옆에서 그가 내는 나팔 소리를 들었다. 나팔수가 거친 소리를 낼 때와 같은 양의 숨을 사용했다면 그 소리가 멀리 전달되지 않았겠지만, 나팔에 전달된 숨은 공명실에서 진동하며 음파를 만들고 멀리까지 전달되었다.

이제 앞줄에 있는 사람들에게 매우 크게 들리는 어떤 목소리가 멀리까지 전달되지 않는 이유를 알게 되었다. 공명이 부족하기 때문이다. 소리를 멀리까지 전달하는 것은 공명과 개방성, 그리고 여분의 숨이다. 따라서 4장, 9장, 10장에서 이 목적을 위해 제시된 목소리 연습을 해야 한다.

라디오를 들으면서 흘러나오는 음악을 흥얼거리며 머리 위쪽과 뒤쪽, 코와 입술, 뺨과 가슴의 진동을 열린 손바닥으로 느껴보라. 자연스러운 공명을 최대한 활용하려면 공기를 들이마실 때와 마찬가지로 머리로 느꼈던 열린 감각에 주목하며 말해야 한다. 이것이 가장 중요하다.

5. 모음을 뚜렷하게 발음하라. 모음은 말의 핵심이다. 모음을 전달하는 것은 모음 소리의 진동이다. 따라서 이 진동을 소홀히 하거나 가볍게 여겨서는 안 된다. 모음을 '자유롭고, 열린 상태로, 정확하게' 내야 한다.

   이번에는 모음을 발음하면서 입술의 유연성을 위한 연습으로 활용해보라. 입술의 올바른 사용은 모음을 소리 내는 데 무척 중요하다.

6. 목소리의 높낮이는 다양해야 하며, 말할 때 저절로 자연스럽게 음계를 오르락내리락해야 한다. 이 원칙은 7장에서 설명한 바 있다. 음계를 자연스럽게 바꾸면 목소리를 좀 더 개성 있게 표현하고 명확하게 전달할 수 있다.

7. 멀리서도 들리려면 음량이 필요하다. 음량을 그저 시끄러운 소리와 헷갈리지 마라. 말하는 내용에 진심이 아니며 약간 관심만 있는 사람의 말은 다른 모든 조건이 같더라도 자

기 말에 영혼과 진심을 쏟는 사람의 말처럼 잘 전달되지 않는다. 우리가 전달하는 것은 공허함이 아니다. 풍요로움이다. 환자가 진찰실에 들어섰을 때 의사가 가장 먼저 알아차리는 것 중 하나가 환자의 목소리다. 목소리는 그 사람의 활력을 드러낸다. 전달력이 있는 힘찬 목소리는 아프거나 지친 몸에서 나오지 않는다. 그러니 말하기 전에 휴식을 취하라. 현명한 생활의 법칙을 지켜라.

소프라노 넬리 멜바는 이렇게 경고한다.

"아름답게 사용되는 아름다운 목소리는 건강한 몸에서만 나옵니다. 큰 성공을 거두기 위해서는 건강해야 합니다. 후두가 곧 신체 상태인 가수에게는 신선한 공기와 간단하고 영양가 있는 음식, 하루 8~9시간의 수면이 필요합니다."

15장

청중을 행동하게
하는 방법

삶의 위대한 목적은 지식이 아니라 행동이어야 한다.
_토머스 헨리 헉슬리Thomas Henry Huxley(동물학자)

진정으로 유능한 연설가는 맹목적인 충동을 숭배하지 않는다. 행동과 신념을 지배하는 법칙을 주의 깊게 연구한 결과에서 비롯된 판단으로 충동을 통제하고 다스린다.
_아서 에드워드 필립스

난로를 팔든 정책을 표결에 부치든 모든 사업상 대화에는 제품 또는 아이디어를 판매하겠다는 결정, 이기겠다는 뚜렷한 목적이 있다. 따라서 업무 편지나 길거리 광고판처럼 상대의 관심사에 호소하는 데 의존한다. 치밀하게 계획한 연설은 잘 준비하고 테스트한 광고만큼이나 계획되지 않은 대화에 맞서 승리를 거둘 수 있다.
_《사업에서 이기기 위해 말하는 방법How to Talk Business to win》

교양 있는 현대의 청중은 연설가에게 무엇을 요구할까? 첫째, 연설가 자신이 진실해야 한다. 둘째, 가치 있는 무언가를 알고 있어야 하며, 그것도 잘 알아야 한다. 셋째, 제시하는 주제에 감정과 신념을 충분히 담아야 한다. 넷째, 단순하고 자연스럽고 강력한 언어로 요점을 솔직하게 말해야 한다.
_록우드 소프

위대한 사람의 특징은 행동한다는 것이다.
_세인트 엘모 루이스St. Elmo Lewis(광고 전문가)

우리는 대체로 다른 사람이 우리에게 제안한 이유보다 자신이 발견한 이유에 더 쉽게 설득당한다.
_파스칼Pascal(수학자)

강력한 연설에 정통하는 것은 사람이 스스로 이루어야 할 가장 고귀한 목적 가운데 하나다.
_뉴웰 드와이트 힐리스Newell Dwight Hills
(《사회에 미치는 인간의 가치A Man's Value to Society》의 저자)

지금 자신에게 있는 재능의 능력을 부탁만으로 두세 배 늘릴 수 있다면 어떤 재능을 선택해서 이 막강한 혜택을 받겠는가? 다른 사람에게 영향을 미치고 다른 사람이 행동하게 만드는 능력을 선택하지 않겠는가? 그렇게 되면 힘과 이익, 즐거움이 훨씬 더 늘어날 것이다.

인생의 성공에 필수적인 이 기술이 우리에게 영원히 예측하기 어려운 숙제로 남아 있어야 할까? 본능을 따르거나 경험 법칙만을 따르면서 실수를 거듭해야만 할까? 더 현명하게 목표를 달성하는 방법은 없을까?

물론 있다. 그리고 이번 장에서 논의할 것이다. 상식의 규칙과 인간 본성의 규칙, 여러분과 나의 본성을 기반으로 한 방법이다.

이 방법의 첫 번째 단계는 사람들의 관심을 끄는 것이다. 그렇게 하지 않으면 사람들은 여러분의 말을 주의 깊게 듣지 않을 것이다. 이 방법은 9장과 14장에서 자세히 다루었다. 이와 관련하여 다시 한번 살펴보길 바란다.

두 번째 단계는 듣는 사람의 신뢰를 얻는 것이다. 그렇게 하지 않으면 청중은 여러분의 말을 믿지 않을 것이다. 그리고 많은 연설가가 이 부분에서 실패한다. 수많은 광고가 실패하며 수많은 사업상 편지와 수많은 직원, 수많은 기업이 실패하는 지점도 바로 여기다. 수많은 개인이 주어진 자원을 활용하고 능력을 발휘하는 데 실패하는 지점도 바로 여기다.

자격을 갖추어 신뢰를 얻기

신뢰를 얻는 가장 좋은 방법은 그럴 만한 자격을 갖추는 것이다. 세계 최고의 은행가 J. P. 모건은 인격이 신용을 얻는 데 가장 핵심적인 요소라고 말했다. 인격은 청중의 신뢰를 얻는 데 가장 중요한 요소 중 하나다. 나는 말솜씨가 유창하고 재치 있는 사람보다 어눌하게 말하지만, 더 성실한 사람이 성공을 거둔 사례를 수없이 접했다.

내가 최근 진행한 한 강좌의 수강생 중 한 명은 눈에 띄는 외모를 지녔고, 일어서서 말할 때 놀라울 정도로 유창한 사고와 언어를 구사하는 사람이었다. 그러나 그가 발표를 마치고 나자 사람들은 '영리한 친구'라고 말할 뿐이었다. 그는 겉보기에는 그럴듯한 인상을 남겼지만, 그 인상은 표면적일 뿐 그다지 큰 의미가 없었다. 같은 그룹에 한 보험 회사 직원이 있었는데, 그는 키가 작고 가끔 말을 더듬으며 우아함이나 기교가 부족했다. 하지만 눈빛에서 깊은 진심이 묻어나고 목소리에서도 느껴졌다. 청중은 그의 말을 열심히 경청했고, 그를 믿었으며, 왠지 모르게 그에게서 따뜻함을 느꼈다.

영국 철학자 칼라일Thomas Carlyle은《영웅숭배론 Heroes and Hero

Worship》에 이렇게 썼다.

미라보Mirabeau도, 나폴레옹도, 번즈와 크롬웰도 진정성이 없었더라면 어떤 일도 해내지 못했을 것이다. 진정성에 기반한 성실함은 여러모로 영웅의 첫 번째 특징이라고 말해야겠다. 이들은 스스로 성실하다고 하지 않는다. 꾸며낸 진정성은 얕은 허풍이며 지나친 자기 과신에 불과하다. 위대한 사람의 성실함은 말로 표현할 수 없고, 의식하지 못하는 종류의 것이다.

몇 년 전 당대 가장 훌륭하고 뛰어난 연설가 중 한 명이 세상을 떠났다. 그는 젊었을 때 장밋빛 희망을 품었고, 위대한 일이 예견되어 있었다. 하지만 그 일을 이루지 못하고 세상을 떴다. 이성보다 감성이 부족했고, 명백한 재능을 함부로 내다 팔았으며, 일시적인 이해관계와 금전적 이익을 가져다주는 명분을 위해 연설했다. 그는 불성실하다는 평판을 얻었다. 공적 경력이 망가졌다.

웹스터가 말했듯, 스스로 느끼지 못하는 동정심이나 진정성을 가장하는 것은 아무 소용이 없다. 아무 효과가 없을 것이다. 진심에서 우러나와야 한다.

앨버트 비버리지는 다음과 같이 말했다.

대중에게 가장 깊은 감정을 불러일으키는 것, 대중의 성격에 가장 큰 영향을 미치는 요소는 종교적 요소입니다. 종교적 요소는 자기 보존의 법칙만큼이나 본능적이고 원초적입니다. 사람들의 지성 전체와 성격에 영향을 미치지요. 무르익지 않은 생각으로 사람들에게 큰 영향을 미치려는 사람은 그들과 종교라는 위대하고 설명할 수 없는 유대를 맺어야 합니다.

링컨은 국민과 공감했다. 그는 좀처럼 화려한 말솜씨를 선보이지 않았다. 아무도 그를 '웅변가'라고 부르지 않았으리라 생각한다. 더글러스 판사와의 토론에서도 그에게는 판사의 우아함과 부드러움, 유창함이 부족했다. 사람들은 더글러스에게 '작은 거인'이라는 이름을 붙였다. 링컨은 뭐라고 불렀을까? '정직한 에이브'다.

더글러스는 성격이 매력적이었고 남다른 정신력과 활기가 있는 사람이었다. 하지만 그는 원칙보다 정책을, 정의보다 편의를 우선시하며 두 마리 토끼를 잡으려 했다. 이런 면이 그의 결정적인 실패 원인이었다.

그렇다면 링컨은? 그가 말할 때 풍기는 거친 분위기가 말의 힘을 두 배로 키웠다. 사람들은 그에게서 정직함과 성실함, 예수를 닮은 성품을 느꼈다. 법에 관한 지식에서는 다른 많은 사람이 링컨을 앞섰지만, 배심원에게 그보다 더 많은 영향력을 끼친 사람은 없었다. 링컨은 에이브 링컨 자신을 섬기는 데 큰 관심이 없었다. 정의와 영원한 진리를 위해 봉사하는 데 수천 배 더 관심이 있었다. 그리고 사람들은 그가 연설을 시작할 때 이런 점을 느꼈다.

자신의 경험을 바탕으로 말하라

청중의 신뢰를 얻는 두 번째 방법은 자신의 경험을 바탕으로 신중하게 말하는 것이다. 이 방법은 크게 도움 된다. 의견을 제시하면 사람들이 의문을 제기할 수 있다. 소문을 이야기하거나 읽은 내용을 반복하면 진부하다는 느낌을 줄 수 있다. 하지만 직접 경험하고 살아온 이야기에는 진실성과 진심이 담겨 있다. 사람들은 이런 이야기를 좋아한다. 그 이야기를 믿는다. 당신을 특정 주제에 대한 세계 최고의 권위자로 인정한다.

이런 종류의 효과가 얼마나 큰지 알고 싶다면, 가판대에 가서 아무 잡지나 신문을 하나 들고 읽어보라. 그 안에는 사람들이 자기 경험을 이야기하는 기사가 가득하다. 아니면 '가르시아에게 보내는 메시지A Message to Garcia'를 읽어보자. 당시 세계는 앨버트 허버드의 말에 놀라운 신뢰를 보냈다. 그가 자신의 경험을 바탕으로 말했기 때문이다. 여러분은 그 사실을 알 수 있다. 기사 전체에서 생생하게 느껴진다.

제대로 소개를 받아야 한다

많은 연설가가 소개를 제대로 받지 못해서 처음부터 청중의 관심을 사로잡지 못한다.

소개는 내부를 뜻하는 라틴어 '인트로intro'와 이끌다를 뜻하는 '두체레ducere'에서 유래한 용어다. 그러므로 논의되는 주제에 대해 듣고 싶어질 만큼 청중을 충분히 화제 안으로 이끌고 들어가야 한다. 연설가에 대한 내부적인 정보, 즉 연설가가 특정 주제를 논의하기에 적합하다는 것을 증명하는 정보를 청중에게 알려주어야 한다. 다시 말해, 소개는 청중에게 주제를 팔아야 하고, 연설가를 팔아야 한다. 그리고 가능한 한 짧은 시간 내에 이 작업을 수행해야 한다.

지금까지 설명한 내용은 연설할 때 꼭 필요한 과정이다. 그런데 연설가는 제대로 소개받고 있을까? 단언컨대 열에 아홉은 아니라고 해야 할 것이다. 대부분의 소개는 허술하고 변명할 수 없을 만큼 부적절하다. 일례로, 나는 잘 알려진 연설가(도입부를 잘 알았어야 하는 사람)가 아일랜드 시인 W. B. 예이츠를 소개하는 것을 들은 적이 있다. 그 자리에서는 예이츠가 자신의 시를 낭독하기로 되어 있었다. 3년 전 예이츠는 문필가에게 수여할 수 있는 최고의 영예인 노벨 문학상을 수상했다. 당시 청중의 열 명 중 아홉 명은 상 자체나 그 상의 의미를 몰랐을 것이라 확신한다. 상 자체에 대한 설명이나 상의 의미 모두 반드시 언급되었어야 한다. 다른 말을 하지 않더라도 이 사실을 청중에게 알렸어야 했다. 그런데 의장은 어떻게 했을까? 이러한 사실을 완전히 무시하고 신화와 그리스의 시에 관한 이야기만 늘어놓았다. 그는 자신이 지나친 자존심 때문에 청중에게 얼마나 지식이 풍부하며, 얼마나 중요한 사람인지 알리려 애쓴다는 사실을 전혀 깨닫지 못했다.

그 의장은 세계적인 연설가로 알려져 있고 다른 자리에 수없이 소개받았음에도 다른 사람을 소개하는 일을 망치고 말았다. 이 정도 수준의 사람이 그런 실수를 저지르면 평범한 의장에게서 무엇을 기대하겠는가?

우리가 예이츠라면 어떻게 해야 할까? 겸손과 예의를 갖추어 미리 의장에게 가서 도입부에 언급해야 할 몇 가지 사실을 알고 싶은지 물어본다. 그는 이 제안에 감사할 것이다. 그런 다음 당신이 언급하고 싶은 사항, 특정 주제에 관해 이야기할 자격이 있는 이유, 청중이 알아야 할 간단한 사실, 연설에 효과가 있을 만한 것을 말한다. 물론 한 번 듣고 나면 의장은 절반을 잊어버리고 나머지 절반은 헷갈릴 것이다. 따라서 의장이 당신을 소개하기 전에 정신을 가다듬길 바라면서 한두 문장만 글로 작성하여 그에게 전달하는 편이 좋다. 그런데 알려준 대로 의장이 당신을 소개할까? 아마 그렇지 않을 것이다. 하지만 이 정도로 충분하다.

푸른 잔디와 히코리 나무 재

어느 가을, 나는 뉴욕의 여러 YMCA에서 대중 연설 강좌를 진행하고 있었다. 이 도시에서 가장 잘 알려진 판매 조직 중 한 스타 세일즈맨이 그 강좌 수강생이었다. 어느 날 저녁 그는 씨앗이나 뿌리의 도움 없이도 푸른 잔디가 자랄 수 있다는 터무니없는 주장을 했다. 그의 이야기에 따르면 그는 새로 갈아엎은 땅에 히코리 나무 재를 뿌렸다. 짜잔! 푸른 잔디가 나타났다. 그는 히코리 나무 재만으로 푸른 잔디가 생겼다고 굳게 믿었다.

그의 이야기를 비판하면서 나는 웃으며 푸른 잔디 씨앗은 한 자루에 몇 달러의 가치가 있으므로 이 경이로운 발견이 사실이라면 그는 백만장자가 될 것이라고 말했다. 또한 이 발견이 그를 불멸의 과학자로 만들고, 역사상 가장 뛰어난 과학자로 만들 것이라고 말했다. 나는 살아 있든 죽었든 그가 말한 기적을 행한 사람은 아무도 없었고, 무생물에서 생명을 만들어낸 사람은 아무도 없었다고 그에게 알려주었다.

그의 실수가 너무 명백하고 터무니없어서 반박을 강조할 필요가 없다고 느꼈기 때문에 나는 아주 조용히 말했다. 내가 말을 끝내자 다른 모든 수강생은 그의 주장이 얼마나 어리석은지 알았지만, 그는 한순간이라도 그 사실을 알아차리지 못했다. 그가 더없이 진지해서 나는 도무지 그의 주장을 꺾을 수 없었다. 그는 벌떡 일어나서 자신이 틀리지 않았다고 내게 알렸다. 이론이 아니라 개인적 경험을 이야기하는 것이라고 맞섰다. 자신이 무슨 말을 하는지 알고 있었다. 계속 말을 이어가면서 첫 번째 발언을 확장하고 추가 정보를 제공했으며, 추가 증거를 쌓아 올렸다. 그의 목소리에서 확신과 진정성이 우러나왔다.

다시 한번 나는 그에게 그의 말이 사실일 가능성은 털끝만큼도 없다고 말했다. 그러자 그가 다시 일어서더니 5달러를 걸고 미국 농무부가 이 문제를 해결하도록 하겠다고 제안했다.

나는 곧 이 강좌의 여러 수강생이 그의 주장에 동의한다는 사실을 알게 되었다. 수강생들이 그의 말을 믿는다는 사실에 놀라며 그들에게 왜 믿게 되었는지 물었다. 그러자 진정성이라고 답했다. 그들이 제시한 유일한 이유는 그것뿐이었다.

이 진정성의 힘은 놀랍다. 특히 평범한 청중에게는 더욱 그렇다. 독립적 사고를 할 수 있는 능력이 있는 사람은 극소수다. 에티오피아의 토파즈만큼이나 희귀하다. 그러나 우리에게는 느낌과 감정이 있으며 우리 모두 연설가의 감정에 영향을 받는다. 그가 어떤 것을 충분히 진지하게 믿고 충분히 진지하게 말하면 먼지와 재만으로 푸른 풀을 만든다고 주장하더라도 지지자를 얻고 제자도 생길 것이다. 뉴욕시에서 교양 있고 명백히 성공한 것으로 추정되는 사업가들 사이에서도 그렇게 할 수 있다.

청중의 관심과 신뢰감을 얻은 후에는 본격적인 연설이 시작된다. 세 번째 단계는 사실을 진술하고 청중에게 알리는 것이다.

주장의 장점을 청중에게 알리기

이것이 바로 연설의 핵심이며 본질이다. 이 단계에 대부분 시간을 할애해야 한다. 이제 12장에서 명확성에 대해 배운 내용과 13장에서 인상과 확신에 대해 배운 내용을 모두 적용해야 한다.

여기서부터 그동안의 준비가 빛을 발한다. 미흡한 준비가 맥베스의 뱅쿼 유령처럼 떠올라 우리를 괴롭히는 곳도 바로 여기다.

이제 우리는 사선에 서게 된다. 포슈 제독은 말한다.

"전쟁터는 공부할 기회를 주지 않는다. 이미 알고 있는 것만 적용할 수 있을 뿐이다. 사전에 철저히 알고 지식을 빠르게 활용할 수 있어야 한다."

그러므로 연설가는 실제로 연설 주제에 대해 사용할 내용보다 몇 배나 더 많이 알아야 한다. 《거울 나라의 앨리스Alice Through the Looking Glass》에 나오는 백기사가 여행을 시작할 때 그는 잠재적인 모든 비상사태에 대비했다. 밤에 쥐 때문에 고생하지 않도록 쥐덫을 가져갔고 벌 떼를 만날 경우를 대비해 벌집을 가지고 다녔다. 이와 같은 방식으로 백기사가 대중 연설을 준비했다면 그는 승자가 되었을 것이다. 누가 이의를 제기해도 철저한 준비에 압도되었을 테니 말이다. 자신의 주제를 아주 잘 알고 철저하게 계획해 연설이 잘못될 가능성은 아예 없었을 것이다.

패터슨이 반박에 답하는 방식

비즈니스 그룹에 영향을 미치는 제안에 대해 연설하는 경우, 그룹을 가르칠 생각을 해서는 안 된다. 그룹에게서 배우려 해야 한다. 그들의 머릿속에 어떤 내용이 있는지 확인해야 한다. 그렇지 않으면 요점과 전혀 다른 내용을 다루게 될 수도 있다. 사람들이 자기 생각을 표현하게 해야 한다. 이의를 제기하면 성실하게 답하라. 그러면 사람들이 더 침착한 상태에서 당신의 말을 들을 수 있을 것이다. 다음은 고인이 된 전미 현금 등록기 회사 회장 존 패터슨이 이러한 상황에 대처한 방법이다. 〈시스템 매거진〉에 실린 기사를 인용하겠다.

금전 등록기의 가격을 인상해야 했습니다. 그러자 대리점과 판매 관리자들이 항의했습니다. 이들은 사업을 지속하려면 제품 가격을 동결해야 한다고 했습니다. 저는 그들을 모두 데이턴으로 불러 회의했습니다. 가격 인상 문제를 의제에 올렸지요. 제 뒤에는 커다란 종이 한 장과 기록할 사람을 두었습니다.

저는 사람들에게 가격 인상에 대한 반대 이유를 말해달라고 요청했습니다. 그러자 기관총이 울리듯 청중석에서 반대 의견이 쏟아졌지요. 반대 의견이 나오는 대로 큰 종이에 의견을 받아 적으라고 했습니다. 첫날 내내 반대 의견을 수렴하는 데 시간을 보냈습니다. 저는 계속 더 하라고만 했지요. 회의가 끝났을 때 우리에게는 가격을 인상해서는 안 되는, 적어도 백 가지 이상의 이유가 적힌 목록이 있었습니다. 그 자리에서 나올 법한 반대 이유가 다 제시되었고, 청중은 마음속으로 어떤 변화도 있어서는 안 된다는 결론을 내린 것 같았습니다. 그날 회의는 그렇게 끝났습니다.

다음 날 아침, 저는 반대 의견을 하나씩 받아들여 도표와 말로 각 의견이 왜 부적절한지 자세히 설명했습니다. 사람들은 납득했습니다. 왜 그럴까요? 반대 의견이 선명하게 드러났고 논의가 그 의견을 중심으로 전개되었기 때문입니다. 풀리지 않은 부분이 하나도 없었습니다. 우리는 그 자리에서 모든 것을 해결했습니다.

하지만 단순히 분쟁의 요점을 해결하는 것만으로는 충분하지 않습니다. 대리점 관리자들이 참석하는 회의는 청중이 새로운 열의로 가득 찬 상태에서 헤어져야 합니다. 어쩌면 등록기라는 요점 자체가 토론에서 희미해졌을지도 모릅니다. 그래서는 안 되죠. 극적인 클라이맥스가 있어야 했어요. 그래서 저는 클라이맥스를 마련했고 회의가 끝나기 직전 남자 백 명이 하나씩 무대를 가로질러 행진하게 했습니다. 각자 현수막을 들고 있었는데 그 현수막에는 최신 등록기의 일부와 그 기능이 적힌 그림이 그려져 있었어요. 그리고 마지막 사람이 건너편으로 지나갈 때 모든 사람이 다시 모여 일종의 대미를 장식하며 완벽한 기계를 선보였습니다. 대리점 관리인들이 자리에서 일어나 열렬히 환호하며 회의가 끝났습니다!

한 욕망을 다른 욕망과 맞서 싸우게 하기

이 방법의 네 번째 단계는 인간을 행동하게 만드는 동기에 호소하는 것이다. 이 지구와 지구 안의 모든 것, 지구 위아래의 물은 우연이 아니라 불변의 원인과 결과의 법칙에 따라 운용된다.

세상은 질서정연하게 만들어져 있고
원자들은 조화롭게 행진한다.

지금까지 일어났거나 앞으로 일어날 모든 일은 그 이전에 일어난 일의 논리적이고 필연적인 결과이며, 이후에 생길 일의 논리적이고 필연적인 원인이다. 이 원칙은 메디아와 페르시아의 법칙처럼 변하지 않는다. 지진과 요셉의 색동옷, 기러기의 울음소리와 질투, 구운 콩의 가격, 코이누르 다이아몬드, 시드니의 아름다운 항구가 존재하듯 이 법칙 또한 실제로 존재한다. 동전을 자판기에 넣고 껌을 사는 일에도 이 법칙이 적용된다. 이런 사실을 알고 나면 미신이 말할 수 없을 정도로 어리석은 이유를 단번에 이해할 수 있다. 불길하게도 탁자 앞에 열세 사람이 둘러앉거나 누가 거울을 깨뜨린다고 해서 변치 않는 자연법칙이 멈추거나 조금이라도 영향받겠는가?

우리가 의식적이고 의도적으로 하는 행위가 무엇 때문에 발생했을까? 어떤 욕망 때문이다. 이 원칙이 적용되지 않는 사람들은 정신 병원에 수용되어 있을 것이다. 우리를 움직이는 것은 그렇게 많지 않다. 우리는 매시간 놀랍도록 적은 수의 열망에 지배당한다.

이 모든 사실이 의미하는 점은 단 한 가지다. 우리를 움직이는 동기가 무엇인지 알고 충분한 힘으로 이에 호소할 수 있는 사람에게는 특별한 능력이 생긴다. 현명한 연설가는 바로 이런 일을 하려고 한다. 그러나 실수하는 사람은 맹목적으로, 아무 목적도 없이 자신이 갈 길을 찾아 헤맨다.

예컨대 한 아버지가 어린 아들이 몰래 담배를 피우는 것을 보았다고 하자. 아버지는 화가 나서 성을 내며 아들을 꾸짖고, 그에게 해로운 습관을 그만두라고 명령할 것이다. 그리고 건강을 망친다고 경고할 것이다.

그러나 소년이 건강에 대해 우려하지 않고 물리적인 결과를 두려워하기보다 담배를 피우는 맛과 모험을 더 좋아한다고 해보자. 어떻게 될까? 아버지의 호소는 아무 쓸모도 없을 것이다. 왜 그럴까? 부모가 아들의 마음을 움직이는 동기를 활용할 만큼 현명하지 않았기 때문이다. 자신을 움직이는 동기에 관해서만 이야기했을 뿐 아들의 입장을 고려하지 않았다.

그러나 아들이 학교에서 진심으로 육상팀에 들어가기를 원했을 가능성은 제법 크다. 그는 100미터 달리기에 출전하고 육상에서 뛰어난 기량을 발휘하기를 간절히 원한다. 따라서 아버지는 자신의 감정만 쏟아내지 말고 아들에게 흡연이 그토록 원하는 육상에 방해가 된다고 설명했어야 한다. 그렇다면 아들에게서 원하는 결과를 얻고 더 중요한 욕망으로 사소한 욕망에 맞서는 현명한 방식으로 문제를 해결했을 것이다. 세계에서 가장 큰 스포츠 경기 중 하나인 옥스퍼드 케임브리지 조정 경주에서도 정확히 이런 일이 일어난다. 노를 잡는 선수들은 훈련 기간 내내 담배를 끊는다. 경주에서 승리하려는 욕망에 비하면 다른 욕망은 부차적이기 때문이다.

오늘날 인류가 직면한 가장 심각한 문제 중 하나는 곤충과의 전쟁이다. 몇 년 전, 일본 정부에서 선물하여 워싱턴의 호수 경계를 장식하는 데 사용된 벚나무 몇 그루에서 복숭아순나방이 들어왔다. 이 나방이 널리 퍼져 몇몇 동부 주의 과일 작물을 위협했다. 살포는 효과가 없어 보였기 때문에 결국 정부는 일본에서 나방을 먹는 다른 곤충을 수입하여 이 지역에 풀어놓아야 했다. 이처럼 우리의 농업 전문가들은 한 해충을 다른 해충과 싸우게 했다.

사람들을 행동하게 만드는 데 능숙한 사람도 이와 비슷한 전술을 사용한다. 그는 한 동기를 다른 동기에 맞서 싸우도록 설정한다. 매우 합리적이고 간단하며 너무나 명백하기에 이 방법을 사용하는 것이 보편적이라고 생각할지도 모른다. 하지만 전혀 그렇지 않다. 종종 이 방법을 활용하는 사례가 극히 드물다고 의심하게 만드는 현장을 본다.

구체적인 사례를 들어보자면, 나는 최근 어느 도시에서 열린 오찬 클럽에 참석했다. 인근 도시의 컨트리클럽 코스에서 골프 경기가 열리고 있었다. 그런데 단지 몇몇 회원만이 참석하겠다고 했다. 클럽 회장은 불쾌했다. 자신의 명성에 누가 되기 때문이다. 그래서 그는 더 많은 회원이 참가할 수 있도록 호소했다. 하지만 그의 연설은 비참할 정도로 부적절했다. 그는 다른 사람들이 참여하기를 자기가 원한다는 사실에 기반하여 사람들을 설득하려 했다. 하지만 이 방법은 아무런 호소력이 없었다. 그는 인간의 본성을 능숙하게 다루지 못했다. 단지 자신의 감정을 쏟아내고 있었을 뿐이다. 담배를 피우는 아들을 보고 화가 난 아버지처럼, 그는 청중의 욕구를 고려하며 이야기하는 것을 완전히 무시했다.

그렇다면 그가 어떤 방법을 썼어야 할까? 상식을 활용했어야 했다. 다른 사람에게 말하기 전에 자신과 조용히 대화를 나누어야 했다. 스스로 이런 질문을 던져야 했다.

"왜 더 많은 사람이 이번 골프 경기에 참석하지 않을까? 어떤 사람은 시간을 낼 수 없다고 생각했을지도 몰라. 철도 요금과 다양한 비용을 따져본 사람도 있겠지. 어떻게 하면 이런 악조건을 극복할 수 있을까? 취미 활동은 시간 낭비가 아니고 열심히 일하는 사람만이 성공하는 것은 아니라고 말해야겠어. 기분전환을 하면 다른 사람이 6일에 걸쳐 할 일을 5일이면 할 수 있다고도 해야지. 물론 다들 알고 있는 사실이긴 해. 하지만 다시 한번 짚고 넘어갈 필요가 있어. 이 경기에 쓰는 약간의 돈보다 훨씬 더 많은 것을 얻을 수 있다고 강조해야겠지. 이 경기가 건강과 즐거움에 대한 투자라는 점을 보여주는 거야. 상상력을 자극하여 그들이 골프 코스에 서 있는 자신의 모습을 떠올리게 하는 거지. 얼굴로 서풍이 불어오고, 발밑에 푸른 잔디가 있어 뜨거운 도시에서 아무 즐거움도 없이 사는 사람들을 딱하게 여기게 될 거라고 말이야."

여러분이 보기에도 회장이 사용한 "당신이 참여하기를 내가 원한다"는 호소보다 이 절차가 훨씬 더 성공 가능성이 커 보이지 않는가?

우리의 행동을 규정하는 욕망

그렇다면 우리의 행동을 형성하고 인간답게 행동하게 만드는 기본적인 갈망은 무엇일까? 이런 갈망을 이해하고 잘 다루는 것이 성공에 필수적이라면 자세히 알아봐야 하지 않을까? 잘 알아보고 점검하며 분석하자.

이번 장의 나머지 부분은 갈망에 대해 몇 가지 이야기를 논의하고 살펴보는 데 쓰겠다. 이것이 바로 갈망을 명확하게 이해하고 설득력 있게 만들고, 기억의 벽에 깊이 새기는 방법이라는 데 여러분도 동의할 것이다.

이러한 동기 중 가장 강력한 동기는, 당신이라면 뭐라고 하겠는가? 그렇다. 바로 이익에 대한 욕망이다. 이 욕망은 매일 아침

수억 명의 사람들이 침대에서 빠져나올 때 두세 시간 일찍 일어나게 하는 데 큰 영향을 끼친다. 이러한 원동력 없이는 사람들은 아침에 일찍 일어나려 하지 않을 것이다. 누구나 다 아는 이 동기의 강력함을 굳이 더 설명할 필요가 있을까?

그리고 금전적 동기보다 더 강력한 것은 자기 보호 욕구다. 모든 건강식품 광고는 자기 보호 욕망에 호소한다. 예컨대 한 도시가 선상한 기후에 관한 광고를 할 때, 식품 제조업자가 제품이 천연제품으로 만들고 활력이 생기게 한다고 강조할 때, 특허 의약품 판매업자가 자신이 파는 약이 이런저런 병을 없애준다고 늘어놓을 때, 낙농 조합에서 우유는 비타민이 풍부하고 생명 유지에 없어서는 안 될 제품이라고 강조할 때, 금연 단체에서 담배의 약 3%가 니코틴이며 니코틴 한 방울로 개를 죽이고 여덟 방울로는 말을 죽일 수 있다고 주장할 때 전부 다 생명을 보전하려는 우리의 본능적인 욕구에 호소하는 것이다.

이 동기를 강하게 내세우려면 개인적인 이야기를 해야 한다. 예를 들자면 암이 증가하고 있다는 사실을 보여주는 통계를 인용하지 마라. 그래서는 안 된다. 당신의 말을 듣고 있는 사람들로 대상을 한정해야 한다. 예컨대 다음과 같다.

"이 방에 서른 분이 계십니다. 여러분 모두 마흔다섯 살까지 산다면 의학적 평균의 법칙에 따라 세 명은 암으로 사망할 것입니다. 이분이 될 수도 있고, 저기 신사 혹은 숙녀분이 될 수도 있겠군요."

돈에 대한 욕망만큼이나 강한 욕망은(사실 많은 사람에게는 훨씬 더 강한 욕망이기도 하다) 중요하게 여겨지고 싶다는 욕구, 존경받고 싶다는 욕구다. 다시 말해, 자존심을 향한 욕구다.

자존심, 그 이름으로 얼마나 많은 범죄가 저질러졌던가! 오랜 세월 중국에서 수많은 어린 소녀가 극심한 고통에 비명을 지르면서도 기꺼이 그 고통을 감수했다. 발을 묶고 더 자라지 못하게 해야 한다는 자존심의 명령 때문이다. 지금 이 순간에도 중앙아프리카의 특정 지역에서 수천 명의 원주민 여성들이 입술에 나무로 된 입술판을 끼고 생활한다. 놀랍게도 입술판은 오늘 아침 식사를 담은 접시만큼이나 크다. 이 부족의 여자아이는 여덟 살이 되면 입술 바깥쪽에 칼집을 내고 입술판을 삽입한다. 계절이 지나면서 입술판은 점점 더 큰 다른 입술판으로 교체된다. 마지막으로 매우 소중한 이 장식을 위한 공간을 만들기 위해 치아를 제거해야 한다. 성가신 이 부속물 때문에 검은 피부의 미인은 알아들을 수 있는 소리로 말하지 못한다. 나머지 부족은 이 부족의 말을 거의 알아듣지 못한다. 하지만 이 여자들은 오직 아름답게 보이기 위해, 감탄을 사기 위해, 자존심을 채우기 위해 모진 고통을 견딘다.

멜버른이나 몬트리올, 클리블랜드에서는 이렇게까지 하지는 않는다.

대령 부인도, 주디 오그래디도 한 꺼풀만 벗겨놓고 나면 자매다(인종 따라서 자존심을 향한 호소는 잘만 한다면 TNT 폭발물에 못지않은 힘을 발휘한다.

이 책을 읽는 이유를 스스로 물어보라. 더 나은 인상을 주고 싶다는 소망 때문은 아닌가? 훌륭한 연설에서 오는 내적 만족감의 영광을 원하는 것은 아닌가? 대중 연설가에게 자연스럽게 따라오는 권력과 리더십, 명성과 자부심을 원해서는 아닌가? 한 잡지 편집자는 최근 대중 연설에서 판매 서한에 넣을 수 있는 호소 중에서 자부심과 이익에 대한 호소만큼 효과적인 것은 없다고 말했다.

링컨은 이 동기에 영리하게 호소해 소송에서 승리한 적이 있다. 1847년 테이즈웰 카운티 법원에서 벌어진 소송이었다. 스노우라는 이름의 두 형제가 케이스 씨로부터 소 두 마리와 대초원에서 쓸 쟁기 한 대를 샀다. 미성년자였음에도 그는 형제의 200달러의 약속 어음을 200달러에 받아들였다. 어음이 만기가 되어 돈을 받으러 갔을 했을 때 그는 비웃음만 받았다. 그는 링컨을 고용하여 형제를 법정에 세웠다. 스노우 형제는 자신들이 미성년자이며 케이스 씨가 어음을 받았을 때 이 사실을 알고 있었다고 주장했다. 링컨은 그들이 주장한 내용과 미성년자 법안의 타당성을 전부 인정했다. 핵심 주장이 이어진 후 그는 이렇게 말했다.

"네, 여러분, 저도 그렇다고 인정합니다."

마치 사건을 포기한 사람처럼 보였다. 그러나 자신의 차례가 되자 그는 배심원 열두 명에게 다음과 같은 방식으로 말을 건넸다.

"배심원 여러분, 이 소년들이 인격에 수치와 불명예를 품은 채로 인생을 살아가도록 기꺼이 허락하겠습니까? 인격에 대해 가장 올바른 판단을 했던 사람은 이런 말을 남겼습니다."

신이시여! 남자에게나 여자에게나 명예란
영혼을 빛내주는 보석과 같습니다.
누군가 내 지갑을 훔쳐 간다면 그건 쓰레기를 가져가는 셈입니다.
아무 일도 아닙니다.
한때는 제 것이다가 이제는 다른 이의 것이며 수많은 이의 손을 거칠 노예와 같습니다.
하지만 만일 누가 제 명예를 빼앗아 간다면
명예가 그 사람을 부유하게 만들지 못할지라도
저는 참으로 초라해질 겁니다!

_ 셰익스피어, 〈오셀로Othello〉

그런 다음 그는 변호사의 어리석은 조언이 아니었다면 소년들이 이런 악행을 저지르지 않았을 것이라고 지적했다. 고귀한 법조인 신분으로 정의를 도모하기보다 훼손하고 있다고 말하면서 그는 몸을 돌려 상대 변호사를 맹렬히 비난했다. 그리고 말을 이어갔다.

"배심원 여러분, 이제 이 소년들을 바로 잡을 권한은 여러분에게 있습니다."

분명 이들은 명백한 사기 행위를 보호하는 데 이름이나 영향력을 빌려주지 않을 것이다. 그렇게 한다면 자신의 이상에 충실할 수 없을 터였다. 링컨의 항변은 이와 같았다. 그는 배심원들의 자존심에 호소했고, 그들은 따로 상의하는 절차도 생략한 채 그자리에서 빚을 갚아야 한다고 투표했다. 링컨은 배심원들의 정의감에도 호소했다. 정의감 역시 우리 모두에게 있는 욕망이다. 우리는 덩치가 큰 아이에게 괴롭힘당하는 작은 아이의 편에 서기 위해 길에서 멈추곤 한다.

우리는 감정을 느끼는 존재이며, 편안함과 쾌락을 갈망한다. 커피를 마시고 비단 양말을 신고 영화관에 가며 바닥이 아닌 침대에서 잠을 자는 건 이러한 것들이 우리에게 이성적으로 좋다는 결론을 내렸기 때문이 아니라 즐겁기 때문이다. 그러니 당신이 제안하는 것이 우리의 편안함을 더하고 즐거움을 늘릴 것이라는 사실을 증명하라. 그러면 행동의 강력한 원동력을 건드린 것이다.

시애틀이 미국 대도시 중 사망률이 가장 낮고 그곳에서 태어난 아이가 살아남아 오래 살 가능성이 가장 크다고 광고했을 때, 시애틀은 어떤 동기에 호소하는 것일까? 매우 강한 동기, 세상의 많은 행동에 이바지하는 동기, 즉 애정이다. 애국심 역시 애정과 감정의 동기를 기반으로 한다.

가끔은 다른 모든 방법이 실패해도 감정에 호소하면 상대의 행동을 끌어낼 수 있다. 뉴욕시의 유명한 부동산 경매인 조셉 P. 데이Joseph P. Day의 경험이기도 하다. 그는 이 방법으로 인생에서 가장 큰 거래를 성사시켰다. 다음은 어떻게 거래를 성사시켰는지에 관하여 그가 직접 설명한 내용이다.

전문 지식이 거래의 전부는 아닙니다. 제 인생에서 가장 큰 거래를 성사시켰을 때 저는 전문 지식을 전혀 사용하지 않았습니다. 전 브로드웨이 71번가에 있는 건물을 미국 철강 회사에 매각하기 위해 게리 씨와 협상하고 있었습니다. 그의 사무실은 항상 그 건물에 있었지요. 협상을 완료했다고 생각했을 때 게리 씨가 매우 조용하지만 단호하게 말했습니다

"데이 씨, 이 근처에 훨씬 더 현대적인 건물에서 제안받았는데, 그 건물이 우리의 목적에 더 잘 맞는 것 같습니다. (나무로 만든 가구를 가리키며) 이 건물이 더 잘 완성되었습니다. 저 건물은 너무 구식입니다. 너무 오래되었고요. 제 동료 몇몇은 전반적으로 다른 건물이 이 건물보다 목적에 더 적합할 거라고 하더군요."

500만 달러짜리의 거래가 눈앞에서 날아가고 있었어요! 저는 잠시 대답하지 않았습니다. 게리 씨도 더 말하지 않았고요. 그는 이미 결정을 내렸습니다. 핀이 바닥에 떨어졌다면 폭탄 소리처럼 들렸을 것입

니다. 저는 대답하기보다 이렇게 물었습니다.

"게리 씨, 뉴욕에 오셨을 때 첫 사무실이 어디였습니까?"

"바로 여기였죠. 다른 쪽에 있는 방이라고 해야겠군요."

"철강 회사는 어디서 만드셨지요?"

"바로 이 사무실에서요."

그는 생각에 잠겼습니다. 그리고 자신도 모르게 말했습니다.

"젊은 중역들은 여기보다 더 세련된 사무실을 원했지요. 오래된 가구에 만족하지 못했어요. 하지만 그 친구들은 더 이상 우리 곁에 없네요."

이것으로 판매 협상은 끝났습니다. 다음 주에 정식으로 거래를 마쳤습니다. 물론 저는 그에게 건물이 제안되었다는 사실을 알고 있었고, 두 건물의 구조적 장점을 비교했을 수도 있습니다. 그렇다면 게리 씨와 어느 건물에 건축적으로 장점이 있는지 논쟁해야 했겠지요. 게리 씨 혼자서 고민했을 수도 있고요. 하지만 그 대신 저는 감정에 호소했습니다.

종교적 동기

우리에게 강력한 영향을 미치는 또 다른 강력한 동기가 있다. 이를 종교적 동기라고 부르겠다. 정통 예배나 특정 신조나 종파의 교리를 말하는 것은 아니다. 정의와 용서, 자비, 타인을 섬기고 이웃을 내 몸처럼 사랑하는 것 등 예수가 가르친 아름답고 영원한 진리를 포괄적으로 일컫는 말이다.

어떤 사람도 자신이 착하고 친절하고 관대하지 않다는 사실을 스스로 인정하는 것을 좋아하지 않는다. 그래서 우리는 이러한 이유에 호소하는 것을 좋아한다. 이 동기에는 영혼의 고귀함이 내포되어 있다. 우리는 이 동기를 자랑스러워한다.

C. S. 워드C. S. Ward는 오랜 세월 YMCA 국제위원회 서기로 활동하면서 협회 건물 기금 마련을 위한 캠페인에 온 시간을 바쳤다. 한 사람이 지역 YMCA에 1,000달러짜리 수표를 쓴다고 해서 재산이 늘거나 권력이 높아지지는 않는다. 그러나 많은 사람이 사회에 조금이라도 도움 되고자 하는 열망에서 이런 일을 한다.

북서부 도시에서 캠페인을 시작하면서 워드는 교회나 사회운동과 아무 관련이 없는 한 유명 기업의 전직 중역에게 연락을 취했다. 왜 그랬을까? 그 중역이 일주일 동안 일을 소홀히 하고 YMCA 건물을 위한 기금을 조성해주기를 기대한 것일까? 그런 생각은 터무니없었다. 하지만 워드는 캠페인의 개회식에 참석하기로 동의했고, 그의 고귀함과 이타심에 대한 호소에 감명받아 일주일 내내 열정적으로 모금 운동에 전념했다. 욕설을 끊임없이 내뱉은 것으로 유명했던 이 남자는 일주일이 채 지나가도 전에 캠페인의 성공을 기도하게 되었다.

한 그룹의 사람들이 철도 회사 최고 경영자 제임스 J. 힐을 찾아갔다. 그가 운영하는 북서부 철로를 따라 YMCA를 설립하고 싶었기 때문이다. 상당한 돈이 필요했는데, 힐이 빈틈없는 사업가라는 것을 알고 있던 이들은 어리석게도 핵심 주장을 힐의 이익을 향한 욕망에 호소했다. 그들은 이 협회가 노동자를 행복하고 만족스럽게 할 것이며 그의 자산 가치를 높일 것이라고 주장했다. 힐이 대답했다.

"여러분은 아직 제가 YMCA를 설립하게 만든 진짜 이유를 언급하지 않았습니다. 그 이유는 바로 정의에 힘이 되고 기독교적 성품을 세우고자 하는 열망입니다."

1900년, 아르헨티나와 칠레는 국경 지역을 둘러싼 오랜 분쟁으로 전쟁 직전까지 갔다. 전함을 건조하고, 군비를 증강하고, 세금을 인상하고, 막대한 비용을 마련하면서 피를 흘릴 준비가 되어 있었다. 1900년 부활절, 아르헨티나의 한 주교가 그리스도의 이름으로 평화를 열렬히 호소했다. 안데스산맥 너머에서 칠레의 주교도 평화의 메시지를 되풀이했다. 주교들은 마을을 돌아다니며 평화와 형제애에 호소했다. 처음에는 청중이 여성들뿐이었지만 마침내 이 호소는 온 나라를 뒤흔들었다. 대중의 청원과 여론은 정부가 중재에 나서 군대와 해군을 감축하기 시작했다. 국경의 요새는 해체되었고 총은 녹아서 거대한 청동 그리스도의 모습으로 주조되었다. 오늘날 드높은 안데스산맥의 높은 곳에서 문제가 제기되었던 국경 지대를 바라보면서 십자가를 지고 있는 예수상이 자리하게 되었다. 받침대에는 이런 말이 적혀 있다.

'칠레와 아르헨티나인들은 예수의 발아래 맹세한 엄숙한 언

약을 잊어버리기 전에 이 산이 쓰러지고 무너져 먼지가 될 것이다.'

이것이 종교적 감정과 신념을 향한 호소의 힘이다.

청중을 행동하게 하는 방법

지금까지 논의한 방법은 다음과 같다.

1. 관심을 유도한다.
2. 신뢰할 만한 자격을 갖추고 성실하게 준비한다. 적절하게 소개받고 주제에 대해 말할 자격을 얻어 경험을 통해 배운 것을 말함으로써 신뢰를 얻는다.
3. 사실을 말하고, 청중에게 주장의 장점에 대해 다시 한번 가르치고, 청중의 이의 제기에 답한다.
4. 사람이 행동하게 만드는 동기, 즉 이익과 자기 보호, 자부심과 즐거움, 감정과 애정, 그리고 정의와 자비, 용서, 사랑과 같은 종교적 이상을 향한 욕구에 호소한다. 이 방법을 현명하게 사용하면 연설가에게 공적으로 도움 될 뿐 아니라 사적으로도 도움 될 것이다. 영업 서한을 작성하고 광고를 구성하며 사업 인터뷰를 관리하는 데도 도움 된다.

과연 나는 자신이 설명한 방법을 성공적으로 사용했는가?

첫 번째 단계: 나는 인간 본성에 영향을 미치는 이 문제의 중요성을 강조하고 이에 호소할 과학적 방법이 있으며 앞으로 논의하겠다고 밝힘으로써 독자들의 관심을 끌었는가?

두 번째 단계: 나는 이 시스템이 상식의 규칙에 기반을 두고 있으며, 자신이 직접 이 방법을 적용했고 수천 명의 다른 사람에게 가르쳤다고 이야기함으로써 독자들이 자신감을 얻게 했는가?

세 번째 단계: 사실을 명확하게 진술했는가? 이 방법의 효과와 장점에 대해

가르쳤는가?

네 번째 단계: 나는 이 방법을 사용하면 당신의 영향력과 이익이 늘어날 것이라는 확신을 주었는가? 이번 장을 읽고 이 방법을 사용하려고 노력할 것인가? 다시 말해, 내가 행동을 취하게 했는가?

* 나는 이 계획과 관련하여 아서 던의 책《과학적 판매 및 홍보Scientific Selling and Advertising》에 도움받았는데, 이에 감사의 마음을 전한다.

더 명확하게 말하기

〈뉴욕 타임스The New York Times〉의 특별 기사에 따르면, 제1차 세계대전 중 육군의 장교가 되려 했던 일곱 명 중 한 명은 '부정확한 발음, 작은 목소리, 불완선한 어법' 때문에 임용을 거부당했다고 한다.

이러한 약점은 평범한 사람들 사이에서도 널리 퍼져 있으며 이는 심각할 정도다. 사람, 특히 낯선 사람과 대화할 때 다시 말해달라고 할 때가 있지 않나? 때때로 이해하기 어려운 상대방의 말을 듣고 짜증이 난 적은 없는가?

말을 알아듣게 하는 사람도 발음을 정확하게 하지 않을 때가 얼마나 많은가?《내 인생의 다이아몬드》의 저자에 따르면 정확한 발음은 말하기에서 큰 매력으로 작용한다. 정확한 발음을 듣기란 얼마나 즐거운가. 그 자체만으로 대부분 세련미와 교양의 뚜렷한 신호로 다가온다.

모든 사람은 연습을 통해 발음을 개선할 수 있다. 청각장애인은 입술과 뺨, 혀의 근육을 정확하게 사용하는 훈련을 받는다. 그 결과 청력이 정상적인 사람과 비슷하게 말할 수 있게 된다. 그렇다면 이 훈련이 일반인에게 얼마나 큰 도움이 될지 상상해 보라.

가장 쉽게 시작할 수 있는 소리는 입술을 오므려 만드는 자음이다. 이와 같은 소리로 다섯 가지 자음 p, b, m, w, wh가 있다.
이제 몇 가지 규칙을 소개한다.

이런 소리를 잘 내기 위해서는 생각보다 입술을 더 오래 바싹
누르고 오래 붙여야 한다. 많은 사람이 p, b 또는 m을 만들 때
입술을 거의 건드리지 않는다. 당신도 그렇지 않은가? 평소보다
두 배 더 과장해서 소리를 내라.

Sound	Almost like
copy	cop-py
big	bbig
moving	mmoving
weather	wweather
white	whwhite

마지막 소리인 wh는 오래전 철자가 hw였다. 그렇게 발음해보
라. h 소리를 내라. 그런 다음 입술을 모아 w를 만들면 명확하게
발음하는 데 아무 문제가 없다.

감각을 한 곳에 집중하라. '무빙moving'이라고 할 때 m, '빅big'
이라고 할 때의 b라고 발음하면서 입술 한가운데의 압력을 느
껴보라. 윗입술과 아랫입술을 모두 사용하라. 지금 당신은 윗입
술만 사용하지 않는가? 거울 앞에 서서 확인해보라. 입으로 소
리를 낼 때 주저하지 말고 입술을 약간 밖으로 밀어내야 한다.

입이 작은 확성기라고 생각하라. 그렇지 않으면 분명하게 말할
수 없다.

다음 자음은 혀가 입천장과 만나며 나오는 소리다. t, d, th, n,
l, s, sh, z, ch, j, r, k, g (단단한), ng다. 이 자음은 거의 모든 단어
에 들어간다. 편익상 이 열네 가지 소리를 나음과 같이 분류할
수 있다.

1. t, d, th, n, ch, j, z
2. k, g (단단한), ng
3. l, s, sh, r

이 자리에서는 첫 번째 그룹을 다룰 것이다. t, d, th, n,
ch, j 및 z의 소리를 정확하고 쉽고 빠르게 내려면 혀로 입천
장을 꾹 눌러야 한다. 대부분 사람은 혀를 잘 사용하지 않
는다. 'certainly'라고 말한다고 생각할 때 'cer'nly'라고 한다.
'mountain'이라고 말한다고 생각할 때 'moun'n'이라고 말한다.
몹시 부주의한 행동이다. 혀를 확실하게 뻗어라. 그것만으로 뚜
렷하게 발음하는 데 큰 도움이 된다. 이러한 소리를 빠르고 쉽게
내기 위해서는 혀를 연필 끝처럼 좁혀야 한다. 그리고 혀의 끝부
분, 4분의 1인치 정도만 사용하라. t, d 등의 자음을 말할 때 혀
가 위로 올라가 입천장 전체를 때려서는 안 된다. 앞니 바로 뒤

의 입천장을 건드리되 더 멀리 닿지는 말아야 한다.

푸치토와 바이어의 책《카루소와 노래의 기교》는 이렇게 말한다.

'카루소의 완벽한 발음은 입술과 혀의 유연성 덕분이었다. 혀와 입술의 유연성(그리고 r의 뚜렷한 발음)을 위한 훌륭한 연습은 tra, tre, tro, tru, bra, bre, bri, bro, bru를 계속 발음하는 것이다.'

이탈리아의 성악 선생님은 성악가에게 l과 관련하여 상당히 많은 훈련을 시킨다. 혀끝을 입천장에 대고 입술을 내밀고 턱을 힘을 빼고 발음해보라.

"lul, lul, lul, lul, lul, lul, lul."

l, n, m은 노래하는 자음이라고 한다. 자연스럽게 노래하듯 말해야 하기 때문이다.

16장

표현력을
개선하는 방법

주의를 끌기 위해서는 세상의 귀를 간지럽혀야 한다. 명확성과 힘, 아름다운 문체는 자신의 사고방식으로 사람들을 설득하려는 사람에게 꼭 필요하다. 아니, 자신이 말하는 것에 많은 주의를 기울이게 하려는 사람 누구에게나 필요하다.

_ 우드로 윌슨

어떤 설교일지라도 설교자에게 무엇보다 필요한 자질이 있다. 명확성과 논리성, 활기와 진정성은 설교자에게 언어의 자질이 되기 전에 먼저 그 사람의 개인적 자질이어야 한다.

_ 필립스 브룩스Phillips Brooks(성직자)

말을 잘하는 사람은 대체로 평균 이상으로 책을 읽는다. 의식적인 노력 없이도 많은 아이디어와 단어를 흡수한다. 우수한 작가의 스타일과 취향이 그 사람의 생각과 연설에 들어간다. 독서는 일반적으로 어휘를 확장하는 데 가장 강력한 요소다.

_ 윌리엄 조지 호프만William George Hoffman
(《직장인을 위한 대중 연설Public Speaking for Business Man》의 저자)

사람들은 신문에 나오는 평범하고 재미없는 말을 원하지 않는다. 암시와 연상, 아름다움과 힘으로 가득 찬 말을 원한다.

_ 루퍼스 쇼트Rufus Choate(정치가)

세계 최고의 문학 작품에 흠뻑 젖어 연설을 위한 단어, 즉 강력한 단어와 명료한 단어를 얻어라.

_ 린 해럴드 허프Lynn Harold Hough(노스웨스턴대학교 총장)

얼마 전 직업도 돈도 없는 한 영국인이 필라델피아의 거리를 돌아다니며 일자리를 찾고 있었다. 그는 그 도시에서 유명한 사업가인 폴 기번스Paul Gibbons의 사무실에 들어가 면접을 보게 해달라고 청했다. 기번스는 낯선 사람을 미심쩍은 듯 바라보았다. 일단 그 사람의 외모가 탐탁지 않았다. 옷은 허름하고 낡아 빠졌으며, 온몸에 재정적 어려움의 흔적이 역력했다. 호기심 반, 동정심 반으로 기번스는 인터뷰에 응했다. 처음에는 잠시만 이야기를 들어보려고 했다. 하지만 잠시가 몇 분으로, 몇 분이 한 시간으로 늘어났고, 대화는 계속 이어졌다. 기번스는 딜론 리드 앤 컴퍼니의 필라델피아 지부장 롤랜드 테일러Roland Taylor에게 전화를 걸었다. 필라델피아의 주요 금융가 중 한 명인 테일러는 이 낯선 사람을 점심 식사에 초대하여 그가 원하는 자리를 마련해주었다. 실패한 것처럼 보이는 인상과 외모를 지닌 남자가 어떻게 짧은 시간 안에 그토록 중요한 기회를 얻을 수 있었을까?

그 비밀은 한마디로 설명할 수 있다. 그의 언어 구사력 덕분이다. 사실 그는 옥스퍼드 출신으로, 사업차 임무를 수행하기 위해 미국에 왔다가 일이 잘 안 풀리는 바람에 오도 가도 못하는 신세가 되었다. 그러나 그는 모국어를 너무나 정확하고 아름답게 구사했고 그의 말을 듣는 사람은 그의 녹슨 신발과 해진 코트, 면도하지 않은 얼굴을 금세 잊어버렸다. 그의 말솜씨는 곧장 최고의 사업 분야로 진출할 수 있는 통행증이 되었다.

이 남자의 이야기는 다소 특별할 수 있다. 하지만 광범위하고 근본적인 진리, 즉 우리는 매일 말투로 평가받는다는 사실을 보여준다. 말은 우리의 품위를 드러낸다. 분별력 있는 사람이라면 우리에게 어떤 친구가 있는지 알아볼 것이다. 우리의 말은 교육과 교양 수준의 지표다.

우리, 여러분과 나는 세상과 단 네 가지 방식으로 관계를 맺는다. 우리가 하는 일과 외모, 말의 내용과 말투, 이 네 가지로 평가되고 분류되는 것이다. 그러나 많은 사람이 학교를 졸업한 후에도 자신의 언어 창고를 풍부하게 하고, 그 의미의 깊이를 익히고, 정확하고 뚜렷하게 말하려고 노력하지 않는다. 사람들은 사무실과 길거리에서 낡아빠지고 권태로운 문구를 습관적으로 사용한다. 그런 사람의 말에 차이와 개성이 부족한 것은 당연하다. 발음 전통을 위반하고 영문법 규칙을 위반하는 것도 당연한 일이다. 심지어 대학을 졸업한 사람이 'ain't', 'he don't', 'between you and I'라고 말하는 것을 듣기도 했다. 학위를 취득한 사람들이 이런 오류를 저지른다면, 경제적인 이유의 압박으로 교육을 제대로 받지 못한 사람들에게는 무엇을 기대할 수 있을까?

몇 년 전 어느 날, 나는 오후 로마 콜로세움에서 공상하며 서 있었다. 영국 식민지 출신인 낯선 사람이 내게 다가왔다. 그는 자신을 소개하며 영원한 도시에서의 경험에 관해 이야기하기 시작했다. 그는 3분이 지나기도 전에 'you was'와 'I done'이라고 말하는 실수를 범했다. 그날 아침 그는 일어나자마자 만나는 사람에게 존중받기 위해 구두를 닦고 흠잡을 데 없는 옷을 입었다. 하지만 말투를 다듬고 흠잡을 데 없는 문장을 말하려는 노력은 하지 않았다. 예를 들어, 그는 여자에게 말을 걸 때 모자를 들지 않은 것을 부끄러워할 것이다. 그러나 문법을 틀리고 안목 있는 청중의 귀를 불쾌하게 한 일은 부끄러워하지도, 아니 의식하지도 않았다. 그는 자신의 말로 자신을 드러냈으며 자리가 정해지고 분류되었다. 그의 안타까운 언어 구사력은 그가 교양 있는 사람이 아님을 세상에 끊임없이 그리고 명백하게 선포했다.

찰스 W. 엘리엇Charles W. Eliot 박사는 30년 동안 하버드대학교 총장을 역임한 후 이렇게 선언했다.

"사람을 신사 숙녀가 되게 하는 데 필요한 단 하나의 정신적 교육은 모국어를 정확하고 품위 있게 사용하는 것이다."

이것은 중요한 선언이다. 깊이 생각해보라.

그런데 어떻게 하면 단어와 친밀해지고, 아름답고 정확하게 말할 수 있을까? 다행히 이에 관한 수수께끼는 없으며, 교묘한 속임수도 없다. 이 방법은 공공연한 비밀이다. 링컨은 이 방법을 사용해 놀라운 성공을 거두었다. 그 어떤 미국인도 링컨처럼 단어를 수려하게 엮어내지도, '누구에게도 악의를 품지 않고 모두

에게 자선을 베풀며'와 같은 비할 데 없는 리듬을 산문으로 풀어
낸 적도 없다. 링컨의 아버지는 일용직에 문맹인 목수였고 어머
니는 별다른 학식이 없는 여성이었다. 그렇다면 링컨이 선천적으
로 언어에 대한 재능을 타고난 것일까? 이 가정을 뒷받침할 증거
는 없다. 그가 하원의원에 당선되었을 때 워싱턴의 공식 기록에
서는 그의 학력을 '결함이 있는'이라는 형용사 하나로 설명했다.
그는 평생 학교에 다닌 기간이 12개월도 채 되지 않았다. 그렇다
면 그의 멘토는 누구였을까? 켄터키주 숲속의 자카리아 버미
Zachariah Birney와 케일럽 헤이즐Caleb Hazel, 인디애나주 피전 크릭
의 아젤 도시Azel Dorsey와 앤드류 크로퍼드Andrew Crawford였다.
이 순회 교사들은 한 정착촌에서 다른 정착촌을 떠돌며 생계를
이어갔다. 학생들에게 읽기와 쓰기, 셈을 가르치고 그 대가로 햄
과 옥수수, 밀을 받는 이들은 어디에서나 눈에 띄었다. 링컨은
이들에게서 미미한 영감을 받았을 뿐, 교육 자체는 별 도움을 받
지 못했다.

　일리노이주 제8사법 구역에서 링컨과 함께 일했던 농부와 상
인, 변호사와 소송인들은 말솜씨가 뛰어난 사람들은 아니었다.
그러나 링컨은 자신과 정신적으로 동등하거나 열등한 사람들과
어울리느라 시간을 낭비하지 않았다(이 점이 기억해야 할 중요한 사
실이다). 그는 당대의 엘리트 지식인, 가수, 시인 들과 두터운 친
분을 쌓았다. 로버트 번스Robert Burns와 조지 고든 바이런George
Gordon Browning, 로버트 브라우닝Robert Browning의 책 전체 페이지

를 외워서 반복할 수 있었다. 번스에 대한 강의록도 썼다. 사무실에서 볼 바이런의 시집 한 권과 집에서 볼 바이런 시집 한 권이 따로 있었다. 사무실 사본은 너무 많이 읽어서 아무렇게나 펼쳐도 늘 〈돈 후안Don Juan〉이 실린 페이지가 펼쳐졌다고 한다. 대통령이 되어 남북전쟁의 참담한 무게가 기력을 빼앗고 얼굴에 깊은 주름을 새겼을 때도 그는 종종 잠자리에 들기 전에 틈을 내어 토머스 후드Thomas Hood의 시를 읽었다. 가끔은 한밤중에 깨어나 책을 펼치고 유독 감동적이거나 기쁜 구절을 맞닥뜨리곤 했다. 잠에서 깨면 잠옷과 슬리퍼만 걸친 채 복도를 돌아다니다 비서를 만나 시를 한 구절 한 구절 읽어주었다. 백악관에서도 짬을 내어 셰익스피어의 구절을 외워서 낭독하고 때로는 배우의 연기를 비판하며 자신만의 해석을 덧붙였다. 배우 제임스 해캣James Henry Hackett에게 이런 편지를 보내기도 했다.

'저는 셰익스피어의 희곡 중 몇 편은 어느 평범한 독자보다 자주 정독했습니다. 리어왕과 리처드 3세, 헨리 8세와 햄릿, 특히 맥베스 말이죠. 맥베스를 능가하는 작품은 없다고 생각해요. 정말 훌륭합니다.'

링컨은 운문에 몰두했다. 사석과 공석에서 운문을 반복해서 외웠을 뿐 아니라 직접 쓰기도 했다. 누이의 결혼식에서는 직접 지은 장시를 낭독하기도 했다. 이후 중년에 접어들어 자작시로 공책을 가득 채웠지만, 작품을 너무 부끄러워해서 가장 친한 친구조차도 읽지 못하게 했다.

루서 로빈슨Luther Robinson은 저서 《문인으로서의 링컨Lincoln as a Man of Letters》에 이렇게 썼다.

독학으로 공부한 링컨은 진정한 교양으로 자신을 가득 채웠다. 천재성이든 재능이라고 부르든 그의 성취 과정은 에프라임 에머튼 Ephraim Emerton 교수가 에라스무스의 교육 방법론에 대해 묘사한 바와 같다.

'더는 학교에 다니지 않았지만, 지금까지 어디에서나 성과를 달성한 유일한 교육적 방법으로 독학했다. 즉, 지칠 줄 모르는 에너지로 쉬지 않고 공부하며 연습했다.'

인디애나주 피전 크릭 농장에서 옥수수 껍질을 벗기고 돼지를 잡으며 하루 31센트를 받던 이 어설픈 개척자는 게티즈버그에서 인간이 한 연설 중 가장 아름다운 연설 하나를 했다. 17만 명이 그곳에서 싸웠다. 7,000명이 전사했다. 그러나 링컨과 같은 공화당 의원이었던 찰스 섬너Charles Sumner는 링컨이 사망한 직후 링컨의 연설은 전투에 대한 기억이 사라져도 살아 있을 것이며, 언젠가는 오직 이 연설 때문에 전투를 기억하게 될 것이라고 말했다. 누가 이 예언의 정확성을 의심하겠는가? 이 세대부터 성취되기 시작하지 않았는가? 지금 당신도 '게티즈버그'라는 이름을 들었을 때 전투만큼이나 링컨의 연설을 떠올리지 않는가?

에드워드 에버렛은 게티즈버그에서 두 시간 동안 연설했지만,

그가 말한 모든 내용은 오래전에 잊혔다. 링컨은 2분도 채 되지 않는 시간 동안 연설했을 뿐이다. 한 사진작가가 연설하는 동안 링컨의 사진을 찍으려 했지만, 링컨은 사진기가 설치되고 초점을 맞추기도 전에 연설을 마쳤다.

링컨의 연설문은 옥스퍼드의 한 도서관에서 영원히 부식되지 않는 동판에 새겨져 있으며, 영어로 무슨 일을 할 수 있는지를 보여주는 사례로 남아 있다. 이 연설은 대중 연설을 배우는 모든 학생이 외워야 한다.

87년 전 우리 선조는 이 대륙에 자유를 바탕으로 인간은 모두 평등하게 창조되었다는 명제에 헌신하는 새로운 국가를 탄생시켰습니다.

지금 우리는 그렇게 잉태되고 헌신하며 지키려 했던 국가가 오래 살아남을 수 있는지 시험하는 내전을 벌이고 있습니다. 우리는 그 전쟁의 격전지에서 만나고 있습니다. 이 땅의 일부를 나라가 살아남을 수 있도록 목숨을 바친 사람들을 위한 마지막 안식처로 바치기 위해 왔습니다. 이렇게 하는 것은 마땅하고 적절한 일입니다.

그러나 더 큰 의미에서 우리는 이 땅을 바칠 수도, 신성시할 수도, 거룩하게 할 수도 없습니다. 이곳에서 고군분투한 용감한 전사들이 우리의 부족한 힘으로 더하거나 뺄 수 없을 만큼 이곳을 신성하게 했기 때문입니다. 세상은 우리가 여기서 하는 말을 주목하지도, 오래 기억하지도 않겠지만 그들이 이곳에서 한 일은 결코 잊지 못할 겁니다. 이곳에서 싸웠던 이들이 지금까지 고귀하게 발전시킨 미완성의 과제에 헌신하는 것은 살아 있는 우리의 몫입니다. 우리 앞에 남아 있는 위대한 과업, 즉 이 명예로운 선조들이 마지막으로 온 힘을 다해 지킨 대의에 헌신해야 합니다. 그분들의 희생이 헛되지 않도록, 이 나라가 하나님의 보호 아래 새로운 자유의 탄생을 이루어낼 것이라고 굳게 다짐합니다. 인민의, 인민에 의한, 인민을 위한 정부가 이 땅에서 사라지지 않도록 노력하는 것이 우리가 할 일입니다.

사람들은 연설을 마무리한 감동적인 구절을 링컨이 직접 썼다고 생각한다. 하지만 정말 그가 썼을까? 링컨의 법률 파트너였던 헌던은 링컨이 연설을 하기 몇 년 전 그에게 시어도어 파커 Theodore Parker의 연설문 사본을 주었다. 링컨은 이 사본을 읽고 다음 구절에 강조 표시를 했다.

'민주주의는 인민의, 인민에 의한, 인민을 위한 직접적인 자율 정부다.'

시어도어 파커는 그보다 4년 전 로버트 영 헤인Robert Young Hayne에게 한 유명한 답변에서 '인민을 위한, 인민에 의한, 인민이 책임을 지는 인민의 정부'라는 표현을 썼다. 웹스터는 3세기 전에 같은 주장을 펼쳤던 제임스 먼로James Monroe 대통령에게서 이 표현을 따왔을지 모른다. 제임스 먼로는 누구의 영향을 받았을까? 먼로가 태어나기 500년 전에 위클리프 성경Wycliffe Bible 번역본 서문에서는 '이 성경은 인민의, 인민에 의한, 인민을 위한 정부를 위한 것이다'라는 표현이 나온다. 그리고 위클리프가 살

왔던 시대 훨씬 전, 예수가 탄생하기 400여 년 전, 클레온은 아테네 시민들에게 한 연설에서 '인민의, 인민에 의한, 인민을 위한' 통치자에 대해 이야기했다. 클레온이 어떤 고대 출처에서 영감을 얻었는지는 고대의 안개와 암흑 속에 파묻힌 문제다.

이 중 새로운 부분은 얼마나 적은가! 위대한 연설들조차도 독서와 책과의 관계에 얼마나 많은 빚을 지고 있는가!

책! 책이 바로 비결이다! 말의 창고를 풍부하게 하고 넓히려는 사람은 문학의 바다에 풍덩 빠져야 한다. 존 브라이트는 이렇게 말한다.

"도서관에서 항상 느끼는 유일한 한탄은 인생이 너무 짧아서 내 앞에 펼쳐진 풍성한 만찬을 충분히 즐길 희망이 없다는 점이다."

브라이트는 열다섯 살에 학교를 그만두고 방적 공장에서 일했으며, 그 후 다시는 학교에 다닐 기회를 얻지 못했다. 하지만 그는 당대 가장 탁월한 연설가 중 한 명이 되었고, 뛰어난 영어 구사력으로 유명했다. 바이런과 밀턴John Milton, 윌리엄 워즈워스 William Wordsworth와 존 그린리프 휘티어John Greenleaf Whittier, 셰익스피어와 셸리Percy Bysshe Shelly의 시를 읽고 공부하고 노트에 베껴 쓰며 긴 구절을 암기하는 데 전념했다. 그리고 매년 《실낙원 Paradise Lost》을 읽으며 어휘력을 풍요롭게 했다.

영국 장관 찰스 제임스 폭스Charles James Fox는 셰익스피어의 작품을 소리 내어 읽으며 스타일을 발전시켰다. 글래드스턴은 자신의 서재를 '평화의 신전'이라고 불렀고, 그 안에 15,000권의 책을 보관했다. 그는 아우구스티누스St. Augustins, 버틀러Butler 주교, 단테와 아리스토텔레스, 호머의 작품을 읽으면서 가장 큰 도움을 받았다고 고백했다. 《일리아드The Iliad》와 《오디세이The Odyssey》는 그를 매료시켰다. 호메로스의 시와 호메로스의 시대에 관한 여섯 권의 책을 쓰기도 했다.

영국 정치가 소 윌리엄 피트는 그리스어나 라틴어 한두 쪽 읽은 다음 그 구절을 영어로 번역하는 연습을 했다. 10년 동안 매일 이 작업을 수행했으며, 마침내 미리 계획하지 않아도 생각을 잘 정리된 말로 표현하는, 타의 추종을 불허하는 힘을 얻게 되었다.

데모스테네스Demosthens는 장엄하고 인상적인 문체를 익히고자 투키디데스Thucydides의 역사책을 손으로 여덟 번이나 베껴 썼다. 그 결과는 어땠을까? 2000년 후, 우드로 윌슨이 스타일을 개선하기 위해 데모스테네스의 작품을 연구하게 되었다. 영국 총리를 지낸 애스퀴스H. H. Asquith는 버클리 주교의 작품을 읽으면서 최고의 훈련을 했다.

시인 알프레드 로드 테니슨Alfred Lord Tennyson은 매일 성경을 공부했다. 톨스토이는 복음서를 읽고 또 읽어 웬만한 구절은 다 외웠다. 러스킨의 어머니는 러스킨에게 매일 꾸준히 성경 속 긴 구절을 암기하고 '창세기부터 묵시록까지의 모든 음절, 그 어려운 이름, 성경 전체'를 매년 소리 내어 읽게 했다. 러스킨은 이러한 훈련과 공부 덕분에 자신의 문학 취향과 스타일을 갖추게 되었다.

R. L. S는 영어에서 가장 사랑받는 약자로 알려져 있다. 로버트 루이스 스티븐슨Robert Louis Stevenson은 본질적으로 작가들의 작가였다. 그는 어떻게 자신을 유명하게 만든 매력적인 스타일을 개발했을까? 다행히 그가 직접 이야기를 들려주었다.

특히 나를 기쁘게 하는 책이나 구절을 읽을 때마다, 어떤 말이나 효과가 적절하게 표현되어 있거나 스타일에 눈에 띄는 힘이나 만족스러운 차이가 나타나는 구절을 읽을 때마다, 즉시 앉아서 그 특성을 모방하려 애썼다. 늘 실패하며, 그럴 걸 알면서도 다시 시도한다. 또 실패하고 계속 실패했다. 그러나 적어도 이 헛된 싸움에서 리듬과 조화, 구성을 연습할 수 있다.

나는 열심히 윌리엄 해즐릿William Hazlitt과 찰스 램Charles Lamb, 윌리엄 워즈워스, 토머스 브라운Thomas Browne과 대니얼 디포Daniel Defoe, 너새니얼 호손Nathaniel Hawthorne과 몽테뉴Montaigne의 스타일을 따라 했다.

좋든 싫든 그것이 글쓰기를 배우는 방법이다. 도움을 받았든 받지 못했든 나는 이렇게 글쓰기를 배웠다. 키츠도 그렇게 글쓰기를 배웠다. 문학 분야에서 키츠보다 더 섬세한 운율을 선보인 시인은 없다.

이러한 모방의 가장 큰 장점은 아무리 열심히 흉내 내도 여전히 빛나는 원문을 따라잡을 수 없다는 것이다. 오래되고 진실한 격언에 따르면 실패는 성공으로 가는 유일한 지름길이다.

이름과 구체적인 이야기는 이만하면 충분하다. 비밀은 밝혀졌다. 링컨은 성공한 변호사가 되기를 열망하는 한 청년에게 이렇게 썼다.

'책을 구해서 꼼꼼히 읽고 공부하는 수밖에 없습니다. 공부, 공부, 공부만이 답입니다.'

그런데 어떤 책을 읽고 공부할 것인가? 아널드 베넷의《하루 24시간을 어떻게 살 것인가How to Live on Twenty-four Hours a Day》로 시작하라. 이 책은 찬물로 목욕하는 것만큼이나 자극이 될 것이다. 모든 주제 중 가장 흥미로운 주제인 우리 자신에 대해 많은 것을 알려준다. 매일 얼마나 많은 시간을 낭비하고 있는지, 낭비를 막는 방법은 무엇인지, 되찾은 시간을 어떻게 활용할 수 있는지 가르쳐줄 것이다. 책 전체 분량이 103쪽에 불과하다. 일주일이면 쉽게 다 읽을 수 있다. 매일 아침 이 책을 20쪽씩 찢어서 바지 주머니에 넣어라. 그런 다음 신문을 보는 데 20분 또는 30분이 아니라 단 10분만 바쳐라.

토머스 제퍼슨은 이렇게 썼다.

'나는 타키투스Tacitus와 투키디데스Thucydides, 뉴턴Thomas Newton과 유클리드Euclid를 위해 신문을 포기했다. 그리고 훨씬 더 행복해졌다.'

제퍼슨의 사례를 따라 신문 읽기를 절반으로 줄인다면 시간이 지날수록 더 행복하고 현명해질 것이라는 생각이 들지 않는가? 어떻게든 한 달 동안만이라도 신문을 읽는 시간을 줄이고 절약한 시간을 좋은 책을 읽는 데 더욱 지속적인 가치를 바칠 의향이 있는가? 엘리베이터를 기다릴 때, 전철을 기다릴 때, 음식을 먹을 때, 약속을 잡을 때 책을 갖고 다니면서 읽어보는 것은 어떻겠는가?

20쪽을 다 읽은 후에는 책에 다시 넣고 20쪽을 찢어라. 전부 다 읽은 후에는 표지에 고무줄을 감아 뜯어낸 페이지를 제자리에 고정한다. 책이 아무 손상 없이 읽히지 않은 채 도서관 서가에 놓여 있는 것보다 찢기고 난도질당해 머릿속에 메시지를 남기는 편이 훨씬 더 낫지 않을까?

《하루 24시간을 어떻게 살 것인가》를 다 읽은 후에는 같은 저자의 다른 책에 관심이 생길 수 있다. 그렇다면《인간 기계The Human Machine》를 읽어보라. 이 책을 읽으면 사람들을 더 영리하게 대할 수 있다. 평정심과 침착함도 키울 수 있을 것이다. 이 책들은 내용뿐만 아니라 말하는 방식, 어휘력을 풍부하게 하고 세련되게 하는 효과 때문에라도 추천하는 바다.

도움이 될 다른 책으로는 프랭크 노리스의《문어The Octopus》와《구덩이The pit》를 추천한다. 두 작품은 미국 최고의 소설 중 두 편이다. 첫 번째는 캘리포니아의 밀밭에서 일어나는 혼란과 인간의 비극을 다룬다. 두 번째는 시카고 상품거래소에서 벌어지는 사람들 간의 갈등을 묘사한다. 토마스 하디의《더버빌가의

테스Tess of the D'Urbervilles》는 지금까지 쓰인 가장 아름다운 이야
기 중 하나다. 뉴웰 드와이트 힐리스의《사회에 미치는 인간의
가치A Man's Value to Society》와 윌리엄 제임스 교수의《선생님이 꼭
알아야 할 심리적 지식Ariel, A Life of Shelley》도 읽어볼 만한 책이다.
앙드레 모로의《아리엘, 셸리의 생애Andre Maurois, Byron》, 바이런
의《차일드 해럴드의 순례Childe Harold's Pilgrimage》, 로버트 루이스
스티븐슨의《당나귀와 함께한 세벤 여행Travels with a Donkey》도 목
록에 포함되어야 한다.

랠프 월도 에머슨을 매일의 동반자로 삼아라. 그의 유명한 첫
에세이《자기 신뢰Self-Reliance》는 꼭 읽어야 한다. 다음과 같은
문장을 귓가에 속삭이게 하라.

마음속에 감춘 신념을 말하라. 그러면 그 신념은 보편적인 의미가
된다. 항상 가장 깊숙한 곳에 있는 것이 외면되기 때문이다. 그리고
우리의 첫 생각은 최후 심판의 나팔 소리와 더불어 우리에게 되돌아
온다. 마음의 목소리는 우리 각자에게 익숙하다. 모세와 플라톤, 밀턴
에게 우리가 받은 가장 큰 혜택은 그들이 책과 전통을 외면하고, 사
람들이 말한 것이 아니라 스스로 생각한 바를 말했다는 점이다. 사람
은 시인이나 현인들에게서 나오는 광채보다 내면에서 반짝이는 빛의
광채를 감지하고 관찰하는 법을 배워야 한다. 그런데 자신의 생각이
기 때문에 그 생각을 중요하게 여기지 않고 무시한다. 모든 천재의 작
품에서 우리는 스스로 거부하던 생각을 알아차린다. 이런 생각은 어

색하면서도 묵직하게 우리에게 돌아온다. 위대한 예술 작품에서 우리에게 이보다 더 큰 영향을 미치는 교훈은 없다. 예술 작품은 우리에게 쾌활하고 단호하게 자발적인 느낌을 따르라고 가르치며, 특히 모든 외침과 목소리가 반대편에 있을 때 가장 많이 가르친다. 그렇지 않으면 내일 낯선 사람이 우리가 항상 생각하고 느꼈던 것을 아주 그럴듯하게 말할 것이며, 우리는 부끄럽게도 다른 사람으로부터 자기 자신의 의견을 받아들이게 될 것이다.

누구나 무언가를 배울 때 질투는 무지에서 나오고 모방은 자살행위라는 확신에 찰 때가 있다. 좋든 나쁘든 자신을 있는 그대로 받아들여야 할 때가 있다. 넓은 우주는 좋은 것으로 가득 차 있지만 자신의 경작지를 자신의 노동으로 애써 돌보지 않으면 단 한 알의 옥수수도 얻을 수 없다. 자기 안에 있는 능력은 본질적으로 새롭고, 자기만이 스스로 무엇을 할 수 있는지 알지만 자기 역시 해보기 전까지는 모른다.

하지만 정말 최고의 작가들을 마지막에 남겨두었다. 어떤 작가들일까? 최고의 책 100권의 목록을 제시해달라는 요청을 받았을 때 영국의 대표적인 배우 헨리 어빙 경은 이렇게 대답했다.

"100권의 책보다 성경과 셰익스피어, 이 두 가지를 먼저 추천하고 싶습니다."

헨리 경의 말이 옳다. 이 두 가지 위대한 영문학의 원천을 즐겨라. 오래 그리고 자주 만끽하라. 저녁 신문을 옆으로 던져놓고 "셰익스피어, 이리 와서 로미오와 그의 줄리엣, 맥베스와 그의 야망에 대해 밤새워 이야기해주세요"라고 말하라.

이렇게 하면 어떤 보상이 있을까? 차츰차츰 무의식적이지만 필연적으로, 언어가 아름답고 세련되게 변하기 시작한다. 차차 책 속에서 만난 동반자의 영광과 아름다움과 위엄을 반영하기 시작할 것이다. 괴테는 이렇게 주장했다.

"당신이 읽은 책들을 말해주면 당신이 어떤 사람인지 알려주겠나."

내가 제안하는 독서 프로그램에는 약간의 의지와 신중한 시간관리밖에 필요하지 않다. 에머슨의 에세이와 셰익스피어의 희곡은 각각 5센트에 구입할 수 있다.

마크 트웨인의 말솜씨 비결

마크 트웨인은 어떻게 유쾌하게 언어를 다루는 능력을 개발했을까? 젊은 시절, 그는 미주리주에서 네바다주까지 매우 느리고 정말 고통스럽게 승합마차를 타고 여행했다. 화물에 무게당 요금을 매겼음에도 이 마차로 승객과 말 모두를 위해 때때로 음식을 실어 날라야 했다. 짐의 무게에 따라 '안전이냐, 재앙이냐?'가 판가름 날 수도 있었다. 그렇지만 마크 트웨인은 늘 웹스터 사전을 든 채 산길을 넘고, 불에 탄 사막을 건너고, 강도와 인디언이 득실거리는 땅을 지나갔다. 스스로 언어의 달인이 되기를 원했고, 특유의 용기와 상식을 바탕으로 달인이 되는 데 필요한 일을 시작했다.

대 윌리엄 피트와 소 윌리엄 피트 두 사람은 모두 사전을 두 번이나 탐독했다. 한 장 한 장, 한 단어 한 단어까지 공부했다. 브라우닝은 매일 사전을 훑어보며 사전에서 교훈뿐만 아니라 재미도 찾아냈다. 링컨의 전기 작가인 니콜레이Nicolay와 헤이Hay는 링컨이 '해 질 녘에 앉아 볼 수 있는 한 최대한 오래 사전을 읽었다'라고 기록했다. 이는 예외적인 사례가 아니다. 저명한 작가와 연설가 모두가 마찬가지였다.

우드로 윌슨은 영어를 매우 능숙하게 구사했다. 그가 쓴 글 중 일부(독일을 상대로 한 선전포고문)는 의심할 여지 없이 문학사에서 길이 남을 것이다. 다음은 우드로 윌슨이 단어를 어떻게 배웠는지 직접 설명한 내용이다.

아버지는 가족 중 누구도 잘못된 표현을 사용하는 것을 참지 못하셨어요. 자녀 중 한 명이 실수하면 즉시 바로잡으셨고, 낯선 단어는 즉시 설명하셨으며, 대화 중에도 낯선 단어를 사용하게 하셨습니다. 그래야 기억에 오래 남으니까요.

문장의 짜임새가 탄탄하며, 언어가 단순하고 아름답다는 칭찬을 자주 듣는 뉴욕의 한 연설가는 최근 대화 도중 진실하고 예리한 단어를 선택하는 능력의 비결을 털어놓았다. 그는 이야기를 나누거나 독서하며 낯선 단어를 발견할 때마다 메모지에 적는다. 그런 다음 퇴근하기 직전에 사전을 찾아보고 그 단어를 자신의 것으로 만든다. 낮에 이런 식으로 자료를 수집하지 못 했다면, 보통 제임스 페르날드James Fernald의 《동의어와 반의어, 전치사Synonyms, Antonyms and Prepositions》를 한두 쪽 읽는데, 이때 대체로 완벽한 동의어로 맞바꾸어 쓸 수 있는 단어의 정확한 의 미에 주의를 기울인다. '하루에 새로운 단어 하나'가 그의 좌우 명이다. 이 말은 곧 1년 동안 365개의 표현을 새로 익힌다는 뜻 이다. 이렇게 알게 된 단어들은 작은 수첩에 정리해뒀다가 틈틈 이 의미를 되짚는다. 그는 한 단어를 세 번 사용하면 그 단어가 영원히 자신의 어휘로 자리 잡는다는 사실을 알게 되었다.

우리가 사용하는 단어 뒤편의 낭만적인 이야기

사전을 사용하여 단어의 의미를 확인할 뿐 아니라 그 어원까 지 찾아보라. 단어의 역사와 기원은 일반적으로 단어의 정의 옆 괄호 안에 표시된다. 잠시라도 매일 말하는 단어가 지루하고 무 의미한 소리일 뿐이라고 상상하지 마라. 단어에는 색채가 넘쳐 흐른다. 로맨스로 가득 차 있다. 예를 들어, 다양한 언어와 문명 에서 따온 단어를 사용하지 않고는 "식료품점에 전화해 설탕을 주문하세요"와 같은 평범한 말조차 할 수 없다. 전화telephone는 '멀리'라는 뜻의 그리스어 텔레tele와 '소리'를 뜻하는 폰phone이라 는 두 단어로 만들어졌다. 식료품점grocer은 라틴어 그로사리우스grossarius에서 유래한 단어로, 말 그대로 '도매 또는 대량으로 파는 사람'을 의미한다. 설탕sugar이라는 단어는 프랑스어에서 유래했다. 이 프랑스어는 스페인어에서 따왔다. 스페인어는 아랍어에서 비롯되었다. 아랍어는 페르시아어에서 나왔다. 페르시아어의 셰이커skater는 '사탕'을 뜻하는 산스크리트어 카카라carkara에서 유래했다.

여러분은 회사에서 일하거나 회사를 소유할 사람일 수도 있다. 컴퍼니company는 '동료'를 뜻하는 고대 프랑스어 컴퍼니언companion에서 나왔다. '함께'라는 뜻의 컴com과 '빵'을 의미하는 파니스panis를 합친 단어다. 따라서 직장 동료는 함께 빵을 먹는 사람이다. 회사는 실제로 함께 빵을 얻으려 노력하는 사람들의 모임이다. 회사에서 받는 월급 샐러리salary는 원래는 소금값을 의미한다. 로마 시대 병사들은 소금 살 돈을 따로 받았는데, 어느 날 어떤 익살맞은 군인이 자신의 수입 전체가 살라리움salarium('병사들에게 주는 소금'이라는 뜻의 라틴어)이라고 말했다. 약간 속어 같은 말이었지만 오랜 세월이 흐르며 고상한 영어가 되었다. 당신은 손에 책book을 들고 있다. 책의 의미는 문자 그대로 밤나무beech인데, 오래전 앵글로색슨족은 밤나무 목판에 글자를 새겼다. 주머니에 있는 달러dollar는 말 그대로 계곡을 의미한다. 달러는 16세기에 성 요아힘 탈러Thaler(독일의 옛 은화), 다시 말해 골짜기에서 처음 만들어졌다. 탈러가 변해 달러가 되었다.

문지기janitor와 1월January이라는 두 단어는 로마에 살면서 문에 다는 자물쇠와 걸쇠를 만들던 에트루리아 대장장이의 이름에서 유래했다. 그는 죽은 후에 이교도 신으로 신격화되었고, 두 얼굴을 가진 모습으로 표현되어 동시에 양쪽을 볼 수 있고 문을 여닫을 수 있는 신으로 여겨졌다. 그래서 한 해가 끝나고 다른 해가 열리는 달을 1월, 즉 야누스Janus의 달이라고 부른다. 우리가 1월과 문지기에 대해 이야기할 때는 예수가 탄생하기 1000년 전에 살았고 제인jane이라는 아내를 둔 대장장이의 이름을 기리는 것이다.

일곱 번째 달인 7월July은 줄리우스 시저Julius Caesar로 명명되었다. 아우구스투스 황제는 이에 뒤지지 않기 위해 그다음 달을 8월August이라고 불렀다. 그러나 여덟 번째 달은 당시 30일밖에 되지 않았고, 아우구스투스는 자신의 이름을 딴 달이 율리우스의 이름을 딴 달보다 짧으면 안 된다고 생각했기에 2월에서 하루를 빼 8월에 더했다. 이 헛된 허영심의 흔적은 오늘날의 달력에도 분명히 드러나 있다. 단어의 역사는 참으로 흥미진진하다.

'아틀라스atlas', '보이콧boycott', '시리얼cereal', '거대한colossal', '콩코드concord', '통금curfew', '교육education', '금융finance', '미치광이lunatic', '공황panic', '궁전palace', '금전적인pecuniary', '샌드위치sandwich', '감질나게 하다tantalize' 같은 단어의 유래를 커다란 사전에서 찾아보라. 그리고 그 뒤에 숨겨진 이야기를 읽어보라. 어원을 알면 단어가 두 배로 화려하고 두 배로 흥미롭게 느껴질 것이다. 그런 후에는 열정과 즐거움을 더하여 사용하게 될 것이다.

한 문장을 104번 고쳐 쓰기

생각의 가장 섬세한 뜻까지 표현하기 위해 의미하는 바를 정확하게 말하기 위해 노력하라. 이는 노련한 작가에게도 항상 쉬운 일은 아니다. 패니 허스트Fannie Hurst는 가끔 문장을 50번에서 100번까지 고쳐 썼다고 말했다. 대화를 나누기 불과 며칠 전에는 실제로 세어보니 한 문장을 실제로 104번이나 고쳐 썼다고 했다. 그런데 그녀는 〈코스모폴리탄〉에서 이야기 한 편에 원고료로 2,000달러를 지불할 정도로 뛰어난 작가다. 마블 허버트 어너Mabel Herbert Urner는 신문에 보낼 단편소설에서 고작 한두 문장만 고치는 데 오후 내내 시간을 보낸 적도 있다고 털어놓았다.

모리스 총독Robert Morris은 소설가 리처드 하딩 데이비스Richard Harding Davis가 어떻게 적절한 단어를 찾기 위해 끊임없이 노력했는지 이야기한다.

그의 소설에 등장하는 모든 문구는 그가 떠올릴 수 있는 무수한 표현 중에서 가혹한 판단을 통해 살아남은 가장 적합한 것입니다. 그는 구절과 단락, 쪽, 심지어 전체 이야기를 쓰고 또 썼지요. 그는 제거의 원칙에 따라 작업했습니다. 성문으로 들어오는 자동차를 묘사하려 할 때는 먼저 세부적인 내용을 하나도 생략하지 않고 길고 정교하게 묘사했는데, 세상에서 가장 눈썰미가 날카로운 사람이 묘사했다는 생각이 들 정도입니다. 그런 다음 그렇게 힘들어서 회상했던 세부 사항을 하나씩 제거하는 과정을 시작합니다. 그리고 하나씩 생략할 때마다 스스로 묻습니다.

'이미지가 그대로 남아 있는가?'

그렇지 않다면 방금 생략한 사항을 되살리고 다른 사항을 희생시키는 실험을 합니다. 가히 초인적인 노동 끝에 독자에게 순식간에 빠르게 지나가는 선명한 그림이 떠오르게 하는 겁니다. 모든 세부 사항이 살아 있는 채로 말이죠. 그래서 그의 이야기와 로맨스에는 무척이나 아름답고 정교한 수식어구가 깃들어 있습니다.

이 책을 읽는 독자 대부분에게는 내가 방금 설명한 것처럼 단어를 부지런히 찾을 시간도 없고, 그렇게 하지도 않을 것이다. 영어 사용에 더 많은 관심을 쏟도록 독려하고자 성공한 작가들이 적절한 어법과 표현을 얼마나 중요시하는지 보여주기 위해 이런 사례들을 인용했을 뿐이다. 물론 자신이 전달하고자 하는 의미의 미묘한 차이를 정확히 표현할 단어를 찾기 위해 문장을 말하다가 망설이고 어물거리는 것은 연설가에게 어울리는 행동이 아니다. 무의식적으로 나올 때까지 일상적인 대화에서 정확하게 표현하는 법을 연습해야 한다. 마땅히 그래야 하지만 실제로 그렇게까지 연습할까? 하지 않는다.

밀턴은 8,000개, 셰익스피어는 15,000개의 단어를 사용한 것으로 알려져 있다. 표준 사전에는 50만 개 미만의 단어가 포함되어 있지만, 일반적인 통계에 따르면 사람은 평균 2,000개 정도의 단어를 사용한다. 동사 몇 개와 동사를 서로 연결하는 접속사, 명사 몇 개와 지나치게 많은 형용사를 사용한다. 평범한 사람은 너무 게으르거나 업무에 너무 몰두해서 정밀하고 정교하게 말하는 연습을 할 수 없다. 그 결과는? 한 가지 예를 들어보겠다. 나는 콜로라도 그랜드캐니언의 가장자리에서 잊을 수 없는 며칠을 보낸 적이 있다. 어느 오후에 한 여성이 애완용 차우차우와 오케스트라 연주곡, 어떤 사람의 기질, 그랜드캐니언이라는 전혀 다른 대상을 같은 형용사로 표현하는 것을 들었다. 모두 '아름답다'였다.

그렇다면 그녀는 뭐라고 말했어야 했을까? 다음은 로제Peter Mark Roger가 사전에 제시한 '아름답다beautiful'라는 뜻의 동의어 목록이다. 그녀가 어떤 형용사를 사용했어야 한다고 생각하는가?

아름다운beautiful, 어여쁜beauteous, 잘생긴handsome, 예쁜pretty, 사랑스러운lovely, 우아한graceful, 기품 있는elegant, 매우 아름다운 exquisite, 섬세한delicate, 앙증맞은dainty

반듯한comely, 매력적인fair, 용모가 단정한goodly, 아리따운bonny, 잘생긴good-looking, 곱상한well-favored, 미모의well-formed, 맵시 있는 shapely, 균형 잡힌well-proportioned

밝은bright, 눈을 반짝이는bright-eyed, 장밋빛 뺨의rosy-cheeked, 장밋빛의rosy, 발그레한ruddy, 꽃다운blooming, 활짝 핀full bloom

늘씬한trim, 말끔한trig, 깔끔한tidy, 말쑥한neat, 맵시 있는spruce, 맵시 좋은smart, 경쾌한jaunty, 산뜻한dapper

찬란한brilliant, 빛나는shining, 반짝이는sparkling, 환한radiant, 화려한splendid, 눈부신resplendent, 황홀한dazzling, 타오르는glowing, 윤이 나는glossy, 매끄러운sleek, 풍부한rich, 눈에 번쩍 띄는gorgeous, 훌륭한superb, 웅장한magnificent, 위엄 있는grand, 근사한fine

예술적인artistic, 미석인aesthetic, 그림 같은picturesque, 생생한pictorial, 매혹적인enchanting, 매력적인attractive, 잘 어울리는becoming, 장식용의ornamental

완벽한perfect, 흠잡을 데 없는unspotted, 티끌 하나 없는spotless, 뽀얀immaculate, 변형되지 않은undeformed, 흠이 없는undefaced

괜찮은passable, 교양 있는presentable, 꽤 좋은tolerable, 나쁘지 않은not amiss

이상의 인용 동의어는 로제의 《동의어 사전Words of Thesaurus》에서 가져온 표현이다. 이 책이 얼마나 큰 도움이 되는지 모른다. 개인적으로 나는 이 책이 옆에 없으면 글을 쓰지 않는다. 일반 사전을 사용하는 횟수보다 열 배는 더 자주 이 책을 사용한다.

로제가 이 사전을 만들기 위해 얼마나 긴 세월의 노력을 기울였을까? 그런데도 이 사전은 저렴한 넥타이 한 개 값으로 여러분의 책상 위에 놓여 평생을 함께할 수 있다. 이 책은 도서관 서가에 보관할 책이 아니다. 끊임없이 사용해야 하는 도구다. 발표문을 작성하고 말투를 가다듬을 때 사용하라. 편지와 업무 보고서를 받아쓸 때도 사용하라. 매일 사용하면 어휘력이 두세 배로 늘 것이다.

낡은 문구 피하기

정확할 뿐만 아니라 신선하고 독창적인 표현을 쓰려 노력하라. 사물이 '보이는 그대로' 표현할 용기를 내라.

예를 들어, 홍수 직후 어떤 독창적인 사람이 '오이처럼 시원하다'라는 비유를 처음 사용했다. 그 당시에는 매우 신선했기 때문에 매우 좋았다. 바빌론 최후의 왕 벨사살Belshazzar의 유명한 연회가 끝난 뒤에도 저녁 식사 후 연설에서 사용할 만큼 신선한 활력을 유지했을 것이다. 그러나 이제 독창적이라고 자부하는 사람은 아무도 이 표현을 쓰지 않을 것이다.

다음은 차가움을 표현하는 열두 가지 직유다. 진부해진 '오이'의 비교만큼이나 효과적이고 훨씬 더 신선하며 받아들이기 쉽지 않은가?

개구리처럼 차가운 / 밤새 식은 물주머니처럼 차가운 / 화약 꽂을대처럼 차가운 / 무덤처럼 차가운 / 그린란드의 얼음 산맥처럼 차가운 / 진흙처럼 차가운 / 거북이처럼 차가운 / 가을에 내리는 비처럼 차가운 / 흩날리는 눈처럼 차가운 / 소금처럼 차가운 / 지렁이처럼 차

가운 / 새벽처럼 차가운 / 10월의 비처럼 차가운

어떤 느낌인지 알아차렸다면 추위를 전달할 수 있는 자신만의 직유를 생각해보라. 개성 있게 표현할 용기를 내보라. 여기 적어보라.

~처럼 차가운

미국에서 가장 높은 고료를 받는 잡지 연재소설 작가로 유명한 캐슬린 노리스Kathleen Norris한테 스타일을 어떻게 발전시켰는지 물어본 적이 있다. 그녀는 이렇게 대답했다.

"고전 시와 산문을 읽었지요. 그리고 내 글에서 진부한 문구와 구태의연한 표현을 냉정하게 제거하려 애썼습니다."

한 잡지 편집자는 내게 출판하기 위해 제출된 이야기에서 두세 가지 낡아빠진 표현을 발견하면 다 읽지도 않고 즉시 저자에게 돌려보낸다고 말한 적이 있다. 그는 독창적으로 표현하지 않는 사람이라면 독창적인 생각도 하지 못할 것이라 여겼기 때문이라고 덧붙였다.

표현력을 개선하는 방법

1. 우리는 오직 세상과 단 네 가지 방식으로 관계를 맺는다. 우리가 하는 일과 외모, 말의 내용과 말투, 이 네 가지로 평가되고 분류되는 것이다. 우리는 얼마나 자주 우리가 사용하는 언어에 따라 판단을 받는가? 찰스 엘리엇은 하버드 대학교 총장을 30년 이상 역임한 후 이렇게 선언했다.
"사람을 신사 숙녀가 되게 하는 데 필요한 단 하나의 정신적 교육은 모국어를 정확하고 품위 있게 사용하는 것이다."

2. 당신의 말투는 당신과 함께 어울리는 사람들을 반영한다. 그러므로 링컨의 사례를 따라 문학의 거장들과 어울려라. 링컨이 종종 그랬듯, 셰익스피어 그리고 다른 위대한 시인 및 산문의 대가들과 함께 저녁 시간을 보내라. 그렇게 하면 무의식적으로, 필연적으로, 마음이 풍요로워지고 말투는 대가들의 기품을 닮아갈 것이다.

3. 토머스 제퍼슨은 이렇게 썼다.
'나는 신문을 포기하고 타키투스와 투키디데스, 뉴턴과 유클리드를 읽었다. 그래서 행복해졌다.'
그의 사례를 따르는 것은 어떨까? 신문을 아예 포기하지는 말고 지금 신문에 할애하는 시간의 절반만 할애하라. 절약한 시간을 오래도록 기억에 남는 책을 읽는 데 투자하라. 그런 책에서 20~30쪽씩 찢어 주머니에 넣고 틈틈이 읽어라.

4. 사전을 옆에 두고 읽어라. 익숙하지 않은 단어를 찾아보라. 기억에 남을 수 있도록 그 용도를 찾아보라.

5. 사용하는 단어의 유래를 공부하라. 단어의 역사는 지루하고 건조하지 않으

며, 종종 로맨스로 가득 차 있다. 일례로, '월급'을 뜻하는 단어는 '소금 살 돈'을 의미하는 단어에서 유래했다. 로마 시대 병사들은 소금 살 돈을 따로 받았다. 어떤 재치 있는 군인이 자신의 임금을 속어로 살라리움이라고 부른 데서 나왔다.

6. 진부하고 케케묵은 단어를 사용하지 마라. 뜻을 엄밀하고 정확하게 표현하라.《동의어 사전》을 책상 위에 두고 자주 참고하라. 눈에 잘 띄는 모든 것을 '아름다운'이라는 단어로 표현하지 마라. 우아하다, 절묘하다, 잘생겼다, 고상하다, 매끈하다, 멋지다, 경쾌하다, 빛나다, 눈부시다, 화려하다, 훌륭하다, 장엄하다, 그림 같다 등과 같이 '아름다운'이라는 말에 대한 동의어를 사용하면 더 정확하고 신선하고 아름답게 의미를 전달할 수 있다.

7. '오이처럼 차가운'과 같은 진부한 비유는 사용하지 마라. 신선한 표현을 쓰려고 노력하라. 자신만의 직유를 만들어라. 독특하게 표현할 용기를 내라.

복습

1. 시 한 편을 골라 다음 네 가지 원칙에 특히 주의를 기울이면 서 소리 내어 읽어라.

   ① 횡격막으로 숨을 쉬고 있는지 확인한다.

   ② 폐에 숨을 비축해두어 말이 도약판처럼 딛고 튀어 나갈 수 있게 한다.

   ③ 목이 열려 있고 자유롭고 편안한 상태인지 확인한다.

   ④ 코의 공명을 사용하고 있는지 확인한다. (목소리 연습, 13장 참고)

2. 팔세토 기법으로 시를 명랑하게 소리 내어 읽어라. (목소리 연습, 7장 참고)

3. 혀끝에 특히 주의를 기울이면서 소리 내어 읽어라. 혀끝이 앞 니 뒤편을 부드럽고 탄력 있게 건드리는지 확인하라. 그렇게 하면 더욱 생동감 있고 속도감 있게 읽을 수 있다. (6장 참고)

4. 허밍으로 시를 읊어라. 11장 목소리 연습의 지침에 따라 머리 윗부분과 뒷부분, 가슴과 비강, 얼굴에서 공명과 진동을 느 껴보라. 허밍하면서 숨을 들이마실 때와 같은 시원하고 열려 있으며 받아들이는 느낌을 느껴보라.

5. 작가가 시를 쓰면서 마음속에서 느꼈을 행복을 담아 시 한 편을 읽어보라. 7장의 목소리 연습에서 지적했듯, 아름다운

시를 읽는 것은 밝고 매력적인 음색을 개발하는 가장 좋은 방법 중 하나다.

마지막으로 이 과정에서 설명한 목소리 연습을 가끔 읽고 가볍게 연습하는 것만으로는 바람직한 결과를 얻을 수 없다고 경고하는 바다. 매일 열심히 연습해야 한다. 그렇게 해야 원하는 결과를 얻을 수 있다. 노력한 대로의 결과를 얻는 것이다.

데일 카네기 연보

1888년 미국 미주리주 메리빌의 농장에서 11월 24일에 태어나다. 가난한 농
부의 아들로서 어린 시절부터 일하며 어려움을 겪는다.

1904년 16세 때 가족 모두가 미주리주 워렌스버그의 농장으로 이사하다.

1906년 고등학교를 졸업하다.

1908년 워렌스버그의 주립 사범대학을 졸업하다. 오마하의 아머 앤 컴퍼니에
서 판매원으로 일하다. 판매 실적이 뛰어나지 않아 고민하던 중 화술
과 인간관계의 중요성을 깨닫는다.

1911년 YMCA에서 화술 강사로 활동을 시작하다. 화술과 인간관계에 관심
이 많은 사람을 대상으로 강좌를 개설하고 큰 인기를 얻는다.

1913년 뉴욕에 데일 카네기 연구소를 설립하다. 화술과 인간관계술, 걱정 극
복법 등을 다루며 수많은 사람을 일깨운다.

1922년 성 'Carnegey'를 'Carnegie'로 바꾸다. 이는 강철왕 앤드루 카네기를
향한 존경심과 더불어 '카네기' 마케팅을 염두에 둔 것으로 알려진다.

1926년 《성공대화론》을 출판하다. 이 책은 화술과 리더십에 관한 실용적인
지침서로, 많은 사람에게 영향을 끼친다.

1936년 《데일 카네기 인간관계론》을 출판하다. 전 세계적으로 6천만 부 이상
판매된 베스트셀러로, 세계적인 투자자 워런 버핏의 인생을 바꾼 책
으로도 유명하다.

1948년 《데일 카네기 자기관리론》을 출판하다. 걱정이 인생 문제의 주원인이
자 자기관리의 핵심 요소임을 깨닫게 하고 새로운 인생을 사는 법을
밝힌 책으로, 수많은 독자에게 위로와 힘을 준다.

1955년 뉴욕 포레스트 힐즈에서 11월 1일에 생을 마감하다. 미주리주 카스
카운티의 벨튼 묘지에 묻힌다.

데일카네기
성공대화론

초판 1쇄 인쇄 2023년 8월 21일
초판 1쇄 발행 2023년 8월 28일

지은이 데일 카네기
옮긴이 신예용
펴낸이 이효원
편집인 송승민
마케팅 추미경
디자인 양미정(표지), 이수정(본문)
펴낸곳 올리버
출판등록 제395-2022-000125호
주소 경기도 고양시 덕양구 삼송로 222, 101동 305호(삼송동, 현대혜리엇)
전화 02-381-7311   **팩스** 02-381-7312
전자우편 tcbook@naver.com

ISBN 979-11-93130-11-7 03320

* 값은 뒤표지에 있습니다.
* 잘못된 책은 구입하신 서점에서 바꾸어 드립니다.

* 도서출판 올리버는 탐나는책의 교양서 브랜드입니다.